AF748308

पुनर्निर्माण (RENEW)
ग्राम एवं नगर वार्ड प्रेरक

notionpress.com

पुनर्निर्माण (RENEW)
ग्राम एवं नगर वार्ड प्रेरक

लव कुश सिंह "विश्वमानव"

सत्यकाशी पीठ
पांचवां और अन्तिम शंकराचार्य पीठ

Notion Press

Old No. 38, New No. 6
McNichols Road, Chetpet
Chennai - 600 031

First Published by Notion Press 2020

ISBN 978-16-49510-03-7

समर्पण

यह पुस्तक समर्पित है -

उन सभी खोजी आत्माओं को,

जो सत्य की ज्योति को अपने भीतर

और संसार के हर कोने में जलाना चाहते हैं।

भारतीय संविधान के धारा-51 (ए)
नागरिक का मौलिक कर्तव्य के अनुसार

01. संविधान के प्रति प्रतिबद्धता, इसके आदर्शों, धाराओं, राष्ट्रीय ध्वज व राष्ट्रीय गान का आदर करना।
02. स्वतंत्रता के लिए संघर्ष हेतु प्रेरित करने वाले सुआदर्शों का अनुकरण करना व उन्हें चिरस्थायी बनाना।
03. भारत की सर्वोच्चता, एकता और अखण्डता की रक्षा करना तथा समर्थन करना।
04. जब भी आवश्यकता पड़े देश की रक्षा करना व राष्ट्रीय सेवाओं हेतु समर्पित होना।
05. समाज में भाई-चारें की भावना का विस्तार करना, मातृत्व भाव, धार्मिक, भाषायिक, क्षेत्रीय विभिन्नताओं में एकता कायम करना तथा नारी सम्मान आदि का ध्यान देना।
06. अपने मिश्रित संस्कृति का मूल्यांकन करना उसको स्थायित्व देना और इसकी परम्परा को कायम रखना।
07. प्राकृतिक सम्पदा की रक्षा करना जिसमें जलवायु, जंगल, झील, नदियां, जंगली जीवों व समस्त जीवों के प्रति दया का भाव सम्मिलित है।
08. वैज्ञानिक भावना को प्रोत्साहित करना, मानवीय भावनाओं के स्वरूप की परख करते रहना।
09. जन सम्पत्ति की सुरक्षा करना और हिंसा आदि का परित्याग करना।
10. व्यक्तिगत, सामूहिक गतिविधियों के प्रत्येक क्षेत्र में सर्वोच्चता हासिल करना, जिससे राष्ट्र शतत उत्थान, प्रयत्न व प्राप्ति की ओर अग्रसर होता रहे।
11. जो कि माता-पिता या अभिभावक हो, वे अपने 6 साल से 14 साल के बच्चों को शिक्षा या अन्य ऐसे सुअवसरों का लाभ उन्हें मुहैया करावें।

मूल जीवन मंत्र

"हे प्रभु, तेरे प्यार में बस दो ही बातें है। एक तो अपना कल्याण करूँ, दूसरा तुझ जैसा बन सबका कल्याण करूँ"

विषय- सूची

भाग-1: डिजीटल इण्डिया

भाग-2: आर्थिक स्वतन्त्रता की यात्रा

भाग-3: पुनर्निर्माण - सत्य शिक्षा का राष्ट्रीय तीव्र मार्ग

सम्बन्धित विचार
शिक्षा, शिक्षा माध्यम, शिक्षक/गुरू, विद्यार्थी/छात्र और शिक्षा पाठ्यक्रम
"व्यापार" और "शिक्षा का व्यापार"
"सत्य मानक शिक्षा का व्यापार"-एक अन्तहीन व्यापार
पुनर्निर्माण-राष्ट्र निर्माण का व्यापार
पुनर्निर्माण क्यों?
प्रवेश पंजीकरण की योग्यता (Eligibility)
छात्रवृत्ति (स्कालरशिप), सहायता और रायल्टी देने का हमारा आधार
पाठ्यक्रम शुल्क (Course Fees)
छात्रवृत्ति और रायल्टी (Scholarship & Royalty)
ये पाठ्यक्रम क्या है?

- अ-सामान्यीकरण (Generalization) शिक्षा
    - 01. सत्य शिक्षा (REAL EDUCATION)
    - 02. सत्य पेशा (REAL PROFESSION)
    - 03. सत्य पुस्तक (REAL BOOK)
    - 04. सत्य स्थिति (REAL STATUS)
    - 05. सत्य एस्टेट एजेन्ट (REAL ESTATE AGENT)
    - 06. सत्य किसान (REAL KISAN)
- ब-विशेषीकरण (Specialization) शिक्षा
    - 01. सत्य कौशल (REAL SKILL)
    - 02. डिजीटल कोचिंग (DIGITAL COACHING)
- स-सत्य नेटवर्क (REAL NETWORK)

हमारा उद्देश्य क्या है?
आपकी समस्या और हमारा उपाय
पुनर्निर्माण-छात्रवृत्ति, सहायता व रायल्टी वितरण तिथि
पुनर्निर्माण-प्रणाली की विशेषताएँ

भाग-4: पुनर्निर्माण के प्रेरक (Catalyst)

नेटवर्कर-एक तेज आर्थिक गति का कार्यकर्ता परन्तु असम्मानित

1. नेटवर्कर की स्थिति
2. समाज के व्यक्ति की स्थिति
3. नेटवर्क कम्पनी की स्थिति

राष्ट्र निर्माण का व्यापार और उसकी विधि क्या है?
प्रवेश केन्द्र/ प्रेरक की योग्यता
व्यापार का स्थायित्व (Stability of Business)
पुननिर्माण की संचालन प्रणाली की विशेषताएँ
प्रेरक को आर्थिक लाभ

पुनर्निर्माण पद

1.मण्डल प्रेरक (Division Catalyst-Dv.C)
2.जिला प्रेरक (District Catalyst-Dt.C)
3."विश्वशास्त्र" मन्दिर (Vishwshastra Temple-V.T)
4.ब्राण्ड फ्रैन्चाइजी (Brand Franchisee-B.F)
5.डाक क्षेत्र प्रवेश केन्द्र (Postal area Admission Center-PAC)
6.ग्राम/नगर वार्ड प्रेरक (Village/City ward Catalyst-V.C)
7.स्वतन्त्र प्रेरक (Freelance Catalyst-F.C)

भाग-5: ग्राम एवं नगर

ग्राम या गाँव और ग्राम पंचायत
नगर, नगर वार्ड और नगर पंचायत/निगम/पालिका
पंचायती राज

भाग-6: मानक ग्राम एवं नगर वार्ड

सहजीवन
स्वराज-सुराज
मानक ग्राम / नगर वार्ड - "पुनर्निर्माण" की अवधारणा

भाग-7: सत्य नेटवर्क (REAL NETWORK)

सत्य - सन्देश
सत्य नेटवर्क (REAL NETWORK)
ग्राम प्रधान, सभासद और ग्राम/नगर वार्ड प्रेरक - अर्थ और मुख्य कार्य
निवासीयों को लाभ

भाग-8: डिजिटल प्रापर्टी और एजेन्ट नेटवर्क

प्रशिक्षु एजेन्ट (TRAINEE AGENT)
स्वतन्त्र एजेन्ट (FREELANCE AGENT)
स्थायी एजेन्ट (PERMANENT AGENT)
पिन कोड एरिया एजेन्सी (PIN CODE AREA AGENCY)
पिन कोड एरिया एजेन्सी (PIN CODE AREA AGENCY) का कार्य
सिस्टम की विशेषताएँ

भाग-9: आमंत्रण

बेरोजगारों व एम. एल. एम नेटवर्करों को आमंत्रण
छात्रों को आमंत्रण

भाग-10: राष्ट्र निर्माण का हमारा व्यवसाय-एक मानक व्यवसाय

हमारा व्यवसाय - डब्ल्यू.एस. (WS)-000: ब्रह्माण्ड (सूक्ष्म एवं स्थूल) के प्रबन्ध और क्रियाकलाप का विश्वमानकके अनुसार
विश्व का मूल मन्त्र-"जय जवान-जय किसान-जय विज्ञान-जय ज्ञान-जय कर्मज्ञान"
भारतीय शास्त्रों की एक वाक्य में शिक्षा

भाग-11: परिवर्तन

सीधी समझ
नये भारत में, नये मनुष्य के उदय के लिए
व्यवस्था के परिवर्तन या सत्यीकरण का पहला प्रारूप और उसकी कार्य विधि
वे शब्द जिसके बिना युग परिवर्तन सम्भव नहीं

भाग-12: केन्द्र या मध्य (भारत) में पांचवां और अन्तिम सत्यकाशी पीठ

सत्यकाशी पीठ: स्थान
सत्यकाशी पीठ: इतिहास और उद्देश्य
पाँचवाँ और अंतिम शंकराचार्य पीठ: इसकी विशेषता

भाग-13: सत्यकाशी पीठ के कार्य

धारा-उद्धार: धर्म की पुनर्स्थापना
मनुष्य चेतना का रूपांतरण
साधना, दीक्षा और आध्यात्मिक अनुष्ठान
वैश्विक कार्य: मानवता के लिए संदेश
शिव-तत्व और कल्कि-तत्व का मिलन
"सार्वभौम सत्य-सिद्धान्त" पर आधारित "युग परिवर्तन श्रृंखला" के नवयुग के शास्त्र-साहित्य

मुख पृष्ठ की व्याख्या

यह मुख पृष्ठ *"पुनर्निर्माण (RENEW): ग्राम एवं नगर वार्ड प्रेरक"* की उस दृष्टि को दर्शाता है, जिसमें भारत के ग्रामीण और शहरी-दोनों परिदृश्य एक साझा विकास-धारा में जुड़े हुए हैं।

मुख पृष्ठ को दो हिस्सों में बाँटा गया है: बाईं ओर सादगी, परंपरा और सामुदायिक जीवन से भरा ग्रामीण भारत दिखता है-पेड़ की छांव में बैठे लोग, मिट्टी के घर, खेत और बहता हुआ जलमार्ग। दूसरी ओर आधुनिक शहरी भारत की ऊँची इमारतें, पुल, तकनीकी नेटवर्क और विकसित अवसंरचना दिखाई देती है।

इन दोनों संसारों के मध्य एक प्रेरक (Catalyst) की प्रतीकात्मक आकृति है-हाथ में जलती मशाल लिए, जो ज्ञान, जागरूकता और परिवर्तन की रोशनी का प्रतीक है। उसके चारों ओर मानव-समाज, तकनीक, कौशल, और विकास से जुड़े चिह्न भविष्य की रूपरेखा का संकेत देते हैं।

मुख पृष्ठ यह संदेश देता है कि *"सच्चा पुनर्निर्माण तब होता है जब गाँव और शहर दोनों समान गति से आगे बढ़ें, और प्रत्येक वार्ड का प्रेरक परिवर्तन का वाहक बने।"*

नीचे 'सत्यकाशी पीठ – पाँचवां और अत्यंत शंकराचार्य पीठ' का उल्लेख इस ग्रंथ की आध्यात्मिक व सामाजिक नींव को दर्शाता है।

कुल मिलाकर, यह मुख पृष्ठ परंपरा और आधुनिकता-दोनों को जोड़ते हुए एक समग्र, संतुलित और मानवीय विकास-यात्रा का दृश्य प्रस्तुत करता है।

भूमिका

मानव सभ्यता का इतिहास केवल राजनैतिक उत्थान–पतन या आर्थिक परिवर्तन की कथा नहीं है; यह मूलतः मनुष्य के भीतर होने वाले बौद्धिक, आध्यात्मिक और सामाजिक रूपांतरणों की यात्रा है। जब भी मनुष्य की दृष्टि संकीर्णता से उठकर समष्टि की ओर जाती है, तब-तब नए युग का आरम्भ होता है। *"पुनर्निर्माण (RENEW)"* इसी समष्टि-दृष्टि का आधुनिक स्वरूप है-एक ऐसी दृष्टि जो व्यक्ति, समाज, ग्राम, नगर, राष्ट्र और विश्व-सभी को एक ही एकीकृत ताने-बाने में देखने की क्षमता विकसित करती है।

यह ग्रंथ उन सभी के लिए है जो यह समझना चाहते हैं कि वास्तविक परिवर्तन केवल नारे, योजनाओं या नीतियों से नहीं आता; परिवर्तन तब आता है जब मनुष्य की सोच बदलती है, उसकी दृष्टि व्यापक होती है और उसका कर्म-बोध सत्य पर आधारित होता है। आज भारत जिस निर्णायक मोड़ पर खड़ा है, उसे केवल आर्थिक उन्नति ही नहीं, बल्कि **राष्ट्रीय बौद्धिक विकास** की भी आवश्यकता है। जब तक मस्तिष्क "व्यष्टि" में अटका रहेगा, तब तक "समष्टि" का भारत नहीं बन सकता।

इस पुस्तक का उद्देश्य उस ही व्यष्टि से समष्टि तक की यात्रा का मानक प्रस्तुत करना है।

वर्तमान व्यवस्था और 'सत्यीकरण' की आवश्यकता

लोकतन्त्र वह भूमि है जहाँ हर नागरिक केवल मतदाता नहीं बल्कि राष्ट्र के भविष्य का सह-निर्माता होता है। परन्तु व्यवस्था तब ही विकसित हो सकती है जब उसका संचालन "सत्य मानक" पर आधारित हो। आज का राजनीतिक वातावरण, प्रशासनिक ढाँचा और सामाजिक संरचना-सभी सुधार की नहीं, बल्कि **सत्यीकरण** की माँग कर रहे हैं।

इसी सन्दर्भ में *"विश्वशास्त्र"*-जो इस पूरे ग्रंथ का दार्शनिक आधार है-एक ऐसा मानक प्रस्तुत करता है जो व्यक्ति, समाज और राष्ट्र के हर निर्णय को एक सार्वभौमिक सत्य के तराजू पर तौलने की क्षमता देता है।

यह पुस्ताक कहती है कि -

- *व्यवस्था-परिवर्तन* एक नारा है।
- *व्यवस्था-सत्यीकरण* एक मार्ग है।
- और *पुनर्निर्माण* उस मार्ग पर चलने का व्यावहारिक कार्यक्रम है।

दिव्य दृष्टि: एक बहुआयामी समझ

पुस्तक में "दिव्य दृष्टि" की अवधारणा को केवल पौराणिक अर्थों में नहीं, बल्कि एक **बहुआयामी समग्र दृष्टि (Multidimensional Vision)** के रूप में प्रस्तुत किया गया है-एक ऐसी दृष्टि जो केवल एक बिंदु को नहीं बल्कि पूरे परिदृश्य को एक साथ देखने की क्षमता देती है।

दिव्य दृष्टि का अर्थ है:
"जैसा है, वैसा ही-बिना विकार, बिना पक्षपात।"
और ऐसा मन तभी विकसित होता है जब वह-

- वस्तुओं को एक आयाम में नहीं,
- अनेक आयामों में,
- सत्य के आधार पर देखना सीख जाए।

व्यक्तिगत से सार्वजनिक-व्यष्टि से समष्टि

भारत की पुनर्रचना केवल शहरों या गाँवों के विकास का प्रश्न नहीं है; यह व्यक्ति की आंतरिक संरचना, उसके निर्णय, उसकी दृष्टि और उसके सामाजिक दायित्वों के पुनर्गठन का प्रश्न है।

यह पुस्तक हमें बताती है कि-

- जो व्यक्ति केवल अपने हित में सोचता है वह **व्यष्टि** है।
- जो व्यक्ति समाज, राष्ट्र और मानवता के हित में सोचने लगता है वही **समष्टि** है।
- और जो व्यक्ति व्यष्टि से समष्टि की यात्रा कर लेता है वही **प्रेरक (Catalyst)** है।

"ग्राम एवं नगर वार्ड प्रेरक" इसी परिवर्तन का वह केंद्र है जहाँ से राष्ट्र की नई चेतना जन्म लेती है।

पुनर्निर्माण: व्यक्ति से राष्ट्र तक की एकीकृत योजना

यह ग्रंथ केवल विचारों का संग्रह नहीं, बल्कि एक **जीवंत, क्रियात्मक और चरणबद्ध कार्यक्रम** है जिसमें-

- *डिजिटल इंडिया से ग्राम विकास तक,*
- *आर्थिक स्वतन्त्रता से रोजगार-सर्जन तक,*
- *शिक्षा से बौद्धिक पुनर्निर्माण तक,*
- *नेटवर्किंग से वास्तविक राष्ट्र-निर्माण तक,*
- *और व्यक्तिगत चेतना से सामूहिक चेतना तक*

एक सम्पूर्ण मार्गदर्शन प्रस्तुत है।

यह पुस्तक बताती है कि **राष्ट्र निर्माण का पहला केन्द्र गाँव है, और गाँव का पहला केन्द्र व्यक्ति का मन।**

भारत का वैश्विक लक्ष्य: विश्व-गुरु का पुनरुत्थान

यह ग्रंथ स्पष्ट करता है कि भारत का उत्थान केवल आर्थिक सूचकांकों से नहीं मापा जा सकता। भारत का लक्ष्य है-
मानवता का बौद्धिक नेतृत्व,
और यह लक्ष्य तभी संभव है जब-

- शिक्षा सत्य पर आधारित हो,
- नागरिक कर्तव्य-बोध से युक्त हो,
- समाज श्रम नहीं, ज्ञान का सम्मान करे,
- राजनीति मूल्य-आधारित हो जाए,

- और राष्ट्र का हर व्यक्ति "मैं" से "हम" की यात्रा पूरा कर ले।

अंततः, यह ग्रंथ किसके लिए है?

- उन युवाओं के लिए जो देश में परिवर्तन देखना चाहते हैं।
- उन बुद्धिजीवियों के लिए जो सत्यपूर्ण व्यवस्था की खोज में हैं।
- उन नेताओं, शिक्षकों, सामाजिक कार्यकर्ताओं के लिए जो समाज में वास्तविक बदलाव लाना चाहते हैं।
- और उन करोड़ों नागरिकों के लिए जो एक न्यायपूर्ण, समृद्ध और आध्यात्मिक भारत का निर्माण चाहते हैं।

समापन

"पुनर्निर्माण (RENEW)" केवल एक पुस्तक नहीं-
यह एक **आध्यात्मिक, सामाजिक और राष्ट्रीय चेतना का घोषणापत्र** है।

यह उस भारत की यात्रा है-
जहाँ गाँव स्मार्ट होंगे,
शहर संवेदनशील होंगे,
नागरिक जागरूक होंगे,
और देश विश्व का अग्रदूत होगा।

यदि भारत को उन्नति की ऊँचाई चाहिए, तो सबसे पहले मस्तिष्क को उन्नत करना होगा-
यही इस ग्रंथ का संदेश है।

✍ ***लव कुश सिंह "विश्वमानव"***

एक शोधक, चिंतक और मार्गदर्शक, जिन्होंने अपना जीवन *मानवता, आत्मा और नव-सृष्टि* के अध्ययन एवं लेखन को समर्पित किया है।

- प्रमुख ग्रंथ: *विश्वशास्त्र*
- दृष्टि: *नव-मनुष्य और नव-संसार का निर्माण*

प्रारम्भ के पहले दिव्य-दृष्टि

मेरे इस जीवन की एक अलग यात्रा में "दिव्य" शब्द का जो दर्शन हुआ वह इस प्रकार है। "दिव्य" शब्द का प्रयोग वेदों के समय से ही हो रहा है और वह दूसरे शब्दों के साथ मिलकर "दिव्य दृष्टि", "दिव्य रूप", "दिव्य दिन", "दिव्य वर्ष", "दिव्य युग" इत्यादि के रूप में हमारे सामने है। अनेक विद्वान व तत्वद्रष्टाओं ने इस दिव्य शब्द का अनेक-अनेक प्रकार से अर्थ बतायें हैं। यहाँ दिव्य शब्द के प्रयोग व उसके अर्थ को नीचे दिया जा रहा है जिससे हम सभी को उसके अर्थ के प्रति समझ बन सकें।

01. "महाभारत" का युद्ध और "गीता" ज्ञान का प्रारम्भ जिस दृश्य से होता है, वह है-"संजय" और "धृतराष्ट्र" के बीच वार्तालाप। जिसमें महर्षि व्यास द्वारा युद्ध को देखने व धृतराष्ट्र को उसका "जैसा हो रहा है वैसा ही हाल" सुनाने के लिए संजय को एक दृष्टि दी जाती है जिसे हम सभी "दिव्य दृष्टि" के नाम से जानते हैं।

02. "अखिल विश्व गायत्री परिवार" के संस्थापक, "युग निर्माण योजना" के संचालक व 3000 से भी अधिक पुस्तक-पुतिकाओं के लेखक पं0 श्रीराम शर्मा आचार्य (जन्म-20 सितम्बर, 1911, मृत्यु-2 जून, 1990), जिनके कई लाख समर्थक-सदस्य हैं, के अनुसार "दिव्य का अर्थ देवता नहीं हो सकता। ऋग्वेद (2,164.46) में कहा गया है-अग्नि रूपी सूर्य को इन्द्र मित्र वरूण कहते हैं। वही दिव्य सुपर गुरूत्मान है। निरूक्त दैवत काण्ड (7,18) में कहा गया है-जो दिवि में प्रकट होता है उसे दिव्य कहते हैं। दिवि, द्य को कहते हैं। नैघण्टुक काण्ड में दिन के 12 नाम लिखे हैं उनमें द्यु शब्द भी दिन का वाचक है। अब दिव्य का अर्थ हुआ कि-जो दिन में प्रकट होता है। और यह प्रत्यक्ष है कि दिन में सूर्य ही प्रकट होता है। अतः दिव्य सूर्य का नाम है। ऋग्वेद (1,16:3,10) के मन्त्र में कहा गया है कि-आग का घोड़ा (सूर्य) है। इसमें भी सूर्य का ही वर्णन है। वेद में दिव्य नाम सूर्य का है, देवता को दिव्य कदापि नहीं कहते। व्याकरण से भी दिव्य शब्द का अर्थ देवता नहीं बनता। दिव् धातु में स्वार्थेयत प्रत्यय लगाने से दिव्य शब्द बनता है। इसकी व्युत्पत्ति यह हुई-दिव भवं दिव्यन अर्थात जो दिवि में प्रकट होता है। अतः दिव्य केवल सूर्य ही को कहते हैं। दिवि, द्यु को कहते हैं और द्यु दिन का नाम है। देवता शब्द दूसरें देवातल आदि सूत्रों से बनता है। इस कारण भी दिव्य और देवता शब्दों का आपस में कोई सम्बन्ध नहीं है। "दिव्य" शब्द और "देवता" शब्द बनाने के रूप ही अलग-अलग हैं।"

03. "ज्ञान व संस्कृति" और "बाबा भोलेनाथ" की नगरी काशी (वाराणसी, उ0प्र0, भारत) के बनारसी संस्कृति में दिव्य शब्द का अन्य शब्द के साथ प्रयोग कर "दिव्य निपटान", "दिव्य स्नान", "दिव्य आनन्द" की परम्परा है। इस परम्परा का वाहक काशी (वाराणसी) का अस्सी मुहल्ला है जिस पर प्रो0 काशी नाथ सिंह द्वारा पुस्तक "काशी की अस्सी" भी लिखा गया है और फिल्म भी बना है। काशी ज्ञान की नगरी है। यहाँ के लोगों का जन्म ही ज्ञान में होता है और ज्ञान में ही जीवन जीते है, ज्ञान ही बोलते हैं तथा ज्ञान में ही शरीर त्याग करते हैं। इनकी जीवन शैली और भाषा में सारा शास्त्र समाहित होता है। इसके उदाहरण को केवल "दिव्य निपटान" के अर्थ से

ही जाना जा सकता है। सुबह हो या शाम, सामने गंगा बह रही हो, उपर खुला आकाश हो, भांग को गोला पेट में जा चुका हो, और जब किनारे पर निपटने (नित्य क्रिया) करने बैठते हैं तो बनारसी उसे "दिव्य निपटान" कहते हैं अर्थात उस प्रकार से क्रिया जिसमें कुछ भी बनावटी न हो अर्थात प्राकृतिक हो उसे "दिव्य" कहते हैं। इस प्रकार आधुनिक सुविधाओं से युक्त शौचालय में नित्य क्रिया करना बनारसी ज्ञान में किसी भी स्थिति में "दिव्य निपटान" नहीं हो सकती। इसी प्रकार कपड़े पहनकर नहाना "दिव्य स्नान" नहीं और आधुनिक सुख-सुविधाओं से आनन्द में होना "दिव्य आनन्द" नहीं।

सन् 1893 से सन् 1993 के 100 वर्षों के समय में विश्व के बौद्धिक शक्ति को जिन्होंने सबसे अधिक हलचल दी वे हैं-धर्म की ओर से स्वामी विवेकानन्द और धार्मिकता की ओर से आचार्य रजनीश"ओशो"। दृष्टि के सम्बन्ध में इनके निम्न विचार हैं। स्वामी विवेकानन्द के अनुसार-"अनात्मज्ञ पुरूषों की बुद्धि एकदेश-दर्शिनी होती है। आत्मज्ञ पुरूषों की बुद्धि सर्वग्रासिनी होती है। आत्मप्रकाश होने से, देखोगे कि दर्शन, विज्ञान सब तुम्हारे अधीन हो जायेंगे।" (राम कृष्ण मिशन, विवेकानन्दजी के संग में, पृष्ठ-118) आचार्य रजनीश "ओशो" के अनुसार-"श्रीराम कितने ही बड़े हों, लेकिन इस मुल्क के चित्त में वे पूर्ण अवतार की तरह नहीं हैं, अंश हैं उनका अवतार। उपनिषद् के ऋषि कितने ही बड़े ज्ञानी हों, लेकिन अवतार नहीं हैं। श्रीकृष्ण पूर्ण अवतार हैं। परमात्मा अगर पृथ्वी पर पूरा उतरे तो करीब-करीब श्रीकृष्ण जैसा होगा। इसलिए श्रीकृष्ण इस मुल्क के अधिकतम मन को छु पाये हैं; बहुत कारणों से। एक तो पूर्ण अवतार का अर्थ होता है, मल्टी-डाइमेंन्सनल; जो मनुष्य के समस्त व्यक्तित्व को स्पर्श करता हो। श्रीराम वन-डाइमेंन्सनल है। अब तक श्रीकृष्ण को पूरा प्रेम करने वाला आदमी नहीं हुआ। क्योंकि पूरे श्रीकृष्ण को प्रेम करना तभी सम्भव है, जब वह आदमी भी मल्टी-डाइमेंन्सनल हो। हम आम तौर पर एक आयामी होते हैं। एक हमारा ट्रैक होता है व्यक्तित्व का, एक रेल की पटरी होती है, उस पटरी पर हम चलते है। जो एक गुरू बोल रहा है, वह अनन्त सिद्धों की वाणी है। अभिव्यक्ति में भेद होगा, शब्द अलग होंगे, प्रतीक अलग होंगे मगर जो एक सिद्ध बोलता है, वह सभी सिद्धों की वाणी है। इनसे अन्यथा नहीं हो सकता है। इसलिए जिसने एक सिद्ध को पा लिया, उसने सारे सिद्धों की परम्परा को पा लिया। क्योंकि उनका सूत्र एक ही है। कुंजी तो एक ही है, जिससे ताला खुलता है अस्तित्व का।"

उपरोक्त विचारों से यह स्पष्ट होता है कि "दिव्य" का अर्थ सीधा सा प्राकृतिक रूप अर्थात "जैसा है ठीक वैसा ही" है तथा "दिव्य दृष्टि" का अर्थ सर्वग्रासिनी या बहुआयामी (मल्टी-डाइमेंन्सनल) दृष्टि होता है। इस प्रकार ब्रह्मा का "दिव्य रूप" चार सिर वाला, विष्णु का "दिव्य रूप" चार हाथ वाला और शिव-शंकर का "दिव्य रूप" पाँच सिर वाला पुराणों में प्रक्षेपित है। किसी भी वस्तु को एक दिशा से देखकर उसके वास्तविक रूप लम्बाई, चौड़ाई, ऊँचाई इत्यादि के साथ नहीं देख सकते। हम सभी अपनी आँखों से ही आँखों या पूरे शरीर को नहीं देख सकते। उसके लिए हमें दर्पण की आवश्यकता पड़ती है अर्थात स्वयं से बाहर आकर ही पूरे को देखना सम्भव हो पाता है। इसी प्रकार पृथ्वी को देखने के लिए हमें पृथ्वी से बाहर जाना पड़ता है और सारी पृथ्वी के विकास के चिन्तन के लिए मन को पृथ्वी से बाहर ले जाना पड़ता है। "विश्वशास्त्र" ऐसे ही मन की स्थिति का परिणाम है। वर्तमान और भविष्य के समय के लिए सबसे सत्य दृष्टि तो यही है-

"एक गुण से देखना दृष्टि है,
अनेक गुणों से एक साथ देखना दिव्य दृष्टि है,
सिर्फ विद्वता को देखना दृष्टि दोष है"
और
"जो मन कर्म में न बदले, वह मन नहीं और व्यक्ति का अपना स्वरूप नहीं।"

व्यवस्था के परिवर्तन या सत्यीकरण का पहला प्रारूप और उसकी कार्य विधि

उदाहरण के रूप में, यदि किसी शिक्षित व्यक्ति जिसे अंकगणित का ज्ञान हो, उसके समक्ष संख्या 5 लिख दिया जाये और उससे कहा जाये कि इस संख्या के आगे और पीछे की संख्या लिखें तो वह आसानी से उसे लिख देगा परन्तु अंकगणित का अज्ञानी ऐसा नहीं कर पायेगा। उसका सारा ध्यान केवल संख्या 5 पर ही टिका रह जायेगा क्योंकि वह संख्या पद्धति से अपरिचित है। अगर वह कुछ लिख भी देगा तो वह आवश्यक नहीं कि सत्य हो और उसमें सुधार की पूरी सम्भावना बनी रहेगी। समाज सुधार के क्षेत्र में भी यही बात है। हम एक समस्या देखते हैं फिर उसमें कुछ सुधार कर देते हैं। फल यह होता है कि कुछ समय बाद पुनः उसमें सुधार की आवश्यकता आ जाती है।

जितने अधिक आकड़ों को विश्लेषित कर हम परिणाम को खोजेंगे उतने ही सत्य परिणाम हमारे सामने आयेंगे। प्रस्तुत शास्त्र व्यक्त अधिकतम आकड़ों के व्यवस्थित प्रस्तुतीकरण का शास्त्र है। दूसरे रूप में इसे धर्म ज्ञान का बैलेन्ससीट भी कह सकते है। इन सम्पूर्ण आकड़ों पर आधारित होकर व्यक्ति, समाज और विश्व राष्ट्र के लिए लिया गया निर्णय ही एक सत्य निर्णय हो सकता है। समाज सुधार के सम्बन्ध में स्वामी विवेकानन्द का कहना है कि-"तथाकथित समाज-सुधार के विषय में हस्तक्षेप न करना क्योंकि पहले आध्यात्मिक सुधार हुये बिना अन्य किसी भी प्रकार का सुधार हो नहीं सकता (राम कृष्ण मिशन, पत्रावली भाग-1, पृष्ठ-29), भारत के शिक्षित समाज से मैं इस बात पर सहमत हूँ कि समाज का आमूल परिवर्तन करना आवश्यक है। पर यह किया किस तरह जाये? सुधारकों की सब कुछ नष्ट कर डालने की रीति व्यर्थ सिद्ध हो चुकी है। मेरी योजना यह है, हमने अतीत में कुछ बुरा नहीं किया। निश्चय ही नहीं किया। हमारा समाज खराब नहीं, बल्कि अच्छा है। मैं केवल चाहता हूँ कि वह और भी अच्छा हो। हमें असत्य से सत्य तक अथवा बुरे से अच्छे तक पहुँचना नहीं है। वरन् सत्य से उच्चतर सत्य तक, श्रेष्ठ से श्रेष्ठतर और श्रेष्ठतम तक पहुँचना है। मैं अपने देशवासियों से कहता हूँ कि अब तक जो तुमने किया, सो अच्छा ही किया है, अब इस समय और भी अच्छा करने का मौका आ गया है।"-(राम कृष्ण मिशन, जितने मत उतने पथ, पृष्ठ-46)

व्यक्ति हो या ज्ञानी, समाज हो या राज्य, देश हो या विश्व, समाज नेता हों या राजनेता सभी को अब यह जान लेना चाहिए कि विश्व एक परिवार है और उस परिवार का शास्त्र-"विश्वशास्त्र" है। जब तक यह शास्त्र उपलब्ध नहीं था तब तक इस विश्व परिवार के एकीकरण का मार्ग नहीं खुला था, अब वह मार्ग मिल चुका है। कोई भी समाज निर्माण या युग परिवर्तन का कार्य एक क्षण का कार्य नहीं है। यह एक लम्बी अवधि की प्रक्रिया का कार्य है। इसे हम उन समाज सुधारकों के संस्थाओं के कार्य को देख कर अनुभव कर सकते हैं।

व्यवस्था परिवर्तन, एक राजनीतिक लुभावना वाला शब्द है। वह कैसे होगा, इसके लिए एक प्रारूप की आवश्यकता होती है अगर वह नहीं है तो व्यवस्था परिवर्तन चिल्लाने से नहीं होता। फिर व्यवस्था परिवर्तन किस बात का? मानव समाज को संचालित करने के लिए तो सिर्फ दो ही मूल व्यवस्था है-एक राजतन्त्र, जिसका युग जा चुका है। दूसरा-लोकतन्त्र, जिसका युग चल रहा है और यही अन्तिम व्यवस्था भी बनी रहेगी क्योंकि ब्रह्माण्डीय व्यवस्था भी लोकतन्त्र से ही चल रहा है और मनुष्य के मस्तिष्क से अन्ततः वही व्यक्त हो रहा है। लोकतन्त्र से हम राजतन्त्र में नहीं जा सकते इसलिए व्यवस्था परिवर्तन का अर्थ ही निरर्थक है।

आवश्यकता है वर्तमान लोकतन्त्र व्यवस्था को ही सत्य आधारित करने की जिसे व्यवस्था सत्यीकरण कहा जा सकता है। इस कार्य में हमें मानकशास्त्र की आवश्यकता है जिससे तोल कर यह देख सके कि इस लोकतन्त्र व्यवस्था में कहाँ सुधार करने से सत्यीकरण हो जायेगा। यह मानकशास्त्र ही "विश्वशास्त्र" है। सिर्फ मतदाता बनने व वोट डालने से ही लोकतन्त्र स्वस्थ नहीं हो सकता। उसके लिए देश व विश्व के पूर्ण ज्ञान की आवश्यकता होगी। इसलिए आवश्यक है कि प्रत्येक मतदाता "विश्वशास्त्र" के ज्ञान से युक्त हो।

अच्छा होता कि हमारे राजनेतागण कुछ दिनों के लिए सन्यास लेकर थोड़ा कुछ अध्ययन-चिंतन करते रहते ताकि उन्हें बार-बार लक्ष्य के लिए शब्दों का परिवर्तन न करना पड़ता। एक ही स्थिति में बहुत समय तक रहने पर बुद्धि, बद्ध हो जाती है। एक-एक सीढ़ी चढ़कर, पहुँच गये-पहुँच गये चिल्लाने से अच्छा है कि अन्तिम सीढ़ी पर पर बैठकर चिल्लाना कि पहुँच गये।

चाहे कुछ हो यदि प्रारूप नहीं, तो न तो व्यवस्था परिवर्तन हो सकता है, न ही व्यवस्था सत्यीकरण हो सकता है, न ही सम्पूर्ण क्रान्ति। भीड़ से क्रान्ति नहीं सिर्फ हंगामा होता है। भीड़ में जोश होता है, होश नहीं।

इस मानक शास्त्र के प्रस्तुत हो जाने से व्यवस्था परिवर्तन की नहीं बल्कि व्यवस्था के सत्यीकरण का मार्ग खुल चुका है। जिसका व्यक्ति, समाज और विश्व राष्ट्र को आवश्यकता भी है। किसी एक विषय पर बहुत अधिक पुस्तक मस्तिष्क को भ्रमित ही करती है। यह शास्त्र प्रारम्भ से अन्त तक के विकास को क्रमबद्ध प्रस्तुत करता है जिससे हम सभी एक सत्य निर्णय करने में सक्षम हों और पूर्ण ज्ञान से युक्त हो जायें और हमारा कोई भी सुधार एक स्थायी, अच्छा और दूरगामी परिणाम देने वाला हो।

प्रश्न यह भी उठता है कि परिवार का मुखिया जिसके द्वारा परिवार का संचालन होता है, यदि वह परिवार के हित व विकास के विषय में कर्म न करता हो तो क्या परिवार का सदस्य उसमें हस्तक्षेप करने का अधिकारी है या नहीं? यही बात देश को चलाने वाले संसद के विषय में भी है। यदि संसद स्वयं देशहित व जनहित के प्रति उदासीन हो जाये तो क्या जनता संसद को मार्गदर्शन देने का अधिकार नहीं रखती? यदि नहीं तो संविधान की धारा-51(ए) के अन्तर्गत नागरिक का मौलिक कर्तव्य की उपयोगिता क्या है? ध्यान रखने योग्य विषय यह है कि कोई भी चुना हुआ प्रतिनिधि सिर्फ उतने ही बड़े क्षेत्र का प्रतिनिधि होता है जिस क्षेत्र से वह चुना जाता है। भारत में ऐसा कोई प्रतिनिधि जनता से नहीं चुना जाता जो भारत का प्रतिनिधित्व करता हो और जब तक भारत का प्रतिनिधित्व करने वाला चुनाव नहीं होता या भारत की जनता का राष्ट्रीय मुद्दों पर विचार कर संसद के कर्तव्य का बोध कराने वाली स्वतन्त्र संस्था नहीं बन जाती, तब तक जनता को संसद को संविधान की धारा-51(ए) के अन्तर्गत नागरिक का मौलिक कर्तव्य के अनुसार न्यायालय व संसद के माध्यम से सरकार को मार्गदर्शन देने का कर्तव्य करना चाहिए जो उसका अधिकार भी है।

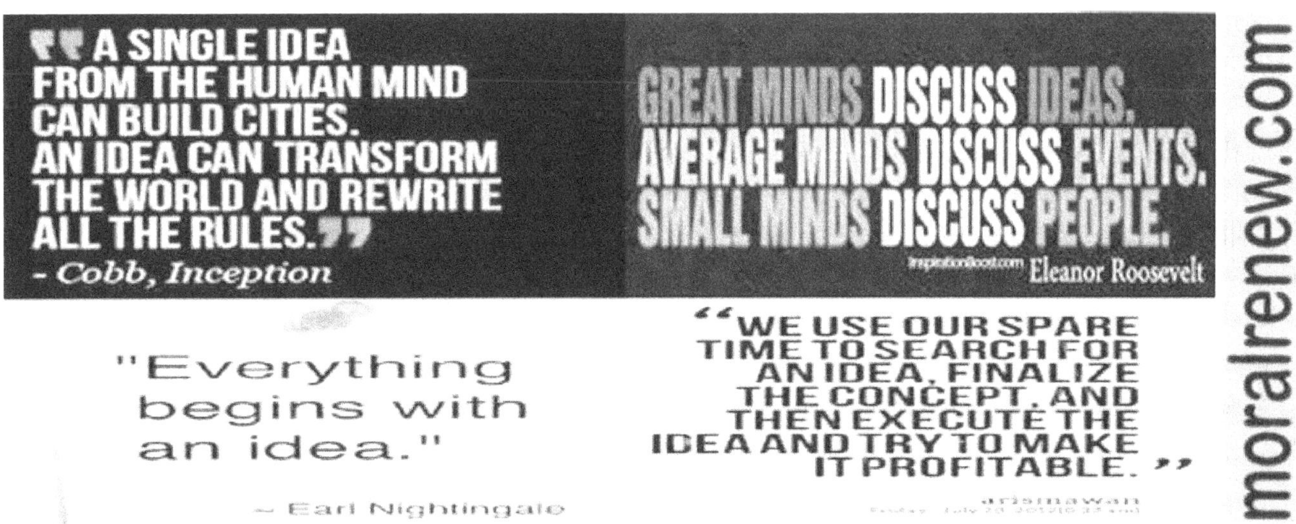

मिले सुर मेरा तुम्हारा, तो सुर बने हमारा

"स ईशोऽनिर्वचनीयप्रेमस्वरुपः"- ईश्वर अनिर्वचनीय प्रेम स्वरुप है। नारद द्वारा वर्णन किया हुआ ईश्वर का यह लक्षण स्पष्ट है और सब लोगों को स्वीकार है। यह मेरे जीवन का दृढ़ विश्वास है। बहुत से व्यक्तियों के समूह को समष्टि कहते हैं और प्रत्येक व्यक्ति, व्यष्टि कहलाता है आप और मैं दोनों व्यष्टि हैं, समाज समष्टि है आप और मैं- पशु, पक्षी, कीड़ा, कीड़े से भी तुक्ष प्राणी, वृक्ष, लता, पृथ्वी, नक्षत्र और तारे यह प्रत्येक व्यष्टि है और यह विश्व समष्टि है जो कि वेदान्त में विराट, हिरण गर्भ या ईश्वर कहलाता है। और पुराणों में ब्रह्मा, विष्णु, देवी इत्यादि। व्यष्टि को व्यक्तिशः स्वतन्त्रता होती है या नहीं, और यदि होती है तो उसका नाम क्या होना चाहिए। व्यष्टि को समष्टि के लिए अपनी इच्छा और सुख का सम्पूर्ण त्याग करना चाहिए या नहीं, वे प्रत्येक समाज के लिए चिरन्तन समस्याएँ हैं सब स्थानों में समाज इन समस्याओं के समाधान में संलग्न रहता है ये बड़ी-बड़ी तरंगों के समान आधुनिक पश्चिमी समाज में हलचल मचा रही हैं जो समाज के अधिपत्य के लिए व्यक्तिगत स्वतन्त्रता का त्याग चाहता है वह सिद्धान्त समाजवाद कहलाता है और जो व्यक्ति के पक्ष का समर्थन करता है वह व्यक्तिवाद कहलाता है।

सबका स्वामी (परमात्मा) कोई व्यक्ति विशेष नहीं हो सकता, वह तो सबकी समष्टि स्वरुप ही होगा। वैराग्यवान मनुष्य आत्मा शब्द का अर्थ व्यक्तिगत "मैं" न समझकर, उस सर्वव्यापी ईश्वर को समझता है जो अन्तर्यामी होकर सबमें वास कर रहा हो। वे समष्टि के रुप में सब को प्रतीत हो सकते हैं ऐसा होते हुए जब जीव और ईश्वर स्वरुपतः अभिन्न हैं, तब जीवों की सेवा और ईश्वर से प्रेम करने का अर्थ एक ही है। यहाँ एक विशेषता है। जब जीव को जीव समझकर सेवा की जाती है तब वह दया है, किन्तु प्रेम नहीं। परन्तु जब उसे आत्मा समझकर सेवा करो तब वह प्रेम कहलाता है। आत्मा ही एक मात्र प्रेम का पात्र है, यह श्रुति, स्मृति और अपरोक्षानुभूति से जाना जा सकता है।

सर्वेश्वर कभी भी विशेष व्यक्ति नहीं बन सकते। जीव है व्यष्टि; और समस्त जीवों की समष्टि है, ईश्वर। जीव में अविद्या प्रबल है; ईश्वर विद्या और अविद्या की समष्टि रूपी माया को वशीभूत करके विराजमान है और स्वाधीन भाव से उस स्थावर-जंगमात्मक जगत को अपने भीतर से बाहर निकाल रहा है। परन्तु ब्रह्म उस व्यष्टि-समष्टि से अथवा जीव-ईश्वर से परे है। ब्रह्म का अ शांश भाग नहीं होता।

समष्टि से प्रेम किये बिना हम व्यष्टि से प्रेम कैसे कर सकते हैं? ईश्वर ही वह समष्टि है। सारे विश्व का यदि एक अखण्ड रूप से चिन्तन किया जाय, तो वही ईश्वर है, और उसे पृथक-पृथक रूप से देखने पर वही यह दृश्यमान संसार है- व्यष्टि है। समष्टि वह इकाई है, जिसमें लाखों छोटी-छोटी इकाईयों का मेल है। इस समष्टि के माध्यम से ही सारे विश्व को प्रेम करना सम्भव है।"

- स्वामी विवेकानन्द

"मेरा", व्यष्टि है। "तुम्हारा", व्यष्टि है। "हमारा", समष्टि है। ये "मेरा", "तुम्हारा", व्यष्टि "मैं" है। "हमारा", समष्टि "मैं" है। "व्यष्टि" व्यक्तिगत होता है जबकि "समष्टि" सार्वजनिक, न्यूनतम एवं अधिकतम साझा जिसे अंग्रेजी में कामन (Common) कहते हैं, होता है।

साकार आधारित तन्त्र (राजतन्त्र) अर्थात बिना लिखित संविधान वाले तन्त्र में जब तक व्यक्ति प्रजा (व्यक्तिगत पद) होता है वह "व्यष्टि" होता है जैसे ही वह राजा (सार्वजनिक पद) पर बैठेगा, वह "समष्टि" हो जायेगा। राजा (सार्वजनिक पद) पर बैठने के बाद भी वह अपने व्यक्तिगत विचारों का संचालन कर सकता था क्योंकि वहाँ कोई लिखित संविधान नहीं होता है। इसी कारण जो राजा व्यक्तिगत हित के विचारों का संचालन करने लगते थे, उन्हें व्यक्तिवादी या असुर की श्रेणी में तथा जो राजा सार्वजनिक हित के विचारों का संचालन करते थे उन्हें समाजवादी या सुर के श्रेणी में रखे जाते थे।

वर्तमान में हम सभी निराकार आधारित तन्त्र (लोकतन्त्र) अर्थात लिखित संविधान वाले लोकतन्त्र में रहते हैं और उसी से शासित हैं। और इस तन्त्र के अनुसार जितने भी सार्वजनिक पद हैं वे सब समष्टि पद हैं। उस पद को संचालित करने के लिए एक लिखित मार्गदर्शन हैं जिसे हम सब संविधान-कानून कहते हैं। वह पद उससे बाहर नहीं जा सकता। उससे बाहर जाने पर पीठासीन व्यक्ति विवाद-विरोध का शिकार हो जायेगा। संविधान-कानून, एक मानवीय समष्टि शास्त्र है अर्थात एक मानव समूह को संचालित करने के लिए, उस समूह का समष्टि विचार है।

यह अच्छी प्रकार जान लेना चाहिए कि अवतारी श्रृंखला, संत श्रृंखला, दार्शनिक श्रृंखला, सिद्ध श्रृंखला, शास्त्र श्रृंखला से आये अवतार, संत, दार्शनिक, सिद्ध, शास्त्र सब समष्टि हैं, ये मानव जाति के लिए कार्य करते हैं न कि किसी विशेष मानव समूह के लिए। सरल शब्दों में जो विचार अधिकतम मानव समूह पर सरलता से लागू-प्रभावी किया जा सके वह उच्चतर समष्टि विचार है तथा जो जितना उच्चतर शक्ति से लागू-प्रभावी किया जा सके वह उतना ही उच्चतर व्यष्टि विचार है।

वर्षों से भारत के दूरदर्शन के राष्ट्रीय चैनल पर राष्ट्रीय विभिन्नताओं में एकता और एकीकरण का भाव जगाने वाले गीत "मिले सुर मेरा तुम्हारा तो सुर बने हमारा..................सुर की नदियाँ, हर दिशा से चलकर सागर में मिल जाये।" का यह "विश्वशास्त्र" प्रत्यक्ष रूप है और हमारा सुर ही है। साथ ही यह भारत सहित विश्व का प्रतिनिधि मानक शास्त्र भी है। विभिन्न विचार की नदियाँ, इस "विश्वशास्त्र" नामक सागर में ही विलीन हो जाती हैं इसलिए ही "विश्वशास्त्र" के लिए कहा गया है- "सभी सर्वोच्च विचार और सर्वोच्च कर्म मेरी ओर ही आते हैं"

व्यष्टि विचार हो या समष्टि विचार, दोनों व्यक्ति से ही व्यक्त होते हैं। इसलिए यहाँ भ्रम कि स्थिति उत्पन्न होती है और कोई व्यक्ति बड़े ही सरल भाव से कह देता हैं कि - ये आपके अपने व्यक्तिगत विचार हैं। मानवीय रूप से "विश्वशास्त्र" व्यक्तिगत विचार का शास्त्र नहीं बल्कि सार्वजनिक विचार का शास्त्र है। और ईश्वरीय रूप में सार्वभौम सत्य-सिद्धान्त का समष्टि सत्य शास्त्र है अर्थात विश्व के मानव समूह को संचालित करने के लिए, ईश्वरीय समष्टि सार्वभौम सत्य-सिद्धान्त है। सत्य है, शिव है, सुन्दर है। शिव ज्योति है, प्रकाश है, गुरू है।

सफलता का नाम विशेषज्ञता (Specialist) नहीं, बल्कि ज्ञता (Generalized) है।

जब दुनिया बीसवीं सदी के समाप्ति के समीप थी तब वर्ष 1995 ई0 में कोपेनहेगन में सामाजिक विकास का विश्व शिखर सम्मेलन हुआ था। इस शिखर सम्मेलन में यह माना गया कि- "आर्थिक विकास अपने आप में महत्वपूर्ण विषय नहीं है, उसे समाजिक विकास के हित में काम करना चाहिए। यह कहा गया कि पिछले वर्षों में आर्थिक विकास तो हुआ, पर सभी देश सामाजिक विकास की दृष्टि से पिछड़े ही रहे। जिसमें मुख्यतः तीन बिन्दुओं- बढ़ती बेरोजगारी, भीषण गरीबी और सामाजिक विघटन पर चिन्ता व्यक्त की गई। यह स्वीकार किया गया कि सामाजिक विकास की समस्या सार्वभौमिक है। यह सर्वत्र है, लेकिन इस घोर समस्या का समाधान प्रत्येक संस्कृति के सन्दर्भ में खोजना चाहिए।" इसका सीधा सा अर्थ यह है कि व्यक्ति हो या देश, आर्थिक विकास तभी सफल होगा जब बौद्धिक विकास के साथ मनुष्य के गुणवत्ता में भी विकास हो।

इस सम्बन्ध में पं0 दीनदयाल उपाध्याय जी के विचार

कम्युनिस्टों के नारे "कमाने वाला खायेगा"-यह नारा यद्यपि कम्युनिस्ट लगाते है। किन्तु पूंजीवादी भी इस नारे के मूल में निहित सिद्वान्त से असहमत नहीं हैं। यदि दोनों में झगड़ा है तो केवल इस बात का कि कौन कितना कमाता है, कौन कितना कमा सकता है। पूंजीवादी साहस और पूंजी को महत्व देते हैं तो कम्युनिस्ट श्रम को। पूंजीवादी स्वयं के लिए अधिक हिस्सा माँगते हैं और कम्युनिस्ट अपने लिए। यह नारा अनुचित, अन्यायपूर्ण और समाजघाती है। हमारा नारा होना चाहिए- "कमाने वाला खिलायेगा और जो जन्मा है वह खायेगा।" खाने का अधिकार जन्म से प्राप्त होता है कमाने की पात्रता शिक्षा से आती है। यदि केवल कमाने वाला ही खायेगा तो बच्चों, बूढ़ों, रोगियों और अपाहिजों का क्या होगा? "कमाने वाला खायेगा" का दृष्टिकोण आसुरी और "कमाने वाला खिलायेगा" का विचार मानवीय है। समाजिकता और संस्कृति का मापदण्ड समाज में कमाने वाला द्वारा अपने कर्तव्य के निर्वाह की तत्परता है। अर्थव्यवस्था का कार्य इस कर्तव्य के निर्वाह की क्षमता पैदा करना है। मात्र धन कमाने के साधन तथा तरीके बताना-पढ़ाना ही अर्थव्यवस्था का कार्य नहीं है। यह मानवता बढ़ाना भी उसका काम है कि कर्तव्य भावना के साथ कमाने वाला खिलाये भी। यहाँ यह स्पष्ट समझ लिया जाना चाहिए कि वह कार्य दायित्व की भावना से करें न कि दान देने या चंदा देने की भावना से। पूंजीवादी व्यवस्था ने केवल अर्थपरायण मानव का विचार किया तथा अन्य क्षेत्रों से उसे स्वतन्त्र छोड़ दिया तो समाजवादी व्यवस्था केवल "जाति वाचक मानव" का ही विचार करती है। उसमें व्यक्ति की रूचि, प्रकृति गुणों की विविधता और उसके आधार पर विकास करने के लिए कोई स्थान नहीं है इन दोनों अवस्थाओं-व्यवस्थाओं में मनुष्य के सत्य और उसकी पूर्णता को नहीं समझा गया। एक व्यवस्था उसे स्वार्थी, अर्थपरायण, संघर्षशील, प्रतिस्पर्धी, प्रतिद्वन्दी और मात्स्यन्याय प्रवण प्राणी मानती है तो दूसरी उसे व्यवस्थाओं और परिस्थितियों का दास बेचारा और नास्तिक-अनास्थामय प्राणी। शाक्तियों का केन्द्रिकरण दोनों व्यवस्थाओं में अभिप्रेत है। अतएव पूंजीवादी एवं समाजवादी दोनों ही अमानवीय व्यवस्थाएँ हैं।

धन का अभाव मनुष्य को निष्करूण और क्रूर बना देता है। तो धन का प्रभाव उसे शोषक सामाजिक दायित्व निरपेक्ष, दम्भी और दमनकारी। भारत और विश्व की समस्याओं का समाधान और प्रश्नों का उत्तर विदेशी राजनीतिक नारों या वादों (समाजवादी, पूंजीवादी आदि) में नहीं अपितु स्वयं भारत के सनातन विचार परम्परा में से उपजे हिन्दूत्व अर्थात् भारतीय जीवन दर्शन में है। केवल यही एक ऐसा जीवन दर्शन है जो मनुष्य जीवन का विचार करते समय उसे टुकड़ों में नही बाँटता उसके सम्पूर्ण जीवन को इकाई मानकर उसका विचार करता है। यह समझना भारी भूल होगी कि हिन्दूत्व वर्तमान वैज्ञानिक उन्नति का विरोधी है। आधुनिक विज्ञान और प्रौद्योगिक का प्रयोग इस पद्धति से होना चाहिए कि वे हमारे सामाजिक और सांस्कृतिक जीवन पद्धति के प्रतिकूल नहीं, अनुकूल हो। हमारा राष्ट्रीय लक्ष्य धर्मराज्य, जिसे गाँधी जी रामराज्य कहा करते थे, लोकतन्त्र, सामाजिक समरसता और राजनीतिक आर्थिक शक्तियों के विकेन्द्रियकरण का होना चाहिए। आप इसे हिन्दूत्ववाद, मानवता अथवा अन्य कोई भी नया "वाद" या किसी भी नाम से पुकारें किन्तु केवल यही ही भारत की आत्मा के अनुकूल होगा। यही देशवासियों में नवीन उत्साह संचारित कर सकेगा। विनाश और विभ्रन्ति के चौराहे पर खड़े विश्व के लिए भी यह मार्गदर्शक का काम करेगा।

-पं0 दीनदयाल उपाध्याय

कुल मिलाकर जो व्यक्ति या देश केवल आर्थिक उन्नति को ही सर्वस्व मानता है वह व्यक्ति या देश एक पशुवत् जीवन निर्वाह के मार्ग पर है-जीना और पीढ़ी बढ़ाना। दूसरे रूप में इसे ऐसे समझा जा सकता है कि ऐसे व्यक्ति जिनका लक्ष्य धन रहा था वे अपने धन के बल पर अपनी मूर्ति अपने घर पर ही लगा सकते हैं परन्तु जिनका लक्ष्य धन नहीं था, उनका समाज ने उन्हें, उनके रहते या उनके जाने के बाद अनेकों प्रकार से सम्मान दिया है और ये सार्वजनिक रूप से सभी के सामने प्रमाणित है। पूर्णत्व की प्राप्ति का मार्ग शारीरिक-आर्थिक उत्थान के साथ-साथ मानसिक-बौद्धिक उत्थान होना चाहिए और यही है ही। इस प्रकार भारत यदि पूर्णता व विश्व गुरूता की ओर बढ़ना चाहता है तब उसे मात्र कौशल विकास ही नहीं बल्कि राष्ट्रीय बौद्धिक विकास की ओर भी बढ़ना होगा। बौद्धिक विकास, व्यक्ति व राष्ट्र का इस ब्रह्माण्ड के प्रति दायित्व है और उसका लक्ष्य है। सफलता का नाम विशेषज्ञता (Specialist) नहीं, बल्कि ज्ञता (Generalized) है, ये ज्ञता (Generalized) ही राष्ट्रीय बौद्धिक विकास है।

एक विश्व - श्रेष्ठ विश्व के निर्माण के लिए आवश्यक कार्य

आचार्य रजनीश "ओशो" की वाणी है - "इस देश को कुछ बाते समझनी होगी। एक तो इस देश को यह बात समझनी होगी कि तुम्हारी परेशानियों, तुम्हारी गरीबी, तुम्हारी मुसीबतों, तुम्हारी दीनता के बहुत कुछ कारण तुम्हारे अंध विश्वासों में है, कम से कम डेढ़ हजार साल पिछे घिसट रहा है। ये डेढ़ हजार साल पूरे होने जरूरी है। भारत को खिंचकर आधुनिक बनाना जरूरी है। मेरी उत्सुकता है कि इस देश का सौभाग्य खुले, यह देश भी खुशहाल हो, यह देश भी समृद्ध हो। क्योंकि समृद्ध हो यह देश तो फिर राम की धुन गुंजे, समृद्ध हो यह देश तो फिर लोग गीत गाँये, प्रभु की प्रार्थना करें। समृद्ध हो यह देश तो मंदिर की घंटिया फिर बजे, पूजा के थाल फिर सजे। समृद्ध हो यह देश तो फिर बाँसुरी बजे कृष्ण की, फिर रास रचे!"

भारत को सम्पूर्ण क्रान्ति की जरूरत है। क्रान्ति के प्रति विचार यह है कि- "राजनीतिक, आर्थिक व सामाजिक परिस्थिति में उसकी स्वस्थता के लिए परिवर्तन ही क्रान्ति है, और यह तभी मानी जायेगी जब उसके मूल्यों, मान्यताओं, पद्धतियों और सम्बन्धों की जगह नये मूल्य, मान्यता, पद्धति और सम्बन्ध स्थापित हों। अर्थात क्रान्ति के लिए वर्तमान व्यवस्था की स्वस्थता के लिए नयी व्यवस्था स्थापित करनी होगी। यदि व्यवस्था परिवर्तन के आन्दोलन में विवेक नहीं हो, केवल भावना हो तो वह आन्दोलन हिंसक हो जाता है। हिंसा से कभी व्यवस्था नहीं बदलती, केवल सत्ता पर बैठने वाले लोग बदलते है। हिंसा में विवेक नहीं उन्माद होता है। उन्माद से विद्रोह होता है क्रान्ति नहीं। क्रान्ति में नयी व्यवस्था का दर्शन - शास्त्र होता है अर्थात क्रान्ति का लक्ष्य होता है और उस लक्ष्य के अनुरुप उसे प्राप्त करने की योजना होती है। दर्शन के अभाव में क्रान्ति का कोई लक्ष्य नहीं होता।"

सम्पूर्ण क्रान्ति से हमारा तात्पर्य सभी विषयों के अपने सत्य अर्थो में स्थापना से है। जो आपके शब्दों में "आध्यात्मिक एवं दार्शनिक विरासत के आधार पर एक भारत - श्रेष्ठ भारत" है। लोकतन्त्र से हम राजतन्त्र में नहीं जा सकते इसलिए व्यवस्था परिवर्तन का अर्थ ही निरर्थक है। आवश्यकता है वर्तमान लोकतन्त्र व्यवस्था को ही सत्य आधारित करने की जिसे व्यवस्था सत्यीकरण कहा जा सकता है। इस कार्य में हमें मानकशास्त्र की आवश्यकता है जिससे तोल कर यह देख सके कि इस लोकतन्त्र व्यवस्था में कहाँ सुधार करने से सत्यीकरण हो जायेगा। यह मानकशास्त्र ही "विश्वशास्त्र" है। जो भारत के तेज विकास सहित कायाकल्प का प्रारूप है। तेज विकास वही देश कर सकता है जहाँ के नागरिक अपने देश के प्रति समर्पित हों और कम से कम उनका मस्तिष्क देश स्तर तक व्यापक हो। संकुचित मस्तिष्क को व्यापक करने से ही वह वर्तमान में आ पायेगा। इन सब उद्देश्यों की प्राप्ति के लिए मूल रूप में निम्नलिखित कार्य करने आवश्यक हैं जो आध्यात्मिक एवं दार्शनिक विरासत का सार्वभौम सत्य-सिद्धान्त रूप है-

अ. भारत के विश्व गुरू बनने के लिए

ISO-9000 और ISO-14000 श्रृंखला की तरह "सम्पूर्ण मानक" अर्थात विश्वमानक - शून्य (WS-0) श्रंखला की विश्वव्यापी स्थापना।

विश्व का सर्वोच्च आविष्कार
मन का विश्वमानक शून्य श्रृंखला

World's Noble Discovery World Standard of Mind Series
Like ISO-9000 & ISO-14000 series

WS-0	: World standard of thoughts & Literature
WS-00	: World standard of Defination of subject & specialist
WS-000	: World standard of Management & Activity of Universe
WS-0000	: World standard of Management & Activity of Human
WS-00000	: World standard of Worship & Worship Place

moralrenew.com

ब. संविधानानुसार पूर्ण गणराज्यों के संघ के निर्माण के लिए

पूर्ण गणराज्य के लिए नगर व ग्राम पंचायत को देश के संविधान की भाँति संविधान देकर गणराज्य बनाते हुये उसका सम्बन्ध सीधे केन्द्र से करना व राज्यों को समाप्त करना।

स. गणराज्य के सशक्तता के लिए

01. नगर व ग्राम पंचायत के लाभ-हानि का ब्यौरा सार्वजनिक करना और उस अनुसार ही पिछड़े क्षेत्र पर विशेष ध्यान देना।
02. नगर व ग्राम पंचायत से ही सीधे प्रतिदिन सभी आकड़े केन्द्र को जिससे जनगणना, पशुगणना या अन्य आकड़ों के लिए विशेष अभियान की जरूरत नहीं। कार्ड, भूमि व नागरिक से सम्बन्धित सभी प्रमाण-पत्र नगर व ग्राम पंचायत से ही।
03. कृषि उत्पाद का भण्डारण ग्राम पंचायत स्तर पर। पंचायत से ही सीधे नागरिक, अन्य पंचायत और भारत सरकार द्वारा खरीददारी एवं भण्डारण।
04. "अतिथि देवो भवः" - नगर व ग्राम पंचायत के द्वारा बाहरी आगन्तुक, खोजकर्ता, आविष्कारक, निराश्रित के लिए "भोजन की गारण्टी" जिसे अन्नक्षेत्र कहते हैं।

द. गणराज्य: एक भारत - श्रेष्ठ भारत के स्थिरता के लिए

01. नागरिक के मस्तिष्क को आधुनिक, चिन्तनशील, पूर्ण, एकीकृत, समकक्षीकरण व समझ से युक्त करने के लिए "सत्य मानक शिक्षा" से युक्त करना। जिसके लिए राष्ट्रीय लोकतान्त्रिक नागरिक पात्रता परीक्षा (National Democratic Civilian Elegibility Test - NDCET) सरकारी सेवाओं के लिए अनिवार्य करना साथ ही छात्र के लिए अनिवार्य रूप से कभी भी उत्तीर्ण करना आवश्यक तभी उनका शैक्षिक डिग्री मान्य। इस प्रकार शिक्षक पात्रता परीक्षा (Teacher Elegibility Test - TET) अपने आप समाप्त हो जायेगी।
02. भारत के प्रति समर्पित नागरिक निर्माण का पाठ्यक्रम "सत्य मानक शिक्षा" को संविधान का अंग बनाना।
03. एक राष्ट्र - एक पाठ्यक्रम - एक शिक्षा बोर्ड की व्यवस्था क्योंकि शिक्षा का सम्बन्ध राष्ट्र से है न कि राष्ट्र के किसी भाग से।
04. शिक्षा और आवश्यक वस्तु के विपणन क्षेत्र में भारतीय आध्यात्म एवं दर्शन आधारित स्वदेशी विपणन प्रणाली: 3-एफ (3-F: Fuel-Fire-Fuel) अनिवार्य रूप से लागू करना जिससे उनका खर्च ही उन्हें आर्थिक लाभ दे। फलस्वरूप क्रय शक्ति में बढ़ोत्तरी।
05. न्याय क्षेत्र में समय सीमा में बद्ध न्याय और आर्थिक अपराध का दण्ड सर्वोच्च करना।
06. आरक्षण का आधार शारीरिक, आर्थिक व मानसिक करना।
07. नीजी क्षेत्र के विद्यालय और चिकित्सालय के शुल्क को नियंत्रित करना।
08. भूमि विक्रय पंजीकरण, ब्रोकर को दर्ज कराये बिना न करना। ब्रोकर को कानून के दायरे में लाना।
09. एक राष्ट्र - एक बिक्री कर - एक आयकर। सभी कर समाप्त।
10. एक राष्ट्र - एक राष्ट्रीय लोकतान्त्रिक नागरिक संहिता, दण्ड संहिता जो महिला-पुरूष में भेद ना करे।
11. एक राष्ट्र - एक राष्ट्रीय लोकतान्त्रिक धर्म (समष्टि धर्म) जिसकी सीमा देश स्तर, अन्य प्रचलित धर्म व्यक्तिगत धर्म (व्यष्टि धर्म) जिसकी सीमा परिवार क्षेत्र।

12. एक राष्ट्र - एक नागरिकता संख्या (इण्टिग्रेटेड सर्किट-चिप युक्त आधार कार्ड) - सम्पूर्ण शारीरिक - आर्थिक/संसाधन - मानसिक - क्रियाकलाप - उपलब्धता (नागरिक डाटाबेस), निगरानी अर्थात यात्रा सम्बन्धित टिकट, होटल व थाने से भी जोड़ना।
13. पद पर नियुक्ति के समय न्यूनतम योग्यता को ही अधिकतम योग्यता निर्धारित करना अर्थात जिस पद के लिए जो योग्यता निर्धारित की जाती है, नियुक्ति के समय उम्मीदवार की अधिकतम योग्यता भी वही होनी चाहिए अन्यथा अयोग्य घोषित। नियुक्ति उपरान्त शिक्षा ग्रहण करने की स्वतन्त्रता।
14. भारतीय ऋषि आश्रम पद्धतिनुसार उत्तराधिकार सम्बन्धी अधिनियम जिसमें यह प्राविधान हो कि 25 वर्ष की अवस्था (गृहस्थ आश्रम में प्रवेश) में उसे पैतृक सम्पत्ति अर्थात दादा की सम्पत्ति जिसमें पिता की अर्जित सम्पत्ति शामिल न रहें, पुत्र के अधिकार में हो जाये।
15. भारतीय ऋषि आश्रम पद्धतिनुसार सरकारी सेवा का सेवानिवृत्ति की उम्र 50 वर्ष (गृहस्थ आश्रम), फिर 25 वर्ष सम्बन्धित विभाग का मार्गदर्शक मण्डल (वानप्रस्थ आश्रम) में 50 प्रतिशत उपस्थिति अनिवार्य और 50 प्रतिशत वेतन, फिर जीवनपर्यन्त पेंशन और अन्य सुविधाएँ (सन्यास आश्रम)।
16. बढ़ती जनसंख्या और चुनाव एक बहुत बड़ी समस्या है। एक नागरिकता संख्या (इण्टिग्रेटेड सर्किट-चिप युक्त आधार कार्ड) से मतदाता सूची का बार-बार बनाना, चुनाव खर्च में अप्रत्याशित रूप से कमी, मतदान प्रतिशत में अत्यधिक बढ़ोत्तरी, 100 प्रतिशत सत्य मतदाता इत्यादि को मात्र एक साफ्टवेयर से नियंत्रित किया जा सकता है।

"नया भारत (NEW INDIA)", केवल आर्थिक विकास से नहीं बनाया जा सकता, उसके लिए राष्ट्रीय बौद्धिक विकास भी चाहिए। **पं0 दीन दयाल उपाध्याय की ये वाणी विचारणीय है - "पूंजीवादी साहस और पूंजी को महत्व देते है तो कम्युनिस्ट श्रम को। पूंजीवादी स्वयं के लिए अधिक हिस्सा माँगते है और कम्युनिस्ट अपने लिए। यह नारा अनुचित, अन्यायपूर्ण और समाजघाती है। धन का अभाव मनुष्य को निष्करूण और क्रूर बना देता है। तो धन का प्रभाव उसे शोषक सामाजिक दायित्व निरपेक्ष, दम्भी और दमनकारी। मनुष्य पशु नहीं है केवल पेट भर जाने से वह सुखी और संतुष्ट हो जायेगा। उसकी जीवन यात्रा "पेट" से आगे "परमात्मा" तक जाती है। उसके मन उसकी बुद्धि और उसकी आत्मा का भी कुछ तकाजा है। इस तकाजे को ध्यान में रखे बिना बनाई गई प्रत्येक व्यवस्था अल्पकालिक ही नही घातक भी होगी।"**

भारत को विश्व गुरू बनाना व अच्छे दिन लाना, यह फल है जिसका जड़ व्यक्ति के मस्तिष्क और गाँव में है। जड़ को मजबूत करने से भारत नामक वृक्ष से अपने आप फल निकलने लगेंगे। पुनर्निर्माण व्यक्ति के मस्तिष्क को मजबूत करने का ही कार्यक्रम है। शेष व्यक्ति व शासन मिलकर पूरा कर लेगें इसका हमें विश्वास है।

कृषि के आविष्कारक - आदि पुरूष महर्षि कूर्म-कश्यप

त्रेता युग के प्रारम्भ में मारीचि कश्यप हुए हैं (वायु पुराण, 6.43)। सम्पूर्ण मानव जाति के आदि पुरूष कूर्म कश्यप अत्यन्त पुरातन काल में विद्यमान थे। कश्यप ऋषि प्राचीन वैदिक ऋषियों में प्रमुख ऋषि हैं जिनका उल्लेख एक बार ऋग्वेद में हुआ है। अन्य संहिताओं में भी यह नाम बहुप्रयुक्त है। इन्हें सर्वदा धार्मिक एवं रहस्यात्मक चरित्र वाला बतलाया गया है एवं अतिप्राचीन कहा गया है। एक बार समस्त पृथ्वी पर विजय प्राप्त कर परशुराम ने वह कश्यप मुनि को दान कर दी। कश्यप मुनि ने कहा-"अब तुम मेरे देश में मत रहो।" अतः गुरु की आज्ञा का पालन करते हुए परशुराम ने रात को पृथ्वी पर न रहने का संकल्प किया। वे प्रति रात्रि में मन के समान तीव्र गमनशक्ति से महेंद्र पर्वत पर जाने लगें। ऐतरेय ब्राह्मण के अनुसार उन्होंने विश्वकर्मभौवन नामक राजा का अभिषेक कराया था। ऐतरेय ब्राह्मणों ने कश्यपों का सम्बन्ध जनमेजय से बताया गया है। शतपथ ब्राह्मण में प्रजापति को कश्यप कहा गया है

"स यत्कुर्मो नाम। प्रजापतिः प्रजा असृजत। यदसृजत् अकरोत् तद् यदकरोत् तस्मात् कूर्मः कश्यपो वै कूर्म्स्तस्मादाहुः सर्वाः प्रजाः कश्यपः"

महर्षि कश्यप पिघले हुए सोने के समान तेजवान थे। उनकी जटाएं अग्नि-ज्वालाएं जैसी थीं। महर्षि कश्यप ऋषि-मुनियों में श्रेष्ठ माने जाते थे। सुर-असुरों के मूल पुरूष मुनिराज कश्यप का आश्रम मेरू पर्वत के शिखर पर था, जहां वे पर-ब्रह्म परमात्मा के ध्यान में मग्न रहते थे। मुनिराज कश्यप नीतिप्रिय थे और वे स्वयं भी धर्म-नीति के अनुसार चलते थे और दूसरों को भी इसी नीति का पालन करने का उपदेश देते थे। उन्होंने अधर्म का पक्ष कभी नहीं लिया, चाहे इसमें उनके पुत्र ही क्यों न शामिल हों। महर्षि कश्यप राग-द्वेष रहित, परोपकारी, चरित्रवान और प्रजापालक थे। वे निर्भिक एवं निर्लोभी थे। कश्यप मुनि निरन्तर धर्मोपदेश करते थे, जिनके कारण उन्हें "महर्षि" जैसी श्रेष्ठतम उपाधि हासिल हुई। समस्त देव, दानव एवं मानव उनकी आज्ञा का अक्षरशः पालन करते थे। उन्ही की कृपा से ही राजा नरवाहनदत्त चक्रवर्ती राजा की श्रेष्ठ पदवी प्राप्त कर सका। महर्षि कश्यप अपने श्रेष्ठ गुणों, प्रताप एवं तप के बल पर श्रेष्ठतम महाविभूतियों में गिने जाते थे। महर्षि कश्यप सप्तऋषियों में प्रमुख माने गए। सप्तऋषियों की पुष्टि श्री विष्णु पुराण में इस प्रकार होती है-

वसिष्ठः काश्यपोयात्रिर्जमदग्निस्सगौतमः।
विश्वामित्रभरद्वाजौ सप्त सप्तर्शयोभवः।।

अर्थात्-सातवें मन्वन्तर में सप्तऋषि इस प्रकार हैं, वसिष्ठ, कश्यप, अत्रि, जमदग्नि, गौतम, विश्वामित्र और भारद्वाज।

महर्षि कश्यप ने समाज को एक नई दिशा देने के लिए "स्मृति-ग्रन्थ" जैसे महान् ग्रन्थ की रचना की। इसके अलावा महर्षि कश्यप ने "कश्यप-संहिता" की रचना करके तीनों लोकों में अमरता हासिल की। ऐतिहासिक दस्तावेजों के अनुसार "कस्पियन सागर" एवं भारत के शीर्ष प्रदेश कश्मीर का नामकरण भी महर्षि कश्यप जी के नाम पर ही हुआ। महर्षि कश्यप द्वारा संपूर्ण सृष्टि की सृजना में दिए गए महायोगदान की यशोगाथा हमारे वेदों, पुराणों, स्मृतियों, उपनिषदों एवं अन्य अनेक धार्मिक साहित्यों में भरी पड़ी है, जिसके कारण उन्हें "सृष्टि के सृजक" उपाधि से विभूषित किया जाता है।

महर्षि कश्यप की पत्नी मनुर्भरतवंश के 45वीं पीढ़ी में उत्तानपाद शाखा के प्रजापति दक्ष की पुत्री अदिति थी (बृहद्वेता, 3.57)। वह परम विदुषी, चतुर और गुणवती थी। दक्ष की पुत्री होने के कारण अदिति को दक्षायणी भी कहा गया है (निरूक्त, 11.23)। अदिति ऋषिका थी। उसने वेदों के कई मंत्रों की रचना की है। ऋग्वेद मंडल 4 सूक्त 18 का मंत्र 7 अदिति के नाम से और ऋग्वेद मंडल 10 सूक्त 72 का मंत्र 19 दाक्षायणी अदिति के नाम से है। अदिति अपने शाब्दिक अर्थ में बंधनहीनता और स्वतंत्रता की द्योतक है। दिति का अर्थ बँधकर और बाँधना होता है। इसी से पाप के बंधन से रहित होना भी अदिति के संपर्क से ही संभव माना गया है। ऋग्वेद (1,162,22) में उससे पापों से मुक्त करने की प्रार्थना की गई है। कुछ अर्थों में उसे गो का भी पर्याय माना गया है।

ऋग्वेद का वह प्रसिद्ध मंत्र (8,101,15)- मा गां अनागां अदिति वधिश्ट- गाय रूपी अदिति को न मारो। जिसमें गोहत्या का निषेध माना जाता है - इसी अदिति से संबंध रखता है। इसी मातृदेवी की उपासना के लिए किसी न किसी रूप में बनाई मूर्तियां प्राचीन काल में सिंधुनद से भूमध्यसागर तक बनी थीं। कश्यप और अदिति के सम्बन्ध में रामचरित मानस में भी गोस्वामी तुलसीदास जी ने उल्लेख किया है-

कश्यप-अदिति महातप कीन्हा। तिनकँह मैं पूरब वर दीन्हा।।
ते दसरथ कौसल्या रूपा। कोसलपुरी प्रगट नर भूपा ।।
तिन्हके गृह अवतरिहुँ जाई। रघुकुल तिलक सो चारिउ भाई।।

(रामचरित मानस, बालकाण्ड, दोहा-187)

कश्यप और अदिति दोनों ही समाजसेवी, विद्याप्रेमी और लोकहितकारी कार्यों में निरन्तर लगे रहने वाले थे। कश्यप और अदिति दोनों ने दीर्घकाल तक तपस्या की। तदन्तर उनके बारह पुत्र उत्पन्न हुए, जो आदित्य कहलाये। आचार्य चतुरसेन इन पुत्रों के सम्बन्ध में लिखते हैं- इनमें ज्येष्ठ पुत्र वरूण थे जो पुराणों में ब्रह्मा के नाम से प्रसिद्ध हैं तथा विदेशों में अलोहिम, अल्लाह और इलाही इत्यादि के नाम से विख्यात हैं। सूर्य का विष्णु नाम पुराणों में विख्यात हुआ। आगे ये बारहो आदित्य कुल "देवकुल" कहलाए। चतुरसेन के अनुसार- इनके कुलों का संयुक्त नाम भी आदित्य कुल प्रसिद्ध हुआ। इनमें वरूण सबसे ज्येष्ठ थे और विवस्वान् सबसे छोटे। विवस्वान् का ही नाम सूर्य या विष्णु था। इन्हीं सूर्य के पुत्र वैवस्वत मनु थे। इन्हीं वैवस्वत मनु से मानव सूर्यवंश चला। अदिति के बारह पुत्रों में इन्द्र भी अत्यन्त पराक्रमी थे। अदिति के पुत्रों की कीर्तिकथा का वर्णन ऋग्वेद (10.72.5) के अनुसार- ऐ दक्ष, तेरी दुहिता अदिति ने उन देवों को जन्म दिया है जो भद्र और अमृत बन्धु हैं, उनकी बन्धुता कभी नष्ट होने वाली नहीं है, वे अमर हैं।

महर्षि कश्यप एक महान विचारक, वक्ता, वैज्ञानिक, विद्वान, कलाकार, साहित्यकार, कवि और अत्यन्त कुशल कृषिकार थे। वे सफल साधक और महान समाजसेवी थे। वे महान तपस्वी और त्यागी थे। सद्गृहस्थ होने के साथ-साथ उन्होंने जनहित के लिए अपने जीवन को तपा-तपा कर अन्यन्त निर्मल और दीप्तिमान कर लिया था। किसी भी प्रकार का दोष उनमें शेष नहीं बचा था। महर्षि कूर्म ने कृषि और औषधियों के सम्बन्ध में वैज्ञानिक प्रयोग करके उसकी प्रगति के लिए अनेक प्रयास किये। इस दिशा में उन्हें सफलता भी मिली। उन्होंने कृषि के विकास के लिए जल में डूबी हुई भूमि को जल से बाहर निकालने का भी पुरूषार्थ किया। अपने पराक्रम और चतुराई से उन्होंने एक विशाल भूभाग पर अपना स्थायी आधिपत्य स्थापित कर लिया था। कश्यप द्वीप के नाम से उन्होंने मध्य एशिया में अपना उपनिवेश स्थापित किया था (महाभारत, भीष्म पर्व, 6.11)। कश्यप सागर (वर्तमान कैस्पियन सी) उनकी सीमा के भीतर था (हिस्ट्री आफ पर्सिया, खण्ड-1, ष्ठ-28)। कश्यप सागर वर्तमान समय में ईरान के काश्यपी प्रदेश में है।

महर्षि कश्यप ने कश्यप सागर के किनारे अनेक विकास कार्य सम्पन्न किये। इसी कश्यप सागर में ही पौराणिक समुद्र-मन्थन हुआ था। समुद्र मन्थन से लक्ष्मी की उपलब्धि हुई थी। इस आख्यान का तात्पर्य यही है कि महर्षि कश्यप के निर्देश में आर्यजनों ने मध्य एशिया में अपने श्रम, चातुर्य और पराक्रम के सहारे सोने की खानों का पता लगाया और खोदाई करके बड़ी मात्रा में सोना प्राप्त किया (कूर्म पुराण, पूर्व भाग, 1.27-29)। समुद्री प्रदेश के चारों ओर धन-धान्य की खोज के लिए उन्होंने सारी भूमि को छान डाला और अन्य कई दुर्लभ वस्तुओं की खोज कर डाली। उन्होंने कृषि के विकास के लिए अथक प्रयास करके पर्याप्त समृद्धि प्राप्त की। इसे ही कल्पनाशील कवि हृदय आर्यजनों ने समुद्र मंन्थन का नाम दिया था जो ईश्वर के दूसरे अवतार-कूर्मावतार की कथा से जुड़ा हुआ है। काश्यपों के द्वारा ही कश्मीर बसाया गया था। हिमालय के उत्तरी-पश्चिमी कोने पर सर्वाधिक ऊँचाई वाले पहाड़ी का जो कोण बनता है उसकी एक भुजा कराकुर्रम पर्वत और दूसरी भुजा हिन्दुकुश पर्वत है। कराकुर्रम पर्वत कूर्म के ही अधिकार में था। अफगानिस्तान की ओर से आने वाली और कुर्रम दर्रे से होकर बन्नू जिले में होती हुई सिन्धु नदी में मिल जाने वाली सुप्रसिद्ध कुर्रम नदी महर्षि कूर्म की ही अधिकारिक सीमा में थी। काश्यप पर्वत, जिसे आजकल काकेशश पर्वत कहा जाता है, की चोटी पर महर्षि काश्यप कठिन साधनाएँ और तपस्या किया करते थे। उन्हीं की

किर्ति को अमर रखते हुए उसे आजकल कश्यपतुंग के नाम से जाना जाता है। बौधायन धर्मसूत्र में धर्म पर लिखने वाले कतिपय आचार्यों के प्रमाण दिये गये हैं। इनमें काश्यप, कात्य, गौतम, प्रजापति, मनु हारित और मौद्गल्य प्रमुख हैं। महर्षि कश्यप वैदिक मंत्र द्दष्टा थे। ऋग्वेद के प्रथम मंडल के सूक्त 99 की रचना महर्षि कश्यप द्वारा ही की गई है। वर्तमान में कश्यप के 72 मंत्र ही ऋग्वेद में मिलते हैं। आज भी उनके नाम पर विख्यात कश्यप सागर (कैस्पियन सी), क्रुमु नदी, कुर्रम पर्वत और कूर्मांचल प्रदेश आदि उनकी यशस्वी कीर्तिकथा का उदघोष करते हैं। आज के कूर्मवंशी क्षत्रिय उन्हीं की वंशज हैं।

कुमाऊँ शब्द की व्युत्पति के सम्बन्ध में विभिन्न मत प्रचलित रहें हैं। भाषिक द्दष्टि से यही उचित जान पड़ता है कि यह शब्द मूलतः संस्कृत में कूर्म है। चम्पावत के समीप 2196 मीटर ऊँचा कांतेश्वर पर्वत है जिसे सम्बन्ध में मान्यता है कि भगवान विष्णु अपने द्वितीय अवतार-कूर्मावतार में इस पर्वत पर तीन वर्ष तक रहे। तब से यह पर्वत कांतेश्वर के स्थान पर कूर्म-अंचल अर्थात कूर्मांचल नाम से जाना जाने लगा। इस पर्वत की आकृति कच्छप की पीठ जैसी जान पड़ती है। सम्भवतः इसी कारण इस क्षेत्र का नाम कूर्मांचल पड़ा होगा। पहले शायद कूर्म शब्द प्रयोग में आता होगा क्योंकि कूर्म शब्द का प्रयोग स्थानीय भाषा में बहुतायत से मिलता है। कुमाऊँ का अस्तित्व भी वैदिक काल से है। स्कन्दपुराण के मानस खण्ड व अन्य पौराणिक साहित्य में मानस खण्ड के नाम से वर्णित क्षेत्र कुमाऊँ मण्डल ही है। इस क्षेत्र में अनेक प्राचीन मन्दिर और तीर्थ स्थल हैं।

एक सर्वेक्षण

व्यक्ति की स्थिति

व्यक्ति की स्थिति विभिन्न स्तरों पर निम्न प्रकार थी।

अ. विश्व स्तर पर व्यक्ति की स्थिति

बुद्धावतार (567-487 ई0 पू0) से अन्तिम अवतार के अवतरण तक व्यापक परिवर्तन वाले काल में व्यक्ति की विश्व स्तर पर स्थिति व्यक्ति के शारीरिक, आर्थिक एवं मानसिक प्राथमिक क्षमता के आधार पर स्थापित हो चुकी थी।

शारीरिक क्षमता के लिए ओलम्पिक, विश्व कप, मैराथन जैसे आयोजन आयोजित होने लगे थे। जिसमें- तीरंदाजी, एथलेटिक्स, बैडमिन्टन, बेसबाल, बास्केटबाल, बाक्सिंग, कैनोइंग, साइक्लिंग, घुड़सवारी, फेन्सिंग, फुटबाल, जिमनास्टिक, हैण्डबाल, हाकी, जूडो, पेंटाथलान, रोइंग, शूटिंग, साफ्ट बाल, तैराकी, टेबल टेनिस, ट्रायथलान, ताइक्वांडो, टेनिस, वालीवाल, भारोत्तोलन, याचिंग, क्रिकेट, दौड़, गोल्फ, वाटर पोलो, पोलो, शतरंज, गीत-संगीत इत्यादि थे।

आर्थिक क्षमता के लिए विश्व स्तर पर अर्थ शक्ति से युक्त व्यक्तियों की सूची बनायी जाने लगी थी। जिसमें तीव्रता का क्रम- शारीरिक, आर्थिक व मानसिक प्राथमिक आधार के रुप में व्यक्त हो चुका था।

मानसिक क्षमता के क्षेत्र में- साहित्य, राजनीति, सामाजिक कार्य, विचार, ज्ञान, विज्ञान, तकनीकी, सूचना तकनीकी, योजना, पत्रकारिता, फिल्म निर्माण इत्यादि अनेक क्षेत्र थे।

विश्व स्तर पर व्यक्तियों के क्षमताओं के लिए "गिनीज / लिम्का बुक आफ वर्ल्ड रेकार्ड" नामक पुस्तक तथा शारीरिक क्षेत्र में अनेक विश्व स्तरीय पुरस्कारों सहित साहित्य, चिकित्सा, रसायन विज्ञान, भौतिक विज्ञान, अर्थशास्त्र एवं शान्ति के क्षेत्र में विश्व का सर्वोच्च नोबेल पुरस्कार प्रदान किया जाने लगा था। संयुक्त राष्ट्र संघ द्वारा भी अनेक पुरस्कार विभिन्न क्षेत्रों में विश्व स्तरीय कार्यों के लिए प्रदान किया जाता था।

ब.भारत देश स्तर पर व्यक्ति की स्थिति

भारत देश स्तर पर व्यक्ति की स्थिति भी विश्व स्तर पर व्यक्ति की स्थिति की भाँति शारीरिक, आर्थिक एवं मानसिक प्राथमिक क्षमता के आधार पर स्थापित हो चुकी थी। परन्तु जीवन के प्रत्येक क्षेत्र में राजनीति के प्रवेश से इन क्षमताओं के साथ अवसर प्रदान करने के लिए जाति, सम्प्रदाय, परिवारिक, इतिहास, भ्रष्टाचार, सम्बन्ध व सम्पर्क जैसी विषयों का भी योगदान जुड़ चुका था। परिणामस्वरुप योग्य व्यक्ति को अवसर प्राप्त करने में कठिनाई तथा अयोग्य को अवसर मिलने पर क्षमता का सफल प्रदर्शन करने व न कर पाने की स्थिति पैदा हो चुकी थी। भारत से प्रतिभा पलायन का कारण भी योग्यता के साथ जुड़े ये विषय बन चुके थे।

भारत देश स्तर पर- विज्ञान, कृषि, उद्योग, कला, साहित्य, पत्रकारिता, संसदीय, मनोरंजन, टी0 वी0 व फिल्म, समाजसेवा, रक्षा एवं खेल के क्षेत्र में अनेकों पुरस्कार सहित देश का सर्वोच्च भारत रत्न पुरस्कार प्रदान किया जाने लगा था। भारत के राज्यों द्वारा भी इन क्षेत्रों में पुरस्कार प्रदान किये जाने लगे थे।

स.अन्तर्राष्ट्रीय स्तर पर व्यक्ति की स्थिति

अन्तर्राष्ट्रीय स्तर पर व्यक्ति की स्थिति भी विश्व स्तर पर व्यक्ति की स्थिति की भाँति शारिरिक, आर्थिक एवं मानसिक प्राथमिक क्षमता के आधार पर स्थापित हो चुकी थी।

अन्तर्राष्ट्रीय स्तर पर विज्ञान, कृषि, उद्योग, कला, साहित्य, पत्रकारिता, मनोरंजन व टी0 वी0, फिल्म्स्, समाज सेवा, रक्षा एवं खेल के क्षेत्र में अनेको पुरस्कार प्रदान किये जाने लगे थे। खेल के क्षेत्र में रोइंग, शूटिंग, साफ्ट बाल, तैराकी, टेबल टेनिस, ट्रायथलान, ताइक्वांडो, टेनिस, वालीवाल, भारोत्तोलन, याचिंग, क्रिकेट, दौड़, गोल्फ, वाटर

पोलो, पोलो, शतरंज के क्षेत्र में अनेकों अन्तर्राष्ट्रीय प्रतियोगिता सहित एशियाई खेल एवं राष्ट्रमण्डल खेल प्रतियोगिता आयोजित होने लगे थे।

द.राज्य स्तर पर व्यक्ति की स्थिति

राज्य स्तर पर व्यक्ति की स्थिति भी विश्व स्तर पर व्यक्ति की स्थिति की भाँति शारीरिक, आर्थिक एवं मानसिक मूल विषय पर आधारित क्षमता एवं लोकप्रियता, व्यक्तित्व, चरित्र, कर्मठता, न्यायप्रियता, शासकीय गुण, नेतृत्व गुण, बचन बद्धता, इत्यादि पर आधारित हो गयी थी जो सभी व्यक्तियों के लिए वेशभूषा, संस्कृति, भाषा इत्यादि से मुक्त होकर समान अवसर उपलब्ध कराती थी।

य.भारतीय समाज स्तर पर व्यक्ति की स्थिति

भारतीय समाज स्तर पर व्यक्ति की स्थिति राज्य स्तर पर व्यक्ति की स्थिति की भाँति शारीरिक, आर्थिक एवं मानसिक मूल विषय पर आधारित क्षमता एवं लोकप्रियता, व्यक्तित्व, चरित्र, कर्मठता, न्यायप्रियता, शासकीय गुण, नेतृत्व गुण, बचन बद्धता, इत्यादि पर आधारित हो गयी थी जो सभी व्यक्तियों के लिए वेशभूषा, संस्कृति, भाषा इत्यादि से मुक्त होकर समान अवसर उपलब्ध कराती थी परन्तु मूल्यांकन की दृष्टि प्राथमिक रुप में शारीरिक, द्वितीयक रुप में आर्थिक तथा तृतीय रुप में मानसिक एवं अन्य गुणों का मूल्यांकन सबसे अन्त में किया जाने लगा था।

र.भारतीय परिवार स्तर पर व्यक्ति की स्थिति

भारतीय परिवार स्तर पर व्यक्ति की स्थिति राज्य स्तर पर व्यक्ति की स्थिति की भाँति शारीरिक, आर्थिक एवं मानसिक मूल विषय पर आधारित क्षमता एवं लोकप्रियता, व्यक्तित्व, चरित्र, कर्मठता, न्यायप्रियता, शासकीय गुण, नेतृत्व गुण, बचन बद्धता, इत्यादि पर आधारित हो गयी थी जो सभी व्यक्तियों के लिए वेशभूषा, संस्कृति, भाषा इत्यादि से मुक्त होकर समान अवसर उपलब्ध कराती थी परन्तु मूल्यांकन की दृष्टि प्राथमिक रुप में शारीरिक, द्वितीयक रुप में आर्थिक तथा तृतीय रुप में मानसिक एवं अन्य गुणों का मूल्यांकन सबसे अन्त में किया जाने लगा था।

ल.भारतीय व्यक्ति स्तर पर व्यक्ति की स्थिति

भारतीय व्यक्ति स्तर पर व्यक्ति की स्थिति राज्य स्तर पर व्यक्ति की स्थिति की भाँति शारीरिक, आर्थिक एवं गानसिक मूल विषय पर आधारित क्षमता एवं लोकप्रियता, व्यक्तितव, चरित्र, कर्मठता, न्यायप्रियता, शासकीय गुण, नेतृत्व गुण, बचन बद्धता, इत्यादि पर आधारित हो गयी थी जो सभी व्यक्तियों के लिए वेशभूषा, संस्कृति, भाषा इत्यादि से मुक्त होकर समान अवसर उपलब्ध कराती थी परन्तु मूल्यांकन की दृष्टि - "व्यक्तिगत दृष्टि एक, व्यक्ति अनेक" और "व्यक्ति एक, व्यक्तिगत दृष्टि अनेक" पर आधारित थी। इसलिए भारतीय व्यक्ति का स्थिर चरित्र व्यवहार से जान पाना असम्भव हो गया था इसे सिर्फ कर्मों से ही जाना जा सकता था।

भारतीय व्यक्ति, व्यक्ति के वास्तविक रुप अर्थात् विश्व के वर्तमान स्थिति और परिणाम के ज्ञान और "सार्वजनिक दृष्टि एक, व्यक्ति एक या अनेक" युक्त व्यक्ति से बहुत अधिक पीछे चल रहा था। फलस्वरुप वह स्वयं को वर्तमान और वास्तविक व्यक्ति को भविष्य का समझने लगा था। जबकि वास्तविक व्यक्ति, वर्तमान का व्यक्ति और वह स्वयं भूतकाल का व्यक्ति हो चुका था। इस स्थिति में भारतीय व्यक्ति जो थोड़ी सी सफलता प्राप्त कर लेते थे वे दूसरों से उतनी ही सफलता की उम्मीद नहीं करते थे वे सारे संसार को असफल होने का निर्णय सुना देते थे। तथा वे भारतीय व्यक्ति जो सफलता-असफलता की दौड़ में शामिल भी नहीं होते थे वे स्वयं कों क्या करना चाहिए के बजाय दूसरों को ही देखने में और मूल्यांकन करने में समय नष्ट कर रहे थे। स्वयं को देखने में भारतीय व्यक्ति की दृष्टि- प्रथम- शारीरिक, द्वितीय- मानसिक, तृतीय- आर्थिक तथा शेष अन्य गुण अन्त में थी। दूसरे व्यक्ति को

देखने में भारतीय व्यक्ति की दृष्टि- प्रथम- शारीरिक, द्वितीय- आर्थिक, तृतीय- मानसिक तथा शेष अन्य गुण अन्त में थे। जबकि सफलता प्राप्त कर चुके व्यक्ति को भाग्य की बात कहकर छोड़ देते थे। असफल व्यक्ति के ज्ञान और कर्म की ओर उसका ध्यान ही नहीं जाता था परिणामस्वरुप ठीक वैसे ही संघर्ष कर रहे व्यक्ति चाहें उसके साथ ही क्यों न रहता हो, को पहचानने की क्षमता नहीं थी।

जबकि वास्तविक व्यक्ति अर्थात् विश्व के वर्तमान स्थिति और परिणाम के ज्ञान और "सार्वजनिक दृष्टि एक, व्यक्ति एक या अनेक" की दृष्टि से युक्त व्यक्ति की दृष्टि- प्रथम-मानसिक एवं शेष गुण, द्वितीय- शारीरिक, तृतीय- आर्थिक होते हैं।

व्यक्ति और परिवार पर धर्म की स्थिति

भारतीय परिवार पर धर्म की स्थिति

भारतीय परिवार पर धर्म एक आवरण, परम्परा, औपचारिकता, महोत्सव की भाँति छाया हुआ था। परिवार का मुखिया जिस धर्म-सम्प्रदाय-मत-गुरू को चुनता था, सामान्यतः पूरा परिवार उसी के अधीन हो जाता था। परिवार धर्म को पूर्ण संरक्षण प्रदान कर रहा था परन्तु धर्म का प्रयोग वह परिवार, समाज, राज्य, देश व विश्व को मार्गदर्शन देने में प्रयोग के लिए सक्षम नहीं था। क्योंकि धार्मिक-आध्यात्मिक तत्वों से परिवार बहुत दूर हो चुका था जबकि बिना आध्यात्मिक तत्वों के ज्ञान के परिवार का गठन व विकास असम्भव था।

भारतीय व्यक्ति पर धर्म की स्थिति

भारतीय व्यक्ति पर धर्म एक आवरण, परम्परा, औपचारिकता, महोत्सव की भाँति छाया हुआ था। धर्म के व्यावहारिक स्वरूप के उपलब्ध न होने के कारण व्यक्ति को धर्म से कोई लाभ नहीं दिखता था। फलस्वरूप वह धर्म-आध्यात्म से दूर हटकर विज्ञान व भौतिकता की ओर गति कर रहा था। और धार्मिक आयोजन को वह महोत्सव की भाँति संचालित कर रहा था। जिससे धर्म को वातावरण व पूर्ण संरक्षण प्राप्त हो रहा था। परिणामस्वरूप धर्म-आध्यात्म का प्रयोग वह परिवार, समाज, राज्य, देश व विश्व को मार्गदर्शन देने में प्रयोग के लिए सक्षम नहीं था। क्योंकि धार्मिक-आध्यात्मिक तत्वों से व्यक्ति बहुत दूर हो चुका था जबकि बिना आध्यात्मिक तत्वों के ज्ञान के व्यक्ति का गठन व विकास असम्भव था।

व्यक्ति पर व्यापार की स्थिति

समाज अर्थात् व्यक्ति समूह की स्थिति विभिन्न स्तरों पर निम्न प्रकार थी।

व्यक्ति का परिणाम

व्यक्ति का परिणाम विभिन्न स्तरों पर निम्न रुप में व्यक्त हो चुका था।

अ.विश्व स्तर पर व्यक्ति का परिणाम

विश्व स्तर पर व्यक्ति की स्थिति ने निम्न परिणामों को सार्वजनिक प्रमाणित रुप से व्यक्त कर दिया था।

1. व्यक्ति की महत्ता उसकी शारीरिक, आर्थिक, मानसिक, सामाजिक, राजनैतिक क्षमता ही आधार। न कि वेश-भूषा, संस्कृति, भाषा इत्यादि।
2. विश्व स्तर पर पहुँचने के लिए शारीरिक आधार न्यूनतम गति वाला, आर्थिक आधार मध्यम गति वाला तथा मानसिक आधार सर्वाधिक गति वाला माध्यम।

ब.भारत देश स्तर पर व्यक्ति का परिणाम

भारत देश स्तर पर व्यक्ति की स्थिति ने निम्न परिणामों को सार्वजनिक प्रमाणित रुप से व्यक्त कर दिया था।

1. विश्व स्तर पर व्यक्ति के परिणामों के व्यक्त होने के बावजूद वे एक साथ भारत देश स्तर पर दृष्टि में नहीं थी।
2. योग्य व्यक्तियों को अवसर न प्राप्त होने के कारण भारत की शक्ति में एकता नहीं और प्रतिभा के पलायन का कारण।

स.अन्तर्राष्ट्रीय स्तर पर व्यक्ति का परिणाम

अन्तर्राष्ट्रीय स्तर पर व्यक्ति की स्थिति ने निम्न परिणामों को सार्वजनिक प्रमाणित रुप से व्यक्त कर दिया था।

1. विश्व स्तर पर व्यक्ति के परिणामों के व्यक्त होने के बावजूद वे एक साथ अन्तर्राष्ट्रीय स्तर पर दृष्टि में नहीं थी।
2. विश्व स्तर के व्यक्ति का परिणामों का प्रयोग कर व्यक्ति अन्तर्राष्ट्रीय स्तर तक उठ सकता है।

द.राज्य स्तर पर व्यक्ति का परिणाम

राज्य स्तर पर व्यक्ति की स्थिति ने निम्न परिणामों को सार्वजनिक प्रमाणित रुप से व्यक्त कर दिया था।

1. विश्व स्तर पर व्यक्ति के परिणामों के व्यक्त होने के बावजूद वे एक साथ राज्य स्तर पर दृष्टि में नहीं थी।
2. विश्व स्तर के व्यक्ति के परिणामों का प्रयोग कर व्यक्ति, विश्व व राज्य स्तर तक उठ सकता है।

य.भारतीय समाज स्तर पर व्यक्ति का परिणाम

भारतीय समाज स्तर पर व्यक्ति की स्थिति ने निम्न परिणामों को सार्वजनिक प्रमाणित रुप से व्यक्त कर दिया था।

1. विश्व स्तर पर व्यक्ति के परिणामों के व्यक्त होने के बावजूद वे एक साथ भारतीय समाज स्तर पर दृष्टि में नहीं थी।
2. विश्व स्तर के व्यक्ति के परिणामों का प्रयोग कर भारतीय समाज विश्व व राज्य स्तर तक उठ सकता है।
3. समाज स्तर पर व्यक्ति के मूल्यांकन की दृष्टि में दोष।

र.भारतीय परिवार स्तर पर व्यक्ति का परिणाम

भारतीय परिवार स्तर पर व्यक्ति की स्थिति ने निम्न परिणामों को सार्वजनिक प्रमाणित रुप से व्यक्त कर दिया था।

1. विश्व स्तर पर व्यक्ति के परिणामों के व्यक्त होने के बावजूद वे एक साथ भारतीय परिवार स्तर पर दृष्टि में नहीं थी।
2. विश्व स्तर के व्यक्ति के परिणामों का प्रयोग कर भारतीय परिवार विश्व स्तर तक उठ सकता है।
3. भारतीय परिवार स्तर पर व्यक्ति के मूल्यांकन की दृष्टि में दोष।

ल. भारतीय व्यक्ति स्तर पर व्यक्ति का परिणाम

भारतीय व्यक्ति स्तर पर व्यक्ति की स्थिति ने निम्न परिणामों को सार्वजनिक प्रमाणित रुप से व्यक्त कर दिया था।

1. विश्व स्तर पर व्यक्ति के परिणामों के व्यक्त होने के बावजूद वे एक साथ भारतीय व्यक्ति स्तर पर दृष्टि में नहीं थी।
2. विश्व स्तर के व्यक्ति के परिणामों का प्रयोग कर भारतीय व्यक्ति विश्व स्तर तक उठ सकता है।
3. भारतीय व्यक्ति स्तर पर व्यक्ति के मूल्यांकन की दृष्टि में पूर्ण दोष।
4. भारतीय व्यक्ति और व्यक्ति के स्वरुप में बहुत अधिक विपरीत ध्रुवीय अन्तर।

भाग-1

डिजीटल इण्डिया

डिजिटल इण्डिया

"पुनर्निर्माण" की अवधारण में डिजिटलाइजेशन

- डिजिटल ग्राम/नगर वार्ड का अर्थ
- सरकारी डिजिटलाइजेशन व नीजी डिजिटलाइजेशन
- राष्ट्र निर्माण के लिए डिजिटलाइजेशन

डिजिटल इंडिया

अंकीय भारत या डिजिटल भारत (डिजिटल इण्डिया) सरकारी विभागों एवं भारत के लोगों को एक दूसरे के पास लाने की भारत सरकार की एक पहल है। डिजिटल इंडिया भारत सरकार की एक पहल है जिसके तहत सरकारी विभागों को देश की जनता से जोड़ना है। इसका उद्देश्य यह सुनिश्चित करना है कि बिना कागज के इस्तेमाल के सरकारी सेवाएं इलेक्ट्रॉनिक रूप से जनता तक पहुंच सकें। इस योजना का एक उद्देश्य ग्रामीण इलाकों को हाई स्पीड इंटरनेट के माध्यम से जोड़ना भी है। डिजिटल इंडिया के तीन कोर घटक हैं-

1- डिजिटल आधारभूत ढाँचे का निर्माण करना
2- इलेक्ट्रॉनिक रूप से सेवाओं को जनता तक पहुंचाना
3- डिजिटल साक्षरता।

योजना को 2019 तक कार्यान्वयित करने का लक्ष्य है। एक टू-वे प्लेटफॉर्म का निर्माण किया जाएगा जहाँ दोनों (सेवा प्रदाता और उपभोक्ता) को लाभ होगा। यह एक अंतर-मंत्रालयी पहल होगी जहाँ सभी मंत्रालय तथा विभाग अपनी सेवाएं जनता तक पहुंचाएंगें जैसे कि स्वास्थ्य, शिक्षा और न्यायिक सेवा आदि। चयनित रूप से पब्लिक प्राइवेट पार्टनरशिप (पीपीपी) मॉडल को अपनाया जाएगा। इसके अतिरिक्त राष्ट्रीय सूचना केंद्र के पुनर्निर्माण की भी योजना है। यह योजना मोदी प्रशासन की टॉप प्राथमिकता वाली परियोजनाओं में से एक है। यह एक सराहनीय और सभी साझेदारों की पूर्ण समर्थन वाली परियोजना है। जबकि इसमें लीगल फ्रेमवर्क, गोपनीयता का अभाव, डाटा सुरक्षा नियमों की कमी, नागरिक स्वायत्तता हनन तथा भारतीय ई-सर्विलांस के लिए संसदीय निगरानी की कमी तथा भारतीय साइबर असुरक्षा जैसी कई महत्वपूर्ण कमियाँ भी हैं। डिजिटल इंडिया को कार्यान्वयित करने से पहले इन सभी कमियों को दूर करना होगा।

डिजिटल इंडिया के सामने चुनौतियाँ

हालांकि भारत सॉफ्टवेयर की एक महाशक्ति के रूप में जाना जाता है, फिर भी नागरिकों के लिए इलेक्ट्रॉनिक सरकारी सेवाओं की उपलब्धता अभी भी अपेक्षाकृत कम है। 2006 में अनुमोदित राष्ट्रीय ई-शासन योजना ने मिशन मोड परियोजनाओं और कोर आईसीटी बुनियादी सुविधा के माध्यम से एक सतत प्रगति की है, लेकिन देश में इलेक्ट्रॉनिक्स विनिर्माण और ई-शासन में प्रभावी प्रगति सुनिश्चित करने के लिए अधिक प्रयास की आवश्यक है। डिजिटल इंडिया विजन इस पहल को संवेग एवं प्रगति प्रदान करता है और इसमें इलेक्ट्रॉनिक सेवाओं, उत्पादों, उपकरणों, विनिर्माण और रोजगार के अवसरों को शामिल करने से समावेशी विकास को बढ़ावा मिलेगा। 21 वीं सदी में भारत अपने नागरिकों की आकांक्षाओं को पूरा करने के लिए प्रयास करेगा जहाँ सरकार और उसकी सेवाएं नागरिकों के दरवाजे पर उपलब्ध हों और लंबे समय तक सकारात्मक प्रभाव की दिशा में योगदान करें। डिजिटल इंडिया कार्यक्रम का उद्देश्य आई टी की क्षमता को इस्तेमाल कर के भारत को डिजिटल रूप से सशक्त समाज और ज्ञान अर्थव्यवस्था में परिणत करना है।

भारत सरकार की संस्था भारत ब्रॉडबैंड नेटवर्क लिमिटेड (बीबीएनएल) नेशनल ऑप्टिकल फाइबल नेटवर्क जैसी परियोजना को कार्यान्वयित करेगी जो डिजिटल इंडिया कार्यक्रम की देखरेख करेगा। बीबीएनएल ने यूनाइटेड टेलीकॉम लिमिटेड को 250,000 गाँवों को एफटीटीएच ब्रॉडबैंड आधारित तथा जीपीओएन के द्वारा जोड़ने का आदेश दिया है। यह 2017 तक (अपेक्षित) पूर्ण होने वाली डिजिटल इंडिया परियोजना को सभी आधारभूत सुविधाएं मुहैया कराएगी।

डिजिटल इंडिया भारत सरकार की आश्वासनात्मक योजना है। कई कम्पनियों ने इस योजना में अपनी दिलचस्पी दिखायी है। यह भी माना जा रहा है कि ई-कॉमर्स डिजिटल इंडिया प्रोजेक्ट को सुगम बनाने में मदद करेगा। जबकि, इसे कार्यान्वयित करने में कई चुनौतियाँ और कानूनी बाधाएं भी आ सकती हैं। कुछ लोगों का यह

भी मानना है कि देश में डिजिटल इंडिया सफल तब तक नहीं हो सकता जब तक कि आवश्यक बीसीबी ई-गवर्नेंस को लागू न किया जाए तथा एकमात्र राष्ट्रीय ई-शासन योजना (National e-Governance Plan) का अपूर्ण क्रियान्वयन भी इस योजना को प्रभावित कर सकता है। निजता सुरक्षा, डाटा सुरक्षा, साइबर कानून, टेलीग्राफ, ई-शासन तथा ई-कॉमर्स आदि के क्षेत्र में भारत का कमजोर नियंत्रण है। कई कानूनी विशेषज्ञों का यह भी मानना है कि बिना साइबर सुरक्षा के ई-प्रशासन और डिजिटल इंडिया व्यर्थ है। भारत ने साइबर सुरक्षा चलन ने भारतीय साइबर स्पेस की कमियों को उजागर किया है। यहाँ तक कि अब तक राष्ट्रीय साइबर सुरक्षा योजना 2013 अभी तक क्रियानवयित नहीं हो पायी है। इन सभी वर्तमान परिस्थियों में महत्वपूर्ण आधारभूत सुरक्षा को प्रबंधन करना भारत सरकार के लिए कठिन कार्य होगा। तथा इस प्रोजेक्ट में उचित ई-कचरा प्रबंधन के प्रावधान की भी कमी है।

डिजिटल रूप से सशक्त समाज और ज्ञान अर्थव्यवस्था के लिए एक कार्यक्रम

डिजिटल इंडिया कार्यक्रम का उद्देश्य देश को डिजिटल रूप से सशक्त समाज और ज्ञान अर्थव्यवस्था में परिणत करना है। यह 7 अगस्त 2014 को प्रधानमंत्री की बैठक के दौरान कार्यक्रम के प्रारूप पर लिए गये महत्वपूर्ण निर्णयों का अनुपालन और सरकार के सभी मंत्रालयों को इस विशाल कार्यक्रम के प्रति जागरूक करने के लिए है जो सरकार के सभी क्षेत्रों पर रोशनी डालती है। यह कार्यक्रम इलेक्ट्रॉनिक्स और सूचना प्रौद्योगिकी विभाग (डीईआईटीवाई) द्वारा परिकल्पित किया गया है। यह कार्यक्रम वर्तमान वर्ष से 2018 तक चरणबद्ध तरीके से कार्यान्वित किया जायेगा। डिजिटल इंडिया कार्यक्रम परिवर्तनकारी प्रकृति का है जो यह सुनिश्चित करेगा की सरकारी सेवाएँ इलेक्ट्रॉनिक रूप से नागरिकों के लिए उपलब्ध हैं। वर्तमान में अधिकतर ई-गवर्नेंस परियोजनाओं के लिए धन का स्रोत केन्द्रीय या राज्य सरकारों में संबंधित मंत्रालयों/विभागों के बजटीय प्रावधानों के माध्यम से होता है। डिजिटल इंडिया की परियोजना(ओं) के लिए धन की आवश्यकताओं का आकलन संबंधित नोडल मंत्रालयों/विभागों द्वारा किया जाएगा।

डिजिटल इंडिया के दृष्टि क्षेत्र

- प्रत्येक नागरिक के लिए इन्फ्रास्ट्रक्चर एक उपयोगिता के रूप में
- मांग पर शासन और सेवाएं
- नागरिकों का डिजिटल सशक्तिकरण
- एक कोर उपयोगिता के रूप में उच्च गति का इंटरनेट सभी ग्राम पंचायतों में उपलब्ध कराया जाएगा।
- जीवन से मृत्यु तक डिजिटल पहचान- अद्वितीय, आजीवन, ऑनलाइन और प्रमाणिक
- मोबाइल फोन और बैंक खाता व्यक्तिगत स्तर पर डिजिटल और वित्तीय प्रक्षेत्र में भाग लेने के लिए सक्षमता प्रदान करेगा।
- उनके इलाके में कॉमन सर्विस सेंटर खोला जाएगा।
- पब्लिक क्लाउड पर साझा करने योग्य निजी जगह।
- देश में निरापद और सुरक्षित साइबर-स्पेस।

डिजिटल इंडिया का कार्य-क्षेत्र

- भारत को एक ज्ञान भविष्य के लिए तैयार करना
- परिवर्तन को साकार करने के लिए महसूस करना - आई टी (इंडियन टैलेंट) + आई टी (इंफोर्मेशन टेक्नोलॉजी) = आइ टी (इंडिया टुमौरो)
- परिवर्तन को सक्षम करने के लिए प्रौद्योगिकी को केंद्रीय बनाना
- एक शीर्ष कार्यक्रम बनना जो कई विभागों तक पहुंचे

यह कार्यक्रम एक बड़ी संख्या में विचारों और सोचों को एक एकल और व्यापक दृष्टि में पिरोता है जिससे उनमें से प्रत्येक को एक बड़े लक्ष्य के हिस्से के रूप में देखा जा सके। इस कार्यक्रम का प्रत्येक अंश अपने आप में पूर्ण है साथ ही वह एक बड़ी तस्वीर का हिस्सा है। एक साथ जोड़ने पर यह समग्रता में मिशन को परिवर्तनकारी बना देता है। डिजिटल इंडिया कार्यक्रम में कई मौजूदा योजनाओं को पुनर्गठित और पुनर्केंद्रित एवं एक सुगठित ढंग से लागू किया जाएगा। डिजिटल इंडिया के रूप में कार्यक्रमों की आम ब्रांडिंग, उनके परिवर्तनकारी प्रभाव पर प्रकाश डालता है।

डिजिटल इंडिया कार्यक्रम के नौ स्तंभ –

1. ब्रॉडबैंड हाईवे, 2. मोबाइल कनेक्टिविटी के लिए सार्वभौमिक पहुँच, 3. पब्लिक इंटरनेट एक्सेस कार्यक्रम, 4. ई-गवर्नेंस - प्रौद्योगिकी के माध्यम से सरकार में सुधार, 5. ई-क्रांति - सेवाओं की इलेक्ट्रानिक डिलीवरी, 6. सभी के लिए सूचना, 7. इलेक्ट्रॉनिक्स विनिर्माण, 8. नौकरियों के लिए आईटी, 9. अर्ली हार्वेस्ट कार्यक्रम

दृष्टिकोण और पद्धति

- मंत्रालय/विभाग/राज्य पूरी तरह से भारत सरकार द्वारा स्थापित आईसीटी की बुनियादी सुविधाओं का लाभ उठायेंगें।
- मौजूदा/चल रहे ई-शासन पहलों का पुर्नोत्थान किया जाएगा एवं उन्हें डिजिटल इंडिया के सिद्धांतों के साथ पंक्तिबद्ध किया जायेगा। स्कोप वृद्धि, प्रोसेस पुनर्रचना, एकीकृत अंतर्प्रयोगात्मक सिस्टम और क्लाउड और मोबाइल जैसी उभरती प्रौद्योगिकियों का उपयोग नागरिकों को सरकारी सेवाओं के वितरण को बढ़ाने के लिए किया जाएगा।
- राज्यों को उनके सामाजिक-आर्थिक जरूरतों के अनुसार प्रासंगिक विशिष्ट परियोजनाओं के पहचान एवं शामिल किए जाने के लिए लचीलापन दिया जाएगा।
- ई-शासन नागरिक केन्द्रित सेवा अभिविन्यास सुनिश्चित करने के लिए आवश्यक हद तक एक केंद्रीकृत पहल के माध्यम से प्रोत्साहित किया जाएगा।
- सफलताओं की पहचान की जाएगी और उनकी प्रतिकृति सतत की जाएगी।
- जहाँ भी संभव हो सार्वजनिक निजी भागीदारी पसंद की जाएगी।
- यूनिक आई डी के उपयोग का प्रोत्साहन पहचान, प्रमाणीकरण और लाभ प्रदान करने के लिए किया जाएगा।
- एनआईसी का पुनर्गठन केंद्र और राज्य स्तर पर सभी सरकारी विभागों को आई टी समर्थन मजबूत करने के लिए किया जाएगा।
- कम से कम 10 प्रमुख मंत्रालयों में मुख्य सूचना अधिकारी (सीआईओ) का पद बनाया जाएगा ताकि विभिन्न ई-गवर्नेंस परियोजनाओं को तेजी से निर्माण, विकास एवं लागू किया जा सके।
- डीईआईटीवाई कार्यक्रम के प्रबंधन के लिए विभाग के भीतर आवश्यक वरिष्ठ पदों का सृजन करेगा।
- केन्द्रीय मंत्रालयों/विभागों और राज्य सरकारों को इस कार्यक्रम के तहत विभिन्न मिशन मोड और अन्य परियोजनाओं के कार्यान्वयन के लिए समग्र जिम्मेदारी होगी। राष्ट्रीय स्तर पर समग्र एकत्रीकरण और एकीकरण की जरूरत को देखते हुए यह उपयुक्त माना गया कि डिजिटल इंडिया कार्यक्रम प्रत्येक शामिल एजेंसी की अच्छी तरह से परिभाषित भूमिकाओं और जिम्मेदारियों के साथ एक कार्यक्रम के रूप में को लागू किया जाए।

“पुनर्निर्माण” की अवधारण में डिजिटलाइजेशन

डिजिटल ग्राम/नगर वार्ड का अर्थ

कम्प्यूटर, मोबाइल और इन्टरनेट का उपयोग करते हुये ऐसी व्यवस्था उपलब्ध कराना जिससे नागरिक के शारीरिक, आर्थिक/संसाधन एवं मानसिक विकास के समस्त संसाधन उसे उपलब्ध हो सके और इसकी सूचना भी उसे हो। इस क्रम में निम्नलिखित बिन्दु होना आवश्यक है-

1. सरकारी सेवा और सूचना ग्राम/नगर वार्ड स्तर पर उपलब्ध हो जो उसके अपने ग्राम/नगर वार्ड के वेबसाइट के माध्यम से ही पहुँच हो सके।
2. सभी ग्राम/नगर वार्ड के वेबसाइट नेटवर्क में हों जिससे कोई भी नागरिक किसी भी ग्राम/नगर वार्ड का परिचय प्राप्त कर सके।
3. नागरिक के शारीरिक, आर्थिक/संसाधन एवं मानसिक विकास के समस्त संसाधन उसके अपने ग्राम/नगर वार्ड के वेबसाइट से उपलब्ध हो जिससे वह अपने आप को विकसित कर सके और स्वयं तथा संविधान की धारा-51(अ): नागरिक का मौलिक कर्तव्य के अनुसार राष्ट्र के लिए कर्तव्य कर सके।
4. भारतीय भाव के अनुसार एक समान मनुष्य बुद्धि निर्माण के लिए “सत्य मानक शिक्षा” सभी के लिए उपलब्ध हो जिससे “एक भारत - श्रेष्ठ भारत” का निर्माण और स्वस्थ लोकतन्त्र की प्राप्ति हो सके।
5. 100 प्रतिशत सूचना का डिजिटलाइजेशन और आर्थिक लाभ प्राप्त करने का असिमित अवसर होना चाहिए जहाँ कमी हो तो सिर्फ काम करने वालों की, न कि काम की जिससे भ्रष्टाचार से मुक्ति पायी जा सके।

सरकारी डिजिटलाइजेशन व नीजी डिजिटलाइजेशन

सरकारी वेबसाइट से लाभ

भारत के केन्द्र सरकार/प्रदेश सरकार द्वारा विकसित वेबसाइट से ग्राम/नगर वार्ड के निवासी को मात्र लाभ इतना ही है कि निवासी सरकारी योजनाओं को जान सकता है और उसके अपने क्षेत्र में किये गये कार्य को जान सकता है। और एक बार लाभ लेने के बाद उस वेबसाइट की उपयोगिता समाप्त हो जाती है। जैसे- आधार कार्ड, पैन कार्ड, राशन कार्ड, वोटर कार्ड इत्यादि के बन जाने के बाद उस व्यक्ति के लिए उस वेबसाइट की उपयोगिता समाप्त हो जाती है।

नीजी वेबसाइट से लाभ

नीजी (ग्राम /नगर निवासी द्वारा विकसित) वेबसाइट से लाभ

नीजी (ग्राम /नगर निवासी द्वारा विकसित) वेबसाइट से ग्राम/नगर वार्ड के निवासी को मात्र लाभ इतना ही है कि निवासी अपने ग्राम का परिचय व सरकारी योजनाओं को जान सकता है और उसके अपने क्षेत्र में किये गये कार्य को जान सकता है।

नीजी (प्राइवेट कम्पनी/अर्ध-सरकारी कम्पनी/कार्पोरेशन द्वारा विकसित) वेबसाइट से लाभ

नीजी (प्राइवेट कम्पनी/अर्ध-सरकारी कम्पनी/कार्पोरेशन द्वारा विकसित) वेबसाइट से ग्राम/नगर वार्ड के निवासी को मात्र लाभ इतना ही है कि निवासी नीजी (प्राइवेट कम्पनी/अर्ध-सरकारी कम्पनी/कार्पोरेशन द्वारा विकसित) वेबसाइट से उसके योजनाओं को जान सकता है और उसके अपने क्षेत्र में किये गये कार्य को जान सकता है। अर्थात आपको ग्राहक बनाने के लिए और अपना व्यापार बढ़ाने के लिए वह ऐसा करता है। यदि निवासी उसके ग्राहक नहीं बने तो उस निवासी के लिए उस वेबसाइट की उपयोगिता नहीं रह जाती।

राष्ट्र निर्माण के लिए डिजिटलाइजेशन

राष्ट्र निर्माण के लिए विकसित वेबसाइट उपरोक्त (सरकारी व नीजी वेबसाइट) का सम्मिलित रूप के साथ निवासीयों के समग्र विकास से सम्बन्धित है। जिससे ग्राम/नगर वार्ड के निवासीयों को सरकारी योजनाओं के जानकारी के साथ-साथ बौद्धिक विकास के साथ व्यापार करने और आर्थिक लाभ कमाने के लिए सबको समान अवसर देता है। अर्थात यह निवासीयों को मात्र ग्राहक नहीं, निवासीयों को व्यापारी भी बनाता है। इसलिए इसकी उपयेगिता निवासीयों के जीवन में सदैव बनी रहती है। इसलिए ही कहा गया है- "ज्ञान क्रान्ति - गाँव/नगर से विश्व की ओर", "सारा ज्ञान-संसार-सूचना, आपके अपने ग्राम/नगर वार्ड के वेबसाइट से" और "केवल सूचना और सेवा नहीं, राष्ट्र निर्माण के व्यापार का डिजिटल ग्राम/नगर वार्ड नेटवर्क"।

इसलिए ग्राम/नगर वार्ड प्रेरक, निवासी व अन्य के लिए उत्पाद (प्रोडक्ट) के अवसर क्या हैं यह जानना आवश्यक है उत्पादों का संक्षिप्त विवरण निम्न प्रकार हैं-

अ. कम्पनी समूह (ग्रुप आफ कम्पनी) के नीजी कम्पनी और ट्रस्ट नेटवर्क

द्वारा संचालित परियोजना छात्रवृत्ति, परियोजना सहायता, परियोजना सामाजिक सहायता से जुड़े उत्पाद (प्रोडक्ट) - परियोजना पुर्ननिर्माण के A- सामान्यीकरण (Generalisation) शिक्षा का सत्य शिक्षा (REAL EDUCATION), सत्य पेशा (REAL PROFESSION), सत्य पुस्तक (REAL BOOK), सत्य स्थिति (REAL STATUS), सत्य एस्टेट एजेन्ट (REAL ESTATE AGENT), सत्य किसान (REAL KISAN), B- विशेषीकरण (Specialisation) शिक्षा का सत्य कौशल (REAL SKILL), सत्य डिजीटल कोचिंग (REAL DIGITAL COACHING), सत्य नेटवर्क (REAL NETWORK) के सभी पाठ्यक्रम व संसाधन, छात्रवृत्ति, सहायता, समाजिक सहायता, सृष्टि पुस्तकालय योजना व अन्य सामाजिक कार्य छात्रवृत्ति वितरण प्रक्रिया प्रणाली 3F (Fuel-Fire-Fuel) से जुड़े हुए हैं। जिनका पाठ्यक्रम व संसाधन शुल्क अलग-अलग हैं लेकिन पंजीकरण शुल्क मुक्त है। उत्पाद व शुल्क विवरण देखने के लिए www.moralrenew.com पर जायें। शुल्क रू0 1000/- से लेकर रू0 20,000/- तक हैं जो विभिन्न पाठ्यक्रम के हैं।

परियोजना छात्रवृत्ति व परियोजना सहायता में पंजीकरण के लिए सभी अधिकृत हैं जबकि परियोजना समाजिक सहायता में पंजीकरण केवल ग्राम/नगर वार्ड प्रेरक ही करने के लिए अधिकृत हैं।

अब ग्राम/नगर वार्ड प्रेरक, निवासी व अन्य के लिए आर्थिक लाभ के अवसर क्या हैं यह जानना आवश्यक है शेष लाभ तो अनमोल हैं।

1. परियोजना छात्रवृत्ति - पाठ्यक्रम के बदले छात्रवृत्ति सहायता (Scholarship Help)

अ. पाठ्यक्रम के बदले में छात्रवृत्ति चुनने व पाठ्यक्रम शुल्क जमा करने पर एक वर्ष में न्यूनतम रू0 5,000/- दी जाती है।

आ. वर्ष में एक बार छात्रवृत्ति रू0 5,000/- प्राप्त करने के उपरान्त हमारे व्यापार के लाभांस को सदैव प्राप्त करने के लिए जीवन में एक बार दो नये विद्यार्थीयों को पाठ्यक्रम के बारे में बताना व उनका प्रवेश कराना अनिवार्य है। लाभांस की राशि रू0 5,000/- के गुणक में ही दी जाती है जिसकी अधिकतम सीमा प्रवेश लेने वाले विद्यार्थीयों की संख्या पर निर्भर करता है।

2. परियोजना सहायता - पाठ्यक्रम के बदले सहायता (Help)

1. शिक्षा सहायता (Education Help)

अ. पाठ्यक्रम के बदले में शिक्षा सहायता चुनने व पाठ्यक्रम शुल्क जमा करने पर एक वर्ष तक रू0 500/- प्रति माह शिक्षा सहायता दी जाती है।

आ. ब. एक वर्ष तक रू0 500/- प्रति माह शिक्षा सहायता प्राप्त करने के उपरान्त 18 वर्ष की उम्र तक शिक्षा सहायता जारी रखने के लिए जीवन में एक बार दो नये विद्यार्थी का प्रवेश आवश्यक है।

2. स्वास्थ्य सहायता (Health Help)

अ. पाठ्यक्रम के बदले में स्वास्थ्य सहायता चुनने व पाठ्यक्रम शुल्क जमा करने पर रू0 500/- प्रति माह तक की स्वास्थ्यवर्धक दवा दी जाती है।

आ. एक वर्ष तक रू0 500/- प्रति माह स्वास्थ्य सहायता प्राप्त करने के उपरान्त आजीवन स्वास्थ्य सहायता जारी रखने के लिए जीवन में एक बार दो नये विद्यार्थी का प्रवेश आवश्यक है।

3. घरेलू पुस्तकालय सहायता (Home Library Help)

अ. पाठ्यक्रम के बदले में घरेलू पुस्तकालय सहायता चुनने व पाठ्यक्रम शुल्क जमा करने पर रू0 500/- प्रति माह तक की ज्ञानवर्धक पुस्तकें दी जाती है।

आ. एक वर्ष तक रू0 500/- प्रति माह पुस्तकालय सहायता प्राप्त करने के उपरान्त आजीवन घरेलू पुस्तकालय सहायता जारी रखने के लिए जीवन में एक बार दो नये विद्यार्थी का प्रवेश आवश्यक है।

4. पर्यटन सहायता (Tourism Help)

अ. पाठ्यक्रम के बदले में पर्यटन सहायता चुनने व पाठ्यक्रम शुल्क जमा करने पर प्रति वर्ष एक बार देश में कहीं भी पर्यटन के लिए आने-जाने का रेल आरक्षित टिकट दिया जाता है जिसका कार्यक्रम एक माह पूर्व आप बताते है।

आ. एक वर्ष तक पर्यटन सहायता प्राप्त करने के उपरान्त आजीवन पर्यटन सहायता जारी रखने के लिए जीवन में एक बार दो नये विद्यार्थी का प्रवेश आवश्यक है।

3. परियोजना सामाजिक सहायता शुल्क मुक्त (PROJECT Social Help Free)

हमारा व्यवसाय निम्नलिखित सामाजिक उत्तरदायित्व की भी पूर्ति करती है। सभी सहायता कार्यालय को आवेदन प्राप्त होने की तिथि से तीसरे माह से प्रारम्भ होता है।

अ. **नवजात (New Born) सहायता** - बच्चे के जन्म होने पर नवजात सहायता रू0 500/- प्रति माह 5 वर्ष की उम्र तक दी जाती है।

आ. **विकलांग सहायता (Handicapped Help)** - शारीरिक रूप से अपंग व्यक्ति जो किसी सरकारी नौकरी में नहीं हैं उन्हें विकलांग सहायता रू0 500/- प्रति माह आजीवन दी जाती है।

इ. **वरिष्ठ नागरिक सहायता (Senior Citizen Help)** - 60 वर्ष या उससे अधिक उम्र के ऐसे वरिष्ठ नागरिक जो सरकारी नौकरी में पूर्व में नहीं रहे, उन्हें वरिष्ठ नागरिक सहायता रू0 500/- प्रति माह आजीवन दी जाती है।

ई. **विधुर सहायता (Widower Help)** - 60 वर्ष से कम उम्र के ऐसे पुरूष व्यक्ति जिनकी पत्नी का स्वर्गवास हो चुका है और उन्होंने फिर विवाह न किया हो, उन्हें विधुर सहायता रू0 500/- प्रति माह 60 वर्ष की उम्र तक दी जाती है। उसके बाद वे पुनः सहायता के लिए आवेदन कर वरिष्ठ नागरिक सहायता में आ सकते हैं। महिला विधवा को सहायता देने का कोई प्राविधान नहीं रखा गया है क्योंकि सरकार द्वारा उन्हें विभिन्न प्रकार की सहायता व अवसर प्रदान की गयी है। समाज द्वारा भी उन्हें सहयोग और सहानुभूति प्राप्त है।

उ. **अनाथ (Orphan) सहायता** - 14 वर्ष या उससे कम उम्र के ऐसे बच्चे जिनके माता-पिता दोनों स्वर्गवासी हो चुके हैं उन्हें अनाथ सहायता रू0 500/- प्रति माह 18 वर्ष की उम्र तक दी जाती है।

ब. मल्टी नेशनल कम्पनी

द्वारा संचालित परियोजना रायल्टी का स्वस्थ महिला मिशन से जुड़े उत्पाद (प्रोडक्ट) - उत्पाद, शुल्क, पंजीकरण व लाभ विवरण जानने के लिए ग्राम/नगर वार्ड प्रेरक से सम्पर्क करें। परियोजना रायल्टी में पंजीकरण के लिए पंजीकृत व्यक्ति ही केवल अधिकृत हैं।

भाग-2

आर्थिक स्वतन्त्रता की यात्रा

गुलाम का अर्थ व दास प्रथा (पाश्चात्य)

गुलाम प्रथा-दुनिया की हाट में बिकते हैं इंसान

वैश्विक बौद्धिक विकास के साथ बदला गुलामी का स्वरूप

पारिश्रमिक का इतिहास और वेतन (सैलरी) का अर्थ

मजदूरी, वेतन, भत्ते और मानदेय, प्रोत्साहन, सौदागर, अभिकर्ता, विशेषाधिकार, दलाली का अर्थ

रायल्टी-अर्थ और प्रकार, ईश्वर और पुनर्जन्म

क्या आपको वस्तु खरीदने पर कम्पनी रायल्टी देती है जबकि कम्पनी आपके कारण हैं?

विपणन प्रणाली (Marketing System)

नेटवर्कर-एक तेज आर्थिक गति का कार्यकर्ता परन्तु असम्मानित

3-एफ (3-F: Fuel-Fire-Fuel) विपणन प्रणाली

पुनर्निर्माण-3-एफ विपणन प्रणाली से युक्त

पुनर्निर्माण-मल्टी लेवेल मार्केटिंग (MLM) नहीं हैं

गुलाम का अर्थ व दास प्रथा (पाश्चात्य)

गुलाम का अर्थ

1. मोल लिया या खरीदा हुआ नौकर या दास।
2. बहुत ही तुच्छ सेवाएँ करने वाला नौकर।
3. ताश का वह पत्ता जिस पर गुलाम की आकृति बनी रहती है।
4. गंजीफे के पत्तों में, एक प्रकार का रंग।

बलपूर्वक श्रम गुलामी में किसी व्यक्ति को धोखे से या डरा धमका कर बिना वेतन या जिंदा रहने भर के नाम मात्र वेतन पर काम करने के लिए बाध्य किया जाता है। आज के जमाने के गुलाम पत्थर खादानों, चावल की मिलों, ईट भठ्ठों, मछली उद्योग तथा अन्य उद्योगों में काम करते हुए, एक अत्यंत परेशानी भरा जीवन जीते हैं। गुलामी के पीड़ितों को अधिकांशतः अपने काम के स्थान, जहाँ पर वह काम करने को बाध्य होते हैं, को छोड़ कर अन्य कहीं जाने की मनाही होती है तथा वे कहीं और रोजगार की तलाश नहीं कर पाते। ये अक्सर शारीरिक व यौन शोषण के शिकार भी होते हैं।

बंधुआ, ऋण पीड़ित को गुलामी में फंसाने का आम तरीका है। इस गैर कानूनी योजना में मालिक मजदूर को एक छोटा ऋण देने का वादा इस शर्त के साथ करता है कि वह ऋण मालिक के यहाँ काम करके चुका दिया जायेगा। बुरी नीयत वाला कर्ज दाता ब्याज दर, को हद से ज्यादा बढ़ाकर, झूठी दरें बढाकर, ऋण की स्थिति के बारे में जानकारी न दे कर यह सुनिश्चित करता है कि ऋण की अदायगी असम्भव हो जाये। मजदूर को काम की जगह से कहीं और जाने की मनाही होती है, जब तक ऋण चुकता न हो जाए। नौकरी देने वाला मजदूर का मालिक बन जाता है और ऋण की शर्तें अक्सर पड़ित के परिवार को भी शामिल कर लेती हैं। यहाँ तक कि बच्चे भी एक झूठे और हमेशा बढ़ते ऋण को चुकाने के लिए काम करने को मजबूर होते हैं।

दास प्रथा (पाश्चात्य)

मानव समाज में जितनी भी प्रथाओं का अस्तित्व रहा है उनमें सबसे भयावह दासता की प्रथा है। मनुष्य के हाथों मनुष्य का बड़े पैमाने पर उत्पीड़न इस प्रथा के अंतर्गत हुआ है। दास प्रथा को संस्थात्मक शोषण की पराकाष्ठा कहा जा सकता है। एशिया, यूरोप, अफ्रीका, अमरीका आदि सभी भूखंडों में उदय हाने वाली सभ्यताओं के इतिहास में दासता ने सामाजिक, राजनीतिक तथा आर्थिक व्यवस्थाओं के निर्माण एवं परिचालन में महत्वपूर्ण योगदान किया है। जो सभ्यताएँ प्रधानतया तलवार के बल पर बनीं, बढ़ीं और टिकी थीं, उनमें दासता नग्न रूप में पाई जाती थी।

पश्चिमी सभ्यता के विकास के इतिहास में दास प्रथा ने विशिष्ट भूमिका अदा की है। किसी अन्य सभ्यता के विकास में दासों ने संभवतः न तो इतना बड़ा योगदान दिया है और न अन्यत्र दासता के नाम पर मनुष्य द्वारा

मनुष्य का इतना व्यापक शोषण तथा उत्पीड़न ही हुआ है। पाश्चात्य सभ्यता के सभी युगों में-यूनानी, रोमन, मध्यकालीन तथा आधुनिक-दासों ने सभ्यता की भव्य इमारत को अपने पसीने और रक्त से उठाया है।

यूनान

यूनानी इतिहास के प्राचीनतम स्रोतों में दास व्यवस्था के अस्तित्व का वर्णन प्राप्त होता है। यूनान के आदिकवि होमर (ई.पू.900 के करीब) के महाकाव्यों-ओडिसी तथा इलियड, में दासता के अस्तित्व तथा उससे उत्पन्न नैतिक पतन का उल्लेख है। ई.पू.800 के पश्चात् यूनानी उपनिवेशों की स्थापना तथा उद्योगों के विकास के कारण दासों की माँग तथा पूर्ति में अभिवृद्धि हुई। दासों की प्राप्ति का प्रधान स्रोत था, युद्ध में प्राप्त बंदी किंतु माता-पिता द्वारा संतान विक्रय, अपहरण तथा संगठित दास बाजारों से क्रय द्वारा भी दास प्राप्त होते थे। जो ऋणग्रस्त व्यक्ति अपना ऋण अदा करने में असमर्थ हो जाते थे, उन्हें भी कभी-कभी इसकी अदायगी के लिए दासता स्वीकार करनी पड़ती थी। एथेंस, साइप्रस तथा सेमोस के दास बाजारों में एशियाई, अफ्रीकी अथवा यूरोपीय दासों का क्रय विक्रय होता था। घरेलू कार्यों अथवा कृषि तथा उद्योग धंधों संबंधी कार्यों के लिए दास रखे जाते थे। दास अपने स्वामी की निजी सपत्ति समझा जाता था और संपत्ति की भाँति ही उसका क्रय-विक्रय हो सकता था। कभी-कभी स्वामी प्रसन्न होकर स्वेच्छा से दास को मुक्त भी कर देते थे और यदा-कदा दास अपनी स्वतंत्रता का क्रय स्वयं भी कर लेता था।

यूनान में दास बहुत बड़ी संख्या में थे और ऐसा अनुमान है कि एथेंस में दासों की संख्या स्वतंत्र नागरिकों से भी अधिक थी। दासों तथा नागरिकों के भेद का आधार प्रजाति न होकर सामाजिक स्थिति थी। प्रायः सभी यूनानी विचारकों ने दासता पर अपने मत प्रकट किए हैं। अरस्तू के अनुसार-"दासता स्वामी तथा दास दोनों के लिए हितकर है" किंतु अफलातून ने दासता का विरोध किया था क्योंकि इसे वह अनैतिक समझता था।

रोम

रोम के उत्थान के साथ दास व्यवस्था भी अपने पूर्णत्व को प्राप्त हुई। दासता का सबसे अधिक सबंध युद्ध विजय से रहा है। विजेताओं द्वारा अपनी सेवा के लिए पराजितों का उपयोग करना युद्ध की स्वाभाविक परिणति रही है। रोमन साम्राज्य का अभ्युदय एवं प्रसार सैन्य बल पर हुआ। अतः रोम में दास प्रथा का प्रचलन अत्यधिक हुआ। रोमन गणराज्य के उत्तरार्ध (ई.पू. तीसरी एवं दूसरी सदी) में जब अधिकांश स्वस्थ रोमन नागरिकों को कार्थेजी युद्धों में संलग्न होना पड़ा तो भूस्वामियों ने युद्धबंदियों को कृषि कार्यों के लिए दासों के रूप में क्रय करना प्रारंभ किया। इन युद्धों के कारण रोम में दासता का अभूतपूर्व प्रसार हुआ। प्रकार का अनुमान इससे लगाया जा सकता है कि उस समय डेलोस द्वीप के एक प्रमुख दास बाजार में एक दिन में 10,000 दासों का क्रय-विक्रय साधारण बात थी। कहते हैं कि आगस्टस के समय में जब एक नागरिक की मृत्यु हुई तो अकेले उसके अधिकार में ही उस समय चार हजार दास थे। शीघ्र ही इतालवी ग्राम समुदायों में दासों का बहुमत हो गया। नगरों में भी दासों का घरेलू कार्यों के लिए रखा जाता था। रोमन नागरिकों के मनोरंजनार्थ दास योद्धाओं-ग्लैडियेटर्स-को कवचहीन स्थिति में शस्त्र युद्ध करना पड़ता था। इस युद्ध में मृत्यु हो जाना साधारण घटना थी।

जब रोमन साम्राज्य में बहुसंख्यक दासों पर होने वाला दुस्सहः अत्याचार पराकाष्ठा पर पहुँच गया तो इटली तथा सिसली के ग्रामीण क्षेत्रों में दास विद्रोहों का सिलसिला शून्य डिग्री हो गया। सबसे प्रबल दास विद्रोह ई.पू.73 के करीब ग्लैडियेटर्स के वीर नेता स्पार्टाकस के नेतृत्व में हुआ। विद्रोही दास सेनाओं का आकार निरंतर बढ़ता गया और एक समय तो समस्त दक्षिणी इटली दासों के हाथ में चला गया था। रोमन साम्राज्य के अंतिम चरण में जब साम्राज्य प्रसार रुक गया तो नए दासों का प्राप्त होना बंद हो गया। फलतः रोमन दासों की स्थिति भी सुधरने लगी। दासता के स्थान पर अर्ध-दासता बढ़ने लगी। रोमन साम्राज्य तथा व्यवस्था की अस्थिरता एव पतन का एक प्रधान कारण दास प्रथा थी। बहुसंख्यक दासों का अपने शोषण और उत्पीड़न पर खड़ी व्यवस्था से कोई लगाव न होना स्वाभाविक था। ऐसी स्थिति में रोमन व्यवस्था की जड़ें सामाजिक दृष्टि से अधिक पुष्ट न हो सकीं।

यूरोपीय देश

दासता को निर्ममता के शिखर पर पहुँचाने वाले रोमन साम्राज्य के विघटन के उपरांत यूरोप में दास प्रथा की कठोरता में कुछ कमी आई। अब यूरोपीय देशों को अधिकतर दास "स्लाव क्षेत्र" से प्राप्त होते थे। दास शब्द के अंग्रेजी, यूरोपीय भाषाओं के पर्याय "स्लेव" शब्द की व्युत्पत्ति इसी से हुई है। यूरोप में 10वीं तथा 14वीं सदी के बीच दास प्रथा सामान्य रूप में चलती रही। 14वीं सदी के आस-पास पूर्वी यूरोप तथा पश्चिमी एशिया पर होने वाले आक्रमणों से पश्चिमी यूरोप को पुनः युद्धबंदियों की प्राप्ति होने लगी। मध्ययुग के अंतिम चरण में राष्ट्रवाद और कट्टर धार्मिकता के सम्मिश्रण से युद्धबंदियों के प्रति असहिष्णुता बरती गई। गैर ईसाई बंदियों को "यीशु के शत्रु" घोषित कर दासों के रूप में उन्हें क्रय करने का धर्मादेश एक बार सर्वोच्च धर्मगुरु पोप ने स्वयं जारी किया था। पादरियों की सेवा के लिए रखे जाने वाले गिरजाघर के दासों की स्थिति कुछ मानों में घरेलू दासों से भी बदतर थी। युद्धबंदियों की प्राप्ति से एक बार फिर इतालवी दास व्यापारियों का भाग्य चमक उठा। मनुष्यों के यह व्यापारी तुर्की से सीरियाई, आर्मीनीयाई तथा स्लाव दासों को लाकर भूमध्यसागरीय देशों की माँग पूरी करते थे। इसी काल से ओटोमन तुर्कों के इस्लामी साम्राज्य प्रसार ने भी दासता को बढ़ाया।

15वीं सदी के मध्य के करीब पुर्तगाली नाविकों ने हब्शी दास व्यापार में अरबों का एकाधिकार समाप्त कर दिया। पहली बार अफ्रीकी दासों का व्यापार समुद्री मार्ग से प्रारंभ हुआ। पुर्तगाल में दासों की माँग निरंतर बढ़ती जा रही थी क्योंकि मूर युद्धों एवं औपनिवेशिक प्रसार के कारण पुर्तगाली जनसंख्या घटती जा रही थी। दासों का आयात इतना बढ़ा कि 16वीं सदी में पुर्तगाल के अनेक क्षेत्रों में श्वेतों की अपेक्षा हब्शियों की संख्या अधिक हो गई थी। चूँकि दासता में रंगभेद प्रबल नहीं था अतएव मुक्त रूप से रक्त संमिश्रण होता था। पुर्तगालियों की धमनियों में आज भी हब्शी रक्त तथा श्वेत रक्त साथ-साथ बहता है। पुर्तगाल के अलावा स्पेन में भी काले दास रखे जाते थे।

नई दुनिया

पश्चिमी सभ्यता के आधुनिक युग में पदार्पण करने पर एक बार फिर रोमन युग की तरह दासता का प्रसार तब बढ़ा जब साहसिक यूरोपीय नाविकों ने अमेरीकी महाद्वीपों की खोज की तथा उपनिवेशों की नींव रखी। नई दुनिया के पश्चिमी द्वीप समूह, मैक्सिका, पेरू, ब्राजील आदि देशों में उत्पादित गन्ने, कपास, तंबाकू जैसी वस्तुओं की माँग यूरोप में होने लगी। इन वस्तुओं का सबसे सस्ता उत्पादन दास की मेहनत के आधार पर होता था। स्पेन के तत्वावधान में सर्वप्रथम नई दुनिया की खोज करनेवाले कोलंबस ने स्वयं ही पश्चिमी द्वीप समूहों के मूलवासियों को दास बनाना प्रारंभ किया था। तदुपरांत इन यूरोपीय उपनिवेशों की धरती के पुत्रों की जो दुर्दशा दासों के रूप में की गई उसका कुछ अनुमान इससे लगाया जा सकता है कि स्पेन के औपनिवेशिक युग का अंत होते-होते पश्चिमी द्वीप समूहों के कैरिबी मूल निवासियों का नामोनिशान मिट चुका था। उधर दक्षिणी अमरीका के ब्राजील आदि देशों में पुर्तगालियों ने बड़े पैमाने में व्यापार चलाया। ख्रिस्तानी यूरोपीय "सभ्यों" के अनुसार "असभ्य" मूल निवासियों को "सच्चे धर्म" में दीक्षित कर सभ्य बनाने का एकमात्र मार्ग उन्हें दास बना लेना था और सभ्य बनाने की इस प्रक्रिया में सब कुछ क्षम्य था।

हब्शी दासता

1510 ई. के करीब जब अफ्रीकी हब्शी दासों से लदा पहला जहाज नई दुनिया पहुँचा तो दासता के इतिहास में एक नया मोड़ आया। मूल निवासी दास कभी-कभी अपनी विद्रोही गतिविधियों के कारण श्वेत महाप्रभुओं का सरदर्द बन जाते थे और साथ ही स्पेन एवं पुर्तगाल के राजा तथा धर्मगुरु भी उन दासों के प्रति सहिष्णुता बरतने की चर्चा करने लग जाते थे। मूल निवासी दासों की तुलना में ये नए हब्शी दास अधिक आज्ञाकारी तथा कठोर श्रमी थे जिसका प्रधान कारण इन हब्शियों का अपनी अफ्रीकी मातृभूमि से दूर सात समूद्र पार रहना था। अतः हब्शियों की माँग बढ़ने लगी। गन्ने, कपास के खेतों में और खादानों में दास श्रम पहले से भी अधिक उपयोगी हो गया। फलतः हब्शियों का आयात इतना बढ़ा कि शीघ्र ही पश्चिमी द्वीप समूहों में उनका बहुमत हो गया।

लालची यूरोपीय शक्तियों के तत्वावधान में दास व्यापार की निजी कंपनियों में ऐसी घोर प्रतिस्पर्धा चली कि 18वीं सदी के प्रारंभ तक हब्शी दास व्यापार पराकाष्ठा पर पहुँच गया। अंग्रेज तो इस काम में रानी एलिजाबेथ के काल में ही निपुण हो चुके थे क्योंकि रेले, गिलबर्ट, हाकिंस तथा ड्रेक जैसे व्यक्ति अपहरण, लूटमार आदि तरीकों से दास व्यापार चलाकर इंग्लैंड को समृद्ध बना रहे थे।

हब्शियों को वस्तुओं के बदले प्राप्त कर और जहाजों में जानवरों की तरह ठूँसकर अटलांटिक पार अमेरीका ले जाया जाता था। वहाँ उन्हें बेचकर चीनी, कपास, चावल तथा सोने से लदे जहाज यूरोप लौटते थे। वास्तव में इंग्लैंड, अमेरीका तथा यूरोपीय पूँजीवाद का एक प्रमुख आधार दास व्यापार है। एक अनुमान के अनुसार सन् 1680-1786 के बीच लाखों हब्शियों को अटलांटिक पार ले जाया गया। इन दासों को अपने विभिन्न यूरोपीय स्वामियों की भाषा तथा धर्म को भी ग्रहण करना पड़ता था क्योंकि उन्हें उस नरक में अपनी सांस्कृतिक विरासत को जीवित रखने के अवसर ही कहाँ प्राप्त हो सकते थे। आत्महत्या या पलायन के आलावा मुक्ति के कोई मार्ग न थे। हब्शी दास श्वेत स्त्रियों के साथ संपर्क की कल्पना भी नहीं कर सकते थे जब कि श्वेत स्वामी हब्शियों के साथ यौन संबंध कर लेते थे। किंतु वर्णसंकर संतानें कुछ अपवादों को छोड़कर दासता का ही स्तर प्राप्त करती थीं। हब्शी दासों के आवास अत्यंत दयनीय तथा भोजन निकृष्टतम होता था। दास झूंडों के श्वेत निरीक्षक खेतों या खादानों में काम कराते समय उन पर चाबुकों का खुलकर प्रयोग करते थे।

उत्तरी अमेरीका तथा विशेषकर संयुक्त राज्य अमरीका के इतिहास में हब्शी दासता तथा तज्जनित स्थितियों का प्रारंभ से लेकर आज तक विशेष महत्व रहा है। दास प्रथा के कारण ही वहाँ तंबाकू, कपास आदि की कृषि में आश्चर्यजनक प्रगति हुई तथा भूमि से अप्रत्याशित खनिज संपत्ति निकाली गई। दास व्यवस्था ने ही संयुक्त राज्य को पूँजीवादी तथा औद्योगिक प्रगति में विश्व का अगुआ बनने में सबसे अधिक सहायता दी है, तथा दास प्रथा ने ही संयुक्त राज्य के राजनीतिक इतिहास में सबसे महत्वपूर्ण प्रभाव डाला है क्योंकि दासता के प्रश्न पर उक्त राष्ट्र भीषण गृहयुद्ध से गुजरकर विभाजित होते-होते बचा है। यद्यपि संयुक्त राज्य में दासता पहले अवैधानिक करार दी जा चुकी थी तथापि आज भी वहाँ की सबसे बड़ी राष्ट्रीय समस्या हब्शी समस्या है जिसका पूर्ण समाधान दृष्टिगत नहीं हो रहा है। यह उन्हीं हब्शियों की समस्या है जिनके पूर्वज श्वेत महाप्रभुओं के क्रीतदास थे।

संयुक्त राज्य में 18वीं सदी में जब हब्शियों के विद्रोहों की कुछ संभावना होने लगी तो वैधानिक रूप से हब्शियों के लिए शस्त्रधारण, ढोल नगाड़े रखना तथा रात्रि में सड़कों पर निकलना वर्जित कर दिया गया। जब वर्जिनिया में, जो संयुक्त राज्य में काले दासों का प्राचीनतम तथा विशालतम केंद्र था, नेट टर्नर नामक दास पादरी के नेतृत्व में एक छोटा विद्रोह हुआ तो दास राज्यों में हब्शियों को पढ़ना-लिखना सिखाना भी अवैधानिक घोषित कर दिया गया। संयुक्त राज्य में दास प्रथा की प्रधान विशेषता रंगभेद रही है।

यद्यपि प्रारंभ में दासों पर भयावह अत्याचार होते थे और उन्हें असहनीय कष्ट उठाने पड़ते थे, फिर भी धीरे-धीरे उनके प्रति अधिक उदारतापूर्ण व्यवहार किया जाने लगा। एथेंस में यदि किसी दास के साथ कष्टकर दुव्र्यवहार होता था तो वह किसी दूसरे स्वामी के हाथ बेच दिए जाने की माँग कर सकता था। उसके स्वामी को यह अधिकार न था कि जब इच्छा हो तब उसके प्राण ले ले। मालिक के परिवार के किसी व्यक्ति की हत्या कर देने पर भी उसके स्वामी को यह अधिकार न था। सामान्यतयाः न्यायालय में मुकदमा चलाए बिना उसे प्राणदंड नहीं दिया जा सकता था। रोम में उनकी स्थिति सुधारने में अधिक समय लगा। वहाँ दास के प्राण ले लेने की पूरी छूट स्वामी को थी। उसे विवाह करने का अधिकार न था। बहुत से दासों को अक्सर रात में जंजीरों से बाँधकर रखा जाता था। क्रमशः इस स्थिति में थोड़ा सुधार होता गया। कुछ मालिकों ने अपने बच्चों की अच्छी तरह देखभाल करने पर दासों को स्वतंत्र कर देने का आश्वासन देना शून्य डिग्री किया और कुछ ने उन्हें निर्धारित अवधि तक कड़ी मेहनत करने पर छोड़ देने का वचन दिया। कानून के अनुसार बच्चों को गुलाम के रूप में बेचने की मुमानियत कर दी गई और कर्ज चुकाने के लिये भी किसी को दास बनाने पर रोक लगा दी गई।

दास प्रथा का उन्मूलन

पश्चिम में दास प्रथा उन्मूलन संबंधी वातावरण 18वीं सदी में बनने लगा था। अमेरीकी स्वतन्त्रता युद्ध का एक प्रमुख नारा मनुष्य की स्वतंत्रता था और फलस्वरूप संयुक्त राज्य के उत्तरी राज्यों में सन् 1804 तक दासता विरोधी वातावरण बनाने में मानवीय मूल अधिकारों पर घोर निष्ठा रखनेवाली फ्रांसीसी राज्य क्रांति का अधिक महत्व है। उस महान क्रांति से प्रेरणा पाकर सन् 1821 में सांतो दोमिंगो में स्पेन के विरुद्ध विद्रोह हुआ और हाईती के हब्शी गणराज्य की स्थापना हुई। अमरीकी महाद्वीपों के सभी देशों में दासता विरोधी आंदोलन प्रबल होने लगा।

संयुक्त राज्य अमेरीका के उदारवादी उत्तर राज्यों में दासता का विरोध जितना प्रबल होता गया उतनी ही प्रतिक्रियावादी दक्षिण के दास राज्यों में दासों के प्रति कठोरता बरती जाने लगी तथा यह तनाव इतना बढ़ा कि अंततः उत्तरी तथा दक्षिणी राज्यों के बीच गृहयुद्ध छिड़ गया। इस युद्ध में अब्राहम लिंकन के नेतृत्व में दास विरोधी एकतावादी उत्तरी राज्यों की विजय हुई। सन् 1888 के अधिनियम के अनुसार संयुक्त राज्य में दासता पर खड़े पुर्तगाली ब्राजील साम्राज्य का पतन हुआ। शनैः शनैः अमरीकी महाद्वीपों के सभी देशों से दासता का उन्मूलन होने लगा। 1890 में ब्रसेल्स के 18 देशों के सम्मेलन में हब्श दासों के समुद्री व्यापार को अवैधानिक घोषित किया गया। 1919 के सैंट जर्मेन सम्मेलन में तथा 1926 के लीग आफ नेशंस के तत्वावधान में किए गए सम्मेलन में हर प्रकार की दासता तथा दास व्यापार के संपूर्ण उन्मूलन संबंधी प्रस्ताव पर सभी प्रमुख देशों ने हस्ताक्षर किए। ब्रिटिश अधिकृत प्रदेशों में सन् 1833 में दास प्रथा समाप्त कर दी गई और दासों को मुक्त करने के बदले में उनके मालिकों को दो करोड़ पौंड हरजाना दिया गया। अन्य देशों में कानूनन इसकी समाप्ति इन वर्षों में हुई-भारत 1846, स्विडेन 1859, ब्राजिल 1871, अफ्रिकन संरक्षित राज्य 1897, 1901, फिलिपाइन 1902, अबीसीनिया 1921। इस प्रकार 20वीं सदी में प्रायः सभी राष्ट्रों ने दासता को अमानवीय तथा अनैतिक संस्था मानकर उसके उन्मूलनार्थ कदम उठाए। संभवतः अफ्रीका में अंगोला जैसे पुर्तगाली उपनिवेशों की तरह के दो एक अपवादों को छोड़कर इस समय कहीं भी उस भयावह दास व्यवस्था का संस्थात्मक अस्तिव नहीं है जो आज की पाश्चत्य सभ्यता की समृद्धि तथा वैभव का एक प्रधान आधार रही है।

गुलाम प्रथा-दुनिया की हाट में बिकते हैं इंसान

दुनियाभर में आज भी अमानवीय गुलाम प्रथा जारी है और जानवरों की तरह इंसानों की खरीद-फरोख्त की जाती है। इन गुलामों से कारखानों और बागानों में काम कराया जाता है। उनसे घरेलू काम भी लिया जाता है। इसके अलावा गुलामों को वेश्यावृति के लिए मजबूर भी किया जाता है। गुलामों में बड़ी तादाद में महिलाएं और बच्चे भी शामिल हैं।

संयुक्त राष्ट्र संघ की एक रिपोर्ट के मुताबिक मादक पदार्थ और हथियारों के बाद तीसरे स्थान पर मानव तस्करी है। एक अन्य रिपोर्ट में कहा गया है कि दुनियाभर में करीब पौने तीन करोड़ गुलाम हैं। एंटी स्लेवरी इंटरनेशनल की परिभाषा के मुताबिक वस्तुओं की तरह इंसानों का कारोबार, श्रमिक को बेहद कम या बिना मेहनताने के काम कराना, उन्हें मानसिक या शारीरिक तौर पर प्रताड़ित कर काम कराना, उनकी गतिविधियों पर हर वक्त नजर रखना गुलामी माना जाता है। 1857 में संयुक्त राष्ट्र सम्मेलन गुलामी की चरम अवस्था "किसी पर मालिकाना हक जताने" को मानता है। फिलहाल दासता की श्रेणियों में जबरन काम कराना, बंधुआ मजदूरी, यौन दासता, बच्चों को जबरने सेना में भर्ती करना, कम उम्र में या जबरन होने वाले विवाह और वंशानुगत दासता शामिल है।

अमेरिका में करीब 60 देशों से लाए गए करोड़ों लोग गुलाम के तौर पर जिन्दगी गुजारने को मजबूर हैं। ब्राजील में भी लाखों गुलाम हैं। हालांकि वहाँ के श्रम विभाग के मुताबिक इन गुलामों की तादाद करीब 50 हजार

है और हर साल लगभग सात हजार गुलाम यहाँ लाए जाते हैं। पश्चिमी यूरोप में भी गुलामों की तादाद लाखों में है। एक रिपोर्ट के मुताबिक वर्ष 2003 में चार लाख लोग अवैध तौर पर लाए गए थे। पश्चिमी अफ्रीका में भी बड़ी तादाद में गुलाम हैं, जिनसे बागानों और उद्योगों में काम कराया जाता है। सोवियत संघ के बिखराव के बाद रूस और पूर्वी यूरोप में गुलामी प्रथा को बढ़ावा मिला।

पूर्वी अफ्रीका के देश सूडान में गुलाम प्रथा को सरकार की मान्यता मिली हुई है। यहाँ अश्वेत महिलाओं और बच्चों से मजदूरी कराई जाती है। युगांडा में सरकार विरोधी संगठन और सूडानी सेना में बच्चों की जबरन भर्ती की जाती है। अफ्रीका से दूसरे देशों में गुलामों को ले जाने के लिए जहाजों का इस्तेमाल किया जाता था। इन जहाजों में गुलामों को जानवरों की तरह ठूंसा जाता था। उन्हें कई-कई दिनों तक भोजन भी नहीं दिया जाता था, ताकि शारीरिक और मानसिक रूप से वे बुरी तरह टूट जाएं और भागने की कोशिश न करें। अमानवीय हालात में कई गुलामों की मौत हो जाती थी और कई समुद्र में कुदकर अपनी जान दे देते थे। चीन और म्यामार (बर्मा) में भी गुलामों की हालत बेहद दयनीय है। उनसे जबरन कारखानों और खेतों में काम कराया जाता है। इंडोनेशिया, थाइलैंड, मलेशिया और फिलीपींस में महिलाओं से वेश्यावृति कराई जाती है। उन्हें खाड़ी देशों में वेश्यावृति के लिए बेचा जाता है।

दक्षिण एशिया खासकर भारत, पाकिस्तान और नेपाल में गरीबी से तंग लोग गुलाम बनने पर मजबूर हुए। भारत में भी बंधुआ मजदूरी के तौर पर गुलाम प्रथा जारी है। हालांकि सरकार ने 1975 में राष्ट्रपति के एक अध्यादेश के जरिए बंधुआ मजदूर प्रथा पर प्रतिबंध लगा दिया था, मगर इसके बावजूद सिलसिला आज भी जारी है। यह कहना गलत न होगा कि औद्योगिकरण के चलते इसमें इजाफा ही हुआ है। सरकार भी इस बात को मानती है कि देश में बंधुआ मजदूरी जारी है। भारत के श्रम व रोजगार मंत्रालय की वार्षिक रिपोर्ट के मुताबिक देश में 19 प्रदेशों से 31 मार्च तक देशभर में दो लाख 86 हजार 612 बंधुआ मजदूरों की पहचान की गई और उन्हें मुक्त कराया गया। नवंबर तक एकमात्र राज्य उत्तर प्रदेश के 28 हजार 385 में से केवल 58 बंधुआ मजदूरों को पुनर्वासित किया गया, जबकि 18 राज्यों में से एक भी बंधुआ मजदूर को पुनर्वासित नहीं किया गया। इस रिपोर्ट के मुताबिक देश में सबसे ज्यादा तमिलनाडु में 65 हजार 573 बंधुआ मजदूरों की पहचान कर उन्हें मुक्त कराया गया। कनार्टक में 63 हजार 437 और उड़ीसा में 50 हजार 29 बंधुआ मजदूरों को मुक्त कराया गया। रिपोर्ट में यह भी बताया गया कि 19 राज्यों को 68 करोड़ 68 लाख 42 हजार रुपए की केंद्रीय सहायता मुहैया कराई गई, जिसमें सबसे ज्यादा सहायता 16 करोड़ 61 लाख 66 हजार 94 रुपए राजस्थान को दिए गए। इसके बाद 15 करोड़ 78 लाख 18 हजार रुपए कर्नाटक और नौ कराड़ तीन लाख 34 हजार रुपए उड़ीसा को मुहैया कराए गए। इसी समयावधि के दौरान सबसे कम केंद्रीय सहायता उत्तराखंड को मुहैया कराई गई। उत्तर प्रदेश को पांच लाख 80 हजार रुपए की केंद्रीय सहायता दी गई। इसके अलावा अरुणाचल प्रदेश, बिहार, छत्तीसगढ़, दिल्ली, गुजरात, हरियाणा, झारखंड, कर्नाटक, मध्य प्रदेश, महाराष्ट्र, मणिपुर, उड़ीसा, पंजाब, राजस्थान, तमिलनाडु, उत्तर प्रदेश और उत्तराखंड को 31 मार्च 2006 तक बंधुआ बच्चों का सर्वेक्षण कराने, मूल्यांकन अध्ययन कराने और जागरूकता सृजन कार्यक्रमों के लिए चार करोड़ 20 लाख रुपए की राशि दी गई।

भारत में सदियों से किसान गाँवों के साहूकारों से खाद, बीज, रसायनों और कृषि उपकरणों आदि के लिए कर्ज लेते रहे हैं। इस कर्ज के बदले उन्हें अपने घर और खेत तक गिरवी रखने पड़ते हैं। कर्ज से कई गुना रकम चुकाने के बाद भी जब उनका कर्ज नहीं उतर पाता। यहाँ तक कि उनके घर और खेत तक साहूकारों के पास चले जाते हैं। इसके बाद उन्हें साहूकारों के खेतों पर बंधुआ मजदूर के तौर पर काम करना पड़ता है। हालत यह है कि किसानों की कई नस्लें तक साहूकारों की बंधुआ बनकर रह जाती हैं।

बिहार के गाँव पाईपुरा बरकी में खेतिहर मजबूर जवाहर मांझी को 40 किलो चावल के बदले अपनी पत्नी और चार बच्चों के साथ 30 साल तक बंधुआ मजदूरी करनी पड़ी। करीब तीन साल पहले यह मामला सरकार की नजर में आया। मामले के मुताबिक 33 साल पहले जवाहर मांझी ने एक विवाह समारोह के लिए जमींदार से 40 किलो चावल लिए। उस वक्त तय हुआ कि उसे जमींदार के खेत पर काम करना होगा और एक दिन की मजदूरी

एक किलो चावल होंगे। मगर तीन दशक तक मजदूरी करने के बावजूद जमींदार के 40 किलो का कर्ज नहीं उतर पाया। एंटी स्लेवरी इंटरनेशनल के मुताबिक भारत में देहात में बंधुआ मजदूरी का सिलसिला बदस्तूर जारी है। लाखों पुरुष, महिलाएं और बच्चे बंधुआ मजदूरी करने को मजबूर हैं। पाकिस्तान और दक्षिण एशिया के अन्य देशों में भी यही हालत है।

देश में ऐसे ही कितने भठ्ठे व अन्य उद्योग धंधे हैं, जहाँ मजदूरों को बंधुआ बनाकर उनसे कड़ी मेहनत कराई जाती है और मजदूरी की एवज में नाम मात्र पैसे दिए जाते हैं, जिससे उन्हें दो वक्त भी भर पेट रोटी नसीब नहीं हो पाती। अफसोस की बात तो यह है कि सब कुछ जानते हुए भी प्रशासन इन मामले में मूक दर्शक बना रहता है, लेकिन जब बंधुआ मुक्ति मोर्चा जैसे संगठन मीडिया के जरिये प्रशासन पर दबाव बनाते हैं तो अधिकारियों की नींद टूटती है और कुछ जगहों पर छापा मारकर वे रस्म अदायगी कर लेते हैं। श्रमिकों के अनुसार मजदूरों को ठेकेदारों की मनमानी सहनी पड़ती है। उन्हें हर रोज काम नहीं मिल पाता इसलिए वे काम की तलाश में ईंट भठ्ठों का रुख करते हैं, मगर यहाँ भी उन्हें अमानवीय स्थिति में काम करना पड़ता है। अगर कोई मजदूर बीमार हो जाए तो उसे दवा दिलाना तो दूर की बात उसे आराम तक करने नहीं दिया जाता।

दास प्रथा की शुरुआत कई सदी पहले हुई थी। बताया जाता है कि चीन में 18-12वीं शताब्दी ईसा पूर्व गुलामी प्रथा का जिक्र मिलता है। भारत के प्राचीन ग्रंथ मनु स्मृति में दास प्रथा का उल्लेख किया गया है। एक रिपोर्ट के मुताबिक 650 ईस्वी से 1905 के दौरान पौने दो करोड़ से ज्यादा लोगों को इस्लामी साम्राज्य में बेचा गया। 15वीं शताब्दी में अफ्रीका के लोग भी इस अनैतिक व्यापार में शामिल हो गए। 1867 में करीब छह करोड़ लोगों को बंधक बनाकर दूसरे देशों में गुलाम के तौर पर बेच दिया गया।

गुलाम प्रथा के खिलाफ दुनियाभर में आवाजें बुलंद होने लगीं। इस पर 1807 में ब्रिटेन ने दास प्रथा उन्मूलन कानून के तहत अपने देश में अफ्रीकी गुलामों की खरीद-फरोख्त पर पाबंदी लगा दी। 1808 में अमेरिकी कांग्रेस ने गुलामी के आयात पर प्रतिबंध लगा दिया। 1833 तक यह कानून पूरे ब्रिटिश साम्राज्य में लागू कर दिया। कहने को तो भारत में बंधुआ मजदूरी पर पाबंदी लग चुकी है, लेकिन हकीकत यह है कि आज भी यह अमानवीय प्रथा जारी है। बढ़ते औद्योगिकरण ने इसे बढ़ावा दिया है। साथ ही श्रम कानूनों के लचीलेपन के कारण मजदूरों के शोषण का सिलसिला जारी है। शिक्षित और जागरूक न होने के कारण इस तबके की तरफ किसी का ध्यान नहीं गया। संयुक्त राष्ट्र संघ को चाहिए कि वह सरकारों से श्रम कानूनों का सख्ती से पालन कराए, ताकि मजदूरों को शोषण से निजात मिल सके। संयुक्त राष्ट्र संघ और मानवाधिकार जैसे संगठनों को गुलाम प्रथा के खिलाफ अपनी मुहिम को और तेज करना होगा। साथ ही गुलामों को मुक्त कराने के लिए भी सरकारों पर दबाव बनाना होगा। इस बात में कोई दो राय नहीं है कि विभिन्न देशों में अनैतिक धंधे प्रशासनिक अधिकारियों की मिलीभगत से ही होते हैं, इसलिए प्रशासनिक व्यवस्था को भी दुरुस्त करना होगा, ताकि गुलाम भी आम आदमी की जिन्दगी बसर कर सकें।

गुलामी की आधुनिक परिभाषा

गुलामी की आधुनिक परिभाषा के अनुसार यह सूची ऑस्ट्रेलिया की अधिकारों के लिए काम करने वाली संस्था "वॉक फ्री फाउंडेशन" ने तैयार की है। इसमें कर से संबंधित बंधुआ मजदूरी, जबरन शादी और मानव तस्करी शामिल हैं। डब्लूएफएफ के प्रमुख कार्यकारी अधिकारी निक ग्रोनो ने समाचार एजेंसी एएफपी से कहा, "हमारी बात बहुत सी सरकारें सुनना नहीं चाहेंगी" इस संस्था द्वारा दुनिया भर में 2 करोड़ 90 लाख 8 हजार गुलाम होने का अनुमान आधुनिक गुलामी के बारे में किए गए अन्य आकलन से काफी ज्यादा है। इंटरनेशनल लेबर ऑर्गेनाइजेशन के अनुसार दुनिया में 2 करोड़ 10 लाख लोग जबरन मजदूरी के शिकार हैं।

भारत में हैं सबसे ज्यादा गुलाम

भारत में विश्व में सबसे अधिक 1 करोड़ 40 लाख लोग गुलामों जैसा जीवन बिता रहे हैं, ये दावा किया गया है ग्लोबल स्लेवरी इंडेक्स में। इस सूची के अनुसार दुनिया भर में करीब तीन करोड़ लोग गुलामों की जिंदगी जी

रहे हैं। हालांकि जनसंख्या प्रतिशत के अनुसार सर्वाधिक, करीब चार प्रतिशत, आधुनिक गुलाम अफ्रीकी देश मॉरीतानिया में हैं। 162 देशों की स्थिति बताने वाले ग्लोबल स्लेवरी इंडेक्स-2013 की नई वैश्विक सूची में यह बात सामने आई है। लेकिन इस सूची में यह भी कहा गया है कि कुल जनसंख्या के अनुपात के हिसाब से यह आंकड़ा मॉरीतानिया में सबसे ज्यादा है। यहाँ की चार प्रतिशत आबादी गुलामों जैसी जिंदगी जी रही है। रिपोर्ट तैयार करने वालों का कहना है कि इससे संबंधित देशों की सरकारों को गुलामी की "छिपी हुई समस्या" से निपटने में सहायता मिलेगी।

इस कल्याणकारी संस्था का कहना है कि भारत, चीन, पकिस्तान और नाइजीरिया में सबसे ज्यादा गुलाम हैं। यदि इन देशों में पाँच अन्य देशों के आधुनिक गुलामों की संख्या जोड़ दी जाए तो विश्व में आधुनिक गुलामी के कुल अनुमान का तीन चौथाई आंकड़ा हो जाता है। रिपोर्ट में बताया गया है कि भारत को लोगों की संख्या के आधार पर मिला गुलामी में पहला स्थान, देश के भीतर ही लोगों का शोषण होने के कारण हो सकता है।

गुलामी मिली पुरखों से

सबसे अधिक अनुपात के हिसाब से मॉरीतानिया को पहला स्थान इसलिए मिला क्योंकि वहाँ बहुत से लोगों को गुलामी अपने पुरखों से विरासत में मिलती है। सूची में मॉरीतानिया के बाद हैती को दूसरा और पकिस्तान को तीसरा स्थान दिया गया है। इस सर्वेक्षण को अमेरीका की पूर्व विदेश मंत्री हिलेरी क्लिंटन और पूर्व ब्रितानी प्रधानमंत्री टोनी ब्लेयर का समर्थन हासिल है। समाचार एजेंसी एपी के अनुसार हिलेरी क्लिंटन ने कहा, "हालांकि यह सूची पूरी तरह से ठीक नहीं है लेकिन यह एक शुरुआत का मौका देती है" उन्होंने कहा, "मैं विश्व के नेताओं से अपील करती हूँ कि वे इस सूची को देखें और इस अपराध से निपटने के लिए अपना ध्यान केंद्रित रखें"

हम गुलाम क्यों हैं

-स्वामी विवेकानंद

इस बात को हमेशा ध्यान रखो कि राष्ट्र झोपड़ियों में बसता है। किसान, जूते बनाने वाले, मेहतर और भारत के ऐसे ही निचले वर्गों में तुमसे कहीं ज्यादा काम करने और स्वावलंबन की क्षमता है। वे लोग युग-युग से चुपचाप काम करते रहे हैं। वे ही हैं, जो इस देश की समस्त संपदा के उत्पादक हैं। फिर भी उन्होंने कभी शिकायत नहीं की। ऐसा दिन शीघ्र ही आने वाला है, जब उनका दर्जा तुमसे ऊपर होगा। धीरे-धीरे पूँजी उनके हाथों में आ रही है। आधुनिक शिक्षा ने तुम लोगों का फैशन ही बदल दिया है। कितनी ही संपदा अनखोजी पड़ी हुई है, क्योंकि तुममें उसके अन्वेषण की क्षमता नहीं है। तुम लोगों ने अब तक इस जनता को दबाया है, अब उनकी बारी है और तुम लोग रोजगार की तलाश में भटकते-भटकते नष्ट हो जाओगे, क्योंकि यही तुम्हारे जीवन का सर्वस्व बन गया है। जब भी मैं गरीबों के बारे में सोचता हूँ तो मेरा हृदय पीड़ा से कराह उठता है। बचने या ऊपर उठने का उनके पास कोई अवसर नहीं है। वे लोग हर दिन नीचे, और-और नीचे धँसते जाते हैं। वे निर्दयी समाज के वारों को निरंतर झेलते जाते हैं। वे यह भी नहीं जानते कि उन पर कौन वार कर रहा है, कहाँ से वार हो रहे हैं। वे यह भी भूल चुके हैं कि वे स्वयं भी मनुष्य हैं। इन सबका परिणाम है-**गुलामी।**

वैश्विक बौद्धिक विकास के साथ बदला गुलामी का स्वरूप

किसी कार्य को सम्पन्न करने के लिए मुख्यतः दो कर्ताओं की आवश्यकता सदैव से पड़ती रही है। कार्य कराने वाला और कार्य करने वाला। मनुष्य अपने अस्तित्व और विकास के लिए या तो कर्म करने वाला बना या कर्म कराने वाला बना। कर्म कराने के लिए वह पहले पशुओं का प्रयोग किया फिर पशु की भाँति मनुष्य का भी प्रयोग आरम्भ हुआ। आवश्यकता रही हो या अविकसित बौद्धिक क्षमता रही हो, पशु की भाँति ही मनुष्य को गुलाम बनाकर कार्य के लिए उपयोग में लाया जाने लगा। और पशु की ही भाँति क्रय-विक्रय व लूट-पाट कर प्रयोग किया जाने लगा।

कर्म करते-करते ज्ञान-बुद्धि का विकास, कार्य कराने वाले और कार्य करने वाले दोनों में होता रहा और आजिविका के लिए पारिश्रमिक के स्वरूप में भी बदलाव आते गये।

1. प्रारम्भ में कार्य करने के लिए मनुष्य पूर्ण रूप से पशु की भाँति पूर्ण रूप से गुलाम था और पशु की भाँति ही उनके रहने-खाने की व्यवस्था भी हुआ करती थी। पारिश्रमिक के रूप में सिर्फ भोजन ही हुआ करता था।
2. फिर, मनुष्य को थोड़ी स्वतन्त्रता देते हुये उन्हें उनके परिवार के साथ लेकिन कार्य कराने वाले के संरक्षण में ही रखा जाने लगा।
3. आजिविका के लिए जितनी मजबूरी कार्य कराने वाले की थी ठीक उतनी ही मजबूरी कार्य करने वाले की भी थी इसलिए उन्हें और स्वतन्त्रता देते हुये कार्य स्थल के आस-पास कहीं भी रह कर समयानुसार कार्य पर आने का नियम बना। जिसे मजदूरी, नौकरी इत्यादि कहा जाने लगा। कार्य अवधि के अनुसार पारिश्रमिक दिया जाने लगा।
4. कार्य की विभिन्नता के अनुसार कार्य के लिए योग्य मनुष्य की कमी आने से अंशकालिन (पार्ट टाइम) सेवा का भी अवसर मिलने लगा और उस अनुसार ही पारिश्रमिक।
5. कार्य कराने वाले के यहाँ से कार्य करने वाला योग्य व्यक्ति कहीं और न जाये इसलिए अनेक प्रकार की अन्य सुविधाएँ भी प्रदान की जाने लगीं जैसे- आवास, बिजली, यातायात, स्वास्थ्य, मनोरंजन, शिक्षा, देशाटन इत्यादि।
6. यहाँ तक कि सेवा समाप्ति के बाद भी पेशंन, स्वास्थ्य सुविधा इत्यादि।

इस प्रकार श्रम के बदले पारिश्रगिक द्वारा आर्थिक स्वतन्त्रता का सफर शारीरिक गुलामी से चलकर शारीरिक स्वतन्त्रता से होता हुआ वेतन और पेशन तक पहुँचा है। बढ़ते वैश्विक बौद्धिक विकास से यह सफर समय के उपयोग के लिए पूर्ण शारीरिक और समय की गुलामी से चलकर पूर्ण शारीरिक स्वतन्त्रता के साथ मात्र समय की गुलामी तक आ चुका है। और नाम गुलाम से बदलकर नौकरी/सेवा हो गया।

मनुष्य समाज व सरकार में व्यापार के प्रणाली से रायल्टी शब्द का जन्म हुआ है जो किसी व्यक्ति/संस्था के मौलिक खोज/कृति इत्यादि के प्रति उसकी रक्षा व व्यापारीकरण के लिए उसे धनराशि के रूप में भुगतान का अधिकार देता है। रायल्टी संपत्ति, पेटेंट, कापीराइट किए गए कार्य या मताधिकार (फ्रैन्चाइजी) के कानूनी मालिक को उनके द्वारा भुगतान किया जाता है जो इसका उपयोग करना चाहते हैं। ज्यादातर मामलों में, रायल्टी संपत्ति के उपयोग के लिए मालिक की भरपाई करने के लिए दिया जाता हैं, जो कानूनी तौर पर बाध्यकारी हैं।

इस संसार में प्रत्येक जीव का अपना मौलिक कर्म-इच्छा है और वह उसी अनुसार कर्म कर रहा है। ईश्वर और पुनर्जन्म के सार्वभौम सत्य-सिद्धान्त के अनुसार हम यह पाते हैं कि हम जो भी कर्म-इच्छा करते हैं वह हमें उस अनुसार जन्म-जन्मान्तर तक कर्म-इच्छा के परिणाम/फल के रूप में प्राप्त होता रहता है।

इस ब्रह्माण्ड में जिस प्रकार उत्प्रेरक सार्वभौम आत्मा की उपस्थिति में समस्त क्रिया का संचालन चल रहा है उसी प्रकार मानव समाज में उत्प्रेरक मुद्रा की उपस्थिति में मानव के समस्त व्यापार चल रहे हैं।

पारिश्रमिक का इतिहास और वेतन (सैलरी) का अर्थ

चूँकि पहले कार्य संबंधी भुगतान विनिमय के लिए कोई पहला भुगतान का अंश (पे स्टब) मौजूद नहीं है, पहले वेतनभोगी कार्य में मानव समाज को इतना अधिक विकसित होने की जरूरत रही होगी कि उसके पास वस्तुओं या अन्य कार्य के बदले वस्तु के विनिमय को संभव बनाने के लिए वस्तु-विनिमय प्रणाली मौजूद हो। इससे भी ज्यादा महत्वपूर्ण है कि यह संगठित नियोक्ताओं-संभवतः एक सरकार या धार्मिक निकाय, की मौजूदगी को पहले से मानकर चलता है जो इस हद तक नियमित आधार पर कार्य के बदले मजदूरी के आदान-प्रदान की सुविधा प्रदान करते हैं कि यह एक वेतनभोगी कार्य बन जाता है। इससे ज्यादातर लोग यह अनुमान लगाते हैं कि पहले वेतन का भुगतान नियोलिथिक क्रांति के दौरान, 10,000 बी.सी.ई. (BCE) और 6.000 बी.सी.ई. (BCE) के बीच किसी समय एक गाँव या शहर में किया गया होगा। लगभग 3100 बी.सी.ई. (BCE) की तारीख में एक कीलाक्षर से खुदी हुई मिट्टी का टेबलेट मेसोपोटामिया के श्रमिकों के लिए दैनिक बियर राशनों का एक रिकार्ड प्रदान करता है। बियर का मतलब नुकीले आधार वाला एक सीधा खड़ा मटका होता है। एक कटोरे में से खाता हुआ एक मानव सिर राशनों के लिए प्रतीक स्वरूप है। गोल और अर्ध-वृत्ताकार छापे माप का प्रतिनिधित्व करते हैं। एजरा की हिब्रू पुस्तक (550-450 ईसा पूर्व (बी.सी.ई.)) के समय तक किसी व्यक्ति से नमक स्वीकार करने का मतलब जीविका प्राप्त करने, भुगतान लेने या उस व्यक्ति की सेवा में होने के सामान था। उस समय नमक के उत्पादन को सम्राट या शासक जमींदार द्वारा कड़ाई से नियंत्रित किया जाता था। एजरा 04:14 के अनुवाद की आधार पर फारस (पर्सिया) के राजा अर्ताक्सेरेक्सेस प्रथम के सेवकों ने अपनी वफादारी इस प्रकार अलग-अलग तरीके से व्यक्त करते थे क्योंकि हम महल के नमक के कर्जदार हैं या क्योंकि हमें राजा से रख-रखाव का खर्च मिलता है या क्योंकि हम राजा के प्रति जिम्मेदार हैं।

वेतन (सैलरी) का अर्थ

वेतन किसी नियोक्ता से किसी कर्मचारी को मिलने वाले आवधिक भुगतान का एक स्वरूप है जो एक नियोजन संबंधी अनुबंध में निर्देशित किया गया हो सकता है। यह टुकड़ों में मिलने वाली मजदूरी के विपरीत है जहाँ आवधिक आधार पर भुगतान किये जाने की बजाय प्रत्येक काम, घंटे या अन्य इकाई का अलग-अलग भुगतान किया जाता है। एक कारोबार के दृष्टिकोण से वेतन को अपनी गतिविधियाँ संचालित करने के लिए मानव संसाधनों की प्राप्ति की लागत के रूप में भी देखा जा सकता है और उसके बाद इसे कार्मिक खर्च या वेतन खर्च का नाम दिया जा सकता है। लेखांकन में वेतनों को भुगतान संबंधी (पेरोल) खातों में दर्ज किया जाता है।

रोमन शब्द सैलरियम

इसी तरह रोमन शब्द सैलरियम रोजगार, नमक और सैनिकों से जुड़ा है, लेकिन सटीक संबंध स्पष्ट नहीं है। कम से कम सामान्य सिद्धांत यह है कि स्वयं सोल्जर शब्द ही लैटिन के साल डेयर (नमक देना) से निकला है। वैकल्पिक रूप से, रोमन इतिहासकार प्लिनी द एल्डर ने समुद्री जल की अपनी प्राकृतिक इतिहास की चर्चा में परोक्ष रूप से कहा था, कि रोम में...सैनिकों का भुगतान मूल रूप से नमक (साल्ट) था और वेतन (सैलरी) शब्द इसी से निकला है। प्लिनियस नेचुरेलिस हिस्टोरिया (Plinius Naturalis Historia), अन्य लोगों की टिपण्णी यह है कि सोल्जर (सैनिक) के गोल्ड सोलिडस से उत्पन्न होने की कहीं अधिक संभावना है, जिसके जरिये सैनिकों को भुगतान किये जाने की जानकारी है और इसके बदले उनका यह कहना है कि सैलरियम या तो नमक की खरीद के लिए एक भत्ता था या फिर नमक की आपूर्तियों का सामना करने और रोम को जाने वाले नमक मार्गों की सुरक्षा (सैलरियम से होकर) के लिए सैनिकों को रखने की कीमत थी।

रोमन साम्राज्य और मध्ययुगीन एवं पूर्व-औद्योगिक यूरोप में भुगतान

सटीक संबंध पर ध्यान दिए बगैर, रोमन सैनिकों को भुगतान किये गए सैलरियम को तब से पश्चिमी देशों में कार्य के बदले मजदूरी के रूप में परिभाषित किया गया है और इसने किसी के नमक का हक अदा करने के रूप में उन अभिव्यक्तियों को बढ़ावा दिया है। अभी तक रोमन साम्राज्य के भीतर या (बाद में) मध्ययुगीन और पूर्व-औद्योगिक यूरोप और उसके व्यापारिक कालोनियों में ऐसा प्रतीत होता है कि वेतनभोगी रोजगार अपेक्षाकृत दुर्लभ और विशेषकर सेवकों और उच्च-स्तरीय भूमिकाओं, खास तौर पर सरकारी सेवा तक सीमित रहा है। इस तरह की भूमिकाओं का वैतनिक भुगतान काफी हद तक आवास और भोजन की व्यवस्था और वर्दी संबंधी कपड़ों के जरिये किया जाता था लेकिन नगदी का भी भुगतान किया जाता था। कई दरबारियों, जैसे कि मध्ययुगीन दरबारों में वैलेट्स डी चेंबर को वार्षिक राशि का भुगतान किया जाता था, कभी-कभी पूरक के रूप में उन्हें अप्रत्याशित अतिरिक्त बड़ी राशियाँ दी जाती थीं। सामाजिक स्तर के दूसरे छोर पर रोजगार के कई स्वरूपों में लोगों को या तो कोई भुगतान नहीं किया जाता था, जैसे कि गुलामी (हालांकि कई गुलामों को कम से कम कुछ राशि का भुगतान किया जाता था), दासत्व और करारनामे वाली ताबेदारी के मामले में होता था, या साझेदारी में फसल उगाने के मामले में उन्हें उपज का सिर्फ थोड़ा सा हिस्सा प्राप्त होता था। कार्य के अन्य सामान्य वैकल्पिक माडलों में स्वयं या सहभागिता आधारित रोजगार शामिल था जैसे कि कारीगरों की श्रेणी में विशेषज्ञों को मिलता था जो अक्सर अपने साथ वेतनभोगी सहायक रखते थे या कार्य और स्वामित्व का साझा करते थे, जैसा कि मध्यकालीन विश्वविद्यालयों और मठों में होता था।

वाणिज्यिक क्रांति के दौरान भुगतान

यहाँ तक कि 1520 से 1650 के बीच के वर्षों में वाणिज्यिक क्रांति द्वारा शुरुआत में कई सृजित रोजगारों और बाद में 18वीं और 19वीं सदियों में औद्योगीकरण के दौरान कोई वेतन नहीं दिया जाता था, लेकिन एक हद तक उन्हें कर्मचारियों के रूप में भुगतान किया जाता था, संभवतः घंटे या दैनिक आधार पर मजदूरी दी जाती थी या प्रति इकाई उत्पादन के आधार (जिसे पीस वर्क भी कहा जाता था) पर भुगतान किया जाता था।

भुगतान के रूप में आमदनी का साझा

इस समय के निगमों जैसे कि कई ईस्ट इंडिया कंपनियों में कई प्रबंधकों को मालिक, शेयरधारक के रूप में वेतन दिया जाता था। इस तरह के पारिश्रमिक की स्कीम लेखांकन, निवेश और कानूनी फर्म की साझेदारियों में अभी भी सामान्य है जहाँ प्रमुख पेशेवर व्यक्ति शेयर (इक्विटी) के भागीदार होते हैं और तकनीकी रूप से वेतन नहीं लेते हैं लेकिन इसकी बजाय अपनी वार्षिक आमदनी के हिस्से के आधार पर एक नियतकालिक निकासी प्राप्त कर लेते हैं।

दूसरी औद्योगिक क्रांति और वेतनभोगी भुगतान

1870 से 1930 तक दूसरी औद्योगिक क्रांति ने रेलमार्गों, बिजली और टेलीग्राफ एवं टेलीफोन की सुविधाओं के जरिये आधुनिक व्यावसायिक निगमों को उभरने का मौका दिया। इस युग में वेतनभोगी अधिकारियों और प्रशासकों के एक वर्ग को बड़े पैमाने पर उभरते देखा गया जिन्होंने नए, व्यापक-स्तर पर बनाए जा रहे उद्यमों में कार्य किया। नई प्रबंधकीय नौकरियों ने कुछ हद तक इस कारण से स्वयं को वेतनभोगी रोजगार के रूप में व्यवस्थित किया कि कार्यालय संबंधी कार्य के प्रयास और प्रतिफल को घंटों या टुकड़ों के आधार पर मापना बहुत मुश्किल था और कुछ हद तक इसलिए कि उन्हें शेयर के स्वामित्व से अनिवार्य रूप से कोई पारिश्रमिक नहीं प्राप्त होता था। जिस तरह 20वीं सदी में जापान का तेजी से औद्योगीकरण हुआ, कार्यालय संबंधी कार्य का विचार इतना आदर्श था कि इस भूमिका में काम करने वाले लोगों और उनके पारिश्रमिक का वर्णन करने के लिए एक नया जापानी शब्द (सैलरीमैन) गढ़ लिया गया।

20वीं सदी में वेतनभोगी रोजगार

20वीं सदी में सेवा अर्थव्यवस्था के उद्भव ने विकसित देशों में वेतनभोगी रोजगार को कहीं अधिक सामान्य बना दिया, जहाँ औद्योगिक उत्पादन संबंधी नौकरियों के संबंधित हिस्से में गिरावट आयी और आधिकारिक, प्रशासनिक, कम्प्युटर, मार्केटिंग और रचनात्मक नौकरियों, जिनमें से सभी वेतनभोगी होते थे, की हिस्सेदारी बढ़ गयी।

आज के वेतन और भुगतान के अन्य स्वरुप

आज, एक वेतन का विचार नियोक्ताओं द्वारा कर्मचारियों को दिए जाने वाले सभी तरह के संयुक्त पुरस्कारों की एक प्रणाली के हिस्से के रूप में निरंतर विकसित हो रहा है। वेतन (जिसे अब एक निश्चित भुगतान (फिक्स्ड पे) रूप में भी जाना जाता है) को एक कुल जमा पुरस्कारों की प्रणाली के एक हिस्से के रूप में देखा जाने लगा है (जिसमें बोनस, प्रोत्साहन भुगतान और कमीशन, लाभ और अनुलाभ (या भत्ते) और कई अन्य उपकरण शामिल होते हैं जो एक कर्मचारी की मापी गयी कार्यकुशलता से साथ पुरस्कारों का संबंध जोड़ने में नियोक्ता की मदद करता है।

अमेरिका में वेतन

संयुक्त राज्य अमेरिका में, नियतकालिक वेतन (जिनका भुगतान आम तौर पर कार्य के घंटों पर ध्यान दिए बगैर किया जाता है) और घंटों के पारिश्रमिक (एक न्यूनतम पारिश्रमिक जाँच में सफल होना और अतिरिक्त समय तक कार्य करना) के अंतर को पहली बार 1938 के फेयर लेबर स्टैण्डर्ड्स एक्ट द्वारा संहिताबद्ध किया गया था। उस समय, पाँच श्रेणियों की पहचान न्यूनतम पारिश्रमिक और ओवरटाइम सुरक्षा से मुक्त होने के रूप में की गई थी और इसीलिये वेतन के योग्य थी। 1991 में, कुछ कंप्यूटर कर्मियों को छठी श्रेणी के रूप में शामिल किया गया था लेकिन 23 अगस्त 2004 के प्रभावी इन श्रेणियों को संशोधित किया गया और वापस नीचे पाँच (आधिकारिक, प्रशासनिक, पेशेवर, कंप्यूटर और बाहर के बिक्री कर्मचारी) तक कम कर दिया गया था। वेतन आम तौर पर एक वार्षिक आधार पर निर्धारित किया जाता है। एफ.एल.एस.ए (FLSA) की अनिवार्यता है कि संयुक्त राज्य अमेरिका में ज्यादातर कर्मचारियों को काम के सभी घंटों और अतिरिक्त समय के भुगतान के लिए एक समय में कम से कम संघीय न्यूनतम वेतन का और एक कार्य, सप्ताह में 40 घंटे से अधिक काम किये गए सभी घंटों के लिए नियमित दर के वेतन के आधे का भुगतान किया जाए। हालांकि, एफ.एल.एस.ए (FLSA) का सेक्शन 13(ए) प्रामाणिक अधिकारियों, प्रशासनिक, पेशेवर और बाहरी बिक्री संबंधी कर्मचारियों के रूप में नियुक्त कर्मचारियों के लिए न्यूनतम पारिश्रमिक और अतिरिक्त समय के भुगतान दोनों से छूट प्रदान करता है। सेक्शन 13(ए)(1) और सेक्शन 13(ए)(17) भी कुछ खास कंप्यूटर कर्मचारियों को भी छूट देता है। छूट की अर्हता प्राप्त करने के लिए कर्मचारियों को आम तौर पर अपनी नौकरी के दायित्व (ड्यूटी) के संदर्भ में एक जाँच परीक्षा में अनिवार्य रूप से सफल होना पड़ता है और उन्हें वेतन के आधार पर कम से कम 445 डॉलर प्रति सप्ताह का भुगतान किया जाता है। नौकरी का पदनाम छूट की स्थिति को निर्धारित नहीं करता है। एक छूट के लिए आवेदन करने के क्रम में कर्मचारी के विशिष्ट कार्य संबंधी दायित्वों और वेतन के मामले में विभाग के नियमों की सभी अर्हताओं को अनिवार्य रूप से पूरा करना होगा। इन पाँच श्रेणियों में से केवल कंप्यूटर संबंधी कर्मचारियों को घंटे के पारिश्रमिक के आधार पर छूट (23.63 डालर प्रति घंटा) मिलती है जबकि बाहरी बिक्री संबंधी कर्मचारी एकमात्र प्रमुख श्रेणी में आते हैं जिसे न्यूनतम वेतन (455 डालर प्रति सप्ताह) की जाँच परीक्षा नहीं देनी होती है हालांकि पेशेवरों (जैसे कि कानून या चिकित्सा के शिक्षकों और प्रैक्टिशनरों को) के अधीन कुछ उप-श्रेणियों में भी न्यूनतम वेतन संबंधी जाँच परीक्षा नहीं ली जाती है। नियतकालिक वेतनों की तुलना घंटों के पारिश्रमिक से करने का एक सामान्य नियम 40 घंटा प्रति सप्ताह और वर्ष में 50 हफ्ते (छुट्टी के लिए दो हफ्तों को छोड़कर) के मानक कार्य पर आधारित है। (उदाहरण 40,000 डालर/वर्ष के नियतकालिक वेतन को 50 हफ्तों से विभाजित करने पर 800 डालर/सप्ताह के वेतन के

बराबर होता है। 800 डालर/सप्ताह को 40 मानक घंटों से विभाजित करने पर मान 20 डालर/घंटा होता है। अमेरिकी जनगणना ब्यूरो द्वारा जारी एक रिपोर्ट के अनुसार, संयुक्त राज्य अमेरिका में वास्तविक औसत घरेलू आय 2006 और 2007 के बीच 1.3 प्रतिशत चढ़ कर 50,233 डालर पर पहुँच गयी थी। यह वास्तविक औसत घरेलू आय में तीसरी वार्षिक वृद्धि है।

जापान में वेतन

जापान में मालिक अपने कर्मचारियों को वेतन वृद्धि की सूचना जिरी के माध्यम से देते थे। यह अवधारणा अब भी मौजूद है और बड़ी कंपनियों में इसकी जगह एक इलेक्ट्रानिक स्वरुप या ई-मेल का इस्तेमाल किया जाने लगा है।

भारत में वेतन

भारत में वेतन का भुगतान आम तौर पर हर महीने की 7वीं तारीख को किया जाता है। भारत में न्यूनतम पारिश्रमिक का निर्धारण न्यूनतम मजदूरी अधिनियम, 1948 द्वारा किया जाता है। इसके बारे में विस्तृत विवरण www.labourbureau.nic.in/wagetab.htm पर देखा जा सकता है। भारत में कर्मचारियों को उनकी वेतन वृद्धि के बारे में उनको एक हार्ड कॉपी लेटर देकर सूचित किया जाता है।

मजदूरी, वेतन, भत्ते और मानदेय, प्रोत्साहन, सौदागर, अभिकर्ता, विशेषाधिकार, दलाली का अर्थ

मजदूरी (Wages)

घंटे या अन्य इकाई के लिए अलग-अलग किया जाने वाला भुगतान मजदूरी कहलाता है। कारोबार में यदि कार्य स्थायी न हो या वह कार्य बार-बार न करना हो तो मजदूर रखे जाते हैं जिन्हें कार्य सम्पन्न होने के बाद पारिश्रमिक दे कर मुक्त कर दिया जाता है। फिर कभी आवश्यकता पड़ने पर मजदूर रख लिया जाता है।

वेतन (Salary)

वेतन, किसी नियोक्ता से किसी कर्मचारी को मिलने वाले आवधिक भुगतान का एक स्वरूप है जो एक नियोजन संबंधी अनुबंध में निर्देशित किया गया हो सकता है। यह टुकड़ों में मिलने वाली मजदूरी के विपरीत है जहाँ आवधिक आधार पर भुगतान किये जाने की बजाय प्रत्येक काम, घंटे या अन्य इकाई का अलग-अलग भुगतान किया जाता है। एक कारोबार के दृष्टिकोण से वेतन को अपनी गतिविधियाँ संचालित करने के लिए मानव संसाधनों की प्राप्ति की लागत के रूप में भी देखा जा सकता है और उसके बाद इसे कार्मिक खर्च या वेतन खर्च का नाम दिया जा सकता है। लेखांकन में वेतनों को भुगतान संबंधी (पेरोल) खातों में दर्ज किया जाता है।

भत्ते (Allowance)

भत्ता, किसी नियोक्ता द्वारा अपने कर्मचारी को दिया जाने वाला वह अतिरिक्त राशि है जिससे कर्मचारी को नियोक्ता के कार्य को सम्पन्न करने में उसके अपने वेतन से खर्च न हो।

मानदेय (Honoraria)

मानदेय, किसी नियोक्ता से संविदा/अनुबंध के आधार पर नियुक्त किसी कर्मचारी को मिलने वाले आवधिक भुगतान का एक स्वरूप है जो एक नियोजन संबंधी अनुबंध में निर्देशित किया गया हो सकता है।

प्रोत्साहन (Incentive)

प्रोत्साहन किसी नियोक्ता से किसी कर्मचारी को मिलने वाला वह भुगतान का एक वह स्वरूप है जो कर्मचारी द्वारा अपने लक्ष्य से अधिक कार्य करने पर दिया जाता है। जो एक नियोजन संबंधी अनुबंध में निर्देशित किया गया हो सकता है।

सौदागर (Dealer)

डीलर, एक व्यावसायिक फर्म के लिए एक व्यक्ति या कंपनी जो उस व्यावसायिक फर्म के उत्पाद को बेचने के लिए एक निश्चित क्षेत्र के लिए नियुक्त होता है और उसके बदले फर्म के नियमानुसार लाभ प्राप्त होता है।

अभिकर्ता (Agent)

एजेंट, एक व्यावसायिक फर्म के लिए एक व्यक्ति या कंपनी जो उस व्यावसायिक फर्म के उत्पाद को बेचने के लिए स्वतन्त्र क्षेत्र के लिए नियुक्त होता है और उसके बदले फर्म के नियमानुसार लाभ प्राप्त होता है।

विशेषाधिकार (Franchise)

फ्रैंचाइजी, समय के एक निर्धारित अवधि के लिए एक फर्म के सफल व्यापार माडल और ब्रांड का उपयोग करने के अधिकार के लिए काम पर रखने की प्रथा है। फ्रेंचाइजर के लिए, मताधिकार "चेन स्टोर के निर्माण के लिए एक विकल्प है"। फ्रेंचाइजर की सफलता फ्रेंचाइजी की सफलता पर निर्भर करता है। फ्रेंचाइजी वह या वह व्यापार में एक प्रत्यक्ष हिस्सेदारी है क्योंकि एक प्रत्यक्ष कर्मचारी की तुलना में अनिवार्य रूप से एक फ्रैंचाइजी अधिक से अधिक प्रोत्साहन और वितरण के लिए है।

दलाल (Broker)

दलाल, एक खरीददार और विक्रेता के बीच लेन-देन की व्यवस्था करता है जो एक व्यक्ति या पार्टी (ब्रोकरेज फर्म) है। सौदा सम्पन्न होने पर दलाल एक निश्चित कमीशन प्राप्त करता है। दलाल भी एक विक्रेता के रूप में या एक खरीदार के रूप में कार्य करता है जो दलाल सौदा करने के लिए एक प्रमुख पार्टी बन जाता है।

रायल्टी-अर्थ और प्रकार, ईश्वर और पुनर्जन्म

रायल्टी - परिचय

मनुष्य समाज व सरकार में व्यापार के प्रणाली से रायल्टी शब्द का जन्म हुआ है जो किसी व्यक्ति/संस्था के मौलिक खोज/कृति इत्यादि के प्रति उसकी रक्षा व व्यापारीकरण के लिए उसे धनराशि के रूप में भुगतान का अधिकार देता है। रायल्टी संपत्ति, पेटेंट, कापीराइट किए गए कार्य या मताधिकार (फ्रैन्चाइजी) के कानूनी मालिक को उनके द्वारा भुगतान किया जाता है जो इसका उपयोग करना चाहते हैं। ज्यादातर मामलों में, रायल्टी संपत्ति के उपयोग के लिए मालिक की भरपाई करने के लिए दिया जाता हैं, जो कानूनी तौर पर बाध्यकारी हैं।

रायल्टी के प्रकार (Types of royalties)

01. गैर अक्षय स्रोत रायल्टी (Non-renewable resource royalties)
02. पेटेंट रायल्टी (Patent royalties)
03. ट्रेड मार्क रायल्टी-(Trade mark royalties-Franchises)
04. कापीराइट (Copyright)
05. पुस्तक प्रकाशन रायल्टी (Book publishing royalties)
06. संगीत रायल्टी (Music royalties)
    6.1 प्रिंट अधिकार (Print rights)
    6.2 प्रिंट रायल्टी (संगीत) (Print royalties (music))
    6.3 विदेश प्रकाशन (Foreign publishing)
    6.4 यांत्रिक रायल्टी (Mechanical royalties)
    6.5 प्रदर्शन रायल्टी (Performance royalties)
    6.6 डिजीटल वितरण रायल्टी (Royalties in digital distribution)
    6.7 तुल्यकालन रायल्टी (Synchronization royalties)
07. कला रायल्टी (Art royalties)
    7.1 पुनर्विक्रय रायल्टी (Resale royalties)
    7.2 कलाकृति रायल्टी (Artwork royalties)
08. सॉफ्टवेयर रायल्टी (Software royalties)

09. अन्य रायल्टी व्यवस्था-गठबंधन और भागीदारी प्रौद्योगिकी हस्तांतरण में तकनीकी सहायता और सेवा रायल्टी की दर से (Other royalty arrangements-Alliances and partnerships, Technical assistance and service in technology transfer)

10. प्रयास (Approaches)

10.1 बौद्धिक संपदा (Intellectual property)

10.2 दर निर्धारण और निदर्शी रायल्टी-लागत दृष्टिकोण, तुलनीय बाजार दृष्टिकोण, आय दृष्टिकोण (Rate determination and illustrative royalties-Cost approach, Comparable market approach, Income approach)

ईश्वर

विभिन्न मतों या विचारों का अन्त और मूल "एक का विचार" है। इस "एक का विचार" से हम सभी और ऊपर नहीं जा सकते। इस एक को वेदान्त में "अद्वैत" या "अव्यक्त एकेश्वर" कहा गया और उसी का प्रत्येक में प्रकाश अर्थात् "बहुरुप में प्रकाशित एक सत्ता" आत्मसात् किया गया, जो अदृश्य आध्यात्म विज्ञान ही नहीं वर्तमान के दृश्य पदार्थ विज्ञान के नवीनतम अविष्कार के फलस्वरुप सिद्ध हो चुका है। इसी एक अदृश्य सत्य को शिव या आत्मा या ईश्वर या ब्रह्म या भगवान कहा गया तथा उसके अदृश्य व्यक्तिगत प्रमाणित अदृश्य गुण और दृश्य सार्वजनिक प्रमाणित सिद्धान्त को दृश्य गुण कहा गया। जिस प्रकार सम्पूर्ण ब्रह्माण्ड की "बहुरुप में प्रकाशित एक सत्ता है।" उसी प्रकार सम्पूर्ण ब्रह्माण्ड में उसका अदृश्य और दृश्य गुण का एक ही सिद्धान्त व्याप्त है। सिद्ध अर्थात् प्रमाणित विषयों और नियमों का अन्त ही सिद्धान्त है। जब अदृश्य आध्यात्म विज्ञान की ओर से सिद्ध विषयों और नियमों को व्यक्त करते हुए एक की ओर जाते हैं, तब वह अदृश्य व्यक्तिगत प्रमाणित सिद्धान्त तथा जब दृश्य पदार्थ विज्ञान की ओर से सिद्ध विषयों और नियमों को व्यक्त करते हुये उस एक की ओर जाते हैं, तब वह दृश्य सार्वजनिक या ब्रह्माण्डीय प्रमाणित सिद्धान्त कहलाता है। आध्यात्म की ओर से उस एक तक पहुँचने के बाद सिर्फ ज्ञान और वाणी रुप ही व्यक्त हो पाता है। और वह "सभी एक ही हैं", "बहुरुप में प्रकाशित एक सत्ता", "समस्त विश्व एक परिवार है", "विश्व-बन्धुत्व", "बसुधैव-कुटुम्बकम्", "बहुजन हिताय बहुजन सुखाय", "एक आत्मा के ही तुम प्रकाश हो", "आपस में प्रेम से रहो", "एकात्म मानवतावाद" इत्यादि सत्य शब्द व्यक्त होते हैं, लेकिन यह व्यवहारिक नहीं हो पाते क्योंकि ये ज्ञान का एक फल है, ज्ञान का बीज नहीं जिससे प्रत्येक व्यक्ति इसके महत्व को समझ सके। परिणामस्वरुप ये व्यावहारिक नहीं बन पाते। इसे व्यावहारिकता में लाने के लिए ज्ञान का बीज अर्थात् दृश्य ज्ञान और कर्मज्ञान अर्थात् सार्वजनिक प्रमाणित एकात्म कर्म-सिद्धान्त की आवश्यकता पड़ती है। ये सार्वजनिक प्रमाणित सार्वभौम सत्य-सिद्धान्त ही ईश्वर है। सम्पूर्ण ब्रह्माण्ड में व्याप्त है। इसको आविष्कृत करने वाले ऋषि या अवतार हैं और इसके द्वारा सम्पूर्ण ब्रह्माण्ड को नियमित करने वाला ब्राह्मण है। इसी सार्वजनिक या ब्रह्माण्डीय प्रमाणित अदृश्य सिद्धान्त को दृश्य करने के लिए समय-समय पर उपयुक्त वातावरण मिलने पर यह सिद्धान्त, सिद्धान्तानुसार ही मानव शरीर धारण, जीवन, कर्म, ज्ञान, ध्यान और सिद्धान्त को व्यक्त करता है जब तक की वह सिद्धान्त स्वयं को पूर्ण रुप में व्यक्त न कर ले। ऐसा क्यों है? ऐसा इसलिए है कि जिस प्रकार साधारण मानव अपनी इच्छा के लिए कर्म कर व्यक्त होता है उसी प्रकार सिद्धान्त स्वयं की इच्छा से स्वयं को व्यक्त करने के लिए कर्म कर व्यक्त होता है। वह शरीर जिसमें ईश्वर या सिद्धान्त का अवतरण होता है उसे ईश्वर का सगुण-साकार-दृश्य रुप कहा जाता है। परन्तु किसी भी स्थिति में शरीर ईश्वर नहीं होता है क्योंकि प्रत्येक मानव शरीर सिद्धान्तानुसार ही व्यक्त होता है जो सिद्धान्त के ज्ञान से युक्त हो जाते है वे आत्म प्रकाश में होकर सफल जीवन व्यतीत करते हैं जो अज्ञान में रहते हैं वे अपने संकीर्ण ज्ञान व विचार के कारण सीमित चक्र में उलझकर रह जाते हैं। यही ज्ञान, कर्म ज्ञान या सत्य-सिद्धान्त की उपयोगिता है।

ईश्वर के सम्बन्ध में स्वामी विवेकानन्द जी की आध्यात्मिक सत्य दृष्टि-

01. सत् का कारण असत् कभी नहीं हो सकता। शून्य से किसी वस्तु का उद्भव नहीं, कार्य-कारणवाद सर्वशक्तिमान है और ऐसा कोई देश-काल ज्ञात नहीं, जब इसका अस्तित्व नहीं था। यह सिद्धान्त भी उतना ही प्राचीन है, जितनी आर्य जाति। इस जाति के मन्त्र द्रष्टा कवियों ने उसका गौरव गान गया है। इसके दार्शनिकों ने उसको सूत्रबद्ध किया और उसकी वह आधारशिला बनायी, जिस पर आज का भी हिन्दू अपने जीवन का समग्र योजना स्थिर करता है।
02. सत्य के दो अंग है। पहला जो साधारण मानवों को पांचेन्द्रियग्राह्य एवं उसमें उपस्थापित अनुमान द्वारा गृहीत है और दूसरा-जिसका इन्द्रियातीत सूक्ष्म योगज शक्ति के द्वारा ग्रहण होता है। प्रथम उपाय के द्वारा संकलित ज्ञान को "विज्ञान" कहते है, तथा द्वितीय प्रकार के संकलित ज्ञान को "वेद" संज्ञा दी है। वेद नामक अनादि अनन्त अलौकिक ज्ञानराशि सदा विद्यमान है। स्वंय सृष्टिकर्ता उसकी सहायता से इस जगत के सृष्टि-स्थिति-प्रलय कार्य सम्पन्न कर रहे हैं। जिन पुरूषों में उस इन्द्रियातीत शक्ति का आविर्भाव है, उन्हें ऋषि कहते हैं और उस शक्ति के द्वारा जिस अलौकिक सत्य की खोज उन्होंने उपलब्धि की है, उसे "वेद" कहते हैं। इस ऋषित्व तथा वेद दृष्टत्व को प्राप्त करना ही यथार्थ धर्मानुभूति है। साधक के जीवन में जब तक उसका उन्मेष नहीं होता तब तक "धर्म" केवल कहने भर की बात है एवं समझना चाहिए कि उसने धर्मराज्य के प्रथम सोपान पर भी पैर नहीं रखा है। समस्त देश-काल-पात्र को व्याप्त कर वेद का शासन है अर्थात वेद का प्रभाव किसी देश, काल या पात्र विशेष द्वारा सीमित नहीं हैं। सार्वजनिन धर्म का व्याख्याता एक मात्र "वेद" ही है।
03. हमारे शास्त्रों में परमात्मा के दो रूप कहे गये हैं-सगुण और निर्गुण। सगुण ईश्वर के अर्थ से वे सर्वव्यापी हैं। संसार की सृष्टि, स्थिति और प्रलय के कर्ता हैं। संसार के अनादि जनक तथा जननी हैं उनके साथ हमारा नित्य भेद है। मुक्ति का अर्थ-उनके समीप्य और सालोक्य की प्राप्ति है। सगुण ब्रह्म के ये सब विशेषण निर्गुण ब्रह्म के सम्बन्ध में अनावश्यक और अयौक्तिक है इसलिए त्याज्य कर दिये गये। वह निर्गुण और सर्वव्यापी पुरूष ज्ञानवान नहीं कहा जा सकता क्योंकि ज्ञान मन का धर्म है। इस निर्गुण पुरूष के साथ हमारा क्या सम्बन्ध है? सम्बन्ध यह है कि हम उससे अभिन्न हैं। वह और हम एक हैं। हर एक मनुष्य उसी निर्गुण पुरूष का, जो सब प्राणियों का मूल कारण है, अलग-अलग प्रकाश है। जब हम इस अनन्त और निर्गुण पुरूष से अपने को अलग सोचते हैं तभी हमारे दुःख की उत्पत्ति होती है और इस अनिर्वचनीय निर्गुण सत्ता के साथ अभेद ज्ञान ही मुक्ति है। संक्षेपतः हम अपने शास्त्रों में ईश्वर के इन्हीं दोनों "भावों" का उल्लेख देखते हैं। यहाँ यह कहना आवश्यक है कि निर्गुण ब्रह्मवाद ही सब प्रकार के नीति विज्ञानों की नींव है।
04. जिस प्रकार मानवी शरीर एक व्यक्ति है और उसका प्रत्येक सूक्ष्म भाग जिसे हम "कोश" कहते हैं एक अंश है। उसी प्रकार सारे व्यक्तियों का समष्टि ईश्वर है, यद्यपि वह स्वयं भी एक व्यक्ति है। समष्टि ही ईश्वर है, व्यष्टि या अंश जीव है। इसलिए ईश्वर का अस्तित्व जीवों के अस्तित्व पर निर्भर है जैसे कि शरीर का उसके सूक्ष्म भाग पर और सूक्ष्म भाग का शरीर पर। इस प्रकार जीव और ईश्वर परस्परावलम्बी हैं। जब तक एक का अस्तित्व है तब तक दूसरे का भी रहेगा। और हमारी इस पृथ्वी को छोड़कर अन्य सब उँचे लोकों में शुभ की मात्रा अशुभ से अधिक होती है। इसलिए वह समष्टि स्वरुप ईश्वर शिव स्वरुप, सर्वशक्तिमान और सर्वज्ञ कहा जा सकता है। ये गुण प्रत्यक्ष प्रतीत होते हैं। ईश्वर से सम्बद्ध होने के कारण उन्हें प्रमाण करने के लिए तर्क की आवश्यकता नहीं होती। ब्रह्म इन दोनों से परे है और वह कोई विशिष्ट अवस्था नहीं है वह एक ऐसी वस्तु है जो अनेकों की समष्टि से नहीं बनी है। वह एक ऐसी सत्ता है जो सूक्ष्मातित-सूक्ष्म से लेकर ईश्वर तक सब में व्याप्त है और उसके बिना किसी का अस्तित्व नहीं हो सकता सभी का अस्तित्व उसी सत्ता या ब्रह्म का प्रकाश मात्र है। जब मैं सोचता हूँ "मैं ब्रह्म हूँ" तब मेरा यथार्थ अस्तित्व होता है ऐसा ही सबके बारे में है विश्व की प्रत्येक वस्तु स्वरुपतः वही सत्ता है।

05. सबका स्वामी (परमात्मा) कोई व्यक्ति विशेष नहीं हो सकता, वह तो सबकी समष्टि स्वरुप ही होगा। वैराग्यवान मनुष्य आत्मा शब्द का अर्थ व्यक्तिगत "मैं" न समझकर, उस सर्वव्यापी ईश्वर को समझता है जो अन्तर्यामी होकर सबमें वास कर रहा हो। वे समष्टि के रुप में सब को प्रतीत हो सकते हैं ऐसा होते हुए जब जीव और ईश्वर स्वरुपतः अभिन्न हैं, तब जीवों की सेवा और ईश्वर से प्रेम करने का अर्थ एक ही है। यहाँ एक विशेषता है। जब जीव को, जीव समझकर सेवा की जाती है तब वह दया है, किन्तु प्रेम नहीं। परन्तु जब उसे, आत्मा समझकर सेवा करो तब वह प्रेम कहलाता है। आत्मा ही एक मात्र प्रेम का पात्र है, यह श्रुति, स्मृति और अपरोक्षानुभूति से जाना जा सकता है। भगवान चैतन्यदेव ने इसलिए यह ठीक कहा था- "ईश्वर से प्रेम और जीवों पर दया" वे द्वैतवादी थे, इसलिए उनका अन्तिम निर्णय जिसमें वे जीव और ईश्वर में भेद करते हैं उनके लिए ठीक है परन्तु हम अद्वैतवादी हैं हमारे लिए जीव को परमात्मा से पृथक करना बन्धन का कारण है इसलिए मूल तत्व दया न होना चाहिए परन्तु प्रेम। हमारा धर्म करुणा नहीं वरन् सेवा धर्म है और सब में आत्मा ही को देखना है।

06. "स ईशोऽनिर्वचनीयप्रेमस्वरुपः"- ईश्वर अनिर्वचनीय प्रेम स्वरुप है। नारद द्वारा वर्णन किया हुआ ईश्वर का यह लक्षण स्पष्ट है और सब लोगों को स्वीकार है। यह मेरे जीवन का दृढ़ विश्वास है। बहुत से व्यक्तियों के समूह को समष्टि कहते हैं और प्रत्येक व्यक्ति, व्यष्टि कहलाता है आप और मैं दोनों व्यष्टि हैं, समाज समष्टि है आप और मैं, पशु, पक्षी, कीड़ा, कीड़े से भी तुक्ष प्राणी, वृक्ष, लता, पृथ्वी, नक्षत्र और तारे यह प्रत्येक व्यष्टि है और यह विश्व समष्टि है जो कि वेदान्त में विराट, हिरण गर्भ या ईश्वर कहलाता है। और पुराणों में ब्रह्मा, विष्णु, देवी इत्यादि। व्यष्टि को व्यक्तिशः स्वतन्त्रता होती है या नहीं, और यदि होती है तो उसका नाम क्या होना चाहिए। व्यष्टि को समष्टि के लिए अपनी इच्छा और सुख का सम्पूर्ण त्याग करना चाहिए या नहीं, वे प्रत्येक समाज के लिए चिरन्तन समस्याएँ हैं। सब स्थानों में समाज इन समस्याओं के समाधान में संलग्न रहता है। ये बड़ी-बड़ी तरंगों के समान आधुनिक पश्चिमी समाज में हलचल मचा रही हैं। जो समाज के अधिपत्य के लिए व्यक्तिगत स्वतन्त्रता का त्याग चाहता है वह सिद्धान्त समाजवाद कहलाता है और जो व्यक्ति के पक्ष का समर्थन करता है वह व्यक्तिवाद कहलाता है।

07. यन्त्र कभी नियम को उल्लंघन करने की कोई इच्छा नहीं रखता। कीड़ा नियम का विरोध करना चाहता है और नियम के विरुद्ध जाता है चाहे उस प्रयत्न में वह सिद्धि लाभ करे या असिद्धि, इसलिए वह बुद्धिमान है। जिस अंश में इच्छाशक्ति के प्रकट होने में सफलता होती है उसी अंश में सुख अधिक होता है और जीव उतना ही उँचा होता है। परमात्मा की इच्छा शक्ति पूर्ण रुप से सफल होती है इसलिए वह उच्चतम है।

08. ईश्वर उस निरपेक्ष सत्ता की उच्चतम अभिव्यक्ति है, या यों कहिए, मानव मन के लिए जहाँ तक निरपेक्ष सत्य की धारणा करना सम्भव है, बस वही ईश्वर है। सृष्टि अनादि है और उसी प्रकार ईश्वर भी अनादि है।

09. यह सारा झगड़ा केवल इस "सत्य" शब्द के उलटफेर पर आधारित है। "सत्य" शब्द से जितने भाव सूचित होते हैं वे समस्त भाव "ईश्वर भाव" में आ जाते हैं। ईश्वर उतना ही सत्य है जितनी विश्व की कोई अन्य वस्तु। और वास्तव में, "सत्य" शब्द यहाँ पर जिस अर्थ में प्रयुक्त हुआ है, उससे अधिक "सत्य" शब्द का कोई अर्थ नहीं। यही हमारी ईश्वर सम्बन्धी दार्शनिक धारणा है।

पुनर्जन्म

भारतीय दर्शन का मूल आधार कपिल मुनि का क्रिया-कारण सिद्धान्त जो आज तक ब्रह्माण्डीय या सार्वजनिक रूप से विवादमुक्त सार्वजनिक प्रमाणित रहा और वह कभी भी विवादग्रस्त हो भी नहीं सकता क्योंकि वर्तमान का दृश्य पदार्थ विज्ञान भी सम्पूर्ण ब्रह्माण्ड में झांककर यह देख चुका है कि कहीं भी कुछ भी स्थिर नहीं है। अर्थात वह क्रिया के अधीन है और जो कारण है वह ही स्थिर है। भारतीय चिन्तन में इसी कारण को आत्मा-शिव-ईश्वर-ब्रह्म कहा गया है। जो क्रिया में भी है लेकिन ऐसा है कि नहीं जैसा है। जैसे सूर्यास्त के उपरान्त हम यह कह सकते हैं कि सूर्य नहीं है परन्तु वह है। इसके लिए बाह्य नेत्र नहीं, अन्तः नेत्र की आवश्यकता पड़ जाती है। भारतीय

चिन्तकों ने इस क्रिया को भी दो रूपों में देखा था-अदृश्य रूप एवं दृश्य रूप। जो प्रत्येक विषय के साथ है और दोनों रूप देश-काल बद्ध सत्य है। जीव के लिए यह स्थूल शरीर और सूक्ष्म शरीर है। मानव जीव के लिए जो कारण यथार्थ आत्मा से युक्त अर्थात मन से मुक्त अर्थात इन्द्रिय इच्छाओं से मुक्त स्थूल एवं सूक्ष्म शरीर है। वह दैवी या शिव मानव स्थूल एवं सूक्ष्म शरीर है जिसे मानव जीवन में आध्यत्मिकता युक्त दैवी भौतिक शरीर कहते है तथा जो कारण अर्थात् आत्मा से मुक्त अर्थात् मन से बद्ध अर्थात् इन्द्रिय इच्छाओं से बद्ध स्थूल एवं सूक्ष्म शरीर हैं, वह जीव मानव स्थूल एवं सूक्ष्म शरीर हैं। जिसे मानव जीवन में भौतिकता युक्त असुरी शरीर कहते हैं। प्रत्येक सूक्ष्म शरीर अपने स्थूल शरीर त्याग के बाद सूक्ष्म शरीर अवस्था में रहता है। पुनः प्रत्येक सूक्ष्म शरीर अपने उद्देश्य अर्थात् स्थूल शरीर त्याग के अन्तिम समय में मूल इच्छा की पूर्णता हेतु उचित वातावरण के मिलने पर स्थूल शरीर ग्रहण कर पुनः अपनी चेतना शक्ति से दैवी शरीर, जीव मानव या निम्न जीव शरीर की प्राप्ति के लिए कर्म करने के लिए स्वतन्त्र हो जाता है। एक ही उद्देश्य के अनेक सूक्ष्म शरीरों का एकीकरण और एक ही सूक्ष्म शरीर का अपने उद्देश्य के प्राप्ति हेतु अनेक स्थूल शरीरों का विभिन्न समयों में धारण भी होता है। अर्थात् प्रत्येक स्थूल शरीर ही पुनर्जन्म है चाहे वह शरीर उसे पहचाने या न पहचाने। यह बिल्कुल दृश्य पदार्थ विज्ञान की क्रिया परमाणु से अणु, अणु से यौगिक पदार्थ और पुनः यौगिक पदार्थ से अणु, अणु से परमाणु के एकीकरण और विखण्डन की क्रिया के अनुसार ही होता है। जो स्थूल शरीर आत्मतत्व को व्यक्त करने के लिए क्रमशः एकात्म ज्ञान, एकात्म ज्ञान सहित एकात्म कर्म, एकात्म ज्ञान और एकात्म कर्म सहित एकात्म ध्यान की श्रृंखला में व्यक्त होता है, वह अवतारी स्थूल शरीर कहलाता है। अवतारी शरीर भी अपने अवतारी श्रृंखला का पुनर्जन्म ही होता है। पुनर्जन्म और अवतार में बस अन्तर इतना होता है कि पुनर्जन्म शरीर अपने पूर्व जीवन को सार्वजनिक रूप से सिद्ध नहीं कर पाता है क्योंकि उसके जैसे उद्देश्यों को लेकर अन्य भी पुनर्जन्म में ही होते है। जबकि अवतारी शरीर व्यक्तिगत एवं सार्वजनिक रूप से आसानी से पुनर्जन्म सिद्ध कर देता है क्योंकि वह पूर्व के सर्वोच्च कार्य की श्रृंखला की अगली कड़ी होता है। जिसका उद्देश्य उस समय में व्यक्त अन्य पुनर्जन्म शरीरों में सिर्फ एक और अकेला होता है परिणामस्वरूप अवतारी शरीरों का सूक्ष्म शरीर भी स्पष्ट रूप से व्यक्त हो जाता है।

प्रत्येक अपूर्ण मन ही स्थूल शरीर त्याग के बाद सूक्ष्म शरीर कहलाता है। वही अपनी पूर्णता के लिए योग्य वातावरण में पुनः स्थूल शरीर धारण करता है। परन्तु ऐसा भी होता है कि अपनी पूर्णता के लिए स्थूल शरीर धारण किया हुआ सूक्ष्म शरीर परिस्थितिवश किसी दूसरे सूक्ष्म शरीर द्वारा धारण किये गये स्थूल शरीर के प्रभाव में आकर अपने उद्देश्य से अवनति या उन्नति की ओर बढ़ जाये और पुनः उसका मन नये उद्देश्य के लिए अपूर्ण रह जाये। यह नया उद्देश्य सर्वोच्चता और निम्नता अर्थात् उन्नति और अवनति अर्थात् दैवी और असुरी दोनों दिशाओं की ओर हो सकती है। यह उस प्रभावी स्थूल शरीरधारी सूक्ष्म शरीर की दिशा पर निर्भर करता है। कि उसकी पूर्णता किस ओर है।

पुनर्जन्म के सम्बन्ध में स्वामी विवेकानन्द जी की आध्यात्मिक सत्य दृष्टि-

01. यदि प्रवृत्ति बारम्बार किये हुये कर्म का परिणाम है, तो जिन प्रवृत्तियों को साथ लेकर हम जन्म धारण करते हैं, उनको समझने के लिए उस कारण का भी उपयोग करना चाहिए। यह तो स्पष्ट है कि वे प्रवृत्तियाँ हमें इस जन्म में प्राप्त हुई नहीं हो सकती; अतः हमें उनका मूल पिछले जन्म में ढूंढना चाहिए। अब यह भी स्पष्ट है कि हमारी प्रवृत्तियों में से कुछ तो मनुष्य के ही जान-बूझकर किये हुए प्रयत्नों के परिणाम हैं, और यदि यह सच है कि हम उन प्रवृत्तियों को अपने साथ लेकर जन्म लेते हैं, तब तो बिल्कुल यही सिद्ध होता है कि उनके कारण गतजन्म में जान-बूझकर किये हुये प्रयत्न ही हैं अर्थात् इस वर्तमान जन्म के पूर्व हम उसी मानसिक भूमिका में रहे होंगे, जिसे हम मानव भूमिका कहते हैं।
02. पुनर्जन्मवादी लोग यह मानते हैं कि सभी अनुभव प्रवृत्तियों के रूप में अनुभव करने वाली जीवात्मा में संगृहीत रहते हैं और उसे अविनाशी जीवात्मा के पुनर्जनम द्वारा संक्रमित किये जाते हैं, भौतिकवाद वाले मस्तिष्क को

सभी कर्मों के आधार होने के और बीजाणुओं के द्वारा उनके संक्रमण का सिद्धान्त मानते हैं। यदि बीजाणुओं द्वारा आनुवंशिक संक्रमण समस्या को हल करने के लिए पूर्णतः पर्याप्त है, तब तो भौतिकता ही अपरिहार्य है और आत्मा के सिद्धान्त की कोई आवश्यकता नहीं है। यदि वह पर्याप्त नहीं है, तो प्रत्येक आत्मा अपने साथ इस जन्म में अपने भूतकालिक अनुभवों को लेकर आती है, यह सिद्धान्त पूर्णतः सत्य है। पुनर्जन्म या भौतिकता, इन दो में से किसी एक को मानने के सिवा और कोई गति नहीं है। प्रश्न यह है कि हम किसे मानें?

03. "फलानुमेयाः प्रारम्भाः संस्कराः प्राक्तना इव" फल को देखकर ही कार्य का विचार सम्भव है। जैसे कि फल को देखकर पूर्व संस्कार का अनुमान किया जाता है।
04. शास्त्र कहते है कि कोई साधक यदि एक जीवन में सफलता प्राप्त करने में असफल होता है तो वह पुनः जन्म लेता है और अपने कार्यों को अधिक सफलता से आगे बढ़ाता है।
05. एक विशेष प्रवृत्ति वाला जीवात्मा "योग्य योग्येन युज्यते' इस नियमानुसार उसी शरीर में जन्म ग्रहण करता है जो उस प्रवृत्ति के प्रकट करने के लिए सबसे उपयुक्त आधार हो। यह पूर्णतया विज्ञान संगत है, क्योंकि विज्ञान कहता है कि प्रवृत्ति या स्वभाव अभ्यास से बनता है और अभ्यास बारम्बार अनुष्ठान का फल है। इस प्रकार एक नवजात बालक की स्वाभाविक प्रवृत्तियों का कारण बताने के लिए पुनः पुनः अनुष्ठित पूर्व कर्मों को मानना आवश्यक हो जाता है और चूँकि वर्तमान जीवन में इस स्वमाव की प्राप्ति नहीं की गयी, इसलिए वह पूर्व जीवन से ही उसे प्राप्त हुआ है।

क्या आपको वस्तु खरीदने पर कम्पनी रायल्टी देती है जबकि कम्पनी आपके कारण हैं?

मनुष्य समाज व सरकार में व्यापार के प्रणाली से रायल्टी शब्द का जन्म हुआ है जो किसी व्यक्ति/संस्था के मौलिक खोज/कृति इत्यादि के प्रति उसकी रक्षा व व्यापारीकरण के लिए उसे धनराशि के रूप में भुगतान का अधिकार देता है। रायल्टी संपत्ति, पेटेंट, कापीराइट किए गए कार्य या मताधिकार (फ्रैन्चाइजी) के कानूनी मालिक को उनके द्वारा भुगतान किया जाता है जो इसका उपयोग करना चाहते हैं। ज्यादातर मामलों में, रायल्टी संपत्ति के उपयोग के लिए मालिक की भरपाई करने के लिए दिया जाता हैं, जो कानूनी तौर पर बाध्यकारी हैं।

इस संसार में प्रत्येक जीव का अपना मौलिक कर्म-इच्छा है और वह उसी अनुसार कर्म कर रहा है। ईश्वर और पुनर्जन्म के सार्वभौम सत्य-सिद्धान्त के अनुसार हम यह पाते हैं कि हम जो भी कर्म-इच्छा करते हैं वह हमें उस अनुसार जन्म-जन्मान्तर तक कर्म-इच्छा के परिणाम/फल के रूप में प्राप्त होता रहता है।

इस ब्रह्माण्ड में जिस प्रकार उत्प्रेरक सार्वभौम आत्मा की उपस्थिति में समस्त क्रिया का संचालन चल रहा है उसी प्रकार मानव समाज में उत्प्रेरक मुद्रा की उपस्थिति में मानव के समस्त व्यापार चल रहे हैं।

जिस प्रकार हमारे सभी कर्म-इच्छा का परिणाम/फल रायल्टी के रूप में सार्वभौम आत्मा द्वारा प्रदान किये जा रहे हैं। उसी प्रकार मानव समाज के वस्तुओं से सम्बन्धित व्यापार में भी उसके साथ किये गये कर्म के भी परिणाम/फल रायल्टी के रूप में प्राप्त होनी चाहिए। मौलिक खोज/आविष्कार के साथ रायल्टी का प्राविधान बढ़ते बौद्धिक विकास के साथ तो है ही परन्तु यदि किसी कम्पनी के उत्पाद का प्रयोग हम करते हैं तो ये उस कम्पनी के साथ किया गया हमारा कर्म भी रायल्टी के श्रेणी में आता है क्योंकि हम ही उस कम्पनी के विकास में योगदान देने वाले हैं। रायल्टी का सीधा सा अर्थ है-हमारे कर्मों का परिणाम/फल हमें मिलना चाहिए। जिस प्रकार ईश्वर हमें जन्म-जन्मान्तर तक परिणाम/फल देता है, उसी प्रकार मनुष्य निर्मित व्यापारिक संस्थान द्वारा भी हमें उसका परिणाम/फल मिलना चाहिए।

वर्तमान समय में स्थिति यह है कि भले ही कच्चा माल (रा मैटिरियल) ईश्वर द्वारा दी गई है लेकिन उसके उपयोग का रूप मनुष्य निर्मित ही है और हम उससे किसी भी तरह बच नहीं सकते। जिधर देखो उधर मनुष्य निर्मित उत्पाद से हम घिरे हुए हैं। हमारे जीवन में बहुत सी दैनिक उपयोग की ऐसी वस्तुएँ हैं जिनके उपयोग के बिना हम बच नहीं सकते। बहुत सी ऐसी निर्माता कम्पनी भी है जिनके उत्पाद का उपयोग हम वर्षों से करते आ रहे हैं लेकिन उनका और हमारा सम्बन्ध केवल निर्माता और उपभोक्ता का ही है जबकि हमारी वजह से ही ये कम्पनी लाभ प्राप्त कर आज तक बनी हुयी हैं, और हमें उनके साथ इतना कर्म करने के बावजूद भी हम सब को रायल्टी के रूप में कुछ भी प्राप्त नहीं होता। जबकि स्थायी ग्राहक बनाने के लिए रायल्टी देना कम्पनी के स्थायित्व को सुनिश्चित भी करता है।

जबकि होना यह चाहिए कि कम्पनी द्वारा ग्राहक के खरीद के अलग-अलग लक्ष्य के अनुसार छूट (डिस्काउन्ट) का अलग-अलग निर्धारित प्रतिशत हो। और एक निर्धारित खरीद लक्ष्य को प्राप्त कर लेने के बाद कम्पनी द्वारा उस ग्राहक को पीढ़ी दर पीढ़ी के लिए रायल्टी देनी चाहिए।

और ऐसा नहीं है लेकिन कुछ कम्पनी ऐसी हैं जो ऐसा कर रहीं है और अनेक देशों में उनका व्यापार कम समय में तेजी से बढ़ा हैं, वहीं उनके उत्पाद भी वैश्विक गुण्वत्ता स्तर के भी हैं।

अपने जीवकोपार्जन के लिए शारीरिक गुलामी से चला आर्थिक स्वतन्त्रता का सफर अभी पेंशन तक ही पहुँचा है। जब हम रायल्टी तक पहुँच जायेंगे तब हम सभी सत्य आर्थिक स्वतन्त्रता के अन्तिम लक्ष्य को प्राप्त कर लेंगे।

विपणन प्रणाली (Marketing System)

परिचय

एक बाजार केंद्रित या उपभोक्ता केंद्रित संगठन पहले यह तय करता है की उसका संभावित ग्राहक चाहता क्या है और तब उत्पाद (Product) या सेवा की रचना की जाती है। जब ग्राहक किसी उत्पाद या सेवा को जरूरत होने पर इस्तेमाल करता है या उसे कोई कथित लाभ हासिल होता है, तो विपणन सिद्धांत और व्यवहार न्यायोचित माना जाता है।

विपणन के दो प्रमुख घटक हैं-नए ग्राहकों को शामिल करना (अधिग्रहण) तथा मौजूदा ग्राहकों को बनाए एवं उनके साथ संबंधों का विस्तार करना (आधार प्रबंधन)। एक बार जब विक्रेता (Marketer) आने वाले खरीदार को अपना ग्राहक बना लेता है तो आधार प्रबंधन शुरू हो जाता है। आधार प्रबंधन के तहत जो प्रक्रिया आरम्भ होती है उसमें विक्रेता अपने ग्राहक के साथ रिश्ते विकसित करता है, संबंधों को पोषण देता है, दिए जा रहे फायदों में ईजाफा करता है और अपने उत्पाद/सेवा को निरंतर बेहतर बनाता है ताकि उसका व्यापार प्रतिस्पर्धियों से सुरक्षित रहे।

सारांश में किसी भी मार्केटिंग कम्पनी द्वारा उत्पाद को उपभोक्ता तक पहुँचाने और उसके विक्रय को सफलता पूर्वक सम्पन्न करने की प्रणाली विपणन प्रणाली कहलाती है। जिसके मुख्य रूप से निम्नलिखित रूप हैं-

पारम्परिक विपणन प्रणाली (Traditional Marketing System)

इस प्रणाली में विपणन क्षेत्र को छोटे-छोटे विपणन क्षेत्र में विभाजित कर बड़े क्षेत्र से नीचे के छोटे क्षेत्र की ओर उत्पाद पहुँचाते हुए उपभोक्ता तक पहुँचाया जाता है। इस प्रणाली में ग्राहक का विक्रेता से सम्बन्ध सीधा सा क्रेता और विक्रेता का होता है अर्थात् ग्राहक सिर्फ ग्राहक ही रहता है और विक्रेता सिर्फ विक्रेता ही रहता है। इसमें उत्पाद विक्रय से लाभ केवल डिलर को ही होता है। इस प्रकार की प्रणाली को पारम्परिक विपणन प्रणाली कहते हैं। उदाहरण के लिए-

आटोमोबाइल (टू व्हीलर, फोर व्हीलर इत्यादि) के विपणन प्रणाली में निर्माता/विपणन कम्पनी द्वारा राज्य क्षेत्र (कैरी एण्ड फारवर्ड-सी.एन.एफ), फिर जिला क्षेत्र (डिलर), फिर जिला क्षेत्र मे अनेक सब डिलर व आथोराइज्ड सर्विस सेन्टर (ए.एस.सी) के माध्यम से उपभोक्ता तक आटोमोबाइल उत्पाद पहुँचाया जाता है।

प्रत्यक्ष विपणन प्रणाली (Direct Marketing System)

इस प्रणाली में विपणन क्षेत्र कों छोटे-छोटे विपणन क्षेत्र में विभाजित कर बड़े क्षेत्र से नीचे के छोटे क्षेत्र की ओर उत्पाद पहुँचाते हुए उपभोक्ता तक पहुँचाया जाता है। इस प्रणाली में ग्राहक का विक्रेता से सम्बन्ध सिर्फ क्रेता और विक्रेता का ही नहीं होता है बल्कि प्रत्येक ग्राहक अपने आप में एक डिलर/डिस्ट्रीब्यूटर बनता जाता है और उसके लिए कार्यक्षेत्र एक निश्चित क्षेत्र नहीं बल्कि उत्पाद का सम्पूर्ण विक्रय क्षेत्र होता है। इसमें उत्पाद विक्रय से लाभ प्रत्येक डिलर/डिस्ट्रीब्यूटर को होता है। जो जितना अधिक डिलर/डिस्ट्रीब्यूटर बनाता है उसे उतना अधिक लाभ प्राप्त होता है। इस प्रकार की प्रणाली को प्रत्यक्ष विपणन प्रणाली कहते हैं। उदाहरण के लिए- अनेक मल्टीलेवेल मार्केटिंग कम्पनीयाँ जैसे-एमवे, आर.सी.एम, टीयान्सी इत्यादि।

मल्टी लेवेल मार्केटिंग (MLM)

जिस प्रकार वर्तमान व्यावसायिक-समाजिक-धार्मिक इत्यादि मानवीय संगठन में विभिन्न पद जैसे प्रबन्ध निदेशक, प्रबन्धक, शाखा प्रबन्धक, कर्मचारी, मजदूर इत्यादि होते हैं और ये सब उस मानवीय संगठन के एक विचार जिसके लिए वह संचालित होता है, के अनुसार अपने-अपने स्तर पर कार्य करते हैं और वे उसके

जिम्मेदार भी होते हैं। उसी प्रकार यह सम्पूर्ण ब्रह्माण्ड एक ईश्वरीय संगठन है जिसमें सभी अपने-अपने स्तर व पद पर होकर जाने-अनजाने कार्य कर रहें हैं। यदि मानवीय संगठन का कोई कर्मचारी दुर्घटनाग्रस्त होता है तो उसका जिम्मेदार उस मानवीय संगठन का वह विचार नहीं होता बल्कि वह कर्मचारी स्वयं होता है। इसी प्रकार ईश्वरीय संगठन में भी प्रत्येक व्यक्ति की अपनी बुद्धि-ज्ञान-चेतना-ध्यान इत्यादि गुण ही उसके कार्य का फल देती है जिसका जिम्मेदार वह व्यक्ति स्वयं होता है न कि ईश्वरीय संगठन का वह सार्वभौम सत्य-सिद्धान्त। मानवीय संगठन का विचार हो या ईश्वरीय संगठन का सार्वभौम सत्य-सिद्धान्त यह दोनों ही कर्मचारी के लिए मार्गदर्शक नियम है। जिस प्रकार कोई मानवीय संगठन आपके पूरे जीवन का जिम्मेदार हो सकता है उसी प्रकार ईश्वरीय संगठन भी आपके पूरे जीवन का जिम्मेदार हो सकता है। जिसका निर्णय आपके पूरे जीवन के उपरान्त ही हो सकता है परन्तु आपके अपनी स्थिति के जिम्मेदार आप स्वयं है। जिस प्रकार मानवीय संगठन में कर्मचारी समर्पित मोहरे की भाँति कार्य करते हैं उसी प्रकार ईश्वरीय संगठन में व्यक्ति सहित मानवीय संगठन भी समर्पित मोहरे की भाँति कार्य करते हैं, चाहे उसका ज्ञान उन्हें हो या न हो। और ऐसा भाव हमें यह अनुभव कराता है कि हम सब जाने-अनजाने उसी ईश्वर के लिए ही कार्य कर रहें है जिसका लक्ष्य है-ईश्वरीय मानव समाज का निर्माण जिसमें जो हो सत्य हो, शिव हो, सुन्दर हो और इसी ओर विकास की गति हो।

यह सम्पूर्ण ब्रह्माण्ड एक ईश्वरीय संगठन है जो मल्टी लेवेल पर आधारित है। इस ब्रह्माण्ड में सब एक दूसरे पर निर्भर, एक दूसरे से प्रभावित और एक दूसरे से लाभ-हानि प्राप्त कर रहे हैं। मल्टी लेवेल मार्केटिंग का विचार ऐसे ही मनुष्य मस्तिष्क की उत्पत्ति है जो इस ब्रह्माण्ड के सांगठनिक स्वरूप को समझ सके हैं और उसका प्रयोग मार्केटिंग प्रणाली में किये हैं इस समझ को भी मार्केटिंग में प्रयोग अनेक प्रकार से किया गया है परन्तु सिद्धान्त वही एक है। इस प्रयोग को मूलतः निम्न तीन भागो में विभक्त कर सकते हैं-

1. पूर्ण कार्यशील (वर्किंग) व्यक्ति आधारित

इस मल्टी लेवेल मार्केटिंग प्रणाली में सिर्फ वही व्यक्ति लाभ प्राप्त कर पाते हैं जो व्यक्ति कार्य करते हैं अर्थात् जो अधिक से अधिक व्यक्ति को निर्देश (रेफर) करते हैं। इस प्रणाली में अ-कार्यशील (नान-वर्किंग) व्यक्ति को कोई लाभ प्राप्त नहीं हो पाता। सिर्फ वे उत्पाद लेकर ही उसका उपयोग कर सकते हैं। इस प्रणाली का प्रयोग मल्टी लेवेल मार्केटिंग में बहुत हुआ। यह बहुत अधिक पसन्द नहीं किया गया क्योंकि जो व्यक्ति कार्य नहीं कर सके उन्हें लाभ नहीं मिला और वे इस प्रणाली से दूर भाग गये।

2. आशिंक कार्यशील (वर्किंग) व्यक्ति सहित आशिंक अ-कार्यशील (नान-वर्किंग) व्यक्ति आधारित

इस मल्टी लेवेल मार्केटिंग प्रणाली में कार्यशील (वर्किंग) व्यक्ति सहित अ-कार्यशील (नान-वर्किंग) व्यक्ति भी लाभ प्राप्त करते हैं जो व्यक्ति कार्य करते हैं अर्थात् जो अधिक से अधिक व्यक्ति को निर्देश (रेफर) करते हैं उन्हें अधिक लाभ तथा जो अ-कार्यशील (नान-वर्किंग) व्यक्ति होते हैं उन्हें कम लाभ प्राप्त होता है। इस प्रणाली का प्रयोग मल्टी लेवेल मार्केटिंग में हुआ। यह पसन्द तो किया गया लेकिन अ-कार्यशील (नान-वर्किंग) व्यक्ति को लाभ प्राप्त होने की धीमी गति होने के कारण वे इस प्रणाली से दूर भाग गये।

3. पूर्ण कार्यशील (वर्किंग) व्यक्ति सहित पूर्ण अ-कार्यशील (नान-वर्किंग) व्यक्ति आधारित

इस मल्टी लेवेल मार्केटिंग प्रणाली में कार्यशील (वर्किंग) व्यक्ति सहित अ-कार्यशील (नान-वर्किंग) व्यक्ति दोनों को लाभ प्राप्त करने का समान अवसर देता है। सिर्फ जो व्यक्ति कार्य करते हैं अर्थात् जो अधिक से अधिक व्यक्ति को निर्देश (रेफर) करते हैं उन्हें अधिक लाभ होता है। व्यक्ति को लाभ प्राप्त करने की तेज गति होने के कारण यह मल्टी लेवेल मार्केटिंग प्रणाली की सबसे अधिक पसन्द की जाने वाली प्रणाली है।

ईश्वरीय/ब्रह्माण्डिय सिद्धान्त है-आदान-प्रदान या परिवर्तन या जन्म-मृत्यु-जन्म। केवल जन्म और मृत्यु तक सोचना भौतिकवादी प्रणाली है। अभी तक मल्टी लेवेल मार्केटिंग प्रणाली में यही प्रयोग हुआ है। जन्म और

मृत्यु, और फिर जन्म यह सोचना आध्यात्मवादी प्रणाली है। अब मल्टी लेवेल मार्केटिंग प्रणाली में इसके प्रयोग का समय आ गया है। पूर्ण कार्यशील (वर्किंग) व्यक्ति सहित पूर्ण अ-कार्यशील (नान-वर्किंग) व्यक्ति आधारित मल्टी लेवेल मार्केटिंग प्रणाली यही प्रणाली है।

मल्टी लेवेल मार्केटिंग (MLM) -संचालक कौन?

अन्य व्यवसाय की भाँति मल्टी लेवेल मार्केटिंग भी एक मार्केटिंग व्यवसाय है। जिसके संचालन के लिए सरकारी नियमानुसार व्यावसायिक संगठन का पंजीकरण कराना होता है। व्यावसायिक संगठनों के निम्न स्वरूप हैं-

1. पूर्ण स्वामित्व वाले प्रतिष्ठान
2. साझेदारी प्रतिष्ठान
3. सीमित देयता साझेदारी (एलएलपी)
4. निजी (प्राइवेट) लिमिटेड कंपनी
5. सार्वजनिक (पब्लिक) लिमिटेड कंपनी

मल्टी लेवेल मार्केटिंग (MLM) का आधार

किसी भी मल्टी लेवेल मार्केटिंग कम्पनी में एक प्रोडक्ट (उत्पाद) होता है जिसे आधार बनाकर मुद्रा का आदान-प्रदान किया जाता है यह प्रोडक्ट पैण्ट-शर्ट-बैग, मेडिसिन, वर्चुअल करेंसी जैसे-सर्वे में वर्चुअल डालर, सोशल हेल्प प्रोग्राम में मुद्रा या करेंसी प्वाईण्ट, एड पोस्टिंग, ई-मेल, एस.एम.एस भेजना, एजुकेशनल सी.डी, कोई सेवा, बीमा पालिसी इत्यादि के रूप में होता है। जो आपके सामने आ चुका है।

सामान्यतः मल्टी लेवेल मार्केटिंग प्रणाली में 2 का मैट्रिक्स बाइनरी (1, 2, 4, 8, 16, 32.........) का प्रयोग किया जाता है। लेकिन 3 का मैट्रिक्स (1, 3, 9, 27.........), 5 का मैट्रिक्स (1, 5, 25, 125.........) इत्यादि का भी प्रयोग होता है। इस प्रकार के मैट्रिक्स में समस्या ये हो जाती है कि लेवेल बढ़ने से नीचे के लेवेल में इतनी अधिक संख्या की आवश्यकता आ जाती है कि लेवेल भरने में अधिक समय लगने लगता है। परिणामस्वरूप ऊपर के लेवेल को तो लाभ हो जाता है बाद के व्यक्ति को लाभ कम या नहीं के बराबर होता है। और यह लगभग असफल कार्यक्रम हो जाता है। क्योंकि यह केवल मैट्रिक्स के विकास पर ही आधारित होता है।

नेटवर्कर-एक तेज आर्थिक गति का कार्यकर्ता परन्तु असम्मानित

मल्टी लेवेल मार्केटिंग प्रणाली में कार्य करने वाले व्यक्ति नेटवर्कर कहलाते हैं।

नेटवर्कर की स्थिति

1. समाज के व्यक्ति को ईश्वरीय सिद्धान्त व प्रणाली से परिचित कराते हैं।
2. बाजार में न मिलने वाले उपयोगी, स्वास्थ्यवर्धक, दवाओं, उत्पादों को सीधे उपभोक्ता तक पहुँचाते हैं।
3. उपभोक्ता को मात्र ग्राहक ही नहीं बल्कि व्यापारी भी बनाते हैं।
4. अपने आवश्यकता के खर्च से भी धन लाभ प्राप्त करने की प्रणाली को बताते हैं।
5. उपभोक्ता का नेटवर्क तैयार करने की शिक्षा देकर तेज गति से आर्थिक विकास करने की प्रणाली बताते हैं।
6. अपने नेटवर्क को बढ़ाने के लिए लम्बी-लम्बी यात्रा, मिटिंग, सेमिनार करते हैं। जिसमें आय भी खर्च होते रहते हैं।

समाज के व्यक्ति की स्थिति

1. समाज के व्यक्ति को ईश्वरीय सिद्धान्त व प्रणाली की समझ मानसिक विकास न होने के कारण नेटवर्क की शक्ति की समझ का अभाव।
2. बाजार में न मिलने वाले उपयोगी, स्वास्थ्यवर्धक, दवाओं, उत्पादों पर विश्वास नहीं जबकि उत्पाद विश्वास से नहीं बल्कि गुणवत्ता आधारित होते हैं।
3. उपभोक्ता को ग्राहक और व्यापारी के अन्तर की समझ नहीं।
4. अपने आवश्यकता के खर्च से भी धन लाभ प्राप्त कर अपने आर्थिक उन्नति के मार्ग पर चलने की समझ नहीं। धन लगाकर भी काम करने की इच्छा नहीं और बिना धन लगाये भी कार्य करने की इच्छा नहीं।
5. नेटवर्क तैयार कर तेज गति से आर्थिक विकास करने की प्रणाली की समझ नहीं क्योंकि यह बुद्धि आधारित व्यापार होता है। और तमाम समस्याओं का जड़ बुद्धि की कमी ही है, इस पर विश्वास नहीं।
6. अपने जीवन का अधिकतम समय व्यक्ति और घटना चर्चा पर खर्च करने की आदत जबकि योजना और बुद्धि पर खर्च करना उपयोगी होता है।
7. प्रत्येक कर्म का परिणाम मिलता है, यह रायल्टी/ईश्वरीय का सिद्धान्त है जिसके अनुसार ही हमारा जीवन है, इसकी समझ नहीं।
8. व्यापारिक ज्ञान व बुद्धि का अभाव। जिसके कारण सदैव ग्राहक ही बने रह जाना।

नेटवर्क कम्पनी की स्थिति

1. भारत में अधिकतम नेटवर्क कम्पनी स्थायी और बड़े लक्ष्य को लेकर स्थापित ही नहीं हुई, स्थापना से ही इनका लक्ष्य धन कमाना और कम्पनी को बन्द कर देना रहा। ऐसा भारतीय कानून के कमजोर पकड़ के कारण हुआ। परिणामस्वरूप एक तरफ नेटवर्कर के साथ धोखा हुआ तो दूसरी तरफ समाज इस व्यवसाय को एक ठगने वाला व्यवसाय समझने लगा।
2. नेटवर्क कम्पनी के इस चरित्र के कारण नेटवर्कर-एक तेज आर्थिक गति का कार्यकर्ता से असम्मानित व्यक्ति के रूप में देखा जाने लगा।
3. नेटवर्क कम्पनी स्थायी और बड़े लक्ष्य के साथ ईश्वरीय सिद्धान्त व प्रणाली के अनुसार स्वयं की योजना नहीं बना पायीं। रायल्टी, एवार्ड और बड़े सपने दिखाने के बावजूद रायल्टी, एवार्ड और बड़े सपने दिखाने वाली कम्पनी ही गायब हो जाती हैं।

उपरोक्त स्थिति को देखते हुये नेटवर्क व्यवसाय और नेटवर्कर को उसके सही अर्थ में समझाने और उसके सम्मान को स्थापित करने की आवश्यकता है। जिसके लिए -

1. शास्वत (हमेशा आवश्यक) उत्पाद के लिए पारम्परिक एवं डायरेक्ट मार्केटिंग का संयुक्त रूप आधारित व्यवसाय।
2. ईश्वरीय सिद्धान्त व प्रणाली के अनुसार योजना।
3. ग्रुप आफ नेटवर्क कम्पनी।
4. नेटवर्कर के लिए स्थायी नेटवर्क क्षेत्र और कार्य करने के लिए सम्पूर्ण भारत देश।
5. भारतीय कानून का शत-प्रतिशत स्वीकार
6. नेटवर्कर और अन्य के बौद्धिक शक्ति को सदैव बढ़ाते रहने के लिए मुद्रित सामग्री द्वारा प्रचार-प्रसार की आवश्यकता है।

3-एफ (3-F: Fuel-Fire-Fuel) विपणन प्रणाली

कुल मिलाकर उपभोक्ता जो कहीं किसी और माध्यम से धन अर्जित करता है उसके उस धन को लेने के लिए किये गये सारे प्रपंच विपणन के अन्तर्गत आते हैं। यदि उपभोक्ता के पास धन नहीं तो ये सारे प्रपंच बेकार सिद्ध हो जाते हैं उसके लिए फाइनेन्स (आसान किस्तों में धन चुकाने की व्यवस्था), खरीदे और दूसरे को खरीद करायें वाली प्रणाली भी विपणन के प्रपंच में से ही है।

विश्व में शायद किसी भी देश में सरकार द्वारा निश्चित की गई विपणन प्रणाली लागू नहीं हैं। सरकार को केवल विभिन्न प्रकार के करों (Taxes) से मतलब होता है। निर्माता अपने उत्पाद को चाहे जिस विधि/प्रणाली से बेचे। बस मल्टीलेवेल मार्केटिंग के लिए कुछ दिशा निर्देश भारत में समय-समय पर निर्धारित होते रहते हैं।

चेस्टस्टन ने कहा था, "ब्रह्माण्डीय दर्शन मनुष्य के अनुरूप बैठने के लिए नहीं, बल्कि ब्रह्माण्ड के अनुरूप बैठने के लिए रचा गया है। मनुष्य के पास ठीक उसी तरह अपना एक नीजी धर्म नहीं हो सकता, जिस तरह उसके पास एक निजी सूर्य और एक चंद्रमा नहीं हो सकता।" अर्थात मनुष्य, मनुष्य के साथ व्यापार करने के लिए अनेक प्रकार की प्रणाली का विकास तो कर सकता है परन्तु वह एक मानक प्रणाली नहीं हो सकती। मानक प्रणाली वही हो सकती है जो ब्रह्माण्डीय दर्शन अर्थात सार्वभौम सत्य-सिद्धान्त के अनुरूप होगा। वह प्रणाली कल्याणकारी- लाभकारी और सरल होगी। ब्रह्माण्ड एक व्यापार क्षेत्र अर्थात व्यापार केन्द्र है। सर्वव्यापी सार्वभौम आत्मा (ईश्वर-सार्वभौम सत्य-सिद्धान्त) की उपस्थिति में सर्वत्र व्यापार चल रहा है। जहाँ भी, कुछ भी आदान-प्रदान हो रहा हो, वह सब व्यापार के ही अधीन है। किसी विचार पर आधारित होकर आदान-प्रदान का नेतृत्वकर्ता व्यापारी और आदान-प्रदान में शामिल होने वाला ग्राहक होता है। प्रत्येक व्यक्ति ही व्यापारी है और वही दूसरे के लिए ग्राहक भी है। यदि व्यक्ति आपस में आदान-प्रदान कर व्यापार कर रहें हैं तो इस संसार-ब्रह्माण्ड में ईश्वर का व्यापार चल रहा है और सभी वस्तुएँ उनके उत्पाद है। उन सब वस्तुओं का आदान-प्रदान हो रहा है जिसके व्यापारी स्वयं ईश्वर हैं। ये सनातन सिद्धान्त है। जिस प्रकार मानव नियंत्रित व्यापार का मालिक मानव (कम्पनी, फर्म इत्यादि) होता है उसी प्रकार ईश्वर नियंत्रित व्यापार का मालिक ईश्वर स्वयं हैं। दोनों ही स्थितियों के अपने-अपने नियम द्वारा व्यापार संचालित हैं।

ईश्वर संचालित व्यापार की प्रणाली की विशेषताओं को जानने से ही एक मानक प्रणाली बन सकती है जो कल्याणकारी-लाभकारी और सरल हो।

"कल्कि" अवतार के सम्बन्ध में कहा गया है कि उसका कोई गुरू नहीं होगा, वह स्वयं से प्रकाशित स्वयंभू होगा जिसके बारे में में कहा गया है कि

"ऋषि-वत्स, देवता इन्द्र, छन्द गायत्री। अहमिद्धि पितुष्परि मेधा मृतस्य जग्रभ। अहं सूर्य इवाजिनि।।"

अथर्ववेद, काण्ड 20, सूक्त 115, मंत्र 1

अर्थात "मैं परम पिता परमात्मा से सत्य ज्ञान की विधि को धारण करता हूँ और मैं तेजस्वी सूर्य के समान प्रकट हुआ हूँ।" जबकि सबसे प्राचीन वंश स्वायंभुव मनु के पुत्र उत्तानपाद शाखा में ब्रह्मा के 10 मानस पुत्रों में से मन से मरीचि व पत्नी कला के पुत्र कश्यप व पत्नी अदिति के पुत्र आदित्य (सूर्य) की चौथी पत्नी छाया से दो पुत्रों में से एक 8वें मनु - सावर्णि मनु होंगे जिनसे ही वर्तमान मनवन्तर 7वें वैवस्वत मनु की समाप्ति होगी। ध्यान रहे कि 8वें मनु - सावर्णि मनु, सूर्य पुत्र हैं। अर्थात कल्कि अवतार और 8वें मनु - सावर्णि मनु दोनों, दो नहीं बल्कि एक ही हैं और सूर्य पुत्र हैं। इसलिए सूर्य सिद्धान्त पर ही भारतीय आध्यात्म एवं दर्शन आधारित स्वदेशी विपणन प्रणाली का नामकरण 3-एफ (3-F: Fuel-Fire-Fuel) रखा गया है। अर्थात ऐसा सिद्धान्त जिसके नीचे ईंधन (Fuel) हो बीच में अग्नि (Fuel) हो फिर उसके उपर ईंधन (Fuel) हो, तो वो आग कब बुझेगी? ईंधन के कारण आग जल रहा है, आग के कारण ईंधन मिल रहा हो तो वो आग कब बुझेगी? जलने से ही ईंधन बन रहा हो तो वो आग कब बुझेगी?

3-एफ (3-F: Fuel-Fire-Fuel) विपणन प्रणाली, चूँकि भारतीय आध्यात्म एवं दर्शन आधारित स्वदेशी विपणन प्रणाली और एक सत्य मानक विपणन प्रणाली है इसलिए भारत के जो भी नेतृत्वकर्ता ये चाहते हों कि भारत

को सोने की चिड़िया बनायेंगे और आध्यात्मिक और दार्शनिक विरासत के आधार पर एक भारत - श्रेष्ठ भारत का निर्माण करेंगे, उन्हें उत्पाद के ऐसे क्षेत्र में जो मनुष्य के लिए उपयोग करना मजबूरी हो, उस क्षेत्र के विपणन कम्पनी/संगठन को इस प्रणाली का संचालन अनिवार्य कर देना चाहिए और अन्य क्षेत्र में विपणन स्वैच्छिक रूप से चलते रहने देना चाहिए। अनिवार्य करने के क्षेत्र ये हो सकते हैं जैसे - शिक्षा क्षेत्र, दैनिक उपभोग के वस्तु क्षेत्र।

खर्च के लिए धन नहीं, अब धन लाभ के लिए खर्च

3-एफ (3-F: Fuel-Fire-Fuel) विपणन प्रणाली से दैनिक उपभोग के वस्तु क्षेत्र के विपणन कम्पनी के विपणन खर्च में बहुत अधिक कमी आ जायेगी, साथ ही उपभोक्ता स्वयं ही उत्पाद को खरीदने के लिए स्वयं आने लगेंगे। उन्हें उत्पाद बेचने के अनेक प्रकार के प्रपंच से मुक्ति मिल जायेगी। क्योंकि अभी तक उपभोक्ता धन लाभ कहीं और से अर्जित करता था और उत्पाद कहीं और से खरीदता था लेकिन 3-एफ (3-F: Fuel-Fire-Fuel) विपणन प्रणाली से उसे उत्पाद खरीदने से भी धन लाभ होने लगेगा। परिणामस्वरूप उपभोक्ता की क्रय शक्ति बढ़ जायेगी और यह सभी के लिए लाभदायक होगा और तब एक नया ज्ञान सूत्र जन्म लेगा "खर्च के लिए धन नहीं, अब धन लाभ के लिए खर्च"

शिक्षा के लिए धन नहीं, अब धन लाभ के लिए शिक्षा

3-एफ (3-F: Fuel-Fire-Fuel) विपणन प्रणाली से शिक्षा क्षेत्र के विपणन कम्पनी और सरकार के खर्च में बहुत अधिक कमी आ जायेगी, साथ ही शिक्षार्थी स्वयं आने लगेंगे। उन्हें अनेक प्रकार के अनुदान/छात्रवृत्ति देने से मुक्ति मिल जायेगी। क्योंकि अभी तक शिक्षार्थी के अभिभावक धन लाभ कहीं और से अर्जित करते थे और मँहगी होती शिक्षा के लिए भुगतान कहीं और करते थे, लेकिन 3-एफ (3-F: Fuel-Fire-Fuel) विपणन प्रणाली से उन्हें शिक्षा से भी धन लाभ होने लगेगा। परिणामस्वरूप शिक्षा से रूचि बढ़ जायेगी और यह सभी के लिए लाभदायक होगा और तब एक नया ज्ञान सूत्र जन्म लेगा "शिक्षा के लिए धन नहीं, अब धन लाभ के लिए शिक्षा"

3-एफ (3-F: Fuel-Fire-Fuel) विपणन प्रणाली के लागू किये बिना भारत को सोने की चिड़िया बनाना और आध्यात्मिक और दार्शनिक विरासत के आधार पर एक भारत - श्रेष्ठ भारत का निर्माण एक सपना है जो कहने से नहीं बल्कि उस प्रणाली को अपनाने से पूरा हो सकता है।

3-एफ (3-F: Fuel-Fire-Fuel) विपणन प्रणाली का विस्तृत विवरण "विश्वशास्त्र" अध्याय-4 में उपलब्ध है।

पुनर्निर्माण-3-एफ (3-F: Fuel-Fire-Fuel) विपणन प्रणाली से युक्त

राष्ट्र निर्माण के लिए पुनर्निर्माण-सत्य शिक्षा का राष्ट्रीय तीव्र मार्ग (RENEW-Real Educationa National Express Way) भारतीय आध्यात्म एवं दर्शन आधारित स्वदेशी विपणन प्रणाली 3-एफ (3-F: Fuel-Fire-Fuel) से युक्त है अर्थात् इसमें शामिल होने वाले व्यक्ति/संस्था को शिक्षा के साथ-साथ, छात्रवृत्ति और रायल्टी या सहायता निश्चित रूप से प्राप्त होती है।

पुनर्निर्माण-मल्टी लेवेल मार्केटिंग (MLM) नहीं हैं

1. क्योंकि "पुनर्निर्माण" बाइनरी या इस प्रकार का कोई चेन नहीं चलाते।
2. क्योंकि "पुनर्निर्माण" केवल इसके व्यापार करने वाले को प्रवेश (सेल्स) पर कमीशन देते हैं जैसा कि शिक्षण संस्थानों में होता है।
3. क्योंकि "पुनर्निर्माण" केवल अपने विद्यार्थियों को छात्रवृत्ति (स्कालरशिप) देते हैं जैसा कि शिक्षण संस्थानों में होता है।

सफलता का पैमाना

"सफलता", एक ऐसा शब्द, जिसके लिए प्रत्येक मनुष्य संघर्ष करता है। यह अलग-अलग व्यक्ति के लिए अलग-अलग होता है या एक ही। यह यह एक विचारणीय प्रश्न है। और यदि यह अलग-अलग है तो किसे सफल माना जाये? इसका निर्धारण तो तभी हो सकता है जब उसका कोई पैमाना हो। ठोस, द्रव, गैस इत्यादि का तो हमें पैमाना प्राप्त है जिससे हम यह कह देते हैं कि ये वस्तु इतनी है परन्तु ये कैसे निर्धारित हो कि कोई व्यक्ति अपने जीवन में कितना सफल हुआ या सबसे अधिक सफल कौन हुआ?

प्रतियोगिता से भरे वर्तमान समय में व्यक्ति का व्यक्ति से मूल्यांकन करने में इस सफलता शब्द का प्रयोग बहुत होने लगा है और उसके मूल्यांकन का आधार मुख्य रूप से धन अर्जित करना के अर्थों में ही लिया जाता है। क्या सभी मनुष्यों का लक्ष्य धन अर्जित करना ही होता है? यदि कोई व्यक्ति ऐसा सोच रखता है तो शायद उस व्यक्ति का ज्ञान संकुचित ही हो क्योंकि वे उन व्यक्तियों को नहीं जान पाये जो धन को मात्र साधन रूप में ही प्रयोग किये, धन को कभी अपना अन्तिम लक्ष्य नहीं बनाया। सीधे रूप में अगर इस प्रकार समझा जाये कि ऐसे व्यक्ति जिनका लक्ष्य धन रहा था वे अपने धन के बल पर अपनी मूर्ति अपने घर पर ही लगा सकते हैं परन्तु जिनका लक्ष्य धन नहीं था, उनका समाज ने उन्हें, उनके रहते या उनके जाने के बाद अनेकों प्रकार से सम्मान दिया है ये सार्वजनिक प्रमाणित है।

"सफलता" का क्या अर्थ है? सामान्यतः व्यक्ति के इच्छा युक्त मन के लक्ष्य की प्राप्ति ही सफलता है। इस प्रकार किसी बच्चे का लक्ष्य मिठाई प्राप्त करना हो और वह उसे प्राप्त करे ले तो उसे सफल माना जायेगा। अब अगर दो बच्चों की तुलना की जाये जिनका लक्ष्य मिठाई ही प्राप्त करना हो। यदि दोनों प्राप्त करते हैं तो दोनों सफल। यदि एक ही प्राप्त करता है तो एक सफल और दूसरा असफल। लेकिन दोनों के यदि लक्ष्य अलग-अलग हों और दोनों प्राप्त करें तो दोनों सफल। यदि एक ही प्राप्त करता है तो एक सफल और दूसरा असफल। लेकिन यहाँ एक बात और आती है कि यदि दोनों का लक्ष्य अलग-अलग हैं तो दोनों में कोई प्रतियोगिता नहीं हो सकती और दोनों के सफल होने में समय सीमा भी अलग-अलग होंगी।

सभी व्यक्ति का सफल होने का लक्ष्य एक ही होता है या अलग होते हैं या उम्र के साथ लक्ष्य सदैव बदलते रहते हैं, इस पर भी विचार करना आवश्यक है। बचपन से लेकर मरने तक जब उम्र के साथ इच्छायें बदलती रहती हैं तब लक्ष्य एक कैसे हो सकता है इस प्रकार यह भी सिद्ध है कि अनेक इच्छाओं में मनुष्य सफल भी होता है और असफल भी। वह मनुष्य सदैव अपने जीवन को भ्रम में ही रखता है जो अपनी किसी लक्ष्य के सफल हो जाने पर अपने को संसार का सबसे सफल व्यक्ति मानने लगे और ऐसे व्यक्ति से भी अपनी तुलना करने लगे जो उसके लक्ष्य के विषय से सम्बन्धित भी नहीं था।

उदाहरण स्वरूप, किसी युवा का लक्ष्य एक लड़की को पाना हो सकता है। और उसे पा ले तो अपने को संसार का सबसे सफल व्यक्ति समझने लगता है। ऐसे उदाहरण भी मिलते हैं कि लक्ष्य न प्राप्त करने पर आत्महत्या तक हुयी है। जबकि भगवान श्री कृष्ण तक ने भी शारीरिक प्रेम को जीवन में साथ उतारने को अन्तिम लक्ष्य नहीं माना। मनुष्य की छोटी-छोटी इच्छाएँ बनती रहती है और उसको प्राप्त करने में सफलता और

असफलता होती रहती हैं। परन्तु जो मनुष्य दूरदर्शी होते हैं वे अपने पूरे वर्तमान जीवन का एक लक्ष्य निर्धारित करते हैं। और उस एक लक्ष्य के सामने कोई भी लक्ष्य नहीं होता न ही कोई इच्छा।

सफल होने के बाद क्या होता है? यह भी जानने योग्य है। इस स्थिति का अनुभव लेने के लिए यह जानना जरूरी है कि पहाड़ के सबसे ऊँचे स्थान पर पहुँचने के बाद क्या हो सकता है? व्यक्ति वहीं रहे या वहीं से गिर कर घायल हो जाये या मर जाये या नीचे उतर कर निष्क्रिय सामान्य जीवन जीये या नीचे उतर कर उस अंहकार या घमण्ड में जीवन भर रहे कि वह वहाँ तक पहुँच चुका है और वह सबसे सफल है क्योंकि उस लक्ष्य रूपी ऊँचाई के बाद अब कोई लक्ष्य नहीं होता।

क्या मनुष्य का व्यक्तिगत लक्ष्य के अलावा कोई सामूहिक लक्ष्य भी होता है? इस पर भी विचार करना आवश्यक है। सनातन और पुनर्जन्म सिद्धान्त से इस संसार की सभी गति तंरगाकार होते हुए भी एक चक्र में चल रहा है। इस प्रकार उस चक्र में मनुष्य का क्षणिक जीवन एक कड़ी मात्र है। ये शरीर जो दिख रहा है उसे स्थूल शरीर कहा जाता है और मृत्यु के उपरान्त इच्छा युक्त मन को सूक्ष्म शरीर तथा इच्छा मुक्त मन को आत्मीय शरीर कहते हैं। आत्मीय शरीर केन्द्र है और सूक्ष्म व स्थूल उसके चक्र हैं। मनुष्य योनि का विकास उध्व गति की ओर हुआ है अर्थात् जल से थल, थल से शरीर, फिर संसाधन/अर्थ, फिर मानसिक, और पूर्ण और अन्तिम में आध्यात्मिक केन्द्रित मन। यही वह पैमाना है जिससे स्वयं की तुलनाकर जाना जा सकता है कि मैं कितना सफल हुँ? ये वह मार्ग है जिसे तय करने का सार्वभौम नियम है चाहे मनुष्य को इसका ज्ञान हो या न हो। जो जितना इस मार्ग में बढ़ता है वह उतना ही सफल है और जो नीचे गिरता है वह उतना ही असफल होता है। सफल होने से ही अच्छे समाज का विकास और असफल होने से खराब समाज का विकास होता है क्योंकि पुनर्जन्म तो सूक्ष्म शरीर का ही होता है। शरीर पालना और पीढ़ी आगे बढ़ाना तो सभी जीवों का काम है। फिर उनमें और मनुष्य में क्या अन्तर? अगर ऐसी बात नहीं तो **पं0 दीनदयाल उपाध्याय जी के इस विचार-"मनुष्य पशु नहीं है केवल पेट भर जाने से वह सुखी और संतुष्ट हो जायेगा। उसकी जीवन यात्रा "पेट" से आगे "परमात्मा" तक जाती है। उसके मन उसकी बुद्धि और उसकी आत्मा का भी कुछ तकाजा है।**" का क्या अर्थ होगा?

भाग-3

पुनर्निर्माण - सत्य शिक्षा का राष्ट्रीय तीव्र मार्ग
(RENEW-Real Education National Express Way)

शिक्षा, शिक्षा माध्यम, शिक्षक/गुरू, विद्यार्थी/छात्र और शिक्षा पाठ्यक्रम
"व्यापार" और "शिक्षा का व्यापार"
"सत्य मानक शिक्षा" का व्यापार - एक अन्तहीन व्यापार
पुनर्निर्माण-राष्ट्र निर्माण का व्यापार
पुनर्निर्माण क्यों?
प्रवेश पंजीकरण की योग्यता (Eligibility)
छात्रवृत्ति (स्कालरशिप), सहायता और रायल्टी देने का हमारा आधार
पाठ्यक्रम शुल्क (Course Fees)
छात्रवृत्ति और रायल्टी (Scholarship & Royalty)
ये पाठ्यक्रम क्या है?

अ-सामान्यीकरण (Generalization) शिक्षा

01. सत्य शिक्षा (REAL EDUCATION)
02. सत्य पेशा (REAL PROFESSION)
03. सत्य पुस्तक (REAL BOOK)
04. सत्य स्थिति (REAL STATUS)
05. सत्य एस्टेट एजेन्ट (REAL ESTATE AGENT)
06. सत्य किसान (REAL KISAN)

ब-विशेषीकरण (Specialization) शिक्षा

01. सत्य कौशल (REAL SKILL)
02. डिजीटल कोचिंग (DIGITAL COACHING)

स-सत्य नेटवर्क (REAL NETWORK)

हमारा उद्देश्य क्या है?
आपकी समस्या और हमारा उपाय
पुनर्निर्माण-छात्रवृत्ति, सहायता व रायल्टी वितरण तिथि
पुनर्निर्माण-प्रणाली की विशेषताएँ

राष्ट्र निर्माण का संरचना चित्र

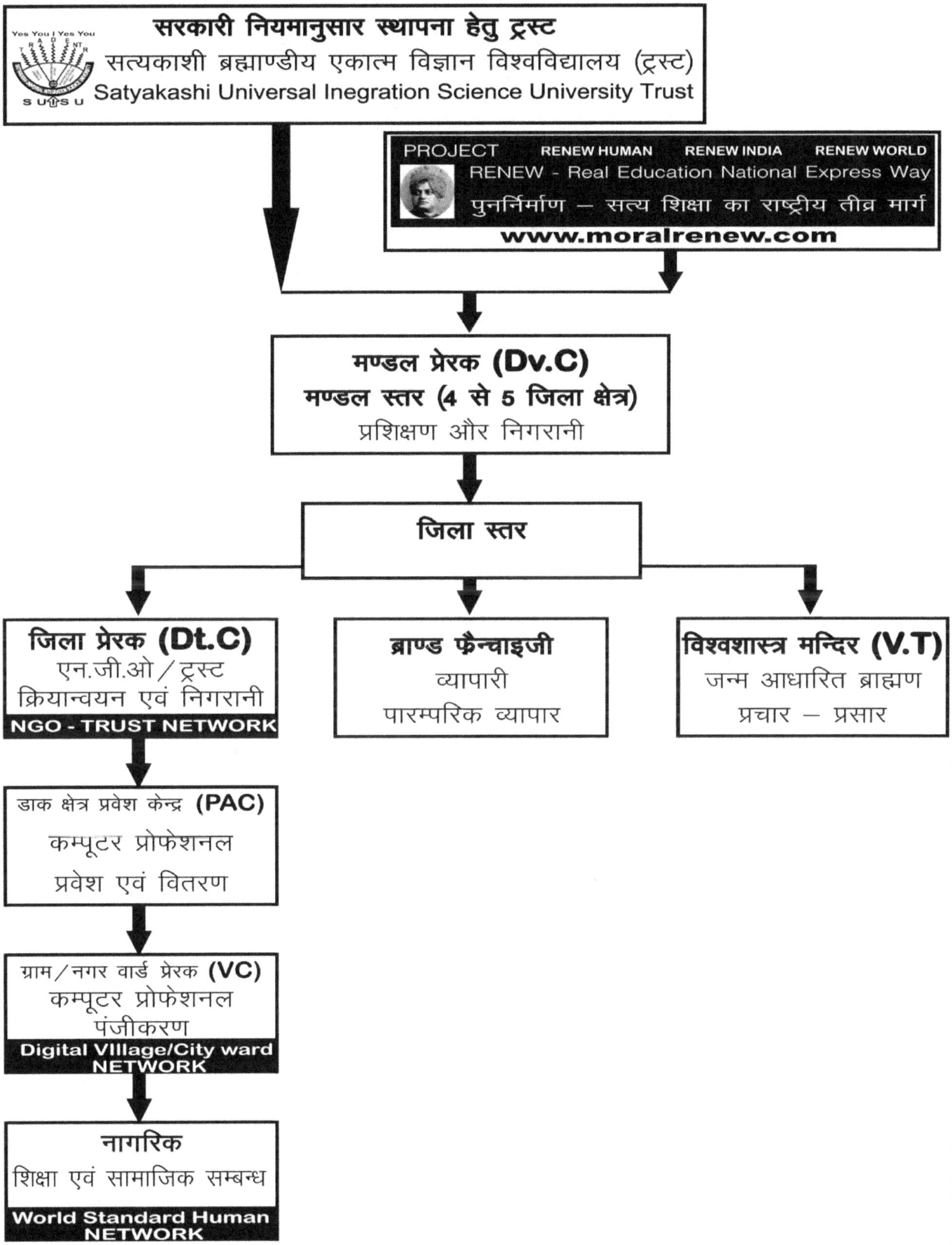

सम्बन्धित विचार

"मैं भारत में काफी घूमा हूँ। दाएं-बाएं, इधर-उधर मैंने यह देश छान मारा। और यहाँ मुझे एक भी भिखारी, एक भी चोर देखने को नहीं मिला। यह देश इतना समृद्ध है और इसके नैतिक मूल्य इतने उच्च हैं और यहाँ के लोग इतनी सक्षमता और योग्यता लिए हुए हैं कि हम यह देश कभी जीत सकते हैं यह मुझे नहीं लगा। इस देश की आध्यात्मिक और सांस्कृतिक परम्परा इस देश की रीढ़ है। और हमें यदि यह देश जीतना है तो इसे तोड़ना ही पड़ेगा। उसके लिए इस देश की प्राचीन शिक्षण पद्धति और संस्कृति बदलनी ही पड़ेगी। भारतीय लोग यदि यह मानने लगे कि विदेशी (विशेषतः) जो है श्रेष्ठ हैं, अपनी स्वयं की संस्कृति से भी ऊँची हैं तो वे अपना आत्म सम्मान गवाँ बैठेंगे। और फिर वे वही बनेंगे जो हम चाहते हैं-एक गुलाम देश"

- लार्ड मैकाले, वर्तमान भारत की शिक्षा प्रणाली इनकी कही जाती है।
(2 फरवरी, 1835 को ब्रिटेन की पार्लियामेन्ट में दिये गए लार्ड मैकाले के भाषण के कुछ अंश)

"राष्ट्र निर्माण...इस महान कार्य में राजनीति तो केवल एक अंग है। हम केवल राजनीति को ही अर्पित नहीं होंगे, न केवल सामाजिक समस्याओं, न ईश्वर-मीमांसा या दर्शन या साहित्य या विज्ञान को बल्कि हम इन सबको एक "सत्व" में एक अस्तित्व में शामिल करेंगे और हमें विश्वास है कि यह सर्वाधिक महत्वपूर्ण है। यही हमारा राष्ट्रीय धर्म है। जिसके सार्वभौम होने का विश्वास भी हमें है। एक चीज जिसे हमें सबसे पहले प्राप्त करना है वह है शक्ति-शारीरिक, मानसिक और नैतिक शक्ति और सर्वोपरि रूप से आध्यात्मिक शक्ति, जो दूसरी सारी शक्तियों का अक्षय स्रोत है। अगर हममें शक्ति है तो दूसरी हर चीज बहुत आसानी और स्वाभाविकता के साथ हमसे जुड़ जायेगी।"

-महर्षि अरविन्द

"जीवन में मेरी सर्वोच्च अभिलाषा यह है कि ऐसा चक्र प्रर्वतन कर दूँ जो कि उच्च एवं श्रेष्ठ विचारों को सब के द्वार-द्वार पर पहुँचा दे। फिर स्त्री-पुरूष को अपने भाग्य का निर्माण स्वंय करने दो। हमारे पूर्वजों ने तथा अन्य देशों ने जीवन के महत्वपूर्ण प्रश्नों पर क्या विचार किया है यह सर्वसाधारण को जानने दो। विशेषकर उन्हें देखने दो कि और लोग क्या कर रहे हैं। फिर उन्हें अपना निर्णय करने दो। रासायनिक द्रव्य इकट्ठे कर दो और प्रकृति के नियमानुसार वे किसी विशेष आकार धारण कर लेंगे-परिश्रम करो, अटल रहो। 'धर्म को बिना हानि पहुँचाये जनता की उन्नति'-इसे अपना आदर्श वाक्य बना लो।"

"शिक्षा का मतलब यह नहीं है कि तुम्हारे दिमाग में ऐसी बहुत सी बातें इस तरह से ठूंस दी जाये, जो आपस में लड़ने लगे और तुम्हारा दिमाग उन्हें जीवन भर हजम न कर सकें। जिस शिक्षा से हम अपना जीवन निर्माण कर सकें, मनुष्य बन सके, चरित्र गठन कर सकें और विचारों का सांमजस्य कर सके, वही वास्तव में शिक्षा कहलाने योग्य है। यदि तुम पाँच ही भावों को हजम कर तदनुसार जीवन और चरित्र गठन कर सके तो तुम्हारी शिक्षा उस आदमी की अपेक्षा बहुत अधिक है जिसने एक पूरी की पूरी लाइब्रेरी ही कठंस्थ कर ली है।"

"उसी मूल सत्य की फिर से शिक्षा ग्रहण करनी होगी, जो केवल यहीं से, हमारी इसी मातृभूमि से प्रचारित हुआ था। फिर एक बार भारत को संसार में इसी मूल तत्व का-इसी सत्य का प्रचार करना होगा। ऐसा क्यों है? इसलिए नहीं कि यह सत्य हमारे शास्त्रों में लिखा है वरन् हमारे राष्ट्रीय साहित्य का प्रत्येक विभाग और हमारा राष्ट्रीय जीवन उससे पूर्णतः ओत-प्रोत है। इस धार्मिक सहिष्णुता की तथा इस सहानुभूति की, मातृभाव की महान शिक्षा प्रत्येक बालक, स्त्री, पुरुष, शिक्षित, अशिक्षित सब जाति और वर्ण वाले सीख सकते हैं। तुमको अनेक नामों से पुकारा जाता है, पर तुम एक हो। तथाकथित समाज-सुधार के विषय में हस्तक्षेप न करना क्योंकि पहले आध्यात्मिक सुधार हुये बिना अन्य किसी भी प्रकार का सुधार हो नहीं सकता, भारत के शिक्षित समाज से मैं इस बात पर सहमत हूँ कि समाज का आमूल परिवर्तन करना आवश्यक है। पर यह किया किस तरह जाये? सुधारकों की सब कुछ नष्ट कर डालने की रीति व्यर्थ सिद्ध हो चुकी है। मेरी योजना यह है, हमने अतीत में कुछ बुरा नहीं किया। निश्चय ही नहीं

किया। हमारा समाज खराब नहीं, बल्कि अच्छा है। मैं केवल चाहता हूँ कि वह और भी अच्छा हो। हमें असत्य से सत्य तक अथवा बुरे से अच्छे तक पहुँचना नहीं है। वरन् सत्य से उच्चतर सत्य तक, श्रेष्ठ से श्रेष्ठतर और श्रेष्ठतम तक पहुँचना है। मैं अपने देशवासियों से कहता हूँ कि अब तक जो तुमने किया, सो अच्छा ही किया है, अब इस समय और भी अच्छा करने का मौका आ गया है।"

"एक बात पर विचार करके देखिए, मनुष्य नियमों को बनाता है या नियम मनुष्य को बनाते हैं? मनुष्य रुपया पैदा करता है या रुपया मनुष्य पैदा करता है? मनुष्य कीर्ति और नाम पैदा करता है या कीर्ति और नाम मनुष्य को पैदा करते हैं? मेरे मित्रों, पहले मनुष्य बनिये, तब आप देखेंगे कि वे सब बाकी चीजें स्वयं आपका अनुसरण करेंगी परस्पर के घृणित द्वेषभाव को छोड़िये और सदुद्देश्य, सदुपाय, सत्साहस एवं सदीर्घ का अवलम्बन किजिए। आपने मनुष्य योनि में जन्म लिया है तो अपनी कीर्ति यहीं छोड़ जाइये।"

"निष्क्रियता, हीनबुद्धि और कपट से देश छा गया है। क्या बुद्धिमान लोग यह देखकर स्थिर रह सकते हैं? रोना नहीं आता? मद्रास, बम्बई, पंजाब, बंगाल-कहीं भी तो जीवनी शक्ति का चिन्ह दिखाई नहीं देता। तुम लोग सोच रहे हो, 'हम शिक्षित हैं' क्या खाक सीखा है? दूसरों की कुछ बातों को दूसरी भाषा में रटकर मस्तिष्क में भरकर, परीक्षा में उत्तीर्ण होकर सोच रहे हो कि हम शिक्षित हो गये हैं। धिक्धिक्, इसका नाम कहीं शिक्षा है? तुम्हारी शिक्षा का उद्देश्य क्या है? या तो ? क्लर्क बनना या एक वकील बनना, और बहुत हुआ तो क्लर्की का ही दूसरा रूप एक डिप्टी मजिस्ट्रेट की नौकरी यही न? इससे तुम्हें या देश को क्या लाभ हुआ? "

"सिर्फ पुस्तकों पर निर्भर रहने से मानव-मन केवल अवनति की ओर जाता है। यह कहने से और घोर नास्तिकता क्या हो सकती है कि ईश्वरीय ज्ञान केवल इस पुस्तक में या उस शास्त्र में आबद्ध है।"

"सामाजिक व्याधि का प्रतिकार बाहरी उपायों द्वारा नहीं होगा; हमें उसके लिए भीतरी उपायों का अवलम्बन करना होगा-मन पर कार्य करने की चेष्टा करनी होगी। चाहे हम कितनी ही लम्बी चौड़ी बातें क्यों न करें, हमें जान लेना होगा कि समाज के दोषों को दूर करने के लिए प्रत्यक्ष रूप से नहीं वरन् शिक्षादान द्वारा परोक्ष रूप से उसकी चेष्टा करनी होगी।"

"बहुत दिनों तक मास्टरी करने से बुद्धि बिगड़ जाती है। ज्ञान का विकास नहीं होता। दिन रात लड़कों के बीच रहने से धीरे-धीरे जड़ता आ जाती है; इसलिए आगे अब मास्टरी न कर। मेरे पिताजी यद्यपि वकील थे, फिर भी मेरी यह इच्छा नहीं कि मेरे परिवार में कोई वकील बने। मेरे गुरुदेव इसके विरोधी थे एवं मेरा भी यह विश्वास है कि जिस परिवार के कुछ लोग वकील हो उस परिवार में अवश्य ही कुछ न कुछ गड़बड़ी होगी। हमारा देश वकीलों से छा गया है-प्रतिवर्ष विश्वविद्यालयों से सैकड़ों वकील निकल रहे हैं। हमारी जाति के लिए इस समय कर्मतत्परता तथा वैज्ञानिक प्रतिभा की आवश्यकता है।"

"लोगों को यदि आत्मनिर्भरशील बनने की शिक्षा नहीं दी जाय तो जगत के सम्पूर्ण ऐश्वर्य पूर्ण रुप से प्रदान करने पर भी भारत के एक छोटे से छोटे गाँव की भी सहायता नहीं की जा सकती। शिक्षा प्रदान हमारा पहला काम होना चाहिए, चरित्र एवं बुद्धि दोनों के ही उत्कर्ष साधन के लिए शिक्षा विस्तार आवश्यक है।"

"अनुभव ही ज्ञान का एक मात्र स्रोत है। विश्व में केवल धर्म ही ऐसा विज्ञान है जिसमें निश्चयत्व का अभाव है, क्योंकि अनुभव पर आश्रित विज्ञान के रूप में उसकी शिक्षा नहीं दी जाती। ऐसा नहीं होना चाहिए। परन्तु कुछ ऐसे लोगों का एक छोटा समूह भी सर्वदा विद्यमान रहता है, जो धर्म की शिक्षा अनुभव के माध्यम से देते हैं। ये लोग रहस्यवादी कहलाते हैं। और वे हरेक धर्म में, एक ही वाणी बोलते हैं। और एक ही सत्य की शिक्षा देते हैं। यह धर्म का यथार्थ विज्ञान है। जैसे गणित शास्त्र विश्व के किसी भी भाग में भिन्न-भिन्न नहीं होते। वे सभी एक ही प्रकार के होते है तथा उनकी स्थिति भी एक ही होती है। उन लोगों का अनुभव एक ही है और यही अनुभव धर्म का रूप धारण कर लेता है।"

"आखिर इस उच्च शिक्षा के रहने या न रहने से क्या बनता बिगड़ता है? यह कहीं ज्यादा अच्छा होगा कि यह उच्च शिक्षा प्राप्त कर नौकरी के दफ्तरों को खाक छानने के बजाय लोग थोड़ी सी यान्त्रिक शिक्षा प्राप्त करें जिससे काम-धन्धें में लगकर अपना पेट तो भर सकेंगे।"

- स्वामी विवेकानन्द

"इस देश को कुछ बाते समझनी होगी। एक तो इस देश को यह बात समझनी होगी कि तुम्हारी परेशानियों, तुम्हारी गरीबी, तुम्हारी मुसीबतों, तुम्हारी दीनता के बहुत कुछ कारण तुम्हारे अंधविश्वासों में है, कम से कम डेढ़ हजार साल पिछे घिसट रहा है। ये डेढ़ हजार साल पूरे होने जरूरी है। भारत को खिंचकर आधुनिक बनाना जरूरी है। मेरी उत्सुकता है कि इस देश का सौभाग्य खुले, यह देश भी खुशहाल हो, यह देश भी समृद्ध हो। क्योंकि समृद्ध हो यह देश तो फिर राम की धुन गुंजे, समृद्ध हो यह देश तो फिर लोग गीत गाँये, प्रभु की प्रार्थना करें। समृद्ध हो यह देश तो मंदिर की घंटिया फिर बजे, पूजा के थाल फिर सजे। समृद्ध हो यह देश तो फिर बाँसुरी बजे कृष्ण की, फिर रास रचे! यह दीन दरिद्र देश, अभी तुम इसमें कृष्ण को भी ले आओगे तो राधा कहाँ पाओगे नाचनेवाली? अभी तुम कृष्ण को भी ले आओगे, तो कृष्ण बड़ी मुश्किल में पड़ जायेंगे, माखन कहाँ चुरायेंगे? माखन है कहाँ? दूध दही की मटकिया कैसे तोड़ेंगे? दूध दही की कहाँ, पानी तक की मटकिया मुश्किल है। नलों पर इतनी भीड़ है! और एक आध गोपी की मटकी फोड़ दी, जो नल से पानी भरकर लौट रही थी, तो पुलिस में रिपोर्ट दर्ज करा देगी कृष्ण की, तीन बजे रात से पानी भरने खड़ी थी नौ बजते-बजते पानी भर पायी और इन सज्जन ने कंकड़ी मार दी। धर्म का जन्म होता है जब देश समृद्ध होता है। धर्म समृद्ध की सुवास है। तो मैं जरूर चाहता हूँ यह देश सौभाग्यशाली हो लेकिन सबसे बड़ी अड़चन इसी देश की मान्यताएं हैं। इसलिए मैं तुमसे लड़ रहा हूँ। तुम्हारे लिए। आज भारत गरीब है। भारत अपनी ही चेष्टा से इस गरीबी से बाहर नहीं निकल सकेगा, कोई उपाय नहीं है। भारत गरीबी के बाहर निकल सकता हैं, अगर सारी मनुष्यता का सहयोग मिले। क्योंकि मनुष्यता के पास इस तरह के तकनीक, इस तरह का विज्ञान मौजूद है कि इस देश की गरीबी मिट जाये। लेकिन तुम अकड़े रहे कि हम अपनी गरीबी खुद ही मिटायेंगे, तो तुम ही तो गरीबी बनाने वाले हो, तुम मिटाओगे कैसे? तुम्हारी बुद्धि इसकी भीतर आधार है, तुम इसे मिटाओगे कैसे? तुम्हें अपने द्वार-दरवाजे खोलने होंगे। तुम्हें अपना मस्तिष्क थोड़ा विस्तार करना होगा। तुम्हें मनुष्यता का सहयोग लेना होगा। और ऐसा नहीं कि तुम्हारे पास कुछ देने को नहीं है। तुम्हारे पास कुछ देने को है दुनिया को। तुम दुनिया को ध्यान दे सकते हो। अगर अमेरिका को ध्यान खोजना है तो अपने बलबूते नहीं खोज सकेगा अमेरिका। उसे भारत की तरफ नजर उठानी पड़ेगी। मगर वे समझदार लोग हैं। ध्यान सीखने पूरब चले आते हैं। कोई अड़चन नहीं है उन्हें बाधा नहीं है। बुद्धिमानी का लक्षण यही है कि जो जहाँ से मिल सकता हो ले लिया जाये। यह सारी पृथ्वी हमारी हैं। सारी मनुष्यता इकट्ठी होकर अगर उपाय करे तो कोई भी समस्या पृथ्वी पर बचने का कोई भी कारण नहीं है। दुनिया में दो तरह की शिक्षायें होनी चाहिए, अभी एक ही तरह की शिक्षा है। और इसलिए दुनिया में बड़ा अधुरापन है। बच्चों को हम स्कूल भेजते है, कालेज भेजते है, युनिवर्सिटी भेजते है, मगर एक ही तरह की शिक्षा वहाँ- कैसे जियो? कैसे आजिविका अर्जन करें? कैसे धन कमाओं? कैसे पद प्रतिष्ठा पाओं। जीवन के आयोजन सिखाते हैं जीवन की कुशलता सिखाते हैं। दूसरी इससे भी महत्वपूर्ण शिक्षा वह है- कैसे मरो? कैसे मृत्यु के साथ आलिंगन करो? कैसे मृत्यु में प्रवेश करो? यह शिक्षा पृथ्वी से बिल्कुल खो गयी। ऐसा अतीत में नहीं था। अतीत में दोनों शिक्षाएं उपलब्ध थीं। इसलिए जीवन को हमने चार हिस्सों में बाटा था। पच्चीस वर्ष तक विद्यार्थी का जीवन, ब्रह्मचर्य का जीवन। गुरू के पास बैठना। जीवन कैसे जीना है, इसकी तैयारी करनी है। जीवन की शैली सीखनी है। फिर पच्चीस वर्ष तक गृहस्थ का जीवन जो गुरू के चरणों में बैठकर सिखा है उसका प्रयोग, उसका व्यावहारिक प्रयोग। फिर जब तुम पचास वर्ष के होने लगो तो तुम्हारे बच्चे पच्चीस वर्ष के करीब होने लगेंगे। उनके गुरू के गृह से लौटने के दिन करीब होने लगेंगे। अब उनके दिन आ गये कि वे जीवन को जिये। फिर भी पिता और बच्चे पैदा करते चला जाये तो यह अशोभन समझा जाता था। यह अशोभन है। अब बच्चे, बच्चे पैदा करेंगे। अब तुम इन खिलौनों से उपर उठो। तो पच्चीस वर्ष वानप्रस्थ। जंगल की तरफ मुँह- इसका अर्थ होता है कि अभी जंगल गये नहीं, अभी घर छोड़ा नहीं लेकिन घर की तरफ पीठ जंगल की तरफ मुँह। ताकि तुम्हारे बेटों को तुम्हारी सलाह की जरूरत पड़े तो पूछ लें। अपनी तरफ से सलाह मत देना। वानप्रस्थी स्वयं सलाह नहीं देता। फिर पचहत्तर वर्ष के जब तुम हो जाओगे, तो सब छोड़कर जंगल चले जाना। वे शेष अंतिम पचीस वर्ष मृत्यु की तैयारी थे। उसी का नाम सन्यास था। पचीस वर्ष जीवन के प्रारम्भ में जीवन की तैयारी, और जीवन के अंत में पच्चीस वर्ष मृत्यु की तैयारी। उपाधियाँ मिलती है- पी0 एच0 डी0, डी0 लिट0 और डी0 फिल0। और उनका बड़ा सम्मान होता है। उनका काम

क्या है? उनका काम यह है कि वे तय करते हैं कि गोरखनाथ कब पैदा हुए थे। कोई कहता है दसवीं सदी के अंत में, कोई कहता है ग्यारहवीं सदी के प्रारम्भ में। इस पर बड़ा विवाद चलता है। बड़े-बड़े विश्वविद्यालयों के ज्ञानी सिर खपा कर खोज में लगे रहते है। शास्त्रों की, प्रमाणों की, इसकी, उसकी। उनकी पूरी जिन्दगी इसी में जाती है। इससे बड़ा अज्ञान और क्या होगा? गोरख कब पैदा हुए, इसे जानकर करोगे क्या? इसे जान भी लिया तो पाओगे क्या? गोरख न भी पैदा हुए, यह भी सिद्ध हो जाये, तो भी क्या फायदा? हुए हों या न हुए हों, अर्थहीन है। गोरख ने क्या जिया उसका स्वाद लो। इसलिए तुम्हारे विश्वविद्यालय ऐसी व्यर्थता के कामों में संलग्न है कि बड़ा आश्चर्य होता है कि इन्हें विश्वविद्यालय कहो या न कहो। इनका काम ही........तुम्हारे विश्वविद्यालय में चलने वाली जितनी शोध है, सब कूड़ा-करकट है।"

- आचार्य रजनीश "ओशो"

"सुधर्मा, जरूरत है इस युग में अनगढ़ मानव को गढ़ने की। मनुष्य स्वार्थी, संकीर्णता से ग्रसित हो गया है। इन दुर्बलताओं के आक्रान्त मनमानी शक्ल दिखने में अक्सर आते हैं। पेट और परिवार को आदर्श मान बैठे हैं।"

-अवधूत भगवान राम

"मनुष्य अपने भाग्य का निर्माता आप है, इस विश्वास के आधार पर हमारी मान्यता है कि हम उत्कृष्ट बनेंगे और दूसरों को श्रेष्ठ बनायेंगे, तो युग अवश्य बदलेगा। हम बदलेंगे- युग बदलेगा, हम सुधरेंगे-युग सुधरेगा। इस तथ्य पर हमारा परिपूर्ण विश्वास है।"

- पं0 श्रीराम शर्मा आचार्य, संस्थापक, अखिल विश्व गायत्री परिवार

"यदि हम संसार का मार्ग ग्रहण करेंगे और संसार को और अधिक विभाजित करेंगे तो शान्ति, सहिष्णुता और स्वतन्त्रता के अपने उद्देश्य में सफल नहीं हो सकते। यदि हम इस युद्ध-विक्षिप्त दुनियाँ को शान्ति और सत्य का प्रकाश दिखाएं तो सम्भव है कि हम संसार में कोई अच्छा परिवर्तन कर सकें। लोकतन्त्र से मेरा मतलब समस्याओं को शान्तिपूर्वक हल करने से है। अगर हम समस्याओं को शान्तिपूर्वक हल नहीं कर पाते तो इसका मतलब है कि लोकतन्त्र को अपनाने में हम असफल रहें हैं।"

- पं0 जवाहर लाल नेहरू

"हमारे युग की दो प्रमुख विषेशताएँ विज्ञान और लोकतंत्र है। ये दोनों टिकाऊ हैं। हम शिक्षित लोगों को यह नहीं कह सकते कि वे तार्किक प्रमाण के बिना धर्म की मान्यताओं को स्वीकार कर लें। जो कुछ भी हमें मानने के लिए कहा जाए, उसे उचित और तर्क के बल से पुष्ट होना चाहिए। अन्यथा हमारे धार्मिक विश्वास इच्छापूरक विचार मात्र रह जाएंगे। आधुनिक मानव को ऐसे धर्म के अनुसार जीवन बिताने की शिक्षा देनी चाहिए, जो उसकी विवेक-बुद्धि को जँचे, विज्ञान की परम्परा के अनुकूल हो। इसके अतिरिक्त धर्म को लोकतन्त्र का पोशक होना चाहिए, जो कि वर्ण, मान्यता, सम्प्रदाय या जाति का विचार न करते हुए प्रत्येक मनुष्य के बौद्धिक और आध्यात्मिक विकास पर जोर देता हो। कोई भी ऐसा धर्म, जो मनुष्य-मनुष्य में भेद करता है अथवा विशेषाधिकार, शोषण या युद्ध का समर्थन करता है, आज के मानव को रूच नहीं सकता। स्वामी विवेकानन्द ने यह सिद्ध किया कि हिन्दू धर्म विज्ञान सम्मत भी है और लोकतन्त्र का समर्थक भी। वह हिन्दू धर्म नहीं, जो दोषों से भरपूर है, बल्कि वह हिन्दू धर्म, जो हमारे महान प्रचारकों का अभिप्रेत था। मात्र जानकारियाँ देना शिक्षा नहीं है। यद्यपि जानकारी का अपना महत्व है और आधुनिक युग में तकनीकी की जानकारी महत्वपूर्ण भी है तथापि व्यक्ति के बौद्धिक झूकाव और उसकी लोकतान्त्रिक भावना का भी बड़ा महत्व है। ये बातें व्यक्ति को एक उत्तरदायी नागरिक बनाती है। शिक्षा का लक्ष्य है ज्ञान के प्रति समर्पण की भावना और निरन्तर सीखते रहने की प्रवृति। वह एक ऐसी प्रक्रिया है जो व्यक्ति को ज्ञान व कौशल दोनों प्रदान करती है तथा इनका जीवन में उपयोग करने का मार्ग प्रशस्त करती है। करूणा, प्रेम और श्रेष्ठ परम्पराओं का विकास भी शिक्षा के उद्देश्य हैं। जब तक शिक्षक शिक्षा के प्रति समर्पित और प्रतिबद्ध नहीं होता और शिक्षा को एक मिशन नहीं मानता तब तक अच्छी शिक्षा की कल्पना नहीं की जा सकती। शिक्षक उन्हीं लोगों को बनाया जाना चाहिए जो सबसे अधिक बुद्धिमान हों। शिक्षक को मात्र अच्छी तरह अध्यापन करके संतुष्ट नहीं हो

जाना चाहिए। उसे अपने छात्रों का स्नेह और आदर अर्जित करना चाहिए। सम्मान शिक्षक होने भर से नहीं मिलता, उसे अर्जित करना पड़ता है।"

- डा0 सर्वपल्ली राधाकृष्णन
(5 सितम्बर को भारत देश में शिक्षक दिवस इनके जन्म दिवस को ही मनाया जा जाता है)

"समाजिकता और संस्कृति का मापदण्ड समाज में कमाने वाला द्वारा अपने कर्तव्य के निर्वाह की तत्परता है। अर्थव्यवस्था का कार्य इस कर्तव्य के निर्वाह की क्षमता पैदा करना है। मात्र धन कमाने के साधन तथा तरीके बताना-पढ़ाना ही अर्थव्यवस्था का कार्य नहीं है। यह मानवता बढ़ाना भी उसका काम है। कि कर्तव्य भावना के साथ कमाने वाला खिलाये भी। यहाँ यह स्पष्ट समझ लिया जाना चाहिए कि वह कार्य और दायित्व की भावना से करें न कि दान देने या चंदा देने की भावना से।"

- पं0 दीन दयाल उपाध्याय

"शोषित वर्ग की सुरक्षा उसके सरकार और कांग्रेस दोनों से स्वतन्त्र होने में है। हमें अपना रास्ता स्वयं बनाना होगा और स्वयं। राजनीतिक शक्ति शोषितों की समस्याओं का निवारण नहीं हो सकती, उनका उद्धार समाज में उनका उचित स्थान पाने में निहित है। उनको अपना रहने का बुरा तरीका बदलना होगा। उनको शिक्षित होना चाहिए। एक बड़ी आवश्यकता उनकी हीनता की भावना को झकझोरने, और उनके अन्दर उस दैवीय असंतोष की स्थापना करने की है जो सभी ऊँचाइयों का स्रोत है। शिक्षित बनो!!!, संगठित रहो!!!, संघर्ष करो!!! सामाजिक क्रान्ति साकार बनाने के लिए किसी महान विभूति की आवश्यकता है या नहीं यह प्रश्न यदि एक तरफ रख दिया जाय, तो भी सामाजिक क्रान्ति की जिम्मेदारी मूलतः समाज के बुद्धिमान वर्ग पर ही रहती है, इसे वास्तव में कोई भी अस्वीकार नहीं कर सकता। भविष्य काल की ओर दृष्टि रखकर वर्तमान समय में समाज को योग्य मार्ग दिखलाना यह बुद्धिमान वर्ग का पवित्र कर्तव्य है। यह कर्तव्य निभाने की कुशलता जिस समाज के बुद्धिमान लोग दिखलाते हैं। वही जीवन कलह में टिक सकता है। सही राष्ट्रवाद है, जाति भावना का परित्याग। सामाजिक तथा आर्थिक पुनर्निर्माण के आमूल परिवर्तनवादी कार्यक्रम के बिना अस्पृश्य कभी भी अपनी दशा में सुधार नहीं कर सकते। राष्ट्रवाद तभी औचित्य ग्रहण कर सकता है जब लोगों के बीच जाति, नस्ल या रंग का अन्तर भुलाकर उसमें सामाजिक समरसता व मातत्व को सर्वोच्च स्थान दिया जाय। राष्ट्र का सन्दर्भ में राष्ट्रीयता का अर्थ होना चाहिए- सामाजिक एकता की दृढ़ भावना, अन्तर्राष्ट्रीय सन्दर्भ में इसका अर्थ है-भाईचारा। शिक्षा प्रत्येक व्यक्ति का जन्मसिद्ध अधिकार है अतः शिक्षा के दरवाजे प्रत्येक भारतीय नागरिक के लिए खुले होने चाहिए। एक व्यक्ति के शिक्षित होने का अर्थ है- एक व्यक्ति का शिक्षित होना लेकिन एक स्त्री के शिक्षित होने का अर्थ है कि एक परिवार का शिक्षित होना।"

- बाबा साहेब भीम राव अम्बेडकर

भारतीय मानक ब्यूरो, त्रैमासिकी- "मानक दूत"

हम अपनी योजनाओं को सक्रिय रुप से क्रियान्वित करें, इसके लिए मानकों का होना अत्यन्त आवश्यक है तथा यह जरुरी है कि मानकों के निर्धारण व पालन हेतु प्रयत्नशील रहें।

साभार - "मानक दूत", वर्ष-19, अंक-1, 1999

-पं0 जवाहर लाल नेहरु

राष्ट्र के आधुनिकीकरण के लिए मानकीकरण एवं गुणता नियन्त्रण अनिवार्य है। ये उत्पाद को उसकी सामग्री और मानवीय साधनों के पूर्ण उपभोग में सहायता करते हैं उपभोक्ता का बचाव करते हैं और आंतरिक व्यवहार तथा निर्यात का स्तर ऊँचा उठाते हैं। इस प्रकार से ये आर्थिक विकास में भागीदार बनते हैं।

साभार -"मानक दूत", वर्ष-19, अंक-1, 1999

-इन्दिरा गाँधी

यह समय की माँग है कि जीवन के सभी क्षेत्रों में गुणता के प्रति राष्ट्रीय प्रतिबद्धता हो। हमारी संतुष्टि किसी भी प्रकार के उत्पादन से नहीं अपितु हमारे द्वारा उत्पादित उत्कृष्ट वस्तुओं और दी जाने वाली उत्कृष्ट सेवाओं से हो। साभार - "मानक दूत", वर्ष-20, अंक-1-2, 2000

-राजीव गाँधी

किसी भी समाज का मानकीकरण पद्धति, इसे सृजित करने वाले समाज से न तो बेहतर होगी और न ही बदतर। इसकी प्रथमिकताएं, समाज के लक्ष्य हैं और इसके मूल्य समाज के मूल्य हैं।

साभार -"मानक दूत",वर्ष-20, अंक- 1-2, 2000

-डब्ल्यू0.टी.कैबेनो

बृहस्पतिवार, 11 सितम्बर, 1997 ई0

शिक्षा प्रक्रिया मे व्यापक सुधारों की जरूरत है। 'यह रास्ता दिल्ली की ओर जाता है' लिखा साइन बोर्ड पढ़ लेना मात्र शिक्षा नहीं है। इसके बारे में चिन्तन करना पड़ेगा और कोई लक्ष्य निर्धारित करना पड़ेगा। सामाजिक परिवर्तन किस तरह से, इसकी प्राथमिकताये क्या होगीं? यह तय करना पड़ेगा। इक्कीसवी शताब्दी के लिए हमें कार्यक्रम तय करने पड़ेंगे। मौजूदा लोकतन्त्र खराब नहीं है परन्तु इसको और बेहतर बनाने की आवश्यकता है।

साभार - दैनिक जागरण, वाराणसी, दि0 11-9-97

-रोमेश भण्डारी

मंगलवार, 23 सितम्बर, 1997 ई0

हमारी संस्कृति कभी एकात्म नहीं रही। भारतीय संस्कृति की विशेषता विभिन्न संस्कृतियों को स्वीकार करने और उनके प्रति रचनात्मक दृष्टिकोण अपनाने की रही है। साभार - आज, वाराणसी, दि0 23-9-1997

-के.आर.नारायणन

बृहस्पतिवार, 25 सितम्बर, 1997ई0

आम आदमी से दूर हटकर साहित्य तो रचा जा सकता है, लेकिन वह निश्चित तौर पर भारतीय जन जीवन का साहित्य नहीं हो सकता। आम आदमी से जुड़ा साहित्य ही समाज के लिए कल्याकाणकारी हो सकता हैं।

साभार - दैनिक जागरण, वाराणसी, दि0-25-9-1997

-शंकर दयाल शर्मा

मंगलवार, 11 अगस्त, 1998 ई0

मैं आवाहन करता हूँ-देश की युवा पीढ़ी का, जो इस महान गौरवशाली देश का नेतृत्व करे और संकीर्णता, भय, आसमानता, असहिष्णुता से ऊपर उठकर राष्ट्र को ज्ञान-विज्ञान के ऐसे धरातल पर स्थापित करे कि लोग कहें यही तो भारत महान है। (विज्ञापन द्वारा प्रकाशित अपील)

साभार - दैनिक जागरण, वाराणसी, दि0 11-8-1998

-मुरली मनोहर जोशी

सोमवार, 28 सितम्बर, 1998 ई0

हिन्दुत्व महज धर्म नहीं, जीवन शैली है, आने वाली सदी में हिन्दुत्व ही विश्व को रास्ता दिखाएगा।

साभार - दैनिक जागरण, वाराणसी, दि0 28-9-98

-अटल बिहारी वाजपेयी

शुक्रवार, 23 अक्टुबर, 1998 ई0

शिक्षा के भारतीयकरण, राष्ट्रीयकरण और आध्यात्मिकता से जोड़े जाने का प्रस्ताव है, उसका क्या अर्थ है? क्या पिछले पचास वर्षों से लागू शिक्षा प्रणाली गैर भारतीय, विदेशी थी जिसमे भारत की भूत और वर्तमान वास्तविकतायें नहीं थीं?'' (अटल विहारी वाजपेयी को लिखे पत्र में)

साभार - आज, वाराणसी, दि0 23-10-1998

-श्रीमती सोनिया गाँधी

शुक्रवार, 25 दिसम्बर, 1998 ई0

शिक्षा में दूरदृष्टि होनी चाहिए तथा हमारी शिक्षा नीति और शिक्षा व्यवस्था ऐसी होनी चाहिए जिससे हम भविष्य देख सकें और भविष्य की आवश्यकताओं को प्राप्त कर सकें।

साभार - आज, वाराणसी, दि0 25-12-1998

-केशरी नाथ त्रिपाठी

बृहस्पतिवार, 16 मार्च, 2000 ई0

हिन्दू चिन्तन पर आधारित नई आचार संहिता बने।

साभार-अमर उजाला, इलाहाबाद दि0 16-03-2000

-के. एस. सुदर्शन

बृहस्पतिवार, 7 सितम्बर, 2000 ई0

.... लेकिन भूमण्डलीय क्रिया का प्रारम्भ कहीं निर्मित हो चुका है और यदि संयुक्त राष्ट्र संघ में नहीं तो कहाँ? .... मैं जानता हूँ स्वयं की एक घोषणा कम महत्व रखती है। परन्तु दृढ़ प्रतिज्ञा युक्त एक घोषणा और यथार्थ लक्ष्य, सभी राष्ट्रों के नेताओं द्वारा निश्चित रुप से स्वीकारने योग्य, अपने सत्ताधारी की कुशलता का निर्णय के लिए एक पैमाने के रुप में विश्व के व्यक्तियों के लिए अति महत्व का हो सकता है। .... और मैं आशा करता हूँ कि यह कैसे हुआ? देखने के लिए सम्पूर्ण विश्व पीछे होगा।"

साभार-द टाइम्स आफ इण्डिया, नई दिल्ली, दि0 7 सितम्बर, 2000

- कौफी अन्नान

मंगलवार, 31 अक्टुबर, 2000 ई0

भारत बौद्धिक विस्फोट के मुहाने पर खड़ा है। हर क्षेत्र में भारतीयों का दखल हो रहा है। वह दिन समय नहीं, जब भारत भी पूरी दुनिया में अपना लोहा मनवाएगा। हालांकि इसका लाभ उठाने के लिए भारत को अतीत की पहेलीयों को सुलझाना होगा।"

साभार - अमर उजाला, वाराणसी, दि0 31 अक्टूबर 2000

-वी. एस. नायपाल (नोबेल पुरस्कार से सम्मानित)

रविवार, 8 दिसम्बर, 2002 ई0

अच्छी शिक्षा व्यवस्था ही प्रबुद्ध नागरिक पैदा करती है, बच्चों को नैतिक शिक्षा प्रदान की जाय और रोजगार के नये अवसर पैदा किये जायें, राष्ट्रीय शान्ति व सार्वभौमिक सद्भाव के लिए सभी धर्म आध्यात्मिक आन्दोलन में शामिल हो जायें। नवीनता के द्वारा ही ज्ञान को धन में बदला जा सकता है।"

साभार, दैनिक जागरण, वाराणसी, दि0 8 दिसम्बर 2002

-ए.पी.जे. अब्दुल कलाम

रविवार, 8 जून, 2008 ई0

शासन में फैले भ्रष्टाचार के खिलाफ छात्र आगे आएं। शिक्षा का स्वदेशी मॉडल चाहिए। (गुरूकुल कांगड़ी विश्वविद्यालय के दीक्षांत समारोह में) साभार - दैनिक जागरण, वाराणसी, दि0 8-06-2008

-लाल कृष्ण आडवाणी

बुधवार, 10 नवम्बर, 2010 ई0

विश्वविद्यालयों में सिर्फ परीक्षाओं में ही नहीं, शोध कार्यों में भी नकल का बोलबाला है, कोई भी विश्वविद्यालय ऐसा नहीं जिसके किसी शोध को अन्तर्राष्ट्रीय तो क्या, राष्ट्रीय स्तर पर भी मान्यता मिली हो। (लखनऊ में आयोजित 21 राज्य विश्वविद्यालयों व अन्य के कुलपतियों के सम्मेलन में)

साभार - दैनिक जागरण, वाराणसी, दि0 10 नवम्बर 2010

-बी.एल.जोशी

रविवार, 26 दिसम्बर, 2010 ई0

विश्व एक परिवार है न कि बाजार। भारतीय मानकों में गुरू-शिष्य परम्परा की अवधारणा को मजबूती देने की जरूरत है। शैक्षणिक संस्थानों में नई चेतना, विचारधारा निकालनी होगी जिससे सामाजिक व राष्ट्रीय उत्थान को बल मिले। शान्ति, मूल्यों की शिक्षा ही आज की आवश्यकता है। महामना की सोच मानवीय मूल्य के समावेश वाले युवाओं के मस्तिष्क का विकास था, चाहे वह इंजिनियर हो, विज्ञान या शिक्षाविद्। यहाँ के छात्र दुनिया में मानवीय मूल्य के राजदूत बनें ताकि देश में नम्बर एक बना बी.एच.यू. अब दुनिया के लिए आदर्श बने। इस विश्वविद्यालय (बी.एच.यू.) सरीखा दूसरा कोई उत्कृष्ट संस्थान ही नहीं जहाँ संयुक्त राष्ट्र संघ द्वारा यूनेस्को चेयर फार पीस एंड इंटरकल्चर अंडरस्टैण्डिंग की स्थापना हुई। विश्वविद्यालय का दक्षिणी परिसर मुख्य परिसर की सिर्फ कापी भर नहीं है, बल्कि यह तो भविष्य में "नये विश्वविद्यालय का रूप लेगा"

साभार - दैनिक जागरण, वाराणसी, दि0 26 दिसम्बर, 2010

-डा0 कर्ण सिंह

विज्ञान व आध्यात्म में काफी समानताएं हैं और दोनों के लिए अनुशासन सबसे ज्यादा जरूरी है। इन दोनों का मानव के विकास में भारी योगदान है। जब तक ये एक साथ मिलकर काम नहीं करेंगे उनका पूरा लाभ हासिल नहीं किया जा सकता। विश्वविद्यालय समाज के लिए उपयोगी अनुसंधान पर जोर दें ताकि उनका लाभ जनता व देश को हो। ज्ञान के लिए शिक्षा अर्जित की जानी चाहिए और देश के युवाओं के विकास के लिए शिक्षा पद्धति में समग्र दृष्टिकोण अपनाया जाना जरूरी है। इसका मकसद युवाओं को बौद्धिक और तकनीकी दृष्टि से सक्षम बनाना होना चाहिए। (विज्ञान व आध्यात्मिक खोज पर राष्ट्रीय सम्मेलन, नई दिल्ली के उद्घाटन में बोलते हुए)

साभार - हिन्दुस्तान, वाराणसी, दि0 13 मार्च, 2011 **-श्रीमती प्रतिभा पाटिल**

रविवार, 27 नवम्बर, 2011 ई0

शिक्षा का नया माडल विकसित करना होगा। पिछले 25 वर्षों से हम अमीर लोगों की समस्या सुलझा रहे हैं। अब हमें गरीबों की समस्या सुलझाने का नैतिक दायित्व निभाना चाहिए। देश में 25 वर्ष से कम उम्र के 55 करोड़ लोग हैं। हमें सोचना होगा कि हम उन्हें नौकरी और प्रशिक्षण कैसे देंगे। भौतिकी, रसायन, गणित जैसे पारम्परिक विषयों को पढ़ने का युग समाप्त हो गया। अब तो हमें रचनात्मकता, समन्वय, लीडरशिप, ग्लोबल तथा प्रोफेशनल विषयों को पढ़ने तथा सूचना तकनीक के जरिए पढ़ाई पर ध्यान केन्द्रित करने की जरूरत है। हमारे देश में जो अध्यापक हैं, वे शोध नहीं करते और जो शोध करते हैं वे पढ़ाते नहीं। हमें पूरी सोच को बदलनी है।

साभार - हिन्दुस्तान, वाराणसी संस्करण,27 नवम्बर, 2011

-सैम पित्रोदा

बुधवार, 21 नवम्बर, 2012 ई0

विश्वविद्यालय के कुलपतियों और शिक्षकों को शिक्षा का स्तर और उन्नत करना चाहिए। एक बार अपना दिल टटोलना चाहिए कि क्या वाकई उनकी शिक्षा स्तरीय है। हर साल सैकड़ों शोधार्थियों को पीएच.डी की उपाधि दी जा रही है, लेकिन उनमें से कितने नोबेल स्तर के हैं। साल में एक-दो शोध तो नोबेल स्तर के हों। (रूहेलखण्ड विश्वविद्यालय, बरेली, उ0प्र0, के दीक्षांत समारोह में)

साभार - अमर उजाला, लखनऊ, दि0 21.11.2012

-श्री बी.एल. जोशी

बृहस्पतिवार, 25 दिसम्बर, 2014 ई0

अच्छी शिक्षा, शिक्षकों से जुड़ी है। शिक्षक को हर परम्पराओं का ज्ञान होना चाहिए। हम विश्व को अच्छे शिक्षक दे सकते हैं। विगत छह महीने से पूरा विश्व हमारी ओर देख रहा है। ऋषि-मुनियों की शिक्षा पर हमें गर्व है। 21वीं सदी में विश्व को उपयोगी योगदान देने की माँग है। पूर्णत्व के लक्ष्य को प्राप्त करना विज्ञान हो या तकनीकी,

इसके पीछे परिपूर्ण मानव मन की ही विश्व को आवश्यकता है। रोबोट तो पाँच विज्ञानी मिलकर भी पैदा कर देंगे। मनुष्य का पूर्णत्व, तकनीकी में समाहित नहीं हो सकता। पूर्णता मतलब जनहित। कला-साहित्य से ही होगा नवजागरण। (बी.एच.यू. वाराणसी में) साभार - काशी वार्ता, वाराणसी संस्करण, दि0 26 दिसम्बर, 2014

- श्री नरेन्द्र मोदी, प्रधानमंत्री, भारत

सोमवार, 12 जनवरी 2015 ई0

भारत के पहले ग्लोबल यूथ थे स्वामी विवेकानन्द

साभार - दैनिक जागरण व काशी वार्ता, वाराणसी संस्करण, दि0 12-13 जनवरी, 2015

- श्री राजनाथ सिंह, गृहमंत्री, भारत

मंगलवार, 17 फरवरी, 2015 (महाशिवरात्रि)

श्री लव कुश सिंह "विश्वमानव" द्वारा भारत सरकार को लिखा गया पत्र जिसे पंजीकृत डाक द्वारा काशी (वाराणसी), उत्तर प्रदेश, भारत से दिनांक - बुधवार, 25 फरवरी, 2015 को प्रेषित किया गया। जिसका विषय था –

"वर्तमान समय में पूर्व के सभी ईश्वर के अवतारों और शास्त्रों, धर्माचार्यों, सिद्धों, संतों, महापुरूषों, भविष्यवक्ताओं, तपस्वीयों, विद्वानों, बुद्धिजिवीयों, व्यापारीयों, दृश्य व अदृश्य विज्ञान के वैज्ञानिकों, सहयोगीयों, विरोधीयों, रक्त-रिश्ता-देश सम्बन्धियों, उन सभी मानवों, समाज व राज्य के नेतृत्वकर्ताओं के विचारों के एकीकरण व समावेश द्वारा विश्व के सबसे बड़े लोकतन्त्र के संविधान की पूर्णता और सत्यीकरण के लिए "सार्वभौम आध्यात्मिक सत्य" आधारित एक नई अनन्त विकासशील दिशा प्राप्त हो चुकी है जिसके कारण वे अधूरे थे। जो "काशी-सत्यकाशी" को राष्ट्रगुरू और भारत को जगतगुरू बनाने सहित नागरिक व लोकतन्त्र की स्वस्थता व पूर्णता सम्बन्धित स्थापना स्तर पर शासनिक प्रक्रियानुसार अन्तिम मार्ग है। भविष्यवाणीयों के अनुसार ही जन्म, कार्य प्रारम्भ और पूर्ण करने का समय और जीवन है। ऋषि परम्परानुसार राज्य कार्य में अनावश्यक हस्तक्षेप न करते हुये भारत सरकार को इस आविष्कार - मन (मानव संसाधन) का विश्व मानक (WS-0) श्रृंखला एवं पूर्ण मानव निर्माण की तकनीकी – WCM-TLM-SHYAM.C की उपलब्धता की सूचना देना मेरा कर्तव्य है जिससे जब भी राष्ट्र को उसकी आवश्यकता हो, उसे समर्पित किया जा सके। जिसका विस्तृत विवरण वेबसाइट www.moralrenew.com पर उपलब्ध है।

देश के हजारों विश्वविद्यालय और अन्य बुद्धि शक्ति जिस दिशा की पहचान व कार्य को पूर्ण नहीं कर पा रहे थे वह एक ही व्यक्ति द्वारा स्वयं के संसाधन, इच्छा व नागरिक कर्तव्य की भावना से पूर्ण किया जा चुका है जो अनेक पुरस्कारों के भी पूर्णतः योग्य है। ऋषि प्रणाली अनुसार इस आविष्कार को पुनर्निर्माण - सत्य शिक्षा का राष्ट्रीय तीव्र मार्ग (RENEW – Real Education National Express Way) कार्यक्रम द्वारा सर्वसाधारण तक पहुँचाने का प्रयत्न जारी है जो अपने वानप्रस्थ जीवन (उम्र 50 वर्ष पूर्णता के बाद) में प्रवेश करने के दिनांक 16 अक्टुबर 2017 तक चलेगा, उसके उपरान्त यह पूर्णतः नागरिकों व राष्ट्र पर इसकी आवश्यकता व उपयोगिता निर्भर रहेगी। क्योंकि वानप्रस्थ आश्रमानुसार बिना माँगे अपने विचार देने का प्राविधान नहीं है। जब स्वयं की शान्ति, इच्छा व आवश्यकता बाधित हो तो आन्दोलन की जा सकती है परन्तु ज्ञान के इस युग की ऐसी स्थिति में जब नागरिक और राष्ट्र की शान्ति, इच्छा व आवश्यकता बाधित हो तब आविष्कार और दिशा की उपलब्धता की सूचना मात्र ही दी जा सकती है। जिसकी शान्ति, इच्छा व आवश्यकता बाधित हो आन्दोलन वही कर सकता है। मेरी शान्ति, इच्छा व आवश्यकता केवल इस आविष्कार को उपलब्ध कराने में ही थी। नागरिकों को पूर्ण ज्ञान चाहिए तो वे पुनर्निर्माण - सत्य शिक्षा का राष्ट्रीय तीव्र मार्ग द्वारा आयें और भारत को विश्वगुरू बनने की इच्छा हो तब उसे आविष्कार की स्थापना पर कार्य करना चाहिए।

इस क्रम में भारत सरकार के माध्यम से इस आविष्कार - मन (मानव संसाधन) का विश्व मानक (WS-0) श्रृंखला एवं पूर्ण मानव निर्माण की तकनीकी – WCM-TLM-SHYAM.C पर देश सहित विश्व के बुद्धिशक्ति का ध्यान केन्द्रित कर उस पर निर्णय करना आवश्यक है जिससे हम सभी आने वाली पीढ़ी को एक सुरक्षित व बौद्धिक विकासशील विश्व दे सकें।"

- लव कुश सिंह "विश्वमानव"

बुधवार, 20 जनवरी, 2016 ई0

ऐसी शिक्षा की जरूरत है जो समर्पित, विश्वसनीय और आत्म विश्वास से लवरेज युवा तैयार करे। शिक्षा ऐसी होनी चाहिए जो न केवल काबिल पेशेवर दे बल्कि वो समाज व देश के प्रति जुड़ाव भी महसूस करे। (स्वामी राम हिमालयन विश्वविद्यालय के पहले दिक्षांत समारोह में बोलते हुएं)

- श्री प्रणव मुखर्जी, राष्ट्रपति, भारत

शुक्रवार, 26 अगस्त, 2016 ई0

भारत को अब क्रमिक विकास की नहीं कायाकल्प की जरूरत है। यह तब तक संभव नहीं जब तक प्रशासनिक प्रणाली में आमूल-चूल परिवर्तन न हो। लिहाजा नई सोच, नई संस्थान और नई तकनीकी अपनानी होगी। 19वीं सदी के प्रशासनिक प्रणाली के साथ 21वीं सदी में नहीं प्रवेश किया जा सकता है। रत्ती-रत्ती प्रगति से काम नहीं चलेगा। यदि भारत को परिवर्तन की चुनौतियों से निपटना है तो हमें हर स्तर पर बदलाव लाना होगा। हमें कानूनों में बदलाव करना है, अनावश्यक औपचारिकताओं को समाप्त करना है, प्रक्रियाओं को तेज करना है और प्रौद्योगिकी अपनानी है। मानसिकता में भी बदलाव लानी है और यह तभी हो सकता है जब विचार परिवर्तनकारी हों। (नीति आयोग की ओर से आयोजित "भारत परिवर्तन व्याख्यान" के शुभारम्भ में, नई दिल्ली में)

- श्री नरेन्द्र मोदी, प्रधानमंत्री, भारत

(उपरोक्त सभी नेतृत्वकर्ताओं के व्यक्त विचार पर स्पष्टिकरण के लिए "विश्वशास्त्र" अध्याय - पाँच देखें)

भारत सरकार व उसके अनेक मंत्रालयों द्वारा अन्तर्राष्ट्रीय मानकीकरण संगठन के प्रमाण पत्र आई.एस.ओ-9000 (ISO-9000) गुणवत्ता का प्रमाण पत्र प्राप्त करने की प्रक्रिया प्रारम्भ।

श्री लव कुश सिंह "विश्वमानव" द्वारा नागरिकों व संस्था (व्यष्टि व समष्टि) के गुणवत्ता का विश्वमानक - 0 (WS-0) श्रृंखला आविष्कृत।

"भारत विश्व गुरू कभी हुआ करता था लेकिन अब नहीं है। इसका सबसे बड़ा प्रमाण यह है कि भारत वैश्विक सिद्धान्तों से प्रभावित है। भारत उस दिन वर्तमान युग में पुनः विश्व गुरू बन जायेगा जब वह अपने सार्वभौम सिद्धान्तों से विश्व को प्रभावित व संचालित करने लगेगा। काशी-सत्यकाशी क्षेत्र इस दृश्य काल में मतों (वोटों) से नहीं बल्कि शिव-तन्त्र के शास्त्र से किसी का हो सकता है। सार्वभौम सत्य - आत्म तत्व के आविष्कार से भारत विश्व गुरू तो है ही परन्तु दृश्य काल में विश्व गुरू बनने के लिए सार्वभौम सत्य-सिद्धान्त चाहिए जिससे विश्व संविधान व लोकतन्त्र को मार्गदर्शन मिल सके। शिक्षा द्वारा मानव मन को सत्य से जोड़ने, काशी को राष्ट्र गुरू और भारत को जगत गुरू बनाने और ज्ञान को सबके द्वार पर पहुँचाने का कार्य आप सभी की इच्छानुसार प्रारम्भ किया जा रहा है। आपने कहा हमने शुरू किया।"

क्या मनुष्य का व्यक्तिगत लक्ष्य के अलावा कोई सामूहिक लक्ष्य भी होता है? इस पर भी विचार करना आवश्यक है। सनातन और पुनर्जन्म सिद्धान्त से इस संसार की सभी गति तंरगाकार होते हुए भी एक चक्र में चल रहा है। इस प्रकार उस चक्र में मनुष्य का क्षणिक जीवन एक कड़ी मात्र है। ये शरीर जो दिख रहा है उसे स्थूल शरीर कहा जाता है और मृत्यु के उपरान्त इच्छा युक्त मन को सूक्ष्म शरीर तथा इच्छा मुक्त मन को आत्मीय शरीर कहते हैं। आत्मीय शरीर केन्द्र है और सूक्ष्म व स्थूल उसके चक्र हैं। मनुष्य योनि का विकास उध्र्व गति की ओर हुआ है अर्थात् जल से थल, थल से शरीर, फिर संसाधन/अर्थ, फिर मानसिक, और पूर्ण और अन्तिम में आध्यात्मिक केन्द्रित मन। यही वह पैमाना है जिससे स्वयं की तुलनाकर जाना जा सकता है कि मैं कितना सफल हुँ? ये वह मार्ग है जिसे तय करने का सार्वभौम नियम है चाहे मनुष्य को इसका ज्ञान हो या न हो। जो जितना इस मार्ग में बढ़ता है वह उतना ही सफल है और जो नीचे गिरता है वह उतना ही असफल होता है। सफल होने से ही अच्छे समाज का विकास और असफल होने से खराब समाज का विकास होता है क्योंकि पुनर्जन्म तो सूक्ष्म शरीर का ही होता है।

शरीर पालना और पीढ़ी आगे बढ़ाना तो सभी जीवों का काम है। फिर उनमें और मनुष्य में क्या अन्तर? अगर ऐसी बात नहीं तो पं0 दीनदयाल उपाध्याय जी के इस विचार - "मनुष्य पशु नहीं है केवल पेट भर जाने से वह सुखी और संतुष्ट हो जायेगा। उसकी जीवन यात्रा "पेट" से आगे "परमात्मा" तक जाती है। उसके मन उसकी बुद्धि और उसकी आत्मा का भी कुछ तकाजा है।" का क्या अर्थ होगा?

किसी देश का संविधान, उस देश के स्वाभिमान का शास्त्र तब तक नहीं हो सकता जब तक उस देश की मूल भावना का शिक्षा पाठ्यक्रम उसका अंग न हो। इस प्रकार भारत देश का संविधान भारत देश का शास्त्र नहीं है। संविधान को भारत का शास्त्र बनाने के लिए भारत की मूल भावना के अनुरूप नागरिक निर्माण के शिक्षा पाठ्यक्रम को संविधान के अंग के रूप में शामिल करना होगा। जबकि राष्ट्रीय संविधान और राष्ट्रीय शास्त्र के लिए हमें विश्व के स्तर पर देखना होगा क्योंकि देश तो अनेक हैं राष्ट्र केवल एक विश्व है, यह धरती है, यह पृथ्वी है। भारत को विश्व गुरू बनने का अन्तिम रास्ता यह है कि वह अपने संविधान को वैश्विक स्तर पर विचार कर उसमें विश्व शिक्षा पाठ्यक्रम को शामिल करे। यह कार्य उसी दिशा की ओर एक पहल है, एक मार्ग है और उस उम्मीद का एक हल है। राष्ट्रीयता की परिभाषा व नागरिक कर्तव्य के निर्धारण का मार्ग है। जिस पर विचार करने का मार्ग खुला हुआ है।

पी.एम. बना लो या सी.एम या डी.एम,
शिक्षा पाठ्यक्रम कैसे बनाओगे?
नागरिक को पूर्ण ज्ञान कैसे दिलाओगे?
राष्ट्र को एक झण्डे की तरह,
एक राष्ट्रीय शास्त्र कैसे दिलाओगे?
ये पी.एम. सी.एम या डी.एम नहीं करते,
राष्ट्र को एक दार्शनिक कैसे दिलाओगे?
वर्तमान भारत को जगतगुरू कैसे बनाओगे?
सरकार का तो मानकीकरण (ISO-9000) करा लोगे,
नागरिक का मानक कहाँ से लाओगे?
सोये को तो जगा लोगे,
मुर्दों में प्राण कैसे डालोगे?
वोट से तो सत्ता पा लोगे,
नागरिक में राष्ट्रीय सोच कैसे उपजाओगे?
फेस बुक पर होकर भी पढ़ते नहीं सब,
भारत को महान कैसे बनाओगे?

निर्णय आपके पास, एकता का प्रयास या अनेकता का विकास
आस्था कहीं भी लगा लो लेकिन क्षमता से अधिक उम्मीद मत करो।
मानने से वस्तु में गुण नहीं आते लेकिन व्यापार विकसित हो जाता है।

-लव कुश सिंह "विश्वमानव"

शिक्षा, शिक्षक और शिक्षार्थी

अब्राहम लिंकन का जन्म 12 फरवरी, 1809 को एक गरीब अश्वेत परिवार में हुआ था। वे प्रथम रिपब्लिकन थे जो अमेरिका के 16वें राष्ट्रपति बने। इनका कार्यकाल सन् 1861 से 1865 तक था। उसके पहले वे एक वकील, इलिअन्स स्टेट के विधायक (लेजिस्लेटर), अमेरिका के हाउस ऑफ रिप्रेजेन्टेटिव के सदस्य थे। वे दो बार सीनेट के चुनाव में असफल भी हुए। उन्होंने अमेरिका को उसके सबसे बड़े संकट – गृहयुद्ध से पार लगाया। अमेरिका में दास प्रथा के अंत का श्रेय लिंकन को ही जाता है।

अब्राहम लिंकन, अपने पुत्र के शिक्षक के नाम एक पत्र अंग्रेजी में दिये थे जिसका मधु पन्त द्वारा हिन्दी भावानुवाद "हिन्दुस्तान" समाचार पत्र में प्रकाशित हुआ था और http://thumri.blogspot.com/2008/02/blog-post_05.html पर भी उपलब्ध है। उसे हम इस शास्त्र में इसलिए लिख रहें हैं क्योंकि इस शास्त्र का मूल उद्‌देश्य "पूर्ण शिक्षा" है। कोई भी व्यक्ति इस "विश्वशास्त्र" का ज्ञाता क्यों न बन जाये परन्तु प्रस्तुत पत्र का भाव यदि उसके हृदय में जन्म नहीं लेता तो वह ईश्वरीय मनुष्य नहीं, मात्र केवल मशीनी मनुष्य ही होगा जो विद्वान तो हो सकता है परन्तु इन्सान नहीं। प्रस्तुत पत्र का भावानुवाद यह सिद्ध करता है कि यही सत्य अर्थ में सत्य–शिक्षा है, ऐसी शिक्षा प्रदान करने वाला ही सत्य–शिक्षक है और ऐसी शिक्षा ग्रहण करने वाला ही सत्य–शिक्षार्थी है। और अगर ऐसा नहीं है तो शिक्षा, शिक्षक और शिक्षार्थी तीनों स्वयं को ही धोखा दे रहे हैं।

हे शिक्षक
मै जानता हूँ और मानता हूँ
कि न तो हर व्यक्ति सही होता है
और न ही होता है सच्चा,
किन्तु तुम्हें सिखाना होगा कि
कौन बुरा है और कौन अच्छा।
दुष्ट व्यक्ति के साथ–साथ आदर्श प्रणेता भी होते हैं,
स्वार्थी राजनीतिज्ञों के साथ–साथ समर्पित नेता भी होते हैं,
दुश्मनों के साथ–साथ मित्र भी होते हैं,
हर विरूपता के साथ–साथ सुन्दर चित्र भी होते हैं।
समय भले ही लग जाये पर
यदि सिखा सको तो उसे सिखाना,
कि पाये हुये पाँच से अधिक मूल्यवान है–
स्वयं एक कमाना।
पायी हुई हार को कैसे झेलें, उसे यह भी सिखाना
और साथ ही सिखाना, जीत की खुशियाँ मनाना।
यदि हो सके तो उसे ईर्ष्या या दोष से परे हटाना
और जीवन में छिपी मौन मुस्कान का पाठ पढ़ाना।
जितनी जल्दी हो सके उसे जानने देना
कि दूसरों को आतंकित करने वाला
स्वयं कमजोर होता है,
वह भयभीत व चिंतित है क्योंकि
उसके मन में स्वयं चोर होता है।
उसे दिखा सको तो दिखाना–
किताबों में छुपा खजाना
और उसे वक्त देना चिंता करने के लिए
कि आकाश के परे उड़ते पक्षियों का आह्लाद,
सूर्य के प्रकाश में मधुमक्खियों का निनाद,
हरी–भरी पहाड़ियों से झाँकते फूलों का संवाद,
कितना विलक्षण होता है–
अविस्मरणीय.....अगाध.......
उसे यह भी सिखाना–
धोखे से सफलता पाने से असफल होना सम्माननीय है।
और अपने विचारों पर भरोसा रखना
अधिक विश्वसनीय है।
चाहे अन्य सभी उसको गलत ठहरायें
परन्तु
स्वयं पर अपनी आस्था बनी रहे, यह विचारणीय है।
उसे यह भी सिखाना कि वह सदय के साथ सदय हो
किन्तु कठोर के साथ कठोर।
और लकीर का फकीर बनकर,
उस भीड़ के पीछे न भागे जो करती हो–निरर्थक शोर
उसे सिखाना
कि वह सबकी सुनते हुए अपने मन की भी सुन सके
यदि सिखा सको तो सिखाना कि वह दुःख में भी
मुस्करा सके,
घनी वेदना से आहत हो, पर खुशी के गीत गा सके।
उसे यह भी सिखाना, आँसू बहते हों तो बहने दे,
इसमें कोई शर्म नहीं....कोई कुछ कहता हो...कहने दे।
उसे सिखाना–
वह सनकियों को कनखियों से हँसकर टाल सके
पर अत्यन्त मृदुभाषी से बचने का ख्याल रखे।
वह अपने बाहुबल व बुद्धिबल का
अधिकतम मोल पहचान पाये,
परन्तु अपनी आत्मा व हृदय की बोली न लगवाए।
वह भीड़ के शोर में भी अपने कान बंद कर सके
और स्वतः की अन्तरात्मा की सही आवाज सुन सके।
सत्य के लिए लड़ सके और सत्य के लिए अड़ सके।
उसे सहानुभूति से समझाना
पर प्यार के अतिरेक से मत बहलाना।
क्योंकि तप–तप कर ही लोहा खरा बनता है,
ताप पाकर ही सोना निखरता है।
उसे साहस देना ताकि वक्त पड़ने पर अधीर बने
सहनशील बनाना ताकि वह वीर बने।
उसे सिखाना कि
वह स्वयं पर असीम विश्वास करे,
ताकि समस्त मानव जाति पर भरोसा व आस धरे।
यह एक बड़ा सा लम्बा–चौड़ा अनुरोध है
पर तुम कर सकते हो, क्या इसका तुम्हें बोध है?
मेरे और तुम्हारे...दोनों के साथ उसका रिश्ता है,
सच मानो,
मेरा बेटा एक प्यारा सा नन्हा फरिश्ता है।

शिक्षा, शिक्षा माध्यम, शिक्षक/गुरू और विद्यार्थी/छात्र

एक कोशिका से दूसरे कोशिका को ज्ञान के अग्रसरण/संचरण के द्वारा विकसित हो रहे जीवों में मानव, ज्ञान क्रान्ति के अन्तिम लक्ष्य के पास पहुँच रहा है। जीव आते हैं, जाते हैं, और समय की धारा में ज्ञान, संसाधन और अपनी पीढ़ी को आगे बढ़ा कर चले जाते हैं। कुल मिलाकर मनुष्य केवल प्रकृति के अदृश्य ज्ञान को दृश्य ज्ञान में परिवर्तित करने का माध्यम मात्र है। मानव की मात्र इतनी ही कहानी होते हुये भी वह आर्थिक लाभ पाने के मानवीय चक्र में ज्ञान पाने के ईश्वरीय चक्र से इतना दूर होते जा रहा है कि उसे यह नहीं पता कि वह स्वयं मानव जाति के अस्तित्व को ही इस कमलरूपी पृथ्वी पर विराजमान होने से पहले ही मिटा देना चाहता है।

इस क्रम में ज्ञान के अदृश्य संचरण से प्रारम्भ हुआ जीवन, फिर संकेत, फिर मौखिक, फिर भाषा लिपि, फिर हस्तलिखित पुस्तक, फिर मुद्रित पुस्तक से अब हम सभी डिजिटल विडियो-आडियो तक पहुँच चुके हैं। जहाँ हमारी यात्रा एक दृश्य जीव शिक्षक/गुरू से शुरू हुयी थी वहीं अब हम सभी एक अदृश्य मानव निर्मित अजीव शिक्षक/गुरू (डिजिटल विडियो-आडिया शैक्षणिक सामग्री) की ओर बढ़ रहे हैं। इस क्रम से सबसे बड़ा नुकसान "समझ" का हुआ। "समझ" गिरती गयी और मानव निर्मित संस्था द्वारा प्रमाणित योग्यता सबको प्राप्त होती गयी। और शब्दों के अर्थ "समझ" के अनुसार बदलते गये। एक कोशिका से दूसरे कोशिका को ज्ञान के अग्रसरण/संचरण का प्राकृतिक नियम व्यापार में बदल गया। शिक्षक/गुरू भी आर्थिक प्रणाली से संचालित होने लगे साथ ही विद्यार्थी/छात्र भी। जिस प्रकार मुख्य आत्मा के उपस्थिति में ब्रह्माण्ड संचालित और प्रकृति नाच रही है उसी प्रकार मनुष्य निर्मित "मुद्रा" से ब्रह्माण्ड तो संचालित नहीं हो सकता लेकिन मनुष्य जरूर नाच रहा है। विद्या अर्जन के इस विकास क्रम में जो बातें आयीं वे हैं- शिक्षा माध्यम, शिक्षक/गुरू और विद्यार्थी/छात्र शिक्षा पाठ्यक्रम।

शिक्षा माध्यम

शिक्षा माध्यम उस माध्यम से सम्बन्धित है जिसके द्वारा एक शिक्षक/गुरू अपने विद्यार्थी/छात्र में ज्ञान का संचरण करता है जो भाषा, चित्र, संकेत, आवाज इत्यादि हो सकते हैं। इसके अलावा शिक्षक/गुरू की अपनी समझ की कला भी हो सकती है जिससे वह आसानी से अपने विद्यार्थी/छात्र में ज्ञान का संचरण कर दे।

शिक्षक/गुरू

स्वामी विवेकानन्द जी ने कहा था-"हम गुरु के बिना कोई ज्ञान प्राप्त नहीं कर सकते। अब बात यह है कि यदि मनुष्य, देवता अथवा कोई स्वर्गदूत हमारे गुरु हो, तो वे भी तो ससीम हैं, फिर उनसे पहले उनके गुरु कौन थे? हमें मजबूर होकर यह चरम सिद्धान्त स्थिर करना ही होगा कि एक ऐसे गुरु हैं जो काल के द्वारा सीमाबद्ध या अविच्छिन्न नहीं हैं। उन्हीं अनन्त ज्ञान सम्पन्न गुरु को, जिनका आदि भी नहीं और अन्त भी नहीं, ईश्वर कहते हैं। गुरु के सम्बन्ध में यह जान लेना आवश्यक है कि उन्हें शास्त्रों का मर्म ज्ञान हो। वैसे तो सारा संसार ही बाइबिल, वेद, पुराण पढ़ता है, पर वे तो केवल शब्द राशि है। धर्म की सूखी ठठरी मात्र है। जो गुरु शब्दाडंबर के चक्कर में पड़ जाते हैं, जिनका मन शब्दों की शक्ति में बह जाता है, वे भीतर का मर्म खो बैठते हैं। जो शास्त्रों के वास्तविक मर्मज्ञ हैं, वे ही असल में सच्चे धार्मिक गुरु हैं। संसार के प्रधान आचार्यों में से कोई भी शास्त्रों की इस प्रकार नानाविध व्याख्या करने के झमेले में नहीं पड़ा। उन्होनें श्लोकों के अर्थ में खींचातानी नहीं की। वे शब्दार्थ और भावार्थ के फेर में नहीं पड़े। फिर भी उन्होंने संसार को बड़ी सुन्दर शिक्षा दी। इसके विपरीत, उन लोगों ने जिनके पास सिखाने को कुछ भी नहीं, कभी एकाध शब्द को ही पकड़ लिया और उस पर तीन भागों की एक मोटी पुस्तक लिख डाली, जिसमें सब अनर्थक बातें भरी हैं। भगवान श्रीरामकृष्ण कहते थे- "जब एक बहुत बड़ी लहर आती है, तो छोटे-छोटे

नाले और गड्ढे अपने आप ही लबालब भर जाते हैं। इसी प्रकार जब एक अवतार जन्म लेता है, तो समस्त संसार में आध्यात्मिकता की एक बड़ी बाढ़ आ जाती है और लोग वायु के कण-कण में धर्मभाव का अनुभव करने लगते हैं। अनात्मज्ञ पुरूषों की बुद्धि एकदेश-दर्शिनी (Single Dimensional) होती है। आत्मज्ञ पुरूषों की बुद्धि सर्वग्रासिनी (Multi Dimensional) होती है। आत्मप्रकाश होने से, देखोगे कि दर्शन, विज्ञान सब तुम्हारे अधीन हो जायेंगे"

कुल मिलाकर जैसी शिक्षा, वैसा शिष्य और अन्त में वैसा ही शिक्षक क्योंकि शिक्षा प्राप्ति के बाद बहुत से विद्यार्थी/छात्र अलग-अलग व्यापार के साथ "पढ़ो और पढ़ाओ" वाले व्यापार में भी जाते है और शिक्षक भी बनते हैं। अन्त में हल यही निकलेगा कि अदृश्य मानव निर्मित अजीव शिक्षक/गुरू (डिजिटल विडियो-आडिया शैक्षणिक सामग्री) के रूप में सामने आयेगा और सरकारी शिक्षा संस्थान मात्र एक पंजीकरण केन्द्र, परीक्षा केन्द्र संचालक और प्रमाण-पत्र दाता बनेगा।

शब्दों के अर्थ "समझ" के अनुसार बदलते रहने से शब्द "आशीर्वाद" के भी अर्थ बदल गये। वर्तमान में "आशीर्वाद" यूँ ही मिल जाते हैं। प्रारम्भ में यह "आशीर्वाद" ऋषि-मुनि-गुरू जन सिर्फ योग्य को ही प्रदान करते थे ताकि उनके शब्द कभी असत्य न हों। और यदि असत्य होने की सम्भावना दिखे तो उसे वे सत्य में परिवर्तित करने के लिए भी हर नीति का प्रयोग करते थे। ऐसे ही गुरू थे- गुरू द्रोणाचार्य। जिन्होंने सर्वश्रेष्ठ धनुर्धर का "आशीर्वाद" अपने शिष्य अर्जुन को दिया था। और वे अपने "आशीर्वाद" को सत्य में परिवर्तित करने के लिए बीच में आ गये एकलव्य का नीति के अन्तर्गत अँगूठा माँगकर अपने "आशीर्वाद" की रक्षा की। यह मात्र एक सन्देश है- शब्द "आशीर्वाद" के सही अर्थ का।

विद्यार्थी/छात्र

स्वामी विवेकानन्द जी ने कहा था-"जिस व्यक्ति की आत्मा से दूसरी आत्मा में शक्ति का संचार होता है वह गुरु कहलाता है और जिसकी आत्मा में यह शक्ति संचारित होती है उसे शिष्य कहते हैं।" हमारे दृष्टि में छात्र वे हैं जो किसी शैक्षणिक संस्थान के किसी शैक्षणिक पाठ्यक्रम में प्रवेश ले कर अध्ययन करते हैं। और विद्यार्थी वे हैं जो सदैव अपने ज्ञान व बुद्धि का विकास कर रहे हैं और उसके वे इच्छुक भी हैं। इस प्रकार सभी मनुष्य व जीव, जीवन पर्यन्त विद्यार्थी ही बने रहते हैं चाहे उसे वे स्वीकार करें या ना करें। जबकि छात्र जीवन पर्यन्त नहीं रहा जा सकता।

कहा जाता है-"छात्र शक्ति, राष्ट्र शक्ति", लेकिन कौन सी शक्ति? उसकी कौन सी दिशा? तोड़-फोड़, हड़ताल, या अनशन वाली या समाज व राष्ट्र को नई दिशा देने वाली? स्वामी विवेकानन्द को मानने व उनके चित्र लगाकर छात्र राजनीति द्वारा राष्ट्र को दिशा नहीं मिल सकती बल्कि उन्होंने क्या कहा और क्या किया था, उसे जानने और चिन्तन करने से राष्ट्र को दिशा मिल सकती है और "छात्र शक्ति, राष्ट्र शक्ति" की बात सत्य हो सकती है। हम सभी ज्ञान युग और उसी ओर बढ़ते समय में हैं इसलिए केवल प्रमाण-पत्रों वाली शिक्षा से काम नहीं चलने वाला है।

छात्रों की विवशता है कि उनके शिक्षा बोर्ड व विश्वविद्यालय जो पाठ्यक्रम तैयार करेंगे वही पढ़ना है और छात्रों की यह प्रकृति भी है कि वही पढ़ना है जिसकी परीक्षा ली जाती हो। जिसकी परीक्षा न हो क्या वह पढ़ने योग्य नहीं है? बहुत बढ़ा प्रश्न उठता है। तब तो समाचार पत्र, पत्रिका, उपन्यास इत्यादि जो पाठ्यक्रम के नहीं हैं उन्हें नहीं पढ़ना चाहिए। शिक्षा बोर्ड व विश्वविद्यालय तो एक विशेष पाठ्यक्रम के लिए ही विशेष समय में परीक्षा लेते हैं परन्तु ये जिन्दगी तो जीवन भर आपकी परीक्षा हर समय लेती रहती है तो क्या जीवन का पाठ्यक्रम पढ़ना अनिवार्य नहीं है?

"व्यापार" " और "शिक्षा का व्यापार"

जहाँ भी, कुछ भी आदान-प्रदान हो रहा हो, वह सब व्यापार के ही अधीन है। व्यक्ति का जितना बड़ा ज्ञान क्षेत्र होता है ठीक उतना ही बड़ा उसका संसार होता है। फलस्वरूप उस ज्ञान क्षेत्र पर आधारित व्यापार का संचालन करता है इसलिए ही ज्ञान क्षेत्र के विस्तार के लिए सदैव प्रयत्नशील रहना चाहिए। प्रत्येक व्यक्ति ही व्यापारी है और वही दूसरे के लिए ग्राहक भी है। यदि व्यक्ति आपस में आदान-प्रदान कर व्यापार कर रहें हैं तो इस संसार-ब्रह्माण्ड में ईश्वर का व्यापार चल रहा है और सभी वस्तुएँ उनके उत्पाद है। उन सब वस्तुओं का आदान-प्रदान हो रहा है जिसके व्यापारी स्वयं ईश्वर है, ये सार्वभौम सत्य-सिद्धान्त है।

शिक्षा क्षेत्र का यह दुर्भाग्य है कि जीवन से जुड़ा इतना महत्वपूर्ण विषय "व्यापार", को हम एक अनिवार्य विषय के रूप में पाठ्यक्रम में शामिल नहीं कर सकें। इसकी कमी का अनुभव उस समय होता है जब कोई विद्यार्थी 10वीं या 12वीं तक की शिक्षा के उपरान्त किसी कारणवश, आगे की शिक्षा ग्रहण नहीं कर पाता। फिर उस विद्यार्थी द्वारा पढ़े गये विज्ञान व गणित के वे कठिन सूत्र उसके जीवन में अनुपयोगी लगने लगते हैं। यदि वहीं वह व्यापार के ज्ञान से युक्त होता तो शायद वह जीवकोपार्जन का कोई मार्ग सुगमता से खोजने में सक्षम होता।

प्रत्येक व्यापार के जन्म होने का कारण एक विचार होता है। पहले विचार की उत्पत्ति होती है फिर उस पर आधारित व्यापार का विकास होता है। किसी विचार पर आधारित होकर आदान-प्रदान का नेतृत्वकर्ता व्यापारी और आदान-प्रदान में शामिल होने वाला ग्राहक होता है। "रामायण" ,"महाभारत" ,"रामचरितमानस" इत्यादि किसी विचार पर आधारित होकर ही लिखी गई है। यह वाल्मिीकि, महर्षि व्यास और गोस्वामी तुलसीदास का त्याग है तो अन्य के लिए यह व्यापार का अवसर बना।

ज्ञान के वर्तमान और उसी ओर बढ़ते युग में व्यापार के तरीके भी बदल रहें हैं। ऐसी स्थिति में स्वयं को भी बदलते हुये अपने ज्ञान को बढ़ाना होगा अन्यथा प्रतियोगिता भरे जीवन के संघर्ष में पिछे रह जाने के सिवा कोई रास्ता नहीं होगा। वर्तमान समय में गाँवों तक भी कम्प्यूटर व इन्टरनेट की पहुँच तेजी से बढ़ रही है। कम्प्यूटर व इन्टरनेट केवल चला लेना ही ज्ञान नहीं है। चलाना तो कला है। कला को व्यापार में बदल देना ही सत्य में ज्ञान-बुद्धि है। हम कम्प्यूटर व इन्टरनेट से किस प्रकार व्यापार कर सकते हैं, इस पर अध्ययन-चिंतन-मनन करना आवश्यक है। इस सम्बन्ध में भारत रत्न एवं पूर्व राष्ट्रपति श्री ए.पी.जे.अब्दुल कलाम का कथन पूर्ण सत्य है कि- "नवीनता के द्वारा ही ज्ञान को धन में बदला जा सकता है।"

प्रत्येक मनुष्य के लिए 24 घंटे का दिन और उस पर आधारित समय का निर्धारण है और यह पूर्णतः मनुष्य पर ही निर्भर है कि वह इस समय का उपयोग किस गति से करता है। उसके समक्ष तीन बढ़ते महत्व के व्यापार के स्तर हैं- 1. शरीर आधारित व्यापार, 2. धन/अर्थ आधारित व्यापार और 3. ज्ञान आधारित व्यापार। इन तीनों के विकास की अपनी सीमा, शक्ति, गति व लाभ है। शरीर के विकास के उपरान्त मनुष्य को धन के विकास की ओर, धन के विकास के उपरान्त मनुष्य को ज्ञान के विकास की ओर बढ़ना चाहिए अन्यथा वह अपने से उच्च स्तर वाले का गुलाम हो जाता है।

दुनिया बहुत तेज (फास्ट) हो गई है। मनुष्य की व्यस्तता बढ़ती जा रही है। सभी को कम समय में बहुत कुछ चाहिए। तो ऐसी शिक्षा की भी जरूरत है जो कम समय में पूर्ण शिक्षित बना दे। एक व्यक्ति सामान्यतः यदि स्नातक (ग्रेजुएशन) तक पढ़ता है तो वह कितने पृष्ठ पढ़ता होगा और क्या पाता है? विचारणीय है। एक व्यक्ति इंजिनियर व डाक्टर बनने तक कितना पृष्ठ पढ़ता है? यह तो होती है कैरियर की पढ़ाई इसके अलावा कहानी, कविता, उपन्यास, फिल्म इत्यादि के पीछे भी मनुष्य अपना समय मनोरंजन के लिए व्यतीत करता है। और सभी एक चमत्कार के आगे नतमस्तक हो जाते हैं तो पूर्ण मानसिक स्वतन्त्रता और पूर्णता कहाँ है? विचारणीय विषय है। ऐसे व्यक्ति जिनका धनोपार्जन व्यवस्थित चल रहा है वे ज्ञान की आवश्यकता या उसके प्राप्ति की आवश्यकता के प्रति रूचि नहीं लेते परन्तु वे भूल जाते हैं कि ज्ञान की आवश्यकता तो उन्हें ज्यादा है जिनके सामने भविष्य पड़ा है और उन्हें आवश्यकता है जो देश-समाज-विश्व के नीति का निर्माण करते हैं। ऐसे आधार की आवश्यकता है जिससे

आने वाली पीढ़ी और विश्व निर्माण के चिन्तक दोनों को एक दिशा प्राप्त हो सके। वे जो मशीनवत् लग गये हैं वे जहाँ लगे हैं सिर्फ वहीं लगे रहें, आखिर में वे भी तो संसार के विकास में ही लगे हैं उन्हें न सही उनके बच्चों को तो ज्ञान की जरूरत होगी। जिसके लिए वे एक लम्बा समय और धन उनपर खर्च करते हैं। गरीबी, बेरोजगारी इत्यादि का बहुत कुछ कारण ज्ञान, ध्यान, चेतना जैसे विषयों का मनुष्य के अन्दर अभाव होने से ही होता है। मनुष्य जीवन पर्यन्त रोजी-रोटी, धनार्जन इत्यादि के लिए भागता रहता है परन्तु यदि मात्र 6 महीने वह ज्ञान, ध्यान, चेतना जैसे विषयों पर पहले ही प्रयत्न कर ले तो उसके सामने विकास के अनन्त मार्ग खुल जाते हैं। ज्ञान, ध्यान, चेतना की यही उपयोगीता है जिसे लोग निरर्थक समझते हैं। बचपन से अनेक वर्षों तक माता-पिता-अभिभावक अपने बच्चों के विद्यालय में धन भेजते हैं, बच्चा वहाँ से कौन सा सामान लाता है, विचारणीय विषय है? बच्चा वहाँ से जो लाता है उस सामान का नाम है-"शिक्षा" और वह जहाँ से लाता है, वह है-"शिक्षा का व्यापार केन्द्र"। इस प्रकार अलग-अलग शिक्षा और विद्या के व्यापार केन्द्र, आज के और आने वाले समय में विकास की ओर अग्रसर ज्ञानयुग में चल और खुल रहे हैं। बहुत से विद्यार्थी अलग-अलग व्यापार के साथ "पढ़ो और पढ़ाओ" वाले व्यापार में भी जाते हैं जो मनुष्य के धरती पर रहने तक चलता रहेगा। इस क्रम में जब तक परीक्षा में नकल होते रहेंगे तब तक शिक्षा व्यापार तेजी से विकास करता रहेगा और साथ ही जब तक सेवानिवृत्ति की उम्र बढ़ाते रहेंगे, सरकार पर बेरोजगारी का बोझ बढ़ता रहेगा और सरकार रिक्त पदों की भर्ती वाला व्यापार करती रहेगी।

"सत्य मानक शिक्षा" का व्यापार - एक अन्तहीन व्यापार

एक नदी पर पुल था जिसे कोई व्यक्ति पैदल दो घण्टे में पार करता था। यह पुल पैदल यात्रीयों के लिए रोक दिया गया था जिसके लिए पुल के ठीक मध्य (एक घण्टे की यात्रा) पर एक गार्ड नियुक्त था। गार्ड एक घण्टे सोता था और एक घण्टे जागता था। एक चालाक व्यक्ति को पुल से नदी पार करना अतिआवश्यक था। इसलिए गार्ड जब सोया तब वह यात्रा प्रारम्भ किया जैसे ही गार्ड के जागने का समय आया, वह वापस लौटने लगा। गार्ड समझा कि वह दूसरे किनारे से आ रहा है इसलिए उसने उस यात्री को पकड़ा और दूसरी ओर भेज दिया। इस प्रकार यात्री नदी पार हो गया।

यदि हम में से किसी को तैरकर नदी पार करना हो और आधे से पहले ही हमारा हिम्मत टूटने लगे तो हम वापस ही आना चाहेंगे। यदि आधे से अधिक तैरने के बाद हिम्मत टूटने लगेगा तो हौसला बढ़ाकर आगे ही बढकर पार करना चाहेंगे।

इसी प्रकार मनुष्य के विकास क्रम में हम सब अदृश्य विज्ञान (आध्यात्म) से दृश्य विज्ञान (भौतिक) की ओर बढ़ गये हैं। नदी या पुल का एक किनारा अदृश्य विज्ञान है तो दूसरा किनारा दृश्य विज्ञान। वर्तमान का हमारा अधिकतम जीवन नदी के दूसरे किनारे दृश्य विज्ञान की ओर है, हर पल। जन्म से ही हम अधिकतम वे सब वस्तुएँ प्रयोग कर रहे हैं जिसका कच्चा माल भले ही ईश्वरकृत हो परन्तु उपयोग का रूप मनुष्यकृत है और विज्ञान द्वारा निर्मित है। इस प्रकार मनुष्य निर्माता के रूप में अपना रूप व्यक्त कर ईश्वर की ओर ही बढ़ रहा है।

नदी के पुल पर बैठे उस गार्ड का काम और तैरने वाले का निर्णय "सत्य शिक्षा" है। वर्तमान में मनुष्य समाज अदृश्य काल से चलकर दृश्य काल में आ चुका है। आधे से वापस किनारे जाना "सत्य" को पाना है। और आधे से दूसरे किनारे पार हो जाना "सिद्धान्त" को पाना है। इन्हीं सिद्धान्त को पाने के बाद संविधान-नियम-कानून का जन्म होता है जिससे आज हम सभी संचालित व प्रभावित है। इस "सत्य-सिद्धान्त" की शिक्षा ही "सत्य मानक शिक्षा" है।

विज्ञान व तकनीकी का उपयोग कर जीवन की गति और सघनता (काम्पैक्ट) में तेजी से विकास हो रहा है। इसलिए ऐसी शिक्षा और पाठ्य पुस्तक की भी आवश्यकता आ चुकी थी जिससे कम समय में बहुत कुछ क्रमिक रूप से जाना व समझा जा सके अर्थात् शास्त्र-साहित्य से भरे इस संसार में कोई भी एक ऐसा मानक शास्त्र उपलब्ध नहीं था जिससे "पूर्णज्ञान-कर्मज्ञान" की उपलब्धि हो सके साथ ही मानव और उसके शासन प्रणाली के सत्यीकरण

के लिए अनन्त काल तक के लिए मार्गदर्शन प्राप्त हो सके अर्थात् भोजन के अलावा जिस प्रकार पूरक दवा ली जाती है उसी प्रकार "पूर्णज्ञान-कर्मज्ञान" के लिए पूरक शास्त्र उपलब्ध नहीं था जिससे व्यक्ति की आजिविका तो उसके संसाधन के अनुसार रहे परन्तु उसका "पूर्णज्ञान-कर्मज्ञान" अन्य के बराबर हो जाये। ईश्वर से साक्षात्कार करने के "ज्ञान" के अनेक शास्त्र उपल्ब्ध हो चुके थे परन्तु साक्षात्कार के उपरान्त कर्म करने के ज्ञान अर्थात् ईश्वर के मस्तिष्क का "कर्मज्ञान" का शास्त्र उपलब्ध नहीं हुआ था अर्थात् ईश्वर के साक्षात्कार का शास्त्र तो उपलब्ध था परन्तु ईश्वर के कर्म करने की विधि का शास्त्र उपलब्ध नहीं था। मानव को ईश्वर से ज्यादा उसके मस्तिष्क की आवश्यकता है। शिक्षा में शिक्षा पाठ्यक्रम को बदले बिना एक पूरक शास्त्र मनुष्य को चाहिए जिससे वह अपने कर्मों के विश्लेषण व तुलना से जान सके कि वह पूर्ण ईश्वरीय कार्य के अंश जीवन यात्रा में कितनी यात्रा तय कर चुका है और वह यात्रा इस जीवन में पूर्ण करना चाहता है या यात्रा जारी रखना चाहता है। पृथ्वी के मानसिक विवादों को समाप्त कर मनुष्य, समाज व शासन को एक संतुलित कर्मज्ञान चाहिए जिससे एकात्मकर्मवाद का जन्म हो सके। जिससे ब्रह्माण्डीय विकास के लिए सम्पूर्ण कर्म और मनुष्यता की सम्पूर्ण शक्ति एक दिशा की ओर हो। व्यक्ति आधारित समाज व शासन से उठकर मानक आधारित समाज व शासन अर्थात् जिस प्रकार हम सभी व्यक्ति आधारित राजतन्त्र में राजा से उठकर व्यक्ति आधारित लोकतन्त्र में आये, फिर संविधान आधारित लोकतन्त्र में आ गये उसी प्रकार पूर्ण लोकतन्त्र के लिए मानक व संविधान आधारित लोकतन्त्र में हम सभी को पहुँचना है।

वर्तमान में जीने का अर्थ होता है-विश्व ज्ञान जहाँ तक बढ़ चुका है वहाँ तक के ज्ञान से अपने मस्तिष्क को युक्त करना। तभी डेढ़ हजार वर्ष पुराने हमारे मस्तिष्क का आधुनिकीकरण हो पायेगा। सिर्फ वर्तमान में तो पशु रहकर कर्म करते हैं। "सत्य मानक शिक्षा" मनुष्य के मस्तिष्क के आधुनिकीकरण की शिक्षा है या विज्ञान की भाषा में कहें तो मस्तिष्क के आधुनिकीकरण का साफ्टवेयर या माइक्रोचिप्स (Integrated Circuit-I.C) है। वर्तमान की अब नवीनतम परिभाषा है-"पूर्ण ज्ञान से युक्त होना" और कार्यशैली की परिभाषा है-"भूतकाल का अनुभव, भविष्य की आवश्यकतानुसार पूर्णज्ञान और परिणाम ज्ञान से युक्त होकर वर्तमान समय में कार्य करना।"

"सत्य मानक शिक्षा", विकास क्रम के उत्तरोत्तर विकास के क्रमिक चरणों के अनुसार लिखित है जिससे पृथ्वी पर हुए सभी व्यापार को समझा जा सके। फलस्वरूप मनुष्य के समक्ष व्यापार के अनन्त मार्ग खुल जाते हैं। किसी भी सिनेमा अर्थात् फिल्म को बीच-बीच में से देखकर डायलाग की भावना व कहानी को पूर्णतया नहीं समझा जा सकता। मनुष्य समाज में यही सबसे बड़ी समस्या है कि व्यक्ति कहीं से कोई भी विचार या वक्तव्य या कथा उठा लेता है और उस पर बहस शुरू कर देता है। जबकि उसके प्रारम्भ और क्रमिक विकास को जाने बिना समझ को विकसित करना असम्भव होता है। सामाजिक विकास के क्षेत्र में परिवर्तन, देश-काल के परिस्थितियों के अनुसार किया जाता रहा है जबकि सत्यीकरण मूल सार्वभौम सत्य-सिद्धान्त से जोड़कर किया जाने वाला कार्य है।

"पुर्ननिर्माण-सत्य शिक्षा का राष्ट्रीय तीव्र मार्ग" एक ऐसी ही प्रणाली है जिसकी आवश्यकता धरती पर मनुष्य के रहने तक है और इसका व्यापार भी वहीं तक अन्तहीन है। इस शिक्षा प्रणाली में छात्रवृत्ति, व्यापार, सुविधा, समाजसेवा, अन्दर के नवोन्मेष को बाहर लाने की सुविधा इत्यादि का समावेश है।

ज्ञान के इस युग में शिक्षा-विद्या-कला का व्यापार मनुष्य के धरती पर रहने तक रहेगा। ऐसी स्थिति में हमारा यह व्यापार भी उस समय तक के लिए स्थायित्व में है। शिक्षा-विद्या-कला कोई प्रापर्टी नहीं है कि पिता जी ग्रहण कर चुके हैं तो पुत्र को हिस्सा प्राप्त हो जायेगा। पुत्र को भी वहीं से अर्थात् अक्षर ज्ञान से शुरू होना पड़ेगा जहाँ से पिता ने शुरू किया था। इस प्रकार "सत्य मानक शिक्षा" के व्यापार की योजना-"पुर्ननिर्माण-सत्य शिक्षा का राष्ट्रीय तीव्र मार्ग" एक अन्तहीन व्यापार है जो मनुष्य के पृथ्वी पर रहने तक चलता रहेगा।

पुनर्निर्माण-राष्ट्र निर्माण का व्यापार

जो व्यक्ति या देश केवल आर्थिक उन्नति को ही सर्वस्व मानता है वह व्यक्ति या देश एक पशुवत् जीवन निर्वाह के मार्ग पर है-जीना और पीढ़ी बढ़ाना। दूसरे रूप में इसे ऐसे समझा जा सकता है कि ऐसे व्यक्ति जिनका लक्ष्य धन रहा था वे अपने धन के बल पर अपनी मूर्ति अपने घर पर ही लगा सकते हैं परन्तु जिनका लक्ष्य धन नहीं था, उनका समाज ने उन्हें, उनके रहते या उनके जाने के बाद अनेकों प्रकार से सम्मान दिया है और ये सार्वजनिक रूप से सभी के सामने प्रमाणित है। पूर्णत्व की प्राप्ति का मार्ग शारीरिक-आर्थिक उत्थान के साथ-साथ मानसिक-बौद्धिक उत्थान होना चाहिए और यही है ही। इस प्रकार भारत यदि पूर्णता व विश्व गुरूता की ओर बढ़ना चाहता है तब उसे मात्र कौशल विकास ही नहीं बल्कि राष्ट्रीय बौद्धिक विकास की ओर भी बढ़ना होगा। बौद्धिक विकास, व्यक्ति व राष्ट्र का इस ब्रह्माण्ड के प्रति दायित्व है और उसका लक्ष्य है।

राष्ट्र के पूर्णत्व के लिए पूर्ण शिक्षा निम्नलिखित शिक्षा का संयुक्त रूप है-

अ-सामान्यीकरण (Generalisation) शिक्षा

ज्ञान के लिए- यह शिक्षा व्यक्ति और राष्ट्र का बौद्धिक विकास कराती है जिससे व्यक्ति व राष्ट्रीय सुख में वृद्धि होती है।

ब-विशेषीकरण (Specialisation) शिक्षा

कौशल के लिए- यह शिक्षा व्यक्ति और राष्ट्र का कौशल विकास कराती है जिससे व्यक्ति व राष्ट्रीय उत्पादकता में वृद्धि होती है।

स-सत्य नेटवर्क (REAL NETWORK)

समाज में प्रकाशित होने के लिए - क्योंकि कोई भी क्यों न हो उसे स्वयं अपना परिचय (BIO-DATA) देना पड़ता है तभी उसके अनुसार समाज उसका उपयोग करता है।

वर्तमान समय में विशेषीकरण की शिक्षा, भारत में चल ही रहा है और वह कोई बहुत बड़ी समस्या भी नहीं है। समस्या है सामान्यीकरण शिक्षा की। व्यक्तियों के विचार से सदैव व्यक्त होता रहा है कि-मैकाले शिक्षा पद्धति बदलनी चाहिए, राष्ट्रीय शिक्षा नीति व पाठ्यक्रम बनना चाहिए। ये तो विचार हैं। पाठ्यक्रम बनेगा कैसे?, कौन बनायेगा? पाठ्यक्रम में पढ़ायेंगे क्या? ये समस्या थी। और वह हल की जा चुकी है। जो भारत सरकार के सामने सरकारी-निजी योजनाओं जैसे ट्रांसपोर्ट, डाक, बैंक, बीमा की तरह निजी शिक्षा के रूप में "पुनर्निर्माण-सत्य शिक्षा का राष्ट्रीय तीव्र मार्ग" द्वारा पहली बार इसके आविष्कारक द्वारा प्रस्तुत है। जो राष्ट्र निर्माण का व्यापार है।

पुनर्निर्माण क्यों?

राष्ट्र निर्माण के लिए प्रत्येक व्यक्ति को तथा उसके निवास क्षेत्र से ही पूर्णता के निर्माण के लिए ज्ञान और कौशल विकास की उपलब्धता छात्रवृत्ति सहित अन्य सहायता व सुविधा के साथ पहुँचाने के उद्देश्य से पुनर्निर्माण-सत्य शिक्षा का राष्ट्रीय तीव्र मार्ग प्रणाली को विकसित किया गया है। प्रत्येक व्यक्ति को पूर्ण ज्ञान से युक्त करने की आवश्यकता भारत सहित विश्व को आ गई है इसलिए पुनर्निर्माण आवश्यक है।

प्रवेश पंजीकरण की योग्यता (Eligibility)

01. कोई भी व्यक्ति/संस्था वेबसाइट पर पंजीकरण (Registration) और लागइन (Login) कर सकता है। पंजीकृत प्रत्येक व्यक्ति/संस्था हमारा विद्यार्थी कहलाता है। पंजीकरण के उपरान्त अपना विवरण भरें।
02. एक माह के अन्दर पाठ्यक्रम शुल्क भुगतान कम्पनी या अपने नजदीकी डाक क्षेत्र प्रवेश केन्द्र (Postal area Admission Center-PAC) को करें।
03. पहले पंजीकृत व्यक्ति/संस्था पहले छात्रवृत्ति प्राप्त करने का अधिकारी होगा चाहे वह पाठ्यक्रम शुल्क का भुगतान अन्य के बाद ही क्यों न किया हो।
04. कोई भी व्यक्ति/संस्था एक साथ अनेक पाठ्यक्रम में प्रवेश ले सकता है। प्रत्येक पाठ्यक्रम के लिए अलग-अलग पंजीकरण करना होगा।
05. पाठ्यक्रम प्रारम्भ होने की निर्धारित तिथि के उपरान्त ही कार्यक्रमानुसार पाठ्य सामग्री भेजी जाती है।

छात्रवृत्ति (स्कालरशिप), सहायता और रायल्टी देने का हमारा आधार

राष्ट्र निर्माण का हमारा कार्य एक महान और ऐतिहासिक उद्देश्य के लिए व्यक्ति से लेकर विश्व के चहुमुखी विकास के लिए विकसित की गयी है जिसका सपना सत्य रूप में अपने देश भारत से प्रेम करने वाले देखते होंगे। हमारा कार्य नागरिकों को कैसे और किन क्षेत्रों में लाभ देता है इसके लिए निम्नलिखित का क्रमिक अध्ययन आवश्यक है-

02. व्यापार का जन्म विचार से होता है। विचार पहले किसी एक व्यक्ति के अन्दर जन्म लेता है उसके उपरान्त भले ही वह कई व्यक्ति के समूह का बन जाये, अलग बात है। जब समूह का बन जाता है तब वह कम्पनी, कार्पोरेशन, एन.जी.ओ., ट्रस्ट और यदि अधिक शक्तिशाली हो तो राष्ट्र का व्यापार बन समाज के सामने आता है। इसके कुछ उदाहरण इस प्रकार हैं-
    - राजनीतिक क्षेत्र में एक ग्राम प्रधान/सभासद, क्षेत्र पंचायत सदस्य, क्षेत्र प्रमुख, जिला पंचायत सदस्य, जिला पंचायत अध्यक्ष, विधायक, सांसद, मंत्री इत्यादि बनने का विचार सर्वप्रथम उस व्यक्ति के मन में आता है। फिर वह बाहर व्यक्त होता है और उस लक्ष्य की प्राप्ति के लिए वह धन, सम्बन्ध, जन आधार इत्यादि का प्रयोग करता है।
    - व्यापारिक क्षेत्र में व्यापार के वस्तु का विचार सर्वप्रथम व्यक्ति के अन्दर आता है फिर वह बाहर प्रोप्राइटरशिप, पार्टनरशिप, प्राइवेट लिमिटेड कम्पनी, लिमिटेड कम्पनी इत्यादि के रूप में बाहर आता है और उस व्यापार के लक्ष्य की प्राप्ति के लिए वह सरकारी प्रक्रिया, कार्यालय, उत्पाद निर्माण, विज्ञापन, प्रचार-प्रसार, कर्मचारी वेतन, योजना, प्रलोभन इत्यादि पर धन खर्च करता है।
    - धार्मिक क्षेत्र में भी आजकल स्वयं के विचार के अनुसार स्वयं को लक्ष्य के अनुसार स्थापित करने के लिए व्यक्ति सरकारी प्रक्रिया, कार्यालय, उत्पाद निर्माण, विज्ञापन, प्रचार-प्रसार, कर्मचारी वेतन, योजना, प्रलोभन इत्यादि पर धन खर्च करता है।

    उपरोक्त कर्म करने के बाद भी बहुत से व्यक्ति अपना लक्ष्य नहीं प्राप्त कर पाते फिर भी वे कोशिश जारी रखते हैं। जिस प्रकार भारत सरकार हो या प्रदेश सरकार घाटे में भी चलने के बावजूद अपना व्यापार, सामाजिक-जन कल्याण का कार्य बन्द नहीं करती बल्कि कर्ज लेकर भी उसे चलाते रहती है।

03. राष्ट्र निर्माण के इस व्यापार में भी उपरोक्त के अनुसार इसके आविष्कारक ने आविष्कार की स्थापना और अपने कार्य पर भारत सरकार के सर्वोच्च नागरिक सम्मान "भारत रत्न" को प्राप्त (लक्ष्य) करने के लिए

सरकारी प्रक्रिया, कार्यालय, उत्पाद निर्माण, विज्ञापन, प्रचार-प्रसार, कर्मचारी वेतन, योजना, प्रलोभन इत्यादि पर धन खर्च कर रहा है। जिसके निम्न स्रोत हैं-

- आविष्कारक का स्वयं का धन।
- आविष्कारक के शुभचिन्तकों द्वारा प्राप्त आर्थिक सहयोग।
- आविष्कार के स्थापनार्थ स्थापित प्राइवेट लिमिटेड कम्पनी में शामिल शेयरधारकों द्वारा निवेश किया गया धन।
- व्यापार के सशक्त प्रणाली के कारण अन्य स्थापित प्राइवेट लिमिटेड कम्पनी व मल्टीनेशनल कम्पनी से समझौता।
- व्यापार प्रारम्भ होने से प्राप्त धन व लाभ को व्यापार विकास में निवेश करने की प्रबल इच्छा।

अर्थात् हम अपने लक्ष्य को प्राप्त करने तक अपने व्यापार में शामिल लोगों के साख को सदैव निभाने में पूर्णतया सक्षम हैं।

उदाहरण स्वरूप सभी शिक्षा संस्थान, शिक्षा देने के बदले एक शुल्क लेते हैं। उसमें से शिक्षकों का वेतन, अन्य खर्चों इत्यादि देने के बाद जो बचता है। वह उस शिक्षा संस्थान का लाभ होता है। छात्रवृत्ति, सरकार द्वारा प्रदान की जाती है। बहुत कम लेकिन ऐसे शिक्षा संस्थान भी हैं जो सभी छात्रों को शिक्षण शुल्क का शत-प्रतिशत छात्रवृत्ति प्रदान करते हैं। ये छात्रवृत्ति की राशि उन्हें सरकार, औद्योगिक व व्यापारिक समूहों द्वारा शिक्षा के विकास के लिए प्राप्त होती है जो कहीं न कहीं से जनता के साथ किये गये व्यापार द्वारा ही उन्हें प्राप्त होता है। एक तरफ व्यापार, दूसरी तरफ समाज सेवा और लक्ष्य विकास और करने वाले की प्रसिद्धि यही एक पूर्ण व्यापार का कर्मज्ञान है। यदि यह आप समझ गये तो आपको व्यापार समझ में आ जायेगा।

हमारे "सत्य मानक शिक्षा" प्रणाली में हम छात्रवृत्ति, बाद के छात्र से प्राप्त शुल्क में से लाभ को पहले के छात्रों में छात्रवृत्ति के रूप में वितरित करते रहते हैं। स्पष्ट है हम विद्यार्थी से जो शुल्क पाते हैं उसमें हमारा लाभ भी है। हम अपने खर्चों को सम्भालते हुए, शेष राशि को छात्रवृत्ति के रूप में प्रदान करते रहते हैं जिससे इस शिक्षा के प्रति रूचि बढ़े। शिक्षा संस्थान ऐसा नहीं करते लेकिन हम ऐसा कर रहे हैं। भारत में ऐसा कोई कानून नहीं कि उत्पाद का मूल्य सरकार निर्धारित करे। और ऐसी स्थिति में तो और भी मुश्किल है जब उत्पाद का आविष्कार किसी व्यक्ति का स्वयं का हो।

पुनर्निर्माण, राष्ट्र निर्माण का व्यापार है इसे उसी प्रकार किया जा रहा है जिस प्रकार एक कम्पनी का प्रबन्ध और मार्केटिंग की जाती है। आम जनता से जुड़ा हुआ जब कोई व्यापार होता है तब कम्पनी एक निर्धारित धन विज्ञापन व प्रचार-प्रसार में खर्च करती है जो पम्फलेट, पोस्टर, बैनर, पत्रिका, समाचार-पत्र, प्रदर्शन, पुस्तिका इत्यादि के रूप में होती है। इस व्यापार के प्रचार-प्रसार में भी समय-समय पर इनका प्रयोग सदैव होता ही रहेगा। इन सब के साथ एक और विधि प्रयोग की जा रही है जिससे हमें प्रचार-प्रसार का लाभ प्राप्त होता है वह है नगद राशि (छात्रवृत्ति)। यह छात्रवृत्ति इस व्यापार के प्रचार-प्रसार के अन्तर्गत विज्ञापन खर्च का ही हिस्सा है। जिसकी राशि भी समूह व कम्पनी के अन्य परियोजनाओं के प्रचार-प्रसार व मार्केटिंग विकास के कारण व्यापारिक, ऋण, निवेश व अनुदान के रूप में प्राप्त होती है और उसका प्रयोग हम नगद राशि (छात्रवृत्ति) व सामाजिक सहायता के रूप में प्रदान करते रहते हैं।

कोई अपने व्यापार से प्राप्त लाभ को अपने व अपने परिवार के लिए संचित करता है। यदि कोई अपने व्यापार से प्राप्त लाभ को सम्पूर्ण रूप से समाज पर ही खर्च कर दें तो उस पर भारत का कौन सा कानून काम करेगा? व्यापार से अलग साख का लाभ गोपनीय और बेहिसाब होता है। अगर उसे हमें समाज को देना है तो वह मनुष्य को ही दिया जाता है। इसलिए पता तो हो किसे दिया जाय, जिसके लिए पंजीकरण आवश्यक है।

हमारे आय व धन आदान-प्रदान के विभिन्न परियोजनाएँ भी हैं।

पाठ्यक्रम शुल्क (Course Fees)

प्रत्येक पाठ्यक्रम का शुल्क अलग-अलग हैं जिसे तीन किस्त प्रथम 25 प्रतिशत, द्वितीय 50 प्रतिशत, अन्तिम 25 प्रतिशत के तीन किस्त में दिया जा सकता है। अलग-अलग पाठ्यक्रमों के शुल्क अलग-अलग होते हैं।

प्रत्येक पाठ्यक्रम पर छात्र द्वारा चुनी गयी सहायता जैसे छात्रवृत्ति सहायता (Scholarship Help)] शिक्षा सहायता (Education Help)] पर्यटन सहायता (Tourism Help)] घरेलू पुस्तकालय सहायता (Home Library Help)] स्वास्थ्य सहायता (Health Help) में से एक दी जाती है।

छात्रवृत्ति और रायल्टी (Scholarship & Royalty)

01. वेबसाइट पर पंजीकृत सभी व्यक्ति/संस्था छात्रवृत्ति और सहायता के क्रम में आते हैं। छात्रवृत्ति और सहायता प्राप्त करने के लिए पाठ्यक्रम शुल्क का भुगतान अनिवार्य है।
02. पंजीकरण के साथ ही आपका पाठ्यक्रम में प्रवेश हो जाता है और आपको अनुक्रमांक व पासवर्ड प्राप्त हो जाता है। साथ ही पाठ्यक्रम के व्यापार से प्राप्त होने वाले लाभ द्वारा छात्रवृत्ति और सहायता के लिए आप स्वतः ही साफ्टवेयर द्वारा स्वचलित छात्रवृत्ति और सहायता वितरण प्रणाली से जुड़ जाते हैं। पंजीकरण के उपरान्त यदि आप पाठ्यक्रम का पूर्ण शुल्क (तीनों किस्त) एक माह के अन्दर अपने डाक क्षेत्र प्रवेश केन्द्र (Postal Area Admission Centre-PAC) पर नहीं जमा करते हैं तो प्रतिदिन विलम्ब शुल्क रू0 25/-, मूल शुल्क में जुड़ने लगता है। बिलम्ब शुल्क के साथ शुल्क जमा करने के लिए हम आपकी प्रतीक्षा करते हैं जबकि हम आपको इस दौरान छात्रवृत्ति और सहायता देते रहते हैं जिसे आप अपने अनुक्रमांक व पासवर्ड से सदैव देख सकते हैं परन्तु आपके शुल्क जमा न करने के कारण वह आपको भुगतान नहीं हो पाता है।
03. विद्यार्थी पाठ्यक्रम शुल्क जमा करने के तीन माह बाद आवश्यकता पड़ने पर शुल्क वापस ले सकते हैं और फिर जमा भी कर सकते हैं परन्तु उस समय तक आवश्यक है कि आप कम से कम दो नये विद्यार्थी का प्रवेश करा चुके हों। इस अवधि में आपकी छात्रवृत्ति और सहायता तो बनती है परन्तु वह भुगतान नहीं होता। भुगतान तभी होता है जब पाठ्यक्रम शुल्क और बिलम्ब शुल्क (इस स्थिति में रू0 100/- प्रतिदिन) आप जमा करते हैं।
04. दूसरे पाठ्यक्रम में प्रवेश लेने से पूर्व में लिए गये पाठ्यक्रम में प्रवेश की छात्रवृत्ति और सहायता बन्द नहीं होती।
05. छात्रवृत्ति और सहायता तभी बन्द होती है जब आप स्वयं डाक क्षेत्र प्रवेश केन्द्र (Postal Area Admission Centre-PAC) पर जाकर अपना पाठ्यक्रम शुल्क वापस लेते हैं और छात्रवृत्ति और सहायता प्रणाली से बाहर होने के लिए कहते हैं और उस समय तक आप कम से कम दो नये विद्यार्थी का प्रवेश करा चुके होते हैं।
06. शत प्रतिशत छात्रवृत्ति और सहायता प्राप्त करने के लिए शिक्षार्थी की वेबसाइट पर 50 प्रतिशत उपस्थिति अनिवार्य है। 50 प्रतिशत से कम उपस्थिति होने पर छात्रवृत्ति की राशि से 10 प्रतिशत की कटौती निर्धारित है। शिक्षार्थी की उपस्थिति विज्ञापनों के बाद आने वाले प्रश्नों के उत्तर देने से हमें ज्ञात होता है। प्रतिदिन एक प्रश्न दोपहर के 12 बजे आपके लिए आते हैं जो अगले दिन दोपहर 12 बजे तक दूसरे प्रश्न के आने तक आपके लागइन एरिया में रहता है। माह में कुल 30 प्रश्न आते हैं जिसमें से 15 प्रश्नों (वर्ष में 180 प्रश्न) के

उत्तर देने पर आपकी उपस्थिति 100 प्रतिशत मानी जाती है और आप शत प्रतिशत छात्रवृत्ति और सहायता प्राप्त करने के अधिकारी होते हैं।

07. कोई भी शिक्षार्थी किसी अन्य शिक्षार्थी का प्रवेश पंजीकरण वेबसाइट पर करा सकता है यह नया शिक्षार्थी जब भी अपना पाठ्यक्रम शुल्क जमा करता है तब प्रवेश कराने वाले पुराने शिक्षार्थी को शुल्क का 10 प्रतिशत का अतिरिक्त लाभ प्राप्त होता है और जब नया शिक्षार्थी छात्रवृत्ति रू0 5,000/- प्राप्त करता है तब प्रवेश कराने वाले पुराने शिक्षार्थी को छात्रवृत्ति रू0 5,000/- का 10 प्रतिशत का अतिरिक्त लाभ भी प्राप्त होता है। इस प्रकार "पढ़ने और पढ़ाने" के इस कार्य में ज्ञान के साथ आर्थिक लाभ का व्यापार भी है।

08. पाठ्यक्रम के बदले में छात्रवृत्ति चुनने व पाठ्यक्रम शुल्क जमा करने पर एक वर्ष में न्यूनतम रू0 5,000/- दी जाती है।

09. वर्ष में एक बार छात्रवृत्ति रू0 5,000/- प्राप्त करने के उपरान्त हमारे व्यापार के लाभांस/रायल्टी को सदैव प्राप्त करने के लिए जीवन में एक बार दो नये विद्यार्थीयों को पाठ्यक्रम के बारे में बताना व उनका प्रवेश कराना अनिवार्य है। जब तक आप दो नये विद्यार्थीयों को पाठ्यक्रम के बारे में बताना व उनका प्रवेश नहीं करा देते तब तक लाभांस/रायल्टी का भुगतान नहीं होता परन्तु लाभांस/रायल्टी बनती रहती है। जब आप हमारे विद्यार्थी रहते हैं तब आपको छात्रवृत्ति या चुनी गई सहायता प्राप्त होती है। जब हमारे लिए आप व्यापार करते हैं तब आप रायल्टी की योग्यता में आते हैं।

10. लाभांस/रायल्टी की राशि रू0 5,000/- के गुणक में ही दी जाती है जिसकी अधिकतम सीमा प्रवेश लेने वाले विद्यार्थीयों की संख्या पर निर्भर करता है।

ये पाठ्यक्रम क्या है?

व्यक्ति के पूर्णता के लिए निम्न तीन प्रकार के पाठ्यक्रम उपलब्ध है-

अ-सामान्यीकरण (Generalization) शिक्षा - ज्ञान के लिए
ब-विशेषीकरण (Specialization) शिक्षा - कौशल के लिए
स-सत्य नेटवर्क (REAL NETWORK) शिक्षा - समाज में प्रकाशित होने के लिए

अ-सामान्यीकरण (Generalization) शिक्षा

इसके अन्तर्गत REAL EDUCATION, REAL PROFESSION, REAL BOOK, REAL STATUS, REAL ESTATE AGENT, REAL KISAN की शिक्षा पाठ्यक्रम हैं। जो पत्राचार/e-BOOK द्वारा संचालित है। यह व्यक्ति के स्वयं अपने बुद्धि के विकास से सम्बन्धित पाठ्यक्रम है।

हम सभी व्यक्ति आधारित राजतन्त्र में राजा से उठकर व्यक्ति आधारित लोकतन्त्र में आये, फिर संविधान आधारित लोकतन्त्र में आ गये। अब पूर्ण लोकतन्त्र के लिए मानक आधारित लोकतन्त्र में हम सभी को पहुँचने की अटलनीय यात्रा का चक्र है। अर्थात् व्यक्ति आधारित समाज व शासन से उठकर मानक आधारित समाज व शासन के निर्माण की यात्रा है। वर्तमान तक के धार्मिक-सामाजिक-राजनैतिक नेतागण जिस पूर्ण लोकतन्त्र और परफेक्ट देश या विश्व का सपना देखते हैं, पुनर्निर्माण-सत्य शिक्षा का राष्ट्रीय तीव्र मार्ग, उसी को पूर्ण करने का मार्ग है। और यह विश्व व उसके नागरिकों की विवशतापूर्ण आवश्यकता भी है। "सत्य मानक शिक्षा व पूर्ण ज्ञान" से मानवों को शिक्षित करने की एक प्रणाली व पाठ्यक्रम है पाठ्यक्रम को 20 वर्षों के मेहनत से तैयार किया गया है। इस पाठ्यक्रम को अन्य रूप में

- व्यवस्था परिवर्तन व सत्यीकरण का प्रथम पाठ्यक्रम

- "पूर्ण ज्ञान का पूरक पाठ्यक्रम" और "आम आदमी का समाजवादी पाठ्यक्रम"
- काल, मनवन्तर और युग परिवर्तन का कल्कि अवतार द्वारा व्यक्त पाठ्यक्रम
- सम्पूर्ण क्रान्ति की कार्य योजना का पाठ्यक्रम
- विश्व शान्ति, एकता व विश्व सरकार का मार्गदर्शक मानक पाठ्यक्रम भी कहा जाता है।

यह कार्य भारतीय संविधान की धारा-51 (ए): नागरिक का मूल कर्तव्य के अनुसार राष्ट्र और मानव का "आध्यात्मिक सत्य" आधारित सर्वोच्च कर्तव्य का उदाहरण है।

इस पाठ्यक्रम से क्या लाभ है?

1. ज्ञान-ध्यान-चेतना के वर्तमान और भविष्य के युग में आपको पूर्णता प्रदान करता है।
2. आप चाहे जो भी शिक्षा व प्रोफेशनल शिक्षा प्राप्त किये हों, ये आपको पूरक शिक्षा देकर पूर्ण बनाता है।
3. जीवन के प्रत्येक क्षेत्र के विषय के तत्व को समझने की दिव्य-दृष्टि प्रदान करता है।
4. पृथ्वी पर हुये और हो रहे समस्त व्यापार को एक साथ आपके सामने रखता है।
5. आपको अपना मालिक स्वयं बनाता है।

यह पाठ्यक्रम किसके लिए है?

1. यह पाठ्यक्रम उन सभी विश्व के नागरिकों के लिए है जो इस पृथ्वी पर रहते हैं।
2. विशेषकर उनके लिए है जो ज्ञान के लिए ही अपना समय व धन खर्च करने के लिए विद्यालय, महाविद्यालय व विश्वविद्यालय की शरण में हैं।
3. यह उनके लिए भी है जो शिक्षा क्षेत्र में शिक्षक हैं और वे भी जो सामाजिक-राजनीतिक नेतृत्व के क्षेत्र में हैं।
4. यह उनके लिए नहीं है जो धन एकत्रित करने के क्षेत्र में सफल हो चुके हैं और जो धन को ही ज्ञान समझते हैं।

इस पाठ्यक्रम की मान्यता क्या है?

1. यह पाठ्यक्रम किसी भी देश के सरकारी संस्थान द्वारा मान्य नहीं है न ही इससे कोई सरकारी नौकरी आपको प्राप्त होनी है।
2. वर्तमान की सरकारी शिक्षा प्रणाली आपको अगली कक्षा में प्रवेश और परीक्षा पास कर निर्भरता देने वाली है।
3. यह पाठ्यक्रम आपको जीवन की परीक्षा पास करने व आप में आत्मनिर्भरता देने वाली है।
4. यह पाठ्यक्रम विश्व के बुद्धिजीवियों से मान्यता प्राप्त व उनके सपनों का पाठ्यक्रम है।
5. यह पाठ्यक्रम ईश्वरीय मान्यता प्राप्त है।

परन्तु हमारा सदैव प्रयत्न रहेगा कि ये पाठ्यक्रम विश्वविद्यालय अनुदान आयोग, मानव संसाधन मंत्रालय, भारत सरकार से मान्यता प्राप्त होकर विद्यालयों के शिक्षा पाठ्यक्रम अनिवार्य विषय के रूप में शामिल हो जिससे विश्व स्तरीय मानव का निर्माण प्रारम्भ हो सके जिसकी आवश्यकता पूरे विश्व में है। जिस ओर विश्व की बौद्धिक शक्ति की गति भी है।

सत्य शिक्षा (REAL EDUCATION)

01. पूर्ण ज्ञान में प्रमाण पत्र (Certificate in Complete Knowledge-CCK)
02. ईश्वर शास्त्र व व्यापार ज्ञान में प्रमाण पत्र
(Certificate in Godics & Business Knowledge-CGBK)
03. अवतार ज्ञान में प्रमाण पत्र (Certificate in Avatar Knowledge-CAK)
04. गुरू ज्ञान में प्रमाण पत्र (Certificate in Guru Knowledge-CGK)
05. संस्थागत धर्म में डिप्लोमा (Diploma in Institutional Religion-DIR)
06. पूर्ण शिक्षा में स्नातक (Bachelor in Complete Education-BCE)
07. पूर्ण शिक्षा में परास्नातक (Master in Complete Education-MCE)

सत्य पेशा (REAL PROFESSION)

08. दृश्य योग, ध्यान और चेतना में प्रमाण पत्र
(Certificate in visible Yoga, Meditation & Consciousness - CVYMC)
09. डब्ल्यू.सी.एम-टी.एल.एम-श्याम.सी में प्रमाण पत्र
(Certificate in WCM-TLM-SHYAM.C Technology-CWT)
10. डब्ल्यू.एस.ओ-0 और कर्मज्ञान में प्रमाण पत्र
(Certificate in WSO-0 & Work Knowledge-CWWK)
11. पुराण लेखन कला में प्रमाण पत्र (Certificate in Art of Puran writing-CAPW)
12. सार्वभौम विचार पर आधारित फिल्म लेखन में प्रमाण पत्र
(Certificate in Art of Universal thought based Film writing-CAUFW)

सत्य पुस्तक (REAL BOOK)

13. विशाल ज्ञान विज्ञान सबका समाधान (Vishal Gyan Vigyan sabka samadhan-VGVSS)
14. विश्वशास्त्र: द नालेज आफ फाइनल नालेज
(VISHWSHASTRA: THE KNOWLEDGE OF FINAL KNOWLEDGE - VKFK)

सत्य स्थिति (REAL STATUS)

15. जीवन का पैमाना (Scale Your Life) - ईश्वर चक्र पर स्वयं की स्थिति का ज्ञान
(Know Your Position on GOD CYCLE -KYPGC)

सत्य एस्टेट एजेन्ट (REAL ESTATE AGENT)

16. रियल इस्टेट एजेन्ट में प्रमाण पत्र (Certificate in Real Estate Agent - CRE)

सत्य किसान (REAL KISAN)

17. रियल किसान में प्रमाण पत्र (Certificate in Real Kisan - CRK)

उपरोक्त पाठ्यक्रम हिन्दी, अंग्रेजी, गुजराती, बंगला व पंजाबी भाषा में उपलब्ध है।

ब - विशेषीकरण (Specialization) शिक्षा

इसके अन्तर्गत जो विद्यार्थी के निवास क्षेत्र में ही संस्थागत रूप से संचालित है। यह व्यक्ति के स्वयं अपने आजिविका के विकास से सम्बन्धित पाठ्यक्रम है। व्यक्ति कितना भी ज्ञानी क्यों न हो जाये उसे अपने आजीविका के लिए काम तो करना ही पड़ता है। इसलिए उसे युगानुसार कौशल सम्बन्धित पाठ्यक्रम की आवश्यकता होती है।

01. सत्य कौशल (REAL SKILL)
02. सत्य डिजीटल कोचिंग (REAL DIGITAL COACHING)

इस पाठ्यक्रम से क्या लाभ है?

इन पाठ्यक्रमों से व्यक्ति कौशल का विकास करता है और अपनी आजिवीका के लिए सक्षम बनते हुए राष्ट्र के विकास में भागीदार बनता है।

यह पाठ्यक्रम किसके लिए है?

इन पाठ्यक्रमों को कोई भी व्यक्ति अपने कौशल विकास के लिए कर सकता है और अपनी आजिवीका के लिए स्वयं को सक्षम बना सकता है।

इस पाठ्यक्रम की मान्यता क्या है?

REAL SKILL का सभी शिक्षा पाठ्यक्रम भारत सरकार के से मान्यता प्राप्त है।

सत्य कौशल (REAL SKILL)

A-Computer Courses

Certificate Programme in Computer Applications, Computer Hardware & Networking, Desk Top Publishing (DTP), Office Automation through ICT, Programme in Website Design, Certificate Programme in AutoCAD, Multi-Media / Graphic Design Training , Certificate in Computer Concepts, Certificate course in Computerized Accounting, C, C++ and OOPs, Core Java, Advanced Java, Visual Basic with Access, Oracle, SQL and PL SQL, MS.NET, Computer Teacher Training Course, Computer Teacher Training Course, Diploma In Computer Application, Diploma In Computer Hardware And Networking, Certificate Programme in 3ds Max 3, Certificate Program me in CATIA V5, Certificate Programme in graphics, Asp.NET, Visual Basic, Adobe Photo & Flash

B-Conventional Training

Plumbing, Electrician, Sheet metal works, Welding (gas&electric resistance), Welding (gas&electric resistance), Fitter, Machinist, Turner, Draftsman (civil), CNC Programming & Operation, Certificate Programme in Pro-Engineering, Diesel mechanic, Tools & Die maker, Motor Vehicle Mechanic, Scooter & auto cycle mechanic, Book binder, Digital Photography, Carpenter, Spray Painting, Powder Coating, Pneumatics operation training, Hydrailics operation training

C-Electronic Courses

Mobile Repairing, Radio and TV repair, Repairing of electrical gadgets, Repair of refrigerator & AC, Electrical appliances repairing.

D-Leather Technology

Foot Wear Designing & Pattern Cutting (Manual), Foot Wear Designing & Pattern Cutting (CAD&Manual), Shoe CAD Designing Course, Leather Goods Manufacture, Textiles and

Leather Garments Manufacture, Foot Wear Machine Maintenance, Shoe Upper Clicking, Shoe Upper Closing, Foot Wear Lasting, Making & Finishing, Foot Wear Making / Different Foot Wear Constructions.

E-Miscellaneous Courses

Beauty Parlor, Soft toys making, Fashion designing, Fashion Designing, Embroidery & needle work, Boutique, Health & fitness centre, Watch & clock mechanic, Cookery, Modern Secretarial Practice

F-Incubation

Incubation for Small Enterprise Establishment

सत्य डिजीटल कोचिंग (REAL DIGITAL COACHING)

"डिजिटल कोचिंग" विज्ञान के तकनीकी द्वारा प्रस्तुत एक मानव निर्मित अजीव शिक्षक/गुरू (डिजिटल विडियो-आडिया शैक्षणिक सामग्री) है। जो उपरोक्त शिक्षा को विद्यार्थीयों के अन्दर ज्ञान का संचरण कराता है। जिसके लिए आवश्यक उपकरण निम्नप्रकार हैं-

1. दृश्य माध्यम - एल.सी.डी-40 इंच या इससे बड़ा
2. हाई स्पीड कम्प्यूटर सी.पी.यू. की बोर्ड, माउस, स्पीकर
3. बिजली की उपलब्धता के लिए - यू.पी.एस, इन्वर्टर, बिजली/जेनरेटर
4. कक्षा - 200 वर्ग फीट से 400 वर्ग फीट

पाठ्यक्रम-

1. विशेषीकरण (Specialization) शिक्षा - इसके अन्तर्गत कक्षा-12 तक के सभी पाठ्यक्रम उपलब्ध हैं।
2. सामान्यीकरण (Generalization) शिक्षा - इसके अन्तर्गत पुनर्निर्माण के सभी पाठ्यक्रम उपलब्ध हैं।

छात्रवृत्ति

यह डिजिटल कोचिंग कोई भी व्यक्ति प्रारम्भ कर सकता है। यदि उसका डिजिटल कोचिंग भारतीय आध्यात्म एवं दर्शन आधारित स्वदेशी विपणन प्रणाली 3-एफ (3-F: Fuel-Fire-Fuel) से जुड़ता है तो प्रत्येक छात्र छात्रवृत्ति, सहायता और रायल्टी प्राप्त कर सकता है। अन्यथा वह अपने अनुसार डिजिटल कोचिंग का शुल्क निर्धारित करने के लिए स्वतन्त्र है।

स-सत्य नेटवर्क (REAL NETWORK)

स्वयं को प्रकाशित करें और दूसरे के प्रकाश में स्वयं को लायें। इसके लिए राष्ट्र निर्माण का व्यापार-पुनर्निर्माण द्वारा निम्नलिखित नेटवर्क उपलब्ध हैं।

01. डिजिटल ग्राम नेटवर्क (Digital Village Network)
02. डिजिटल नगर वार्ड नेटवर्क (Digital City Ward Network)
03. डिजिटल एन.जी.ओ/ट्रस्ट नेटवर्क (Digital NGO/Trust Network)
04. डिजिटल विश्वमानक मानव नेटवर्क (Digital World Standard Human Network)
05. डिजिटल नेतृत्व नेटवर्क (Digital Leader Network)
06. डिजिटल जर्नलिस्ट नेटवर्क (Digital Journalist Network)
07. डिजिटल शिक्षक नेटवर्क (Digital Teacher Network)
08. डिजिटल शैक्षिक संस्थान नेटवर्क (Digital Educational Institute Network)
09. डिजिटल लेखक-ग्रन्थकार-रचयिता नेटवर्क (Digital Author Network)
10. डिजिटल गायक नेटवर्क (Digital Singer Network)
11. डिजिटल खिलाड़ी नेटवर्क (Digital Sports Man Network)
12. डिजिटल पुस्तक विक्रेता नेटवर्क (Digital Book Saler Network)
13. डिजिटल होटल और आहार गृह नेटवर्क (Digital Hotel & Restaurant Network)

हमारा उद्देश्य क्या है?

1. हमारा उद्देश्य इस पाठ्यक्रम के पुस्तकों को आप तक पहुँचाना है जिससे आप ज्ञान-ध्यान-योग-चेतना के सैद्धान्तिक ज्ञान से युक्त हो जायें, जो आपके लिए अतिआवश्यक है परन्तु आपको उसका ज्ञान नहीं है।
2. इन पाठ्यक्रम के पुस्तकों को पहुँचाने के क्रम में पैदा हुये व्यापार में आपको उसके लाभ का हिस्सेदार बनाना हमारा उद्देश्य है।
3. इसके ज्ञान के उपरान्त जो इच्छुक होगें वे "सत्यकाशी यूनिवर्सल इन्टीग्रेशन साइंस यूनिवर्सिटी" की परीक्षा पास कर उसके द्वारा खोले जाने वाले केन्द्र में नौकरी पाने के लिए अधिकृत होंगे।

आपकी समस्या और हमारा उपाय

हम ये अच्छी प्रकार जानते हैं कि आपको ज्ञान की नहीं धन की जरूरत है। इसलिए ज्ञान के इस पाठ्यक्रम को हम सभी भूलकर इसके व्यापार के बारे में समझने की कोशिश करते हैं। ज्ञान का पुस्तक तो इस व्यापार के साथ आप तक पहुँच ही जायेगा। सिर्फ ये सोचकर कि यह राष्ट्र निर्माण के लिए शिक्षा पाठ्यक्रम का व्यापार है कौन करेगा और कौन पढ़ेगा, आपकी बहुत बड़ी भूल होगी।

क्या आप पैण्ट-शर्ट वाला कम्पनी किये थे तो उसके पहले आपके पास कपड़े नहीं थे? क्या आप दवा वाला कम्पनी जब किये थे तो क्या आप बीमार थे? इत्यादि..........।

नहीं, केवल उस व्यापार को आपने इसलिए किया था क्योंकि उसमें धन कमाने के अवसर थे। आइये अब राष्ट्र निर्माण को ही व्यापार बना लें। और "पढ़ों और पढ़ाओं" वाले व्यापार को अपनायें।

पुनर्निर्माण-छात्रवृत्ति, सहायता व रायल्टी वितरण तिथि

प्रत्येक माह के 01 तारीख को आपकी छात्रवृत्ति की राशि आपके लागइन एरिया में दिखने लगता है जो उस माह को छोड़कर अगले माह छात्रवृत्ति, पाठ्य सामग्री व सहायता वितरण तिथि के कार्यक्रमानुसार आपके बैंक खाते में भेज दिया जाता है। पाठ्य सामग्री व सहायता भी कार्यक्रमानुसार आपको भेज दी जाती है। सभी सहायता पाठ्यक्रम शुल्क जमा करने के तीसरे माह से प्रारम्भ होता है।

पुनर्निर्माण-प्रणाली की विशेषताएँ

1. बिना पंजीकरण/लागइन के पिन कोड स्तर पर कुल पंजीकृत विद्यार्थी और लाभांस प्राप्त कर रहे विद्यार्थी की सूची देख सकते हैं।
2. बिना पंजीकरण/लागइन के पिन कोड एरिया प्रवेश केन्द्र (प्रेरक) का अनुमानित लाभ देख सकते हैं।
3. बिना पंजीकरण/लागइन के प्रेरक के लाभ के अनुमान से उस पिन कोड क्षेत्र में प्रेरक नियुक्त है या नहीं यह देख सकते हैं।
4. बिना पंजीकरण/लागइन के आपके व्यवसाय से सम्बन्धित ज्ञान के विकास के लिए जानकारी का विस्तृत पृष्ठ और हमारे द्वारा योजनाबद्ध परियोजनाओं की जानकारी।
5. प्रत्येक पंजीकृत व्यक्ति को सुनिश्चित लाभांस वितरण और सिस्टम से जुड़ने के बाद हटने का कोई रास्ता नहीं।

भाग-4
पुनर्निर्माण के प्रेरक (Catalyst)

राष्ट्र निर्माण का व्यापार और उसकी विधि क्या है?

प्रवेश केन्द्र/ प्रेरक की योग्यता

व्यापार का स्थायित्व (Stability of Business)

परियोजना-पुनर्निर्माण की संचालन प्रणाली की विशेषताएँ

प्रेरक को आर्थिक लाभ

परियोजना-पुनर्निर्माण पद

1.मण्डल प्रेरक (Division Catalyst-Dv.C)

2.जिला प्रेरक (District Catalyst-Dt.C)

3."विश्वशास्त्र" मन्दिर (Vishwshastra Temple-V.T)

4.ब्राण्ड फ्रैन्चाइजी (Brand Franchisee-B.F)

5.डाक क्षेत्र प्रवेश केन्द्र (Postal area Admission Center-PAC)

6.ग्राम/नगर वार्ड प्रेरक (Village/City ward Catalyst-V.C)

7.स्वतन्त्र प्रेरक (Freelance Catalyst-F.C)

"व्यापार, व्यापार के नियमों से चलता है न कि विश्वास से। विश्वास से तो ईश्वर और आस्था चलता है। चाय की दुकान पर किसी व्यक्ति के विश्वास न करने से वह बन्द नहीं हो जायेगी क्योंकि वह व्यापार के नियम पर आधारित है न कि विश्वास पर।"

- लव कुश सिंह "विश्वमानव"

राष्ट्र निर्माण का व्यापार और उसकी विधि क्या है?

21st Century Definition of MLM Leader, Net worker & Business

*** Fix your Business area**

*** Fix Your Customer/Network**

*** Refer/Sale any where in India**

*** No Liability for Collection/Delivery**

राष्ट्र निर्माण के लिए परियोजना पुनर्निर्माण के पाठ्यक्रम को बेचने के लिए विद्यार्थीयों का प्रवेश ही व्यापार है और उसके लिए निम्नविधि अपनायी गयी है-

अ. निर्देश विधि (Reffer Method)- द्वारा स्वतन्त्र प्रवेश प्रेरक (Freelance Catalyst-FC)

पाठ्यक्रम को खरीदने वाले व्यक्ति द्वारा किसी दूसरे को निर्देश देकर बिकवाने की विधि को निर्देश विधि कहते हैं।

एक बार पाठ्यक्रम खरीदने वाला व्यक्ति/संस्था हमारे लिए स्वतः ही स्वतन्त्र प्रवेश प्रेरक भी बन जाता है। स्वतन्त्र प्रवेश प्रेरक यदि व्यापार करना चाहता है तो वह पूरे भारत देश में कहीं से भी दूसरे विद्यार्थी को पंजीकृत करवा सकता है। यह पंजीकृत नया विद्यार्थी, जीवन में जब भी पाठ्यक्रम का शुल्क जमा करता है तब स्वतन्त्र प्रवेश प्रेरक को नियमानुसार अतिरिक्त लाभ प्राप्त होता है। स्वतन्त्र प्रवेश प्रेरक द्वारा पंजीकृत विद्यार्थी, जब भी छात्रवृत्ति प्राप्त करता है तब भी स्वतन्त्र प्रवेश प्रेरक को नियमानुसार अतिरिक्त लाभ प्राप्त होता है। यह क्रम स्वतन्त्र प्रवेश प्रेरक द्वारा पंजीकृत प्रत्येक विद्यार्थी के साथ चलता रहता है।

ब. पारम्परिक विधि (Traditional Method)- द्वारा क्षेत्राधिकृत प्रेरक (Authorized Area Catalyst-AAC)

प्रवेश प्रेरक केन्द्र की विधि। इस विधि में प्रेरक/केन्द्र के क्षेत्र से हुये प्रवेश पर एक सुनिश्चित लाभ प्रेरक/केन्द्र को प्राप्त होती है चाहे विद्यार्थी का प्रवेश किसी के द्वारा हुआ हो। जबकि ये प्रेरक/केन्द्र स्वंय अपने आप में स्वतन्त्र प्रेरक भी हैं। जिस प्रकार वर्तमान में शुल्क में कमीशन आधारित अनेक विश्वविद्यालयों के दूरस्थ शिक्षा के स्टडी सेन्टर खुले हुए हैं या खुल रहे हैं। उसी प्रकार निम्न प्रकार से नीचे से उपर तक के प्रेरक/प्रवेश केन्द्र द्वारा-

1. **मण्डल प्रेरक (Division Catalyst-Dv.C) - मण्डल क्षेत्र**
2. **जिला प्रेरक (District Catalyst-Dt.C) - जिला क्षेत्र**
1. **"विश्वशास्त्र" मन्दिर (Vishwshastra Temple-V.T) - जिला क्षेत्र**
2. **ब्राण्ड फ्रैन्चाइजी (Brand Franchisee-B.F) - जिला क्षेत्र**
3. **डाक क्षेत्र प्रवेश केन्द्र (Postal area Admission Center-PAC)- पिन कोड क्षेत्र**
4. **ग्राम/नगर वार्ड प्रेरक (Village/City ward Catalyst-V.C) - ग्राम/नगर वार्ड क्षेत्र**

प्रवेश केन्द्र/ प्रेरक की योग्यता

1. सरकार द्वारा प्रमाणित योग्यता

सरकार द्वारा प्रमाणित किसी भी शैक्षणिक व तकनीकी योग्यता का प्रवेश केन्द्र/प्रेरक की नियुक्ति के लिए मुख्य आधार नहीं है। क्योंकि ये योग्यताएँ अगली कक्षा में प्रवेश व सरकारी नौकरी में प्रयोग होती हैं, राष्ट्र निर्माण के कार्य के लिए प्रमाणित योग्यता महत्व नहीं रखती। इतिहास गवाह है राष्ट्र निर्माण में प्रमाणित योग्यताधारी का योगदान कम ही रहा है।

2. अप्रमाणित योग्यता

प्रवेश केन्द्र/प्रेरक की नियुक्ति के लिए मुख्य आधार अप्रमाणित योग्यता है जिसमें-व्यक्ति की चिंता, समाज की चिंता, अपने कार्य क्षेत्र की चिंता, अपने देश व इस पृथ्वी की चिंता और उसके लिए कुछ अच्छा करने के लिए शारीरिक-आर्थिक-मानसिक रूप से सशक्तता और इच्छा है।

3. अनिवार्य योग्यता

प्रवेश केन्द्र/प्रेरक की नियुक्ति के लिए उसका अपना कम्प्यूटर (लैपटाप/डेस्कटाप), प्रिंटर, स्कैनर व बिजली की उपलब्धता के लिए इन्वर्टर, इन्टरनेट कनेक्शन और इन सबको चलाने का ज्ञान अनिवार्य है। और वह अपने कार्य क्षेत्र का निवासी होना चाहिए।

व्यापार का स्थायित्व (Stability of Business)

ज्ञान के इस युग में शिक्षा-विद्या-कला का व्यापार मनुष्य के धरती पर रहने तक रहेगा। ऐसी स्थिति में हमारा यह व्यापार भी उस समय तक के लिए स्थायित्व में है। शिक्षा-विद्या-कला कोई प्रापर्टी नहीं है कि पिता जी ग्रहण कर चुके हैं तो पुत्र को हिस्सा प्राप्त हो जायेगा। पुत्र को भी वहीं से अर्थात् अक्षर ज्ञान से शुरू होना पड़ेगा जहाँ से पिता ने शुरू किया था।

प्रवेश केन्द्र/ प्रेरक-अधिक लाभ के सामान्य लक्ष्ययुक्त कार्य

प्रवेश केन्द्र/प्रेरक को इस प्रणाली से अधिकतम लाभ प्राप्त करने के लिए निम्नलिखित कार्य अवश्य करना चाहिए और सबसे पहले इन्हें लक्ष्य बनाना चाहिए-

अ.अधिक से अधिक सत्य मानक शिक्षा के अन्तर्गत प्रवेश पंजीकरण करायें चाहे वह भारत में कहीं भी हों।

ब.सत्य नेटवर्क के निम्नलिखित नेटवर्क में अधिक से अधिक लोगों को जोड़े-

01. डिजिटल ग्राम नेटवर्क (Digital Village Network)- **प्रत्येक ग्राम से एक**
02. डिजिटल नगर वार्ड नेटवर्क (Digital City Ward Network)- **प्रत्येक नगर वार्ड से एक**
03. डिजिटल एन.जी.ओ/ट्रस्ट नेटवर्क (Digital NGO/Trust Network)- **अनेक**
04. डिजिटल विश्वमानक मानव नेटवर्क (Digital World Standard Human Network)- **अनेक**
05. डिजिटल नेतृत्व नेटवर्क (Digital Leader Network)- **अनेक**
06. डिजिटल जर्नलिस्ट नेटवर्क (Digital Journalist Network)- **अनेक**

07. डिजिटल शिक्षक नेटवर्क (Digital Teacher Network)- **अनेक**
08. डिजिटल शैक्षिक संस्थान नेटवर्क (Digital Educational Institute Network)- **अनेक**
09. डिजिटल लेखक-ग्रन्थकार-रचयिता नेटवर्क (Digital Author Network)- **अनेक**
10. डिजिटल गायक नेटवर्क (Digital Singer Network)- **अनेक**
11. डिजिटल खिलाड़ी नेटवर्क (Digital Sports Man Network)- **अनेक**
12. डिजिटल पुस्तक विक्रेता नेटवर्क (Digital Book Saler Network)- **अनेक**
13. डिजिटल होटल और आहार गृह नेटवर्क (Digital Hotel & Restaurant Network)- **अनेक**

परियोजना-पुननिर्माण की संचालन प्रणाली की विशेषताएँ

01. बिना पंजीकरण/लागइन के विभिन्न क्षेत्र स्तर पर कुल पंजीकृत विद्यार्थी और लाभांस प्राप्त कर रहे विद्यार्थी की सूची देख सकते हैं।
02. बिना पंजीकरण/लागइन के पिन कोड स्तर पर कुल पंजीकृत विद्यार्थी और लाभांस प्राप्त कर रहे विद्यार्थी की सूची देख कर परियोजना-पुनर्निर्माण के विभिन्न पदों का अनुमानित लाभ को देख सकते हैं।
03. बिना पंजीकरण/लागइन के परियोजना-पुनर्निर्माण के विभिन्न पदों के लाभ के अनुमान से उस क्षेत्र में परियोजना-पुनर्निर्माण के विभिन्न पद नियुक्त है या नहीं यह देख सकते हैं।
04. बिना पंजीकरण/लागइन के आपके जीवन से सम्बन्धित ज्ञान के विकास के लिए जानकारी का विस्तृत पृष्ठ और हमारे द्वारा योजनाबद्ध परियोजनाओं की जानकारी पढ़ सकते हैं।
05. हमारा विद्यार्थी सार्वभौम पूर्ण ज्ञान से युक्त होकर मानसिक स्वतन्त्रता के मुख्यधारा के मार्ग पर चलते हुये शिक्षित, विचारशील, रचनात्मक और नेतृत्वशील बनेगा।
06. हमारा विद्यार्थी "सत्य मानक शिक्षा" का व्यापार करें या ना करें, दोनों स्थिति में छात्रवृत्ति और सहायता को प्राप्त करता रहेगा।
07. हमारा कोई विद्यार्थी, हमारे से जुड़े 1. रेस्टूरेण्ट (Restaurants), 2. चिकित्सक (Doctors), 3. मेडिकल स्टोर (Medical Store), 4. दैनिक प्रयोग के दुकान (FMCG Store), 5. जैविक स्टोर (Organic Store), 6. हमारा विद्यार्थी (Our Student) या किसी भी डाक क्षेत्र प्रवेश केन्द्र से आवश्यकता पड़ने पर सप्ताह में 1 बार और अधिकतम रू0 500.00 की नगद राशि या सेवा या वस्तु प्राप्त कर सकता है जो लेने वाले के छात्रवृत्ति से समायोजित हो जाती है।
08. हमारा विद्यार्थी, यदि किसी भी प्रकार का व्यापार या समाजसेवा इत्यादि से है तो वह अपना विज्ञापन देकर अपने जिला क्षेत्र तक आसानी से पहुँच सकता है।
09. हमारा विद्यार्थी, अपने व्यवसाय और स्थान के अनुसार पूरे देश के अन्य विद्यार्थी से सम्पर्क कर सकता है और वर्गीकृत विज्ञापन में सूचीबद्ध हो सकता है।
10. हमारा विद्यार्थी, ब्लाग (Blog) के माध्यम से अपने किसी परियोजना *(Project)*, फिल्म स्क्रिप्ट *(Film Script)*, पुरातन, विलक्षण एवं दुर्लभ सूचना *(Antique, Unique & Rare Information)*, पुस्तक *(Book)* सामान्य (General) को पूरे देश के सामने ला सकता है और लोगों के सम्पर्क में आ सकता है।
11. हमारा विद्यार्थी शारीरिक-आर्थिक-मानसिक स्थिति से स्वतन्त्र होकर पूरे भारत देश में भ्रमण कर सकता है।

प्रेरक को आर्थिक लाभ

यह तो सत्य हो चुका है कि बिना लाभ के कोई किसी भी प्रणाली (सिस्टम) से नहीं जुड़ता और यह भी उतना ही सत्य है कि बिना सिस्टम को समझे और उसमे जुड़े बिना कुछ भी प्राप्त नहीं हो पाता, पशुवत् जीवन जी लेना अलग बात है। पशु को ईश्वरीय सिस्टम चलाती है जिसे कहते हैं-"जाहीं विधि राखे राम, ताहीं विधि रहिए"। लेकिन मनुष्य का सिस्टम ईश्वरीय सिस्टम को पूर्णतः स्वीकार व आत्मसात् करते हुए, मनुष्य द्वारा विकसित सिस्टम से विकास को गति मिलती है। ईश्वरीय सिस्टम से ही लाखों-करोड़ों वर्षों में हम सभी यहाँ तक पहुँचे हैं जो एक धीमी गति की प्रक्रिया है। मनुष्य के सिस्टम और ईश्वरीय सिस्टम दोनों को मिलाकर विकास को गति देने के लिए ही दार्शनिकों, वैज्ञानिकों, अवतारों का आना लगा रहता है चाहे उसे मनुष्य स्वयं समझ ले या भीड़ उसे समझा दे।

मनुष्य के सिस्टम और ईश्वरीय सिस्टम से मिलकर ही यह सिस्टम विकसित की गयी है। जो सामाजिक-आर्थिक प्रणाली और शिक्षा के दायित्व पर आधारित सत्य सामाजिक अभियंत्रण (Real Social Engineering-RSE) का सर्वोच्च उदाहरण है। विश्व में पहली बार प्रयोग की जा रही इस सिस्टम का नाम-भारतीय आध्यात्म एवं दर्शन आधारित स्वदेशी विपणन प्रणालीः 3-एफ (3-F: Fuel-Fire-Fuel) है। राष्ट्र निर्माण के लिए विकसित "विश्वशास्त्र"-द नालेज आफ फाइनल नालेज, मन (मानव संसाधन) का विश्वमानक श्रृंखला, पूर्ण मानव निर्माण की तकनीकी इत्यादि की भाँति भारतीय आध्यात्म एवं दर्शन आधारित स्वदेशी विपणन प्रणाली: 3-एफ (3-F: Fuel-Fire-Fuel) भी एक नया आविष्कार है जो उसी एक आविष्कारक द्वारा आविष्कृत है। जिसका मुख्य उद्देश्य है-"शिक्षा के प्रति अनिच्छुक व्यक्ति को पहले छात्रवृत्ति दो फिर शिक्षा दो", इसलिए ही कहा गया है-"शिक्षा के लिए धन नहीं, अब धन लाभ के लिए शिक्षा।"

इसलिए प्रेरक, निवासी व अन्य के लिए अवसर क्या हैं यह जानना आवश्यक है शेष लाभ तो अनमोल हैं। उदाहरण के लिए यदि किसी पाठ्यक्रम का शुल्क रू0 3000/- है तो आर्थिक लाभ वितरण निम्न प्रकार होता है। शुल्क चाहे जो भी हो लाभ वितरण प्रतिशत के अनुसार होता है-

क्र. सं.	लाभ के अधिकारी	क्षेत्र	अ. पाठ्यक्रम शुल्क से लाभ		ब. छात्रवृत्ति, सहायता व सामाजिक सहायता से लाभ रू0
			प्रतिशत	रू0	
1.	मण्डल प्रेरक	मण्डल	0.60	18.00	180.00
2.	जिला प्रेरक	जिला	0.80	24.00	400.00
3.	ब्राण्ड फ्रैन्चाइजी	जिला	0.60	18.00	320.00
4.	विश्वशास्त्र मन्दिर	जिला	0.80	24.00	400.00
5.	डाक क्षेत्र प्रवेश केन्द्र	पिन कोड क्षेत्र	2.00	60.00	500.00
6.	ग्राम / नगर वार्ड प्रेरक	ग्राम / नगरवार्ड क्षेत्र	4.00	120.00	500.00
7.	स्वतन्त्र प्रेरक	पंजीकरण पर	10.00	300.00	500.00

अ. पाठ्यक्रम शुल्क से लाभ-पाठ्यक्रम के लिए प्राप्त शुल्क का वितरण है।
ब. छात्रवृत्ति, सहायता व सामाजिक सहायता से लाभ-प्रत्येक छात्रवृत्ति (रू0 5000/-), प्रत्येक सहायता व प्रत्येक सामाजिक सहायता वितरण प्रक्रिया प्रणाली (3-F: Fuel-Fire-Fuel) से लाभ है।

नोटः

1. स्वतन्त्र प्रेरक वे हैं जो क्र.स.1 से लेकर 7 तक के पद पर नहीं हैं। जबकि क्र.स.1 से लेकर 7 तक के पद स्वयं स्वतन्त्र प्रेरक भी हैं। क्र.स.1 से लेकर 7 तक के पद यदि अन्य का पंजीकरण करते हैं तो उन्हें स्वतन्त्र प्रेरक का भी लाभ मिलता है। शुल्क संग्रह व वितरण के लिए केवल डाक क्षेत्र प्रवेश केन्द्र ही अधिकृत हैं।
2. हमारे प्रणाली में केन्द्र/प्रेरक का लाभ सुनिश्चित रहता है क्योंकि उनका क्षेत्र निर्धारित करने तथा प्रत्येक विद्यार्थी के प्रवेश शुल्क भुगतान से नीचे से ऊपर तक को लाभ वितरण होता है। एम.एल.एम कम्पनीयों में एक व्यक्ति के जुड़ने से सिर्फ कम्पनी, रेफर करने वाले और अपलाइन को लाभ होता है। हमारे (3-F: Fuel-Fire-Fuel) छात्रवृत्ति वितरण प्रणाली में एक विद्यार्थी के जुड़ने से कम्पनी, स्वयं विद्यार्थी, रेफर करने वाले, पिन कोड डाक क्षेत्र प्रवेश केन्द्र, जिला, ब्राण्ड फ्रैन्चाइजी, विश्वशास्त्र मन्दिर, मण्डल प्रेरक तक को लाभ होता है।

"भारत का प्रत्येक नागरिक अपने जीवकोपार्जन के मार्ग व संघर्ष में अपने विषय का जानकार व अनुभव तो प्राप्त कर रहा है परन्तु कुछ पाने के क्रम में कुछ छूट भी जाता है इसलिए प्रत्येक नागरिक को अपने अहंकार को भूलकर यह स्वीकार करना होगा कि वह अपने विषय से हटकर अन्य विषय के विषय में कम या नहीं जानता है। अतः एक आदर्श नागरिक बनने के क्रम में न्यूनतम ज्ञान सभी को एक समान रूप से चाहिए, पुनर्निर्माण वही कार्य है।"

- लव क़ुश सिंह "विश्वमानव"

परियोजना-पुननिर्माण पद
1.मण्डल प्रेरक (Division Catalyst-Dv.C)

मण्डल प्रेरक कौन हो सकता है?

1. मण्डल प्रेरक की नियुक्ति के लिए प्रेरक के लिए निर्धारित योग्यता होनी चाहिए।
2. मण्डल प्रेरक उसी जिले का एम.बी.ए.डिग्रीधारी व्यक्ति होना चाहिए।

मण्डल प्रेरक के कार्य/जिम्मेदारी-

1. अपने मण्डल क्षेत्र के निवासीयों का प्रवेश पंजीकरण कराना। जिला क्षेत्र से माह में कम से कम 2,000 पंजीकरण स्वयं, स्वतन्त्र प्रवेश प्रेरक, जिला प्रेरक, डाक क्षेत्र प्रवेश केन्द्र और ग्राम/नगर वार्ड प्रेरक के माध्यम से होना चाहिए अन्यथा उनका मण्डल प्रेरक पद निरस्त कर दिया जायेगा।
2. अपने मण्डल क्षेत्र के अन्तर्गत आने वाले प्रत्येक जिला और पिन कोड क्षेत्र में एक जिला प्रेरक और डाक क्षेत्र प्रवेश केन्द्र (PAC) की नियुक्ति हेतु आवेदन प्राप्त करना और उसका निर्धारण करना।
3. जिला और पिन कोड क्षेत्र में नियुक्त डाक क्षेत्र प्रवेश केन्द्र (PAC) के माध्यम से अपने लक्ष्य को प्राप्त करना।
4. डिजिटल एन.जी.ओ/ट्रस्ट नेटवर्क में जिले के एन.जी.ओ/ट्रस्ट को जोड़ना।

परियोजना-पुननिर्माण पद
2.जिला प्रेरक (District Catalyst-Dt.C)

जिला प्रेरक कौन हो सकता है?

1. जिला प्रेरक की नियुक्ति के लिए प्रेरक के लिए निर्धारित योग्यता होनी चाहिए।
2. जिला प्रेरक उसी जिले का एन.जी.ओ/ट्रस्ट होना चाहिए।
3. डिजिटल एन.जी.ओ/ट्रस्ट नेटवर्क (Digital NGO/Trust Network) में शामिल होना चाहिए।

जिला प्रेरक के कार्य/जिम्मेदारी-

1. अपने जिला क्षेत्र के निवासीयों का प्रवेश पंजीकरण कराना। जिला क्षेत्र से माह में कम से कम 1000 पंजीकरण स्वयं, स्वतन्त्र प्रवेश प्रेरक, डाक क्षेत्र प्रवेश केन्द्र और ग्राम/नगर वार्ड प्रेरक के माध्यम से होना चाहिए अन्यथा उनका जिला प्रेरक पद निरस्त कर दिया जायेगा।
2. अपने जिला क्षेत्र के अन्तर्गत आने वाले प्रत्येक पिन कोड क्षेत्र में एक डाक क्षेत्र प्रवेश केन्द्र (PAC) की नियुक्ति हेतु आवेदन प्राप्त करना और उसका निर्धारण करना।
3. पिन कोड क्षेत्र में नियुक्त डाक क्षेत्र प्रवेश केन्द्र (PAC) के माध्यम से अपने लक्ष्य को प्राप्त करना।
4. डिजिटल एन.जी.ओ/ट्रस्ट नेटवर्क में अपने जिले के एन.जी.ओ/ट्रस्ट को जोड़ना।

परियोजना-पुनर्निर्माण पद
3."विश्वशास्त्र" मन्दिर (Vishwshastra Temple-V.T)

"विश्वशास्त्र" मन्दिर कौन हो सकता है?

1. "विश्वशास्त्र" मन्दिर की नियुक्ति के लिए प्रेरक के लिए निर्धारित योग्यता होनी चाहिए।
2. "विश्वशास्त्र" मन्दिर उसी जिले का जन्म आधारित ब्राह्मण होना चाहिए।

"विश्वशास्त्र" मन्दिर के कार्य/जिम्मेदारी-

1. अपने जिला क्षेत्र के निवासीयों का प्रवेश पंजीकरण कराना।
2. परियोजना पुनर्निर्माण द्वारा प्रेषित विज्ञापन सामग्री का वितरण करना और "विश्वशास्त्र" मन्दिर का प्रबन्ध व संचालन करना।

परियोजना-पुनर्निर्माण पद
4.ब्राण्ड फ्रैन्चाइजी (Brand Franchisee-B.F)

ब्राण्ड फ्रैन्चाइजी कौन हो सकता है?

1. ब्राण्ड फ्रैन्चाइजी की नियुक्ति के लिए प्रेरक के लिए निर्धारित योग्यता होनी चाहिए।
2. ब्राण्ड फ्रैन्चाइजी उसी जिले का व्यापारी होना चाहिए।

ब्राण्ड फ्रैन्चाइजी के कार्य/जिम्मेदारी-

1. अपने जिला क्षेत्र के निवासीयों का प्रवेश पंजीकरण कराना।
2. अपने जिला क्षेत्र परियोजना पुनर्निर्माण के उत्पाद (ब्राण्ड) का पारम्परिक विधि से व्यापार करना। जिसका उत्पादन वे स्वयं भी कर सकते हैं या दूसरे जिले के ब्राण्ड फ्रैन्चाइजी के साथ मिलकर उत्पादन/खरीद सकते हैं।
3. ब्राण्ड फ्रैन्चाइजी का यह स्वतन्त्र व्यापार है

परियोजना-पुनर्निर्माण पद
5.डाक क्षेत्र प्रवेश केन्द्र
(Postal area Admission Center-PAC)

डाक क्षेत्र प्रवेश केन्द्र के कार्य/जिम्मेदारी-

1. अपने डाक क्षेत्र के निवासीयों का प्रवेश पंजीकरण कराना। डाक क्षेत्र प्रवेश केन्द्र क्षेत्र से माह में कम से कम 50 पंजीकरण स्वयं और नगर वार्ड/ग्राम प्रवेश प्रेरक के माध्यम से होना चाहिए अन्यथा उनका केन्द्र निरस्त कर दिया जायेगा।
2. अपने डाक क्षेत्र के अन्तर्गत आने वाले प्रत्येक नगर वार्ड/ग्राम में एक नगर वार्ड/ग्राम प्रवेश प्रेरक की नियुक्ति करना। जिससे डिजिटल विलेज नेटवर्क और डिजिटल सिटी वार्ड नेटवर्क में उन्हें शामिल किया जा सके।
3. अपने डाक क्षेत्र के विकलांग, विधुर (60 वर्ष से कम), वरिष्ठ नागरिक (60 वर्ष से अधिक), अनाथ (14 वर्ष या इससे कम उम्र के बच्चे जिनके माता-पिता नहीं है) और नवजात शिशु (बच्चे के जन्म होने पर नाम के स्थान पर NEWBORN लिख कर) प्रमाण के साथ नगर वार्ड/ग्राम प्रवेश प्रेरक के माध्यम से पंजीकरण कराना।
4. शुल्क, छात्रवृत्ति, सामाजिक सहायता, पाठ्य सामग्री इत्यादि के आदान-प्रदान में छात्र व नगर वार्ड/ग्राम प्रवेश प्रेरक की सहायता करना।
5. अपने डाक क्षेत्र से सम्बन्धित छात्र को सूचना या शुल्क, छात्रवृत्ति, सामाजिक सहायता, पाठ्य सामग्री इत्यादि को पहुँचाना।
6. शुल्क संग्रह, वापसी इत्यादि के आदान-प्रदान में वेबसाइट के माध्यम से कम्पनी और विद्यार्थी के बीच का माध्यम बनना।
7. प्रत्येक डाक क्षेत्र प्रवेश केन्द्र देश के किसी भी क्षेत्र के विद्यार्थी का प्रवेश, शुल्क आदान-प्रदान, छात्रवृत्ति का अंश आदान-प्रदान करने के लिए अधिकृत है।]

डाक क्षेत्र प्रवेश केन्द्र के लिए अन्य लाभ व मार्गदर्शन-

1. डाक क्षेत्र प्रवेश केन्द्र को अलग से प्रोत्साहन (Incentive) राशि दी जाती है जो उन्हें वित्तीय वर्ष के उपरान्त भुगतान होता है।
2. डाक क्षेत्र प्रवश केन्द्र द्वारा माह में एक बार निर्धारित कार्यक्रमानुसार निर्धारित तिथि को कम्पनी को संग्रहित शुल्क का भुगतान करना आवश्यक है। जो पाँच कार्य दिवस के अन्दर कम्पनी को प्राप्त हो जाने चाहिए क्योंकि 6वें दिन से संग्रहित शुल्क पर 2 प्रतिशत प्रतिदिन का बिलम्ब शुल्क निर्धारित है और यह प्रोत्साहन (Incentive) राशि से घटा दी जाती है। 15 दिनों तक संग्रहित शुल्क न पहुँचने पर केन्द्र निरस्त कर दिया जाता है।
3. प्रोत्साहन (Incentive) राशि डाक क्षेत्र प्रवश केन्द्र अपने लागइन क्षेत्र से देख सकता है।

परियोजना-पुनर्निर्माण पद
6.ग्राम/नगर वार्ड प्रेरक
(Village/City ward Catalyst-V.C)

ग्राम /नगर प्रेरक कौन हो सकता है?

1. ग्राम/नगर वार्ड प्रेरक की नियुक्ति के लिए ग्राम/नगर वार्ड प्रेरक के लिए निर्धारित योग्यता होनी चाहिए।
2. ग्राम/नगर वार्ड प्रेरक उसी ग्राम/नगर वार्ड का निवासी होना चाहिए।
3. ग्राम/नगर वार्ड प्रेरक की अधिकतम समय ग्राम/नगर वार्ड में ही व्यतित होना चाहिए।
4. ग्राम/नगर वार्ड प्रेरक वर्तमान ग्राम प्रधान/सभासद, असफल ग्राम प्रधान/सभासद प्रत्याशी या अन्य कोई निवासी जो बेरोजगार हो और योग्यता रखता हो।
5. डिजिटल ग्राम नेटवर्क (Digital Village Network) या डिजिटल नगर वार्ड नेटवर्क (Digital City Ward Network) में शामिल होना चाहिए।

ग्राम /नगर वार्ड प्रेरक का कार्य

एक ग्राम/नगर वार्ड प्रेरक, राष्ट्र निर्माण की प्रणाली- "पुनर्निर्माण" का ग्राम/नगर वार्ड स्तर पर नेतृत्व व अपने कार्य क्षेत्र में समभाव से कार्य करते हुए अपने ग्राम/नगर वार्ड के व्यक्ति केन्द्रित स्वाभाविक उन्नति के लिए शारीरिक-आर्थिक-मानसिक विकास के समस्त संसाधन को उपलब्ध कराते हुए ग्राम/नगर वार्ड और उसके निवासी का भविष्य निर्माता का पद है। जबकि वह अपने कार्यों को करते हुये सामाजिक, राजनितिक व धार्मिक रूप से स्वतन्त्र है।

1. अपने ग्राम/नगर वार्ड का वेबसाइट सम्भालना।
2. अपने ग्राम/नगर वार्ड क्षेत्र में ट्रस्टों द्वारा प्रायोजित सामाजिक सहायता (वृद्ध, विकलांग, विधुर, नवजात व अनाथ) दिलाने के लिए शत-प्रतिशत फार्म भरवाना।
3. अपने ग्राम/नगर वार्ड क्षेत्र में नीजी कम्पनी द्वारा प्रायोजित "सत्य मानक शिक्षा" में प्रवेश व छात्रवृत्ति दिलाने के लिए शत-प्रतिशत फार्म भरवाना।
4. अपने ग्राम/नगर वार्ड क्षेत्र में नीजी कम्पनी द्वारा प्रायोजित "सत्य मानक शिक्षा" में प्रवेश के बदले सहायता (स्वास्थ्य, घरेलू पुस्तकालय, पर्यटन, शिक्षा) दिलाने के लिए शत-प्रतिशत फार्म भरवाना।
5. अपने ग्राम/नगर वार्ड क्षेत्र में मल्टी नेशनल कम्पनी द्वारा प्रायोजित "रायल्टी" दिलाने के लिए शत-प्रतिशत फार्म भरवाना।
6. अपने ग्राम/नगर वार्ड क्षेत्र पर सदैव दृष्टि रखना और यह लक्ष्य रखना कि किसी भी निवासी का मासिक आय कम से कम रू0 10 हजार प्रति माह न रहे।
7. अपने ग्राम/नगर वार्ड क्षेत्र पर परियोजना सर्वेक्षण के अन्तर्गत सदैव दृष्टि रखना और यह देखना कि कोई गम्भीर बिमारी/असाध्य बिमारी से पीड़ित तो नहीं है। ऐसा मिलने पर तुरन्त सूचना देना।

ग्राम /नगर प्रेरक की नियुक्ति की प्रक्रिया।

1. ग्राम/नगर वार्ड प्रेरक की नियुक्ति के लिए ग्राम/नगर वार्ड प्रेरक के लिए निर्धारित योग्यता होनी चाहिए।

2. ग्राम/नगर वार्ड प्रेरक को वेबसाइट विकास का खर्च प्रथम वर्ष में रू0 2 हजार का निवेश करने की क्षमता होनी चाहिए, उसके बाद प्रत्येक वर्ष नवीनीकरण खर्च रू0 1,000/- है। ग्राम/नगर वार्ड पोर्टल (वेबसाइट-ग्राम/वार्ड के नाम से) एक माह के अन्दर ही बन कर प्रारम्भ हो जाता है। ग्राम/नगर वार्ड पोर्टल (वेबसाइट-ग्राम/वार्ड के नाम से) एक शारीरिक-आर्थिक-मानसिक विकास के साथ व्यापारिक (ई-कामर्स) लाभ/आय देने वाली वेबसाइट है। वेबसाइट के लिए रू0 2,000/- निवेश की प्रक्रिया निम्न प्रकार है -

अ. प्रथम किस्त-25 प्रतिशत-रू0 500/-

ब. द्वितीय किस्त-50 प्रतिशत-रू0 1,000/-

स. तृतीय और अन्तिम किस्त-25 प्रतिशत-रू0 500/-

प्रथम किस्त देय है। शेष किस्त एक माह के अन्दर भुगतान करना होता है। ग्राम/नगर वार्ड प्रेरक नियुक्त होने के बाद परियोजना पुनर्निर्माण की कुल 25 विवरणिका (36 पृष्ठ, ए.4 साइज) और डिजिटल ग्राम/नगर वार्ड नेटवर्क की कुल 100 विवरणिका (36 पृष्ठ, ए.8 साइज) ग्राम/नगर के बुद्धिजिवी व्यक्तियों में शुल्क मुक्त रूप से वितरण के लिए दी जाती है जिससे ग्राम/नगर के बौद्धिक वर्ग यह जान सके कि निवासीयों को राष्ट्र निर्माण के मुख्यधारा में लाने की प्रक्रिया क्या है। यह विवरणिका ग्राम/नगर वार्ड प्रेरक को खरीदना पड़ता है। विवरणिका के लिए खर्च की गई राशि ग्राम/नगर वार्ड प्रेरक द्वारा सफलता पूर्वक कार्य करने पर बाद में कम्पनी द्वारा भुगतान कर दी जाती है।

ग्राम/नगर वार्ड प्रेरक के लिए विस्तृत मार्गदर्शन डिजिटल ग्राम/नगर वार्ड नेटवर्क की विवरणिका में उपलब्ध है।

परियोजना-पुननिर्माण पद
7.स्वतन्त्र प्रेरक (Freelance Catalyst-F.C)

एक बार पाठ्यक्रम खरीदने वाला व्यक्ति/संस्था हमारे लिए स्वतः ही स्वतन्त्र प्रवेश प्रेरक भी बन जाता है। स्वतन्त्र प्रवेश प्रेरक यदि व्यापार करना चाहता है तो वह पूरे भारत देश में कहीं से भी दूसरे विद्यार्थी को पंजीकृत करवा सकता है। यह पंजीकृत नया विद्यार्थी, जीवन में जब भी पाठ्यक्रम का शुल्क जमा करता है तब स्वतन्त्र प्रवेश प्रेरक को नियमानुसार अतिरिक्त लाभ प्राप्त होता है। स्वतन्त्र प्रवेश प्रेरक द्वारा पंजीकृत विद्यार्थी, जब भी छात्रवृत्ति प्राप्त करता है तब भी स्वतन्त्र प्रवेश प्रेरक को नियमानुसार अतिरिक्त लाभ प्राप्त होता है। यह क्रम स्वतन्त्र प्रवेश प्रेरक द्वारा पंजीकृत प्रत्येक विद्यार्थी के साथ चलता रहता है।

“मैंने एक योजना सोची तथा उसे कार्यान्वित करने का मैंने दृढ़ सकल्प किया। कन्याकुमारी में माता कुमारी के मन्दिर में बैठकर, भारतवर्ष की अन्तिम चट्टान पर बैठकर, मैंने सोचा कि हम जो इतने संन्यासी घूमते फिरते हैं और लोगों को दर्शनशास्त्र की शिक्षा दे रहे हैं, यह सब निरा पागलपन है। क्या हमारे गुरुदेव नहीं कहा करते थे कि खाली पेट से धर्म नहीं होता?”

- स्वामी विवेकानन्द

भाग-5

ग्राम एवं नगर

ग्राम या गाँव और ग्राम पंचायत

नगर, नगर वार्ड और नगर पंचायत/निगम/पालिका

पंचायती राज

ग्राम या गाँव और पंचायत

ग्राम या गाँव छोटी-छोटी मानव बस्तियों को कहते हैं जिनकी जनसंख्या कुछ सौ से लेकर कुछ हजार के बीच होती है। मारवाड़ी भाषा में गोम कहते है। प्रायः गाँवों के लोग कृषि या कोई अन्य परम्परागत काम (जैसे - मछली पकड़ना इत्यादि) करते हैं। गाँवों में घर प्रायः बहुत पास-पास व अव्यवस्थित होते हैं। परम्परागत रूप से गाँवों में शहरों की अपेक्षा कम सुविधाएं (शिक्षा, रोजगार, स्वास्थ्य आदि की) होती हैं। एक गांव में एक समुदाय, एक गांव से भी बड़ा है, लेकिन एक कस्बे या शहर से छोटा है। हालांकि कई बार ग्रामीण क्षेत्रों में स्थित होता है। शब्द शहरी गांव भी कुछ शहर के पड़ोस के गाँव के लिए लागू किया जाता है। औद्योगिक क्रांति और शहरों के बढ़ने के कारण कई गांवों कस्बों के शहरीकरण की इस प्रवृत्ति को जारी रखा गया है।

भारतीय जनगणना-2001, के अनुसार भारत की जनसंख्या का 74 प्रतिशत निवासी 6,38,365 गाँव में हैं। इन गाँवों के आकार में काफी अंतर है। 2,36,004 भारतीय गांवों में कम से कम 500 की आबादी है, जबकि 3,976 गांवों में 10,000 की आबादी है। अधिकांश गांवों में स्थानीय धार्मिक अपने स्वयं के मंदिर, मस्जिद या चर्च हैं।

प्राचीन काल से ही भारतवर्ष के सामाजिक, राजनीतिक और आर्थिक जीवन में पंचायत का महत्वपूर्ण स्थान रहा है। सार्वजनिक जीवन का प्रत्येक पहलू इसी के द्वारा संचालित होता था।

प्राचीन काल

वैदिक काल में भी पंचायतों का अस्तित्व था। ग्राम के प्रमुख को ग्रामणी कहते थे। उत्तर वैदिक काल में भी यह होता था जिसके माध्यम से राजा ग्राम पर शासन करता था। बौद्धकालीन ग्राम परिषद् में "ग्राम वृद्ध" सम्मिलित होते थे। इनके प्रमुख को "ग्राम भोजक" कहते थे। परिषद् अथवा पंचायत ग्राम की भूमि की व्यवस्था करती थी तथा ग्राम में शांति और सुरक्षा बनाए रखने में ग्राम भोजक की सहायता करती थी। जनहित के अन्य कार्यों का संपादन भी वही करती थी। स्मृति ग्रंथों में भी पंचायत का उल्लेख है। कौटिल्य ने ग्राम को राजनीतिक इकाई माना है। "अर्थशास्त्र" का "ग्रामिक" ग्राम का प्रमुख होता था जिसे कितने ही अधिकार प्राप्त थे। अपने सार्वजनिक कर्तव्यों को पूरा करने में वह ग्रामवासियों की सहायता लेता था। सार्वजनिक हित के अन्य कार्यों में भी ग्रामवासियों का सहयोग वांछनीय था। ग्राम की एक सार्वजनिक निधि भी होती थी जिसमें जुर्माने, दंड आदि से धन आता था। इस प्रकार ग्रामिक और ग्राम पंचायत के अधिकार और कर्तव्य सम्मिलित थे जिनकी अवहेलना दंडनीय थी। गुप्तकाल में ग्राम शासन की सबसे छोटी इकाई था जिसके प्रमुख को "ग्रामिक" कहते थे। वह "पंचमंडल" अथवा पंचायत की सहायता से ग्राम का शासन चलाता था। "ग्राम वृद्ध" इस पंचायत के सदस्य होते थे। हर्ष ने भी इसी व्यवस्था को अपनाया। उसके समय में राज्य "भुक्ति" (प्रांत), "विषय" (जिला) और "ग्राम" में विभक्त था। हर्ष के मधुबन शिलालेख में सामकुंडका ग्राम का उल्लेख है जो "कुंडघानी" विषय और "अहिछत्र" भुक्ति के अंतर्गत था। ग्राम प्रमुख को ग्रामिक कहते थे।

मध्य काल

नवीं और दसवीं शताब्दी के चोल और उत्तर मल्लूर शिलालेखों से पता चलता है कि दक्षिण में भी पंचायत व्यवस्था थी। ग्राम्य स्वशासन का विकास चोल शासन की मुख्य विशेषता थी। इन साम्य शासन इकाइयों को "कुर्रुम" कहते थे, जिनमें कई ग्राम सम्मिलित होते थे। कुर्रुम एक स्वायत्तशासी इकाई थी। शासनसत्ता एक महासभा में निहित होती थी जिले ग्राम के लोग चुनते थे सभा अपनी समितियों के माध्यम से शासन का काम चलाती थी। इस प्रकार की आठ समितियाँ थीं जो जनहित के विभिन्न कार्यों को करने के अतिरिक्त शांति और सुरक्षा बनाए रखने के लिए उत्तरदायी थीं। ये न्याय संबंधी कार्य्य भी करती थीं। ग्राम पूरी तरह स्वायत्तशासी था और इस प्रकार

केंद्रीय शासन अनेक दायित्वों से मुक्त रहता था। मुस्लिम और मराठा कालों में भी किसी न किसी प्रकार की पंचायत व्यवस्था चलती रही और प्रत्येक ग्राम अपने में स्वावलंबी बना रहा।

ब्रिटिश काल

अंग्रेजी शासनकाल में पंचायत-व्यवस्था को सबसे अधिक धक्का पहुँचा और वह यह व्यवस्था छिन्न-भिन्न हो गई। फिर भी ग्रामों के सामाजिक जीवन में पंचायतें बनी रहीं। प्रत्येक जाति अथवा वर्ग की अपनी अलग-अलग पंचायतें थीं जो उसके सामाजिक जीवन को नियंत्रित करती थीं और पंचायत की व्यवस्था एवं नियमों का उल्लंघन करने वाले को कठोर दंड दिया जाता था। शासन की ओर से इन पंचायतों के कार्यों में हस्तक्षेप नहीं किया जाता था। आरंभ से ही अंग्रेजों की नीति यह रही कि शासन का काम, यथासंभव, अधिकाधिक राज्य कर्मचारियों के हाथों में ही रहे। इसके परिणामस्वरूप फौजदारी और दीवानी अदालतों की स्थापना, नवीन राजस्व नीति, पुलिस व्यवस्था, गमनागमन के साधनों का विकास आदि कारणों से ग्रामों का स्वावलंबी जीवन और स्थानीय स्वायत्तता धीरे-धीरे समाप्त हो चली। परंतु आगे चलकर अंग्रेजों ने भी यह अनुभव किया कि उनकी केंद्रीकरण की नीति से शासन भार दिन प्रतिदिन बढ़ता ही जा रहा है। दूसरी ओर राष्ट्रीय जागृति के कारण स्वायत्त शासन की माँग भी बढ़ रही थी। अतएव उन्हें विकेंद्रीकरण की दिशा में कदम उठाने को बाध्य होना पड़ा। प्रारंभ में जिला बोर्डों और म्युनिसिपल बोर्डों की स्थापना की गई। सन् 1907 के विकेंद्रीकरण संबंधी शाही कमीशन ने पंचायतों के महत्व को स्वीकर किया और अपनी रिपोर्ट में लिखा कि किसी भी स्थायी संगठन की नींव, जिससे जनता का सक्रिय सहयोग प्रशासन के साथ हो, ग्रामों में ही होनी चाहिए। कमीशन ने सिफारिश की कि कुछ चुने हुए ग्रामों में, जो पारस्परिक दलबंदी और झगड़ों से मुक्त हों, पंचायतें स्थापित की जाएँ और प्रारंभ में उन्हें सीमित अधिकार दिए जाएँ। तत्कालीन भारत सरकार ने 1915 ई. में कमीशन की सिफारिशों को सिद्धांततः तो स्वीकर कर लिया परंतु व्यवहार में उनकी पूर्णतया उपेक्षा की गई। बहुत ही कम ग्रामों में पंचायतें बनी जो बनीं, वे भी सरकार द्वारा पूरी तरह नियंत्रित थी।

भारत सरकार के 1919 मे अधिनियम के अनुसार प्रांतीय सरकारों को स्वशासन के कुछ अधिकार दिए गए और 1920 के आसपास सभी प्रांतों में ग्राम पंचायत अधिनियम बनाए गए। संयुक्त प्रदेश (उत्तर प्रदेश) में 1920 के पंचायत ऐक्ट के अधीन लगभग 4700 ग्राम पंचायतें स्थापित की गईं। सभी प्रांतों में पंचायतों को सीमित अधिकार दिए गए। वे जनस्वास्थ्य, स्वच्छता, चिकित्सा, जल विकास, सड़कों, तालाबों, कुओं आदि की देखभाल करती थीं। उन्हें न्याय संबंधी कुछ अधिकार भी प्राप्त थे। वे अधिकतम रु0 200/- की चल संपत्ति से संबद्ध मुकदमे ले सकती थीं और फौजदारी के मुकदमों में रु0 50/- तक जुर्माना कर सकती थीं। इनकी आय का मुख्य साधन जुर्माना या दान था। परंतु वास्तविकता यह रही कि प्राचीन पंचायतों की तुलना में ये पंचायतें पूर्णतया प्रभावहीन थीं, इनके पंच जनता द्वारा न चुने जाकर सरकार द्वारा मनोनीत किए जाते थे तथा आय के साधन न होने के कारण इनकी आर्थिक स्थिति ठीक नहीं थी। दूसरी ओर राष्ट्रीय आंदोलन के कर्णधार यह अनुभव करते थे कि गाँवों का आर्थिक और नैतिक पतन केवल पंचायतों की पुर्नस्थापना द्वारा ही रोका जा सकता है। गांधी जी के ग्रामों के लिए दस सूत्री कार्यक्रम में पंचायतों को सुदृढ़ बनाने की बात मुख्य थी। वे पंचायतों को स्वंतत्र भारत की शासन व्यवस्था की आधारशिला बनाना चाहते थे। 1937 में सात प्रांतों में स्थापित कांग्रेसी सरकारों के सामने भी यही आदर्श था। उत्तर प्रदेश में अनेक ग्रामों में जीवन सुधार समितियाँ बनाई गई जिन्हें ग्राम विकास के कार्य सौंपे गए।

स्वतंत्रता प्राप्ति के बाद

इस प्रकार 1947 ई. तक ग्रामों में सही पंचायत व्यवस्था का अभाव ही रहा। स्वतंत्रता प्राप्ति के पश्चात् इस व्यवस्था को पुनर्जीवित करने के सक्रिय प्रयास आरंभ हुए। उत्तर प्रदेश में सन् 1947 में पंचायत राज अधिनियम बनाया गया। संविधान के अंतर्गत "राजनीति के निदेशक तत्वों" में राज्य का यह प्रमुख कर्तव्य बतलाया गया कि "वह ग्राम पंचायतों का संगठन करने के लिए अग्रसर हो" तथा "उनको ऐसी शक्तियाँ और अधिकार प्रदान

करे जो उन्हें स्वायत्त शासन की इकाइयों के रूप में कार्य करने योग्य बनाने के लिए आवश्यक हों"। इस निर्देश के अनुसार प्रत्येक राज्य में पंचायत व्यवस्था लागू करने की दिशा में कदम उठाए गए और प्रत्येक ग्राम अथवा ग्राम समूह में पंचायत की स्थापना की गई। पंचायत के सदस्यों का चुनाव गाँव के मताधिकार प्राप्त व्यक्तियों द्वारा किया जाता है। ग्राम पंचायतें ग्राम की स्वच्छता, प्रकाश, सड़कों, औषधालयों, कुओं की सफाई और मरम्मत, सार्वजनिक भूमि, पैठ, बाजार तथा मेलों और चरागाहों की व्यवस्था करती हैं, जन्म-मृत्यु का लेखा रखती हैं और खेती, उद्योग धंधों एवं व्यवसायों की उन्नति, बीमारियों की रोकथाम, श्मशानों और कब्रिस्तानों की देखभाल भी करती हैं। वृक्षारोपण, पशुवंश का विकास, ग्राम सुरक्षा के लिए ग्राम सेवक दल का गठन, सहकारिता का विकास, अकाल पीड़ितों की सहायता, पुलों और पुलियों का निर्माण, स्कूलों और अस्पतालों का सुधार आदि इनके ऐच्छिक कर्तव्य हैं। ग्रामों में पंचायत व्यवस्था का दूसरा अंग न्याय पंचायतें हैं। ग्रामों में मुकदमेबाजी कम करने तथा जनता को सस्ता न्याय सुलभ बनाने की दृष्टि से न्याय पंचायतों का निर्माण किया गया है। इन्हें दीवानी, फौजदारी और माल के मामलों में कुछ अधिकार प्रदान किए गए है। प्रत्येक राज्य में पंचायतों के अधिकार और दायित्व न्यूनाधिक रूप से समान है।

विकेंद्रीकरण व्यवस्था को पूरी तरह कार्यान्वित करने की दिशा में और भी कदम उठाए गए हैं। पंचायतों के अधिकारों और कर्तव्यों का क्षेत्र विस्तृत हो रहा है। इस प्रकार ग्राम पंचायतें पुनः हमारे देश के जनजीवन का अभिन्न अंग बन गई हैं। इस व्यवस्था की सफलता के लिए जन शिक्षा, सामूहिक चेतना, गुटबंदी का अभाव, राज्य द्वारा कम से कम हस्तक्षेप आदि बातें आवश्यक हैं।

ग्राम पंचायत, के अन्तर्गत एक गाँव या कई गाँव भी हो सकते हैं जो गाँव की जनसंख्या पर निर्भर करता है। ग्राम पंचायत में ग्राम के विभिन्न भाग/वार्ड से एक-एक सदस्य भी चुने जाते हैं।

नगर, नगर वार्ड और नगर पंचायत/निगम/पालिका

सामान्यतः यह स्वीकार किया जाता है कि नगर समुदाय में जनसंख्या अधिक होती है, जनसंख्या का घनत्व अधिक होता है। भारत में नगरीय शासन व्यवस्था प्राचीन काल से ही प्रचलन में रही है, लेकिन इसे कानूनी रूप सर्वप्रथम 1687 में दिया गया, जब ब्रिटिश सरकार द्वारा मद्रास शहर के लिए नगर निगम संस्था की स्थापना की गयी। बाद में 1793 के चार्टर अधिनियम के अधीन मद्रास, कलकत्ता तथा बम्बई के तीनों महानगरों में नगर निगमों की स्थापना की गयी। बंगाल में नगरीय शासन प्रणाली को प्रारम्भ करने के लिए 1842 में बंगाल अधिनियम पारित किया गया। 1882 में तत्कालीन वायसराय लॉर्ड रिपन ने नगरीय शासन व्यवस्था में सुधार करने का प्रयास किया, लेकिन वह राजनीतिक कारणों से अपने इस कार्य में असफल रहा। नगरीय प्रशासन के विकेन्द्रीकरण पर रिपोर्ट देने के लिए 1909 में शाही विकेन्द्रीकरण आयोग का गठन किया गया, जिसकी रिपोर्ट को आधार बनाकर भारत सरकार अधिनियम, 1919 में नगरीय प्रशासन के सम्बन्ध में स्पष्ट प्रावधान किया गया, जिसमें किये गये प्रावधानों के अनुसार नगरीय शासन व्यवस्था छिन्न-भिन्न हो गयी।

नगरीय शासन सम्बन्धी संवैधानिक उपबंध (भाग 9-क)

अनुच्छेद	**विवरण**
अनुच्छेद 243 त	परिभाषा
अनुच्छेद 243 थ	नगर पालिकाओं का गठन
अनुच्छेद 243 द	नगर पालिकाओं की संरचना
अनुच्छेद 243 ध	वार्ड समितियों आदि का गठन और संरचना
अनुच्छेद 243 न	स्थानों का आरक्षण
अनुच्छेद 243 प	नगर पालिकाओं की अवधि आदि
अनुच्छेद 243 फ	सदस्यता के लिए निरर्हताएँ
अनुच्छेद 243 ब	नगरपालिकाओं आदि की शक्तियाँ, प्राधिकार और उत्तदायित्व
अनुच्छेद 243 भ	नगरपालिकाओं द्वारा कर अधिरोपित करने की शक्ति और उनकी निधियाँ
अनुच्छेद 243 म	वित्त आयोग
अनुच्छेद 243 य	नगरपालिकाओं के लेखाओं की संपरीक्षा
अनुच्छेद 243 य क	नगरपालिकाओं के लिए निर्वाचन
अनुच्छेद 243 य ख	संघ राज्य क्षेत्रों को लागू होना
अनुच्छेद 243 य ग	इस भाग का कतिपय क्षेत्रों को लागू न होना
अनुच्छेद 243 य घ	जिला योजना के लिए समिति
अनुच्छेद 243 य ङ	महानगर योजना के लिए समिति
अनुच्छेद 243 य च	विद्यमान विधियों पर नगर पालिकाओं का बना रहना
अनुच्छेद 243 य छ	निर्वाचन सम्बन्धी मामलों में न्यायालयों के हस्तक्षेप का वर्णन

नगरीय शासन व्यवस्था के सम्बन्ध में संवैधानिक प्रावधान

नगरीय शासन व्यवस्था के सम्बन्ध में मूल संविधान में कोई प्रावधान नहीं किया गया था, लेकिन इसे सातवीं अनुसूची की राज्य सूची में शामिल करके यह स्पष्ट कर दिया गया था कि इस सम्बन्ध में कानून केवल राज्यों में नगरीय शासन व्यवस्था के सम्बन्ध में कानून बनाया गया था। इन कानूनों के अनुसार नगरीय शासन व्यवस्था के संचालन के लिए निम्नलिखित निकायों को गठित करने के सम्बन्ध में प्रावधान किया गया था-

1. नगर निगम
2. नगर पालिका
3. नगर क्षेत्र समितियाँ (नगर पंचायत)
4. अधिसूचित क्षेत्र समिति तथा
5. छावनी परिषद्

74वाँ संविधान संशोधन अधिनियम द्वारा नगरीय शासन के सम्बन्ध में प्रावधान

22 दिसम्बर, 1992 को लोकसभा द्वारा तथा 23 दिसम्बर, 1992 को राज्यसभा द्वारा पारित और 20 अप्रैल, 1993 को राष्ट्रपति द्वारा स्वीकृत एवं 1 जून, 1993 से प्रवर्तित 74वें संविधान संशोधन द्वारा स्थानीय नगरीय शासन के सम्बन्ध में संविधान में भाग 9-क नये अनुच्छेदों (243 त से 243 य छ तक) एवं 12वीं अनुसूची जोड़कर निम्नलिखित प्रावधान किये गये हैं-

प्रत्येक राज्य में नगर पंचायत, नगर पालिका परिषद् तथा नगर निगम का गठन किया जाएगा। नगर पंचायत का गठन उस क्षेत्र के लिए होगा, जो ग्रामीण क्षेत्र से नगरीय क्षेत्र में परिवर्तित हो रहा है। नगर पालिका परिषद् के सम्बन्ध में छोटे नगरीय क्षेत्रों के लिए किया जाएगा, जबकि बड़े नगरों के लिए नगर निगम का गठन होगा। तीन लाख या अधिक जनसंख्या वाली नगर पालिका के क्षेत्र में एक या अधिक वार्ड समितियों का गठन होगा। प्रत्येक प्रकार के नगर निकायों के स्थानों के लिए अनुसूचित जातियों तथा अनुसूचित जनजातियों के सदस्यों के लिए उनके जनसंख्या के अनुपात में स्थानों को आरक्षित किया जाएगा तथा महिलाओं के लिए कुल स्थानों का 30% आरक्षित होगा। नगरीय संस्थाओं की अवधि पाँच वर्ष की होगी, लेकिन इन संस्थाओं का 5 वर्ष के पहले भी विघटन किया जा सकता है और विघटन की स्थिति में 6 मास के अन्दर चुनाव कराना आवश्यक होगा।

नगरीय संस्थाओं की शक्तियाँ और उत्तरदायित्व क्या होगा, इसका निर्धारण राज्य विधान मण्डल कानून बनाकर कर सकती है। राज्य विधान मण्डल कानून बनाकर नगरीय संस्थाओं को निम्नलिखित के सम्बन्ध में उत्तरदायित्व और शक्तियाँ प्रदान कर सकती है- (अ) नगर में निवास करने वाले व्यक्तियों के सामाजिक न्याय तथा आर्थिक विकास के लिए योजना तैयार करने के लिए। (ब) ऐसे कार्यों को करने तथा ऐसी योजनाओं को क्रियानवित करने के लिए, जो उन्हें सौंपा जाए। इसके अतिरिक्त निम्नलिखित विषयों, जो संविधान की बारहवीं अनुसूची में शामिल किये गये हैं, के सम्बन्ध में राज्य विधान मण्डल कानून बनाकर नगरीय संस्थानों को अधिकार एवं दायित्व सौंप सकते हैं-

01. नगरीय योजना (इसमें शहरी योजना भी सम्मिलित है)।
02. भूमि उपयोग का विनियम और भवनों का निर्माण।
03. आर्थिक और सामाजिक विकास की योजना।
04. सड़के और पुल।
05. घरेलू, औद्योगिक और वाणिज्यिक प्रयोजनों के निमित्त जल की आपूर्ति।
06. लोक स्वास्थ्य, स्वच्छता, सफाई तथा कूड़ा-करकट का प्रबन्ध।
07. अग्निशमन सेवाएँ।
08. नगरीय वानिकी, पर्यावरण का संरक्षण और पारिस्थितिक पहलुओं की अभिवृद्धि।
09. समाज के कमजोर वर्गों (जिसके अन्तर्गत विकलांग और मानसिक रूप से मन्द व्यक्ति सम्मिलित हैं) के हितों का संरक्षण।
10. गन्दी बस्तियों में सुधार।
11. नगरीय निर्धनता में कमी।
12. नगरीय सुख-सुविधाओं, जैसे पार्क, उद्यान, खेल का मैदान इत्यादि की व्यवस्था।
13. सांस्कृतिक, शैक्षणिक और सौन्दर्यपरक पहलुओं की अभिवृद्धि।

14. कब्रिस्तान, शव गाड़ना, श्मशान और शवदाह तथा विद्युत शवदाह
15. पशु-तालाब तथा जानवरों के प्रति क्रूरता को रोकना।
16. जन्म-मरण सांख्यिकी (जन्म-मरण पंजीकरण सहित)।
17. लोक सुख सुविधायें (पथ-प्रकाश, पार्किंग स्थल, बस स्टाप, लोक सुविधा सहित)।
18. वधशालाओं तथा चर्म शोधनशालाओं का विनियमन।
19. राज्य विधान मण्डल कानून बनाकर उन विषयों को विहित कर सकती है, जिन पर नगरीय संस्थाएँ कर लगा सकती हैं।
20. नगरीय संस्थाओं की वित्तीय स्थिति का पुनर्विलोकन करने के लिए वित्त आयोग का गठन किया जाएगा, जो करों, शुल्कों, पथकरों, फीसों की शुद्ध आय और संस्थाओं तथा राज्य के बीच वितरण के लिए राज्यपाल से सिफारिश करेगा।

निर्वाचन

नगर निगमों, नगरपालिकाओं और अन्य स्थानीय निकायों के निर्वाचन के संचालन के लिए शक्तियाँ 74वां संविधान संशोधन अधिनियम, 1992 के तहत प्रत्येक राज्य व संघ राज्य क्षेत्र में गठित राज्य निर्वाचन आयोग में निहित हैं। यह आयोग, भारत निर्वाचन आयोग से स्वतंत्र है।

प्रशासनिक सुधार आयोग की रिपोर्ट

27 नवम्बर, 2007 को वीरप्पा मोइली की अध्यक्षता वाले दूसरे प्रशासनिक सुधार आयोग ने अपनी छठी रिपोर्ट, जो स्थानीय प्रशासन में सुधार से सम्बन्धित है, प्रधानमंत्री डॉ. मनमोहन सिंह को प्रस्तुत की। रिपोर्ट में स्थानीय प्रशासन में लोकतंत्र के प्रोन्नयन तथा इसे नागरिक केन्द्रित बनाने का सुझाव दिया गया है। प्रशासन में स्थानीय लोकतंत्र के प्रोन्नयन को विकेन्द्रीकरण से कहीं ऊपर बताते हुए साउथ अफ्रीकन एक्ट की तर्ज पर ऐसा कानून संसद में पारित कराने को कहा गया है, जिससे स्थानीय निकायों को अधिक शक्तियाँ एवं दायित्व सौंपे जा सकें। रिपोर्ट में जिला स्तर पर लोकतांत्रिक सरकार का एक तीसरा स्तर सृजित करने का सुझाव दिया गया है।

आयोग ने अपनी रिपोर्ट में संसद से प्रत्येक राज्य में विधान परिषद् के गठन के लिए कदम उठाने को कहा है। आयोग का विचार है कि विधान परिषद् के गठन से स्थानीय शासन को राज्य शासन व्यवस्था में प्रतिनिधित्व मिल सकेगा। रिपोर्ट में चुनाव सुधारों के लिए निर्वाचन क्षेत्रों के परिसीमन व इनके आरक्षण सम्बन्धी कार्य को राज्य स्तरीय चुनाव आयोग पर छोड़ने को कहा गया है। स्थानीय सरकारों की वित्तीय स्थिति में सुधार के लिए प्रशासनिक सुधार आयोग ने कहा है कि राज्य वित्त आयोगों का गठन इस प्रकार किया जाना चाहिए कि केन्द्रीय वित्त आयोग की सिफारिशों को यह ध्यान में रख सकें। आयोग के अनुसार स्थानीय सरकारों को संविधान के तहत प्रदत्त दायित्वों का पूर्ण निर्वाह करना चाहिए तथा विद्युत बोर्ड व जल प्राधिकरण जैसे निकायों को स्थानीय सरकारों के प्रति उत्तरादायी होना चाहिए।

नगर पालिका

भारत में, एक नगर पालिका अक्सर एक शहर के रूप में जाना जाता है। यह न तो एक ग्राम और न ही बड़े शहर के बराबर होता है, वरन उनके बीच का होता है। एक नगर पालिका 20,000 या उससे अधिक लोगों को मिलाकर बनता है, लेकिन अगर यह 5 लाख से अधिक जनसंख्या वाला हो जाता है तब एक निगम बन जाता है।

नगर पालिका एक प्रशासनिक इकाई होती है, जिसमें स्पष्ट रूप से परिभाषित क्षेत्र होता है और इसकी जनसंख्या भी अंकित होती है। आमतौर पर यह एक शहर, कस्बे या गांव, या उनमें से छोटे समूह रूप में होता है। एक नगरपालिका में प्रायः एक महापौर प्रशासनिक अधिकारी होता है, व इसके ऊपर नगर परिषद या नगरपालिका परिषद का नियंत्रण होता है। प्रायः नगरपालिका अध्यक्ष ही प्रशासनिक अध्यक्ष होता है।

नगर निगम

नगर निगम के एक स्थानीय शासी निकाय के लिए कानूनी नाम होता है, जो (लेकिन जरूरी सीमित नहीं) शहर, काउंटियों, कस्बों, बस्ती, चार्टर बस्ती, गांवों और नगर सहित स्थलों के लिए प्रयुक्त शब्द होता है। नगर निगम के समावेश तब होता है जब ऐसे नगर पालिकाओं हो स्वयं राज्य या प्रांत में वे स्थित हैं, के कानूनों के तहत संस्थाओं के संचालक. अक्सर, इस घटना को पुरस्कार या नगर निगम के एक चार्टर की घोषणा से चिह्नित है।

भारत में एक नगर निगम एक स्थानीय सरकार के रूप में 2 लाख या उससे अधिक की जनसंख्या के एक शहर का प्रशासन करता है। पंचायती राज प्रणाली के तहत, यह राज्य सरकार के साथ सीधे संपर्क रखता है, हालांकि यह प्रशासनिक दृष्टि से जिले के अधीन ही आता है व उसी में स्थित होता है। भारत में सबसे बड़ा नगर निगमों वर्तमान में दिल्ली, कोलकाता और चेन्नई के बाद मुंबई रहे हैं।

भूमिका एवं कार्य

नगर निगम राज्य सरकार के साथ विभिन्न योजनाओं और कार्यक्रमों के प्रभावी क्रियान्वयन के लिए समन्वय से काम करता है। भारत में नगर निगम के सभी अधिनियम निगम के कार्यों, शक्तियों और जिम्मेदारियों को दो श्रेणियों में विभाजित करते हैं।

1. **अनिवार्य -** कुछ अनिवार्य कार्य हैं - शुद्ध और पौष्टिक पानी की आपूर्ति, निर्माण और सार्वजनिक सड़कों का रखरखाव, प्रकाश और सार्वजनिक सड़कों का पानी, सार्वजनिक सड़कों, स्थानों और नाली की सफाई, आक्रामक, खतरनाक एवं अप्रिय ट्रेडों और आजीविकाओं या व्यवहारों का नियमन, प्राथमिक स्कूलों की स्थापना एवं रखरखाव, सार्वजनिक अस्पतालों का रखरखाव या समर्थन, जन्म व मृत्यु का पंजीकरण, सार्वजनिक गलियों, पुलों एवं अन्य स्थानों पर अवरोधों को दूर करना, सड़कों का नामकरण एवं मकानों का क्रमांकन।
2. **विवेकाधीन -** कुछ विवेकाधीन कार्य इस प्रकार है - सार्वजनिक पार्कों, बागीचों, पुस्तकालयों, संग्रहालयों, आराम घर, कुष्ठरोगी घर, अनाथालयों, महिलाओं के लिए वृद्धाश्रमों व बचाव घरों का निर्माण एवं रखरखाव, सड़क के रखरखाव के साथ उसके किनारों व अन्य स्थानों पर पेड़ों का रोपण, निम्न आय वर्ग के लिए आवास, सर्वेक्षणों का आयोजन, सार्वजनिक स्वागत, सार्वजनिक प्रदर्शनियों एवं सार्वजनिक मनोरंजन का आयोजन, नगर पालिका द्वारा परिवहन सुविधाओं का प्रावधान, नगर निगम कर्मचारियों के कल्याण के लिए संवर्धन

नगर पंचायत/निगम/पालिका के अन्तर्गत नगर के विभिन्न भाग/वार्ड से एक-एक सदस्य भी चुने जाते है। नगर के एक-एक भाग/वार्ड की जनसंख्या लगभग एक ग्राम पंचायत के बराबर हो जाती है।

पंचायती राज

पंचायती राज व्यवस्था में ग्राम, तहसील, तालुका और जिला आते हैं। भारत में प्राचीन काल से ही पंचायती राजव्यवस्था अस्तित्व में रही है, भले ही इसे विभिन्न नाम से विभिन्न काल में जाना जाता रहा हो। पंचायती राज व्यवस्था को कमोबेश मुगल काल तथा ब्रिटिश काल में भी जारी रखा गया। ब्रिटिश शासन काल में 1882 में तत्कालीन वायसराय लॉर्ड रिपन ने स्थानीय स्वायत्त शासन की स्थापना का प्रयास किया था, लेकिन वह सफल नहीं हो सका। ब्रिटिश शासकों ने स्थानीय स्वायत्त संस्थाओं की स्थिति पर जाँच करने तथा उसके सम्बन्ध में सिफारिश करने के लिए 1882 तथा 1907 में शाही आयोग का गठन किया। इस आयोग ने स्वायत्त संस्थाओं के विकास पर बल दिया, जिसके कारण 1920 में संयुक्त प्रान्त, असम, बंगाल, बिहार, मद्रास और पंजाब में पंचायतों की स्थापना के लिए कानून बनाये गये। स्वतंत्रता संघर्ष के दौरान भी संघर्षरत लोगों के नेताओं द्वारा सदैव पंचायती राज की स्थापना की मांग की जाती रही।

संवैधानिक प्रावधान

संविधान के अनुच्छेद 40 में राज्यों को पंचायतों के गठन का निर्देश दिया गया है। इसके साथ ही संविधान की 7वीं अनुसूची (राज्य सूची) की प्रविष्टि 5 में ग्राम पंचायतों को शामिल करके इसके सम्बन्ध में कानून बनाने का अधिकार राज्य को दिया गया है। 1993 में संविधान में 73वां संशोधन करके पंचायत राज संस्था को संवैधानिक मान्यता दे दी गई है और संविधान में भाग 9 को पुनः जोड़कर तथा इस भाग में 16 नये अनुच्छेदों (243 से 243-ण तक) और संविधान में 11वीं अनुसूची जोड़कर पंचायत के गठन, पंचायत के सदस्यों के चुनाव, सदस्यों के लिए आरक्षण तथा पंचायत के कार्यों के सम्बन्ध में व्यापक प्रावधान किये गये हैं।

आधुनिक समय व्यवस्था का प्रारम्भ

स्वतंत्रता प्राप्ति के बाद गांधीजी के प्रभाव से पंचायती राज व्यवस्था पर विशेष बल दिया गया और इसके लिए केन्द्र में पंचायती राज एवं सामुदायिक विकास मंत्रालय की स्थापना की गई और एस.के.डे को इस विभाग का मन्त्री बनाया गया। इसके बाद 2 अक्टूबर, 1952 को इस उद्देश्य के साथ सामुदायिक विकास कार्यक्रम प्रारम्भ किया गया कि सामान्य जनता को विकास प्रणाली से अधिक से अधिक सहयुक्त किया जाए। इस कार्यक्रम के अधीन खण्ड को इकाई मानकर खण्ड के विकास हेतु सरकारी कर्मचारियों के साथ सामान्य जनता को विकास की प्रक्रिया से जोड़ने का प्रयास किया गया, लेकिन जनता को अधिकार नहीं दिया गया, जिस कारण यह सरकारी अधिकारियों तक सीमित रह गया और असफल हो गया। इसके बाद 2 अक्टूबर, 1953 को राष्ट्रीय प्रसार सेवा को प्रारम्भ किया गया, जो असफल हुआ।

तिहत्तरवाँ संविधान संशोधन

1988 में पी. के. थुंगन समिति का गठन पंचायती संस्थाओं पर विचार करने के लिए किया गया। इस समिति ने अपने प्रतिवेदन में कहा कि राज संस्थाओं को संविधान में स्थान दिया जाना चाहिए। इस समिति की सिफारिश के आधार पंचायती राज को संवैधानिक मान्यता प्रदान करने के लिए 1989 में 64वाँ संविधान संशोधन लोकसभा में पेश किया गया, जिसे लोक सभा के द्वारा पारित कर दिया गया, लेकिन राज्य सभा के द्वारा नामन्जूर कर दिया गया। इसके बाद लोकसभा को भंग कर दिए जाने के कारण यह विधेयक समाप्त कर दिया गया। इसके बाद 74वाँ संविधान संशोधन पेश किया गया, जो लोकसभा के भंग किये जाने के कारण समाप्त हो गया।

इसके बाद 16 दिसम्बर, 1991 को 72वाँ संविधान संशोधन विधेयक पेश किया गया, जिसे संयुक्त संसदीय समिति (प्रवर समिति) को सौंप दिया गया। इस समिति ने विधेयक पर अपनी सम्मति जुलाई 1992 में दी

और विधेयक के क्रमांक को बदलकर 73वाँ संविधान संशोधन विधेयक कर दिया गया, जिसे 22 दिसम्बर, 1992 को लोकसभा ने तथा 23 दिसम्बर, 1992 को राज्यसभा ने पारित कर दिया। 17 राज्य विधान सभाओं के द्वारा अनुमोदित किय जाने पर इसे राष्ट्रपति की सम्मति के लिए उनके समक्ष पेश किया गया। राष्ट्रपति ने 20 अप्रैल, 1993 को इस पर अपनी सम्मति दे दी और इसे 24 अप्रैल, 1993 को प्रवर्तित कर दिया गया।

24 अप्रैल 1993 भारत में पंचायती राज के क्षेत्र में एक महत्वपूर्ण मार्ग चिन्ह था क्योंकि इसी दिन संविधान (73वां संशोधन) अधिनियम, 1992 के माध्यम से पंचायती राज संस्थाओं को संबैधानिक दर्जा हासिल कराया गया और इस तरह महात्मा गांधी के ग्राम स्वराज के स्वप्न को वास्तविकता में बदलने की दिशा में कदम बढ़ाया गया था। 73वें संशोधन अधिनियम, 1993 में निम्नलिखित प्रावधान किये गये हैं-

1. एक त्रि-स्तरीय ढांचे की स्थापना (ग्राम पंचायत, पंचायत समिति या मध्यवर्ती पंचायत तथा जिला पंचायत)
2. ग्राम स्तर पर ग्राम सभा की स्थापना
3. हर पांच साल में पंचायतों के नियमित चुनाव
4. अनुसूचित जातियों/जनजातियों के लिए उनकी जनसंख्या के अनुपात में सीटों का आरक्षण
5. महिलाओं के लिए एक तिहाई सीटों का आरक्षण
6. पंचायतों की निधियों में सुधार के लिए उपाय सुझाने हेतु राज्य वित्त आयोगों का गठन

राज्य	**स्तर**	**संस्थाएँ**
केरल	एक स्तरीय	ग्राम पंचायत
जम्मू-कश्मीर	एक स्तरीय	ग्राम पंचायत
त्रिपुरा	एक स्तरीय	ग्राम पंचायत
मणिपुर	एक स्तरीय	ग्राम पंचायत
सिक्किम	एक स्तरीय	ग्राम पंचायत
असम	दो स्तरीय	1-ग्राम पंचायत, 2-पंचायत समिति
मध्य प्रदेश	दो स्तरीय	1-ग्राम पंचायत, 2-पंचायत समिति
कर्नाटक	दो स्तरीय	1-ग्राम पंचायत, 2-पंचायत समिति
उड़ीसा	दो स्तरीय	1-ग्राम पंचायत, 2-पंचायत समिति
हरियाणा	दो स्तरीय	1-ग्राम पंचायत, 2-पंचायत समिति
उत्तर प्रदेश	त्रिस्तरीय	1-ग्राम पंचायत, 2-पंचायत समिति, 3-जिला पंचायत
बिहार	त्रिस्तरीय	1-ग्राम पंचायत, 2-पंचायत समिति, 3-जिला पंचायत
राजस्थान	त्रिस्तरीय	1-ग्राम पंचायत, 2-पंचायत समिति, 3-जिला पंचायत
महाराष्ट्र	त्रिस्तरीय	1-ग्राम पंचायत, 2-पंचायत समिति, 3-जिला पंचायत
आन्ध्र प्रदेश	त्रिस्तरीय	1-ग्राम पंचायत, 2-पंचायत समिति, 3-जिला पंचायत
हिमाचल प्रदेश	त्रिस्तरीय	1-ग्राम पंचायत, 2-पंचायत समिति, 3-जिला पंचायत
पंजाब	त्रिस्तरीय	1-ग्राम पंचायत, 2-पंचायत समिति, 3-जिला पंचायत
तमिलनाडु	त्रिस्तरीय	1-ग्राम पंचायत, 2-पंचायत समिति, 3-जिला पंचायत
गुजरात	त्रिस्तरीय	1-ग्राम पंचायत, 2-पंचायत समिति, 3-जिला पंचायत
पश्चिम बंगाल	चार स्तरीय	1-ग्राम पंचायत, 2-अचल पंचायत, 3-आंचलिक परिषद, 4-जिला पंचायत
मेघालय	एक स्तरीय	जनजातिय परिषद
नागालैण्ड	एक स्तरीय	जनजातिय परिषद
मिजोरम	एक स्तरीय	जनजातिय परिषद
गोवा	त्रिस्तरीय	1-ग्राम पंचायत, 2-तालुका समिति, 3-जिला पंचायत

पंचायत व्यवस्था के सम्बन्ध में प्रावधान संविधान के भाग 9 में 16 अनुच्छेदों में शामिल किया गया, जो निम्न प्रकार हैं-

1. पंचायत व्यवस्था के अन्तर्गत सबसे निचले स्तर पर ग्राम सभा होगी। इसमें एक या एक से अधिक गाँव शामिल किए जा सकते हैं। ग्राम सभा की शक्तियों के सम्बन्ध में राज्य विधान मण्डल द्वारा कानून बनाया जाएगा।
2. जिन राज्यों की जनसंख्या 20 लाख से कम है, उनमें दो स्तरीय पंचायत, अर्थात् जिला स्तर और गाँव स्तर पर, का गठन किया जाएगा और 20 लाख की जनसंख्या से अधिक वाले राज्यों में त्रिस्तरीय पंचायत राज्य, अर्थात् गाँव, मध्यवर्ती तथा जिला स्तर पर, की स्थापना की जाएगी।
3. सभी स्तर के पंचायतों के सभी सदस्यों का चुनाव वयस्क मतदाताओं द्वारा प्रत्येक पाँचवें वर्ष में किया जाएगा। गाँव स्तर के पंचायत के अध्यक्ष का चुनाव प्रत्यक्षतः तथा मध्यवर्ती एवं जिला स्तर के पंचायत के अध्यक्ष का चुनाव अप्रत्यक्ष रूप से किया जाएगा।
4. पंचायत के सभी स्तरों पर अनुसूचित जाति तथा अनुसूचित जनजाति के सदस्यों के लिए उनके अनुपात में आरक्षण प्रदान किया जाएगा तथा महिलाओं के लिए 30% आरक्षण होगा।
5. सभी स्तर की पंचायतों का कार्यकाल पाँच वर्ष होगा, लेकिन इनका विघटन पाँच वर्ष के पहले भी किया जा सकता है, परन्तु विघटन की दशा में 6 मास के अन्तर्गत चुनाव कराना आवश्यक होगा।

पंचायतों को कौन सी शक्तियाँ प्राप्त होंगी और वे किन उत्तरदायित्वों का निर्वाह करेंगी, इसकी सूची संविधान में ग्याहरवीं अनुसूची में दी गयी हैं। इस सूची में पंचायतों के कार्य निर्धारण के लिए 29 कार्य क्षेत्रों को चिह्नित किया गया है, जा निम्न प्रकार हैं-

1. कृषि, जिसके अन्तर्गत कृषि विस्तार भी है, 2. भूमि सुधार और मृदा संरक्षण, 3. लघु सिंचाई, जल प्रबन्ध और जल आच्छादन विकास, 4. पशु पालन, दुग्ध उद्योग और कुक्कुट पालन, 5. मत्स्य उद्योग, 6. सामाजिक वनोद्योग और फार्म वनोद्योग, 7. लघु वन उत्पाद, 8. लघु उद्योग, जिसके अन्तर्गत खाद्य प्रसंस्करण उद्योग भी है, 9. खादी, ग्राम और कुटीर उद्योग, 10. ग्रामीण आवास, 11. पेय जल, 12. ईधन और चारा, 13. सड़कें, पुलिया, पुल, नौघाट, जल मार्ग और संचार के अन्य साधन, 14. ग्रामीण विद्‌युतीकरण, जिसके अन्तर्गत विद्‌युत का वितरण भी है, 15. गैर पारम्परिक ऊर्जा स्रोत, 16. गरीबी उपशमन कार्यक्रम, 17. शिक्षा, जिसके अन्तर्गत प्राथमिक और माध्यमिक विद्यालय भी हैं, 18. तकनीकी प्रशिक्षण और व्यावसायिक शिक्षा, 19. प्रौढ़ और अनौपचारिक शिक्षा, 20. पुस्तकालय, 21. सांस्कृतिक क्रिया कलाप, 22. बाजार और मेले, 23. स्वास्थ्य और स्वच्छता (अस्पताल, प्राथमिक स्वास्थ्य केन्द्र और औषधालय) 24. परिवार कल्याण, 25. महिला और बाल विकास, 26. समाज कल्याण (विकलांग और मानसिक रूप से अविकसित सहित), 27. कमजोर वर्गों का (विशेष रूप से अनुसूचित जातियों तथा जनजातियों का) कल्याण, 28. लोक वितरण प्रणाली, 29. सामुदायिक आस्तियों का अनुरक्षण

राज्य विधान मण्डल कानून बनाकर पंचायतों को उपयुक्त स्थानीय कर लगाने, उन्हें वसूल करने तथा उनसे प्राप्त धन को व्यय करने का अधिकार प्रदान कर सकती है। पंचायतों की वित्तीय अवस्था के सम्बन्ध में जांच करने के लिए प्रति पाँचवें वर्ष वित्तीय आयोग का गठन किया जाएगा, जो राज्यपाल को अपनी रिपोर्ट देगा।

पंचायती राज सम्बन्धी उपबंध (भाग 9)

अनुच्छेद	**विवरण**
अनुच्छेद 243	परिभाषाएँ
अनुच्छेद 243 क	ग्रामसभा
अनुच्छेद 243 ख	ग्राम पंचायतों का गठन
अनुच्छेद 243 ग	पंचायतों की संरचना

अनुच्छेद 243 घ	स्थानों का आरक्षण
अनुच्छेद 243 ङ	पंचायतों की अवधि
अनुच्छेद 243 च	सदस्यता के लिए अयोग्यताएँ
अनुच्छेद 243 छ	पंचायतों की शक्तियाँ, प्राधिकार और उत्तरदायित्व
अनुच्छेद 243 ज	पंचायतों द्वारा कर अधिरोपित करने की शक्तियाँ और उनकी निधियाँ
अनुच्छेद 243 झ	वित्तीय स्थिति के पुनर्विलोकन के लिए वित्त आयोग का गठन
अनुच्छेद 243 ञ	पंचायतों की लेखाओं की संपरीक्षा
अनुच्छेद 243 ट	पंचायतों के लिए निर्वाचन
अनुच्छेद 243 ठ	संघ राज्यों क्षेत्रों को लागू होना
अनुच्छेद 243 ड	इस भाग का कतिपय क्षेत्रों को लागू न होना
अनुच्छेद 243 ढ	विद्यमान विधियों और पंचायतों का बना रहना
अनुच्छेद 243 ण	निर्वाचन सम्बन्धी मामलों में न्यायालयों के हस्तक्षेप का वर्णन

जिन राज्यों की जनसंख्या 20 लाख से अधिक नहीं है, वहाँ मध्यवर्ती स्तर पर क्षेत्र पंचायत का गठन नहीं किया जाएगा। राज्यों द्वारा बनाई विधियों में निम्नलिखित के प्रतिनिधित्व का उपबन्ध किया जाता है-

1. ग्राम पंचायत का अध्यक्ष मध्यवर्ती (क्षेत्र) पंचायत का सदस्य होता है। यदि किसी राज्य में मध्यवर्ती स्तर नहीं हो तो वह जिला पंचायत का सदस्य होगा।
2. मध्यवर्ती (क्षेत्र) स्तर का अध्यक्ष जिला पंचायत का सदस्य होता है।
3. उस राज्य के लोकसभा के सदस्य और विधान सभा के सदस्य अपने-अपने निर्वाचन क्षेत्रों में जिला और मध्यवर्ती पंचायत के सदस्य होते हैं।
4. राज्य के राज्यसभा के सदस्य विधान परिषद् (यदि हो) उस क्षेत्र की जिला और मध्यवर्ती पंचायत के सदस्य होते हैं। अध्यक्ष, संसद सदस्य और विधानसभा के सदस्यों को पंचायत की बैठकों में मत देने का अधिकार है।

राज्य चुनाव आयोग का गठन

73वां संशोधन अधिनियम पंचायतों को स्वशासन की संस्थाओं के रूप में काम करने हेतु आवश्यक शक्तियां और अधिकार प्रदान करने के लिए राज्य सरकार को अधिकार प्रदान करता है। ये शक्तियां और अधिकार इस प्रकार हो सकते हैं-

1. संविधान की गयारहवीं अनुसूची में सूचीबद्ध 29 विषयों के संबंध में आर्थिक विकास और सामाजिक न्याय के लिए योजनाएं तैयार करना और उनका निष्पादन करना
2. डयूटीज, टॉल, शुल्क आदि लगाने और उसे वसूल करने का पंचायतों को अधिकार
3. राज्यों द्वारा एकत्र करों, डयूटियों, टॉल और शुल्कों का पंचायतों को हस्तांतरण

भाग-6
मानक ग्राम एवं नगर वार्ड

सहजीवन

स्वराज-सुराज

मानक ग्राम / नगर वार्ड - "पुनर्निर्माण" की अवधारणा

"वर्तमान समय में देश स्तर पर व्यवस्था परिवर्तन की चर्चा बहुत अधिक हो रही है। इसमें मेरे विचार से सर्वप्रथम आरक्षण के मापदण्ड पर पुनः विचार करने का समय आ गया है। देश के स्वतन्त्रता के समय जातिगत आरक्षण की आवश्यकता थी और वह सीमित समय के लिए ही लागू किया गया था परन्तु राजनीतिक लाभ के कारणों से वह वर्तमान तक लागू है। हम समाज से मनुवादी व्यवस्था को समाप्त करने की बात करते हैं परन्तु एक तरफ आज समाज इससे धीरे-धीरे मुक्त हो रहा है और दूसरी तरफ संविधान ही इसका समर्थक बनता जा रहा है। ऐसी स्थिति में आरक्षण व्यवस्था का मापदण्ड जाति आधारित से शारीरिक, आर्थिक और मानसिक आधारित कर देनी चाहिए जो धर्मनिरपेक्ष और सर्वधर्मसमभाव भी है और लोकतन्त्र का धर्म भी धर्मनिरपेक्ष और सर्वधर्मसमभाव है

मेरे विचार में व्यवस्था परिवर्तन का दूसरा आधार युवाओं को अधिकतम अधिकार से युक्त करने पर विचार करने का समय आ गया है। देश में 18 वर्ष के उम्र पर वोट देने का अधिकार तथा विवाह का उम्र लड़कों के लिए 21 वर्ष तथा लड़कियों के लिए 18 वर्ष तो कर दिया गया है परन्तु उन्हें पैतृक सम्पत्ति सम्बन्धी अधिकार अभी तक नहीं दिया गया है। इसलिए उत्तराधिकार सम्बन्धी अधिनियम की भी आवश्यकता आ गयी है। जिसमें यह प्राविधान हो कि 25 वर्ष की अवस्था में उसे पैतृक सम्पत्ति अर्थात दादा की सम्पत्ति जिसमें पिता की अर्जित सम्पत्ति शामिल न रहें, उसके अधिकार में हो जाये।

- यदुनाथ सिंह, पूर्व विधायक, चुनार क्षेत्र

सहजीवन

"सहजीवन" का अर्थ है निवासियों के समूह द्वारा आपस में मिल-लुलकर रहना तथा समस्याओं को हल करना जिससे समूह की सुरक्षा का कार्य भी सम्पन्न हो जाता है। ''रक्षा'' शब्द का अर्थ होता है कि किसी दुर्घटना होने पर या होने की सम्भावना को निष्प्रभावी करना जबकि ''सुरक्षा'' शब्द का अर्थ है कि किसी दुर्घटना होने या न होने की सम्भावना के बावजूद ऐसी व्यवस्था करना जिससे दुर्घटना की स्थिति को बनने ही न दिया जाय। ''रक्षा'' फल आधारित है तो ''सुरक्षा'' कारण आधारित। ''रक्षा'' परिणाम व्यक्त होने पर होती है तो ''सुरक्षा'' परिणाम व्यक्त ही न हो इसके लिए की जाती है। व्यष्टि (व्यक्ति) हो या समष्टि (संयुक्त व्यक्ति या देश) उसके मूलतः शारीरिक, आर्थिक व मानसिक दुर्घटना होने की सम्भावना रहती है। अर्थात् जिस प्रकार व्यक्ति के लिए शारीरिक, आर्थिक व मानसिक दुर्घटना होने की सम्भावना होती है ठीक उसी प्रकार व्यक्ति समूह अर्थात् देश के लिए शारीरिक, आर्थिक व मानसिक दुर्घटना की सम्भावना रहती है। रक्षा हो या सुरक्षा हो या शान्ति, एकता, स्थिरता इसका अर्थ यह नहीं होता कि यथावत् स्थिति बनाये रखा जाय और उसके लिए रक्षा, सुरक्षा, शान्ति, एकता, स्थिरता के उपाय किये जाय बल्कि इन उपायों के साथ शारीरिक, आर्थिक व मानसिक विकास भी होते रहना चाहिए। राष्ट्रीय सुरक्षा में व्यष्टि व समष्टि दोनों की सुरक्षा समाहित है। प्रारम्भ में राष्ट्रीय सहजीवन आन्दोलन, व्यक्ति के शारीरिक और आर्थिक सुरक्षा का आन्दोलन है। राष्ट्रीय रचनात्मक आन्दोलन व्यष्टि और समष्टि के शारीरिक, आर्थिक व मानसिक विकास व रचना का आन्दोलन है जो राष्ट्रीय सहजीवन आन्दोलन के व्यष्टि मानसिक सुरक्षा और समष्टि आर्थिक व मानसिक सुरक्षा का कार्य भी सम्पन्न करता है। शेष सुरक्षा-समष्टि के शारीरिक सुरक्षा का कार्य सरकार के अधीन है।

वर्तमान समय में राष्ट्रीय सहजीवन आन्दोलन में वहीं कार्य हैं जो सरकार से मुक्त स्वव्यवस्था तथा सरकार के वैधानिक प्रक्रिया के अनुसार व्यक्ति स्वयं अपनी उपलब्धता से सुरक्षित रह और कर सकता है अर्थात् व्यष्टि के शारीरिक और आर्थिक सुरक्षा का कार्य जो ''धर्मदान'' और ''सहभागिता'' के सत्य अर्थों तथा उसके महत्व को व्यक्त करता है।

दान की आवश्यकता सामाजिक विषमता को कम करने के लिए होती है जिसका रुप शारीरिक, आर्थिक व मानसिक में से एक या दो या सभी हो सकते हैं। अपराधिक प्रवृत्ति युक्त योजना और मार्गदर्शन इत्यादि का कारण सामाजिक विषमता ही होती है। यह निश्चित तौर पर कहा जा सकता है कि यदि किसी मुहल्ले में एक भूख से पीड़ित परिवार हो और एक सम्पन्न परिवार तो निश्चित रुप से यह विषमता सम्पन्न परिवार के लिए शारीरिक, आर्थिक व मानसिक रुप से घातक होती है या ऐसे मुहल्ले की गली, बिजली, पानी, स्वच्छता, व्यवस्था की स्थिति ठीक न हो तो क्या सम्पन्न परिवार उसके प्रभाव से बच पायेगा? जबकि सम्पन्न परिवारों के आपसी सहयोग से, जो उसके सन्तुलन पर कोई प्रभाव भी नहीं डाल सकता क्योंकि उसके उस सहयोग से दूरगामी लाभ उसके ही खर्च को बचाता है। मुहल्ले की व्यवस्था सुधर सकती है और स्वयं उसके पड़ोसी भी उससे भली-भाँति आत्मीय सम्बन्ध के आधार पर साथ ही साथ रहेंगे। फिर कौन अपराधिक योजना-मार्गदर्शन बनायेगा? फिर पूरा मुहल्ला ही एक दूसरे के लिए सुरक्षा प्रहरी ही बना रहेगा। इसलिए प्रत्येक व्यक्ति को अपने-अपने सन्तुलन के साथ कम से कम मुहल्ले की व्यवस्था को ही देखने में उतनी रुचि लेनी चाहिए जितनी की वह अपनी व्यवस्था के लिए रुचि रखता है। साथ ही देश तथा विश्व स्तरीय सूचनाओं तथा व्यवस्थाओं का ज्ञान भी रखने के लिए प्रयत्नशील रहना चाहिए जिससे वह स्वयं उच्च मन स्तर का बने तथा दूसरों के लिए जो अपने ही हैं, उनका मार्गदर्शन भी कर सकें। ज्ञान के लिए थोड़ा समय, अध्ययन, मनन और चर्चा ही खर्च होता है जो उसका अपना है परन्तु वह बहुत ही लाभकारी होता है जो किसी धन के बदले नहीं प्राप्त किया जा सकता। ज्ञान इसलिए लाभकारी है क्योंकि वह प्रत्येक क्षण व्यक्ति के लिए अनेक मार्ग व्यक्त करता है। और यह सब कर्म चलते-फिरते, मिलते-जुलते ही हो जाने वाला कार्य है और सामाजिक प्रणी मानव का स्वभाव ही यही है बस उद्देश्य निर्धारित होना चाहिए।

राष्ट्रीय सहजीवन आन्दोलन कोई संगठन नहीं है। इसकी प्रथम और सर्वोच्च इकाई मुहल्ले स्तर तक ही है। राष्ट्रीय सहजीवन आन्दोलन मात्र इस सुरक्षा उपाय की जानकारी आप तक पहुँचा रहा है जो आपके अपनों के लिए, आप द्वारा स्वयं के लिए तथा आपके निवास स्थान के लिए है। और जो पूर्णतः आप पर ही निर्भर है। इसलिए गाँव व मुहल्ला स्तर पर ग्यारह सदस्यों की कमेटी गठित कर मुहल्ले की सार्वजनिक और व्यक्तिगत समस्याओं को सहभागिता से हल करें। शिव भाव से जीव सेवा करें। अपने से नीचे के लोगों को साथ लेकर बढ़ना भारतीय संस्कृति और दैवी प्रवृत्ति है जबकि दबाकर बढ़ना आसुरी प्रवृत्ति है।

स्वराज-सुराज

शासक और मार्गदर्शक आत्मा सर्वव्यापी है। इसलिए एकात्म का अर्थ संयुक्त आत्मा या सार्वजनिक आत्मा है। जब एकात्म का अर्थ संयुक्त आत्मा समझा जाता है तब वह समाज कहलाता है। जब एकात्म का अर्थ व्यक्तिगत आत्मा समझा जाता है तब व्यक्ति कहलाता है। व्यक्ति (अवतार) संयुक्त आत्मा का साकार रुप होता है जबकि व्यक्ति (पुनर्जन्म) व्यक्तिगत आत्मा का साकार रुप होता है। शासन प्रणाली में समाज का समर्थक दैवी प्रवृत्ति तथा शासन व्यवस्था प्रजातन्त्र या लोकतन्त्र या स्वतन्त्र या मानवतन्त्र या समाजतन्त्र या जनतन्त्र या बहुतन्त्र या स्वराज कहलाता है और क्षेत्र गण राज्य कहलाता है ऐसी व्यवस्था सुराज कहलाती है। शासन प्रणाली में व्यक्ति का समर्थक असुरी प्रवृत्ति तथा शासन व्यवस्था राज्यतन्त्र या राजतन्त्र या एकतन्त्र कहलाता है और क्षेत्र राज्य कहलाता है ऐसी व्यवस्था कुराज कहलाती है। सनातन से ही दैवी और असुरी प्रवृत्तियों अर्थात् दोनों तन्त्रों के बीच अपने-अपने अधिपत्य के लिए संघर्ष होता रहा है। जब-जब समाज में एकतन्त्रात्मक या राजतन्त्रात्मक अधिपत्य होता है तब-तब मानवता या समाज समर्थक अवतारों के द्वारा गणराज्य की स्थापना की जाती है। या यूँ कहें गणतन्त्र या गणराज्य की स्थापना-स्वस्थता ही अवतार का मूल उद्देश्य अर्थात् लक्ष्य होता है शेष सभी साधन अर्थात् मार्ग।

अवतारों के प्रत्यक्ष और प्रेरक दो कार्य विधि हैं। प्रत्यक्ष अवतार वे होते हैं जो स्वयं अपनी शक्ति का प्रत्यक्ष प्रयोग कर समाज का सत्यीकरण करते हैं। यह कार्य विधि समाज में उस समय प्रयोग होता है जब अधर्म का नेतृत्व एक या कुछ मानवों पर केन्द्रित होता है। प्रेरक अवतार वे होते हैं जो स्वयं अपनी शक्ति का अप्रत्यक्ष प्रयोग कर समाज का सत्यीकरण जनता एवं नेतृत्वकर्ता के माध्यम से करते हैं। यह कार्य विधि समाज में उस समय प्रयोग होता है जब समाज में अधर्म का नेतृत्व अनेक मानवों और नेतृत्वकर्ताओं पर केन्द्रित होता है।

इन विधियों में से कुल मुख्य दस अवतारों में से प्रथम सात (मत्स्य, कूर्म, वाराह, नृसिंह, वामन, परशुराम, राम) अवतारों ने समाज का सत्यीकरण प्रत्यक्ष विधि के प्रयोग द्वारा किया था। आठवें अवतार (श्रीकृष्ण) ने दोनों विधियों प्रत्यक्ष ओर प्रेरक का प्रयोग किया था। नवें (भगवान बुद्ध) और अन्तिम दसवें अवतार की कार्य विधि प्रेरक ही है।

जल-प्लावन (जहाँ जल है वहाँ थल और जहाँ थल है वहाँ जल) के समय मछली से मार्ग दर्शन (मछली के गतीशीलता से सिद्धान्त प्राप्त कर) पाकर मानव की रक्षा करने वाला ईश्वर (सार्वभौम सत्य-सिद्धान्त) का पहला अंशावतार मत्स्यावतार के बाद मानव का पुनः विकास प्रारम्भ हुआ। दूसरे कूर्मावतार (कछुए के गुण का सिद्धान्त), तीसरे- वाराह अवतार (सुअर के गुण का सिद्धान्त), चौथे- नृसिंह (सिंह के गुण का सिद्धान्त), तथा पाँचवे वामन अवतार (ब्राह्मण के गुण का सिद्धान्त) तक एक ही साकार शासक और मार्गदर्शक राजा हुआ करते थे और जब-जब वे राज्य समर्थक या उसे बढ़ावा देने वाले इत्यादि असुरी गुणों से युक्त हुए उन्हें दूसरे से पाँचवें अंशावतार ने साकार रुप में कालानुसार भिन्न-भिन्न मार्गों से गुणों का प्रयोग कर गणराज्य का अधिपत्य स्थापित किया।

ईश्वर (सार्वभौम सत्य-सिद्धान्त) के छठें अंश अवतार परशुराम के समय तक मानव जाति का विकास इतना हो गया था कि अलग-अलग राज्यों के अनेक साकार शासक और मार्गदर्शक राजा हो गये थे उनमें से जो भी

राज्य समर्थक असुरी गुणों से युक्त थे उन सबको परशुराम ने साकार रुप में वध कर डाला। परन्तु बार-बार वध की समस्या का स्थाई हल निकालने के लिए उन्होंने राज्य और गणराज्य की मिश्रित व्यवस्था द्वारा एक व्यवस्था दी जो आगे चलकर "परशुराम परम्परा" कहलायी। व्यवस्था निम्न प्रकार थी-

1. प्रकृति में व्याप्त तीन गुण- सत्व, रज और तम के प्रधानता के अनुसार मनुष्य का चार वर्णों में निर्धारण। सत्व गुण प्रधान - ब्राह्मण, रज गुण प्रधान-क्षत्रिय, रज एवं तम गुण प्रधान-वैश्य, तम गुण प्रधान-शूद्र।
2. गणराज्य का शासक राजा होगा जो क्षत्रिय होगा जैसे-ब्रह्माण्डीय गणराज्य में प्रकृति जो रज गुण अर्थात् कर्म अर्थात् शक्ति प्रधान है।
3. गणराज्य में राज्य सभा होगी जिसके अनेक सदस्य होंगे जैसे-ब्रह्माण्डीय गणराज्य में प्रकृति के सत्व, रज एवं तम गुणों से युक्त विभिन्न वस्तु हैं।
4. राजा का निर्णय राज्यसभा का ही निर्णय है जैसे-ब्रह्माण्डीय गणराज्य में प्रकृति का निर्णय वहीं है जो सत्व, रज एवं तम गुणों का सम्मिलित निर्णय होता है।
5. राजा का चुनाव जनता करे क्योंकि वह अपने गणराज्य में सर्वव्यापी और जनता का सम्मिलित रुप है जैसे-ब्रह्माण्डीय गणराज्य में प्रकृति सर्वव्यापी है और वह सत्व, रज एवं तम गुणों का सम्मिलित रुप है।
6. राजा और उसकी सभा राज्यवादी न हो इसलिए उस पर नियन्त्रण के लिए सत्व गुण प्रधान ब्राह्मण का नियन्त्रण होगा जैसे- ब्रह्माण्डीय गणराज्य में प्रकृति पर नियन्त्रण के लिए सत्व गुण प्रधान आत्मा का नियन्त्रण होता है।

ईश्वर (सार्वभौम सत्य-सिद्धान्त) के सातवें अंश अवतार श्रीराम द्वारा इसी परशुराम परम्परा का ही प्रसार और स्थापना हुआ था।

ईश्वर (सार्वभौम सत्य-सिद्धान्त) के आठवें अवतार श्रीकृष्ण के समय तक स्थिति यह हो गयी थी राजा पर नियन्त्रण के लिए नियुक्त ब्राह्मण भी समाज और धर्म की व्याख्या करने में असमर्थ हो गये। क्योंकि अनेक धर्म साहित्यों, मत-मतान्तर, वर्ण, जातियों में समाज विभाजित होने से व्यक्ति संकीर्ण और दिग्भ्रमित हो गया था और राज्य समर्थकों की संख्या अधिक हो गयी थी परिणामस्वरुप मात्र एक ही रास्ता बचा था- नवमानव सृष्टि। इसके लिए उन्होंने सम्पूर्ण धर्म-साहित्यों और मत-मतान्तरों के एकीकरण के लिए आत्मा के सर्वव्यापी व्यक्तिगत प्रमाणित निराकार स्वरुप का उपदेश "गीता" व्यक्त किये और गणराज्य का उदाहरण द्वारिका नगर का निर्माण कर किये। उनकी गणराज्य व्यवस्था उनके जीवन काल में ही नष्ट हो गयी परन्तु "गीता" आज भी प्रेरक बनी हुई है।

ईश्वर (सार्वभौम सत्य-सिद्धान्त) के नवें अवतार भगवान बुद्ध के समय पुनः राज्य एकतन्त्रात्मक होकर हिंसात्मक हो गया परिणामस्वरुप बुद्ध ने अहिंसा के उपदेश के साथ व्यक्तियों को धर्म, बुद्धि और संघ के शरण में जाने की शिक्षा दी। संघ की शिक्षा गणराज्य की शिक्षा थी। धर्म की शिक्षा आत्मा की शिक्षा थी। बुद्धि की शिक्षा, प्रबन्ध और संचालन की शिक्षा थी जो प्रजा के माध्यम से प्रेरणा द्वारा गणराज्य के निर्माण की प्रेरणा थी।

ईश्वर (सार्वभौम सत्य-सिद्धान्त) के दसवें और अन्तिम अवतार के समय तक राज्य और समाज स्वतः ही प्राकृतिक बल के अधीन कर्म करते-करते सिद्धान्त प्राप्त करते हुए पूर्ण गणराज्य की ओर बढ़ रहा था परिणामस्वरुप गणराज्य का रुप होते हुए भी गणराज्य सिर्फ राज्य था और एकतन्त्रात्मक अर्थात् व्यक्ति समर्थक तथा समाज समर्थक दोनों की ओर विवशतावश बढ़ रहा था।

भारत में निम्लिखित रुप व्यक्त हो चुका था।

1. ग्राम, विकास खण्ड, नगर, जनपद, प्रदेश और देश स्तर पर गणराज्य और गणसंघ का रुप।
2. सिर्फ ग्राम व नगर स्तर पर राजा (ग्राम व नगर पंचायत अध्यक्ष) का चुनाव सीधे जनता द्वारा।
3. गणराज्य को संचालित करने के लिए संचालक का निराकार रुप- संविधान।
4. गणराज्य के तन्त्रों को संचालित करने के लिए तन्त्र और क्रियाकलाप का निराकार रुप-नियम और कानून।
5. राजा पर नियन्त्रण के लिए ब्राह्मण का साकार रुप- राष्ट्रपति, राज्यपाल, जिलाधिकारी इत्यादि।

विश्व स्तर पर निम्नलिखित रुप व्यक्त हो चुका था।

1. गणराज्यों के संघ के रुप में संयुक्त राष्ट्र संघ का रुप।
2. संघ के संचालन के लिए संचालक और संचालक का निराकार रुप- संविधान।
3. संघ के तन्त्रों को संचालित करने के लिए तन्त्र और क्रियाकलाप का निराकार रुप- नियम और कानून।
4. संघ पर नियन्त्रण के लिए ब्राह्मण का साकार रुप-पाँच वीटो पावर।
5. प्रस्ताव पर निर्णय के लिए सदस्यों की सभा।
6. नेतृत्व के लिए राजा- महासचिव।

जिस प्रकार आठवें अवतार द्वारा व्यक्त आत्मा के निराकार रुप "गीता" के प्रसार के कारण आत्मीय प्राकृतिक बल सक्रिय होकर गणराज्य के रुप को विवशतावश समाज की ओर बढ़ा रहा था उसी प्रकार अन्तिम अवतार द्वारा निम्नलिखित शेष समष्टि कार्य पूर्ण कर प्रस्तुत कर देने मात्र से ही विवशतावश उसके अधिपत्य की स्थापना हो जाना है।

1. गणराज्य या लोकतन्त्र के सत्य रुप- गणराज्य या लोकतन्त्र के स्वरुप का अन्तर्राष्ट्रीय/ विश्व मानक।
2. राजा और सभा सहित गणराज्य पर नियन्त्रण के लिए साकार ब्राह्मण का निराकार रुप- मन का अन्तर्राष्ट्रीय/ विश्व मानक।
3. गणराज्य के प्रबन्ध का सत्य रुप- प्रबन्ध का अन्तर्राष्ट्रीय/ विश्व मानक।
4. गणराज्य के संचालन के लिए संचालक का निराकार रुप- संविधान के स्वरुप का अन्तर्राष्ट्रीय/ विश्व मानक।
5. साकार ब्राह्मण निर्माण के लिए शिक्षा का स्वरुप- शिक्षा पाठ्यक्रम का अन्तर्राष्ट्रीय/ विश्व मानक।

जिस प्रकार केन्द्र में संविधान संसद है, प्रदेश में संविधान विधान सभा है उसी प्रकार ग्राम-नगर में भी संविधान होना चाहिए जिस प्रकार केन्द्र और प्रदेश के न्यायालय और पुलिस व्यवस्था है उसी प्रकार ग्राम-नगर के भी होने चाहिए कहने का अर्थ ये है कि जिस प्रकार की व्यवस्थायें केन्द्र और प्रदेश की अपनी हैं उसी प्रकार की व्यवस्था छोटे रुप में ग्राम-नगर की भी होनी चाहिए। संघ (राज्य) या महासंघ (केन्द्र) से सम्बन्ध सिर्फ उस गणराज्य से होता है, प्रत्येक नागरिक से नहीं संघ या महासंघ का कार्य मात्र अपने गणराज्यों में आपसी समन्वय व सन्तुलन करना होता है उस पर शासन करना नहीं तभी तो सच्चे अर्थों में गणराज्य व्यवस्था या स्वराज-सुराज व्यवस्था कहलायेगी। यहीं राष्ट्रपिता महात्मा गाँधी की प्रसिद्ध युक्ति "भारत ग्राम (नगर) गणराज्यों का संघ हो" का सत्य अर्थ है।

मानक ग्राम / नगर वार्ड - "पुनर्निर्माण" की अवधारणा

मानक का अर्थ है- "वह सर्वमान्य पैमाना, जिससे हम उस विषय का मूल्यांकन करते है। जिस विषय का वह पैमाना होता है।" मन की गुणवत्ता का मानक व्यक्ति तथा संयुक्त व्यक्ति (अर्थात संस्था, संघ, सरकार इत्यादि) के मूल्याकंन का पैमाना है चूँकि मन की गुणवत्ता का मानक सर्वव्यापी ब्रह्माण्डीय नियम पर आधारित है। इसलिए वह प्रत्येक विषयों से सम्बन्धित है जिसकी उपयोगिता प्रत्येक विषय के सत्यरूप को जानने में है। चूँकि मानव कर्म करते-करते ज्ञान प्राप्त करते हुऐ प्रकृति के क्रियाकलापों को धीरे-धीरे अपने अधीन करने की ओर अग्रसर है इसलिए पूर्णतः प्रकृति के पद पर बैठने के लिए प्रकृति द्वारा धारण की गई सन्तुलित कार्य प्रणाली को मानव द्वारा अपनाना ही होगा अन्यथा वह सन्तुलित कार्य न कर अव्यवस्था उत्पन्न कर देगा। यह वैसे ही है जैसे किसी कर्मचारी को प्रबन्धक (मैनेजर) के पद पर बैठा दिया जाये तो सन्तुलित कार्य संचालन के लिए प्रबन्धक (मैनेजर) की सन्तुलित कार्य प्रणाली को उसे अपनाना ही होगा अन्यथा वह सन्तुलित कार्य न कर अव्यवस्था उत्पन्न कर देगा। आविष्कार की उपयोगिता व्यापक होते हुए भी मूल रूप से व्यक्ति स्तर से विश्व स्तर तक के मन और संयुक्त मन के प्रबन्ध को व्यक्त करना एवम् एक कर्मज्ञान द्वारा श्रृंखला बद्ध करना है जिससे सम्पूर्ण शक्ति एक मुखी हो विश्व विकास की दिशा में केन्द्रित हो जाये। परिणामस्वरूप एक दूसरे को विकास की ओर विकास कराते हुऐ स्वयं को भी विकास करने के लिए पूर्ण स्वतन्त्रता प्राप्त हो जायेगी। सम्पूर्ण क्रियाकलापों को संचालित करने वाले मूल दो कर्ता-मानव (मन) और प्रकृति (विश्वमन) दोनों का कर्मज्ञान एक होना आवश्यक है। प्रकृति (विश्वमन) तो पूर्ण धारण कर सफलतापूर्वक कार्य कर ही रही है। मानव जाति में जो भी सफलता प्राप्त कर रहे हैं वे अज्ञानता में इसके आंशिक धारण में तथा जो असफलता प्राप्त कर रहे हैं, वे पूर्णतः धारण से मुक्त है। इसी कर्मज्ञान से प्रकृति, मानव और संयुक्त मन प्रभावित और संचालित है। किसी मानव का कर्मक्षेत्र सम्पूर्ण ब्रह्माण्ड हो सकता है और किसी का उसके स्तर रूप में छोटा यहाँ तक कि सिर्फ स्वयं व्यक्ति का अपना स्तर परन्तु कर्मज्ञान तो सभी का एक ही होगा।

कोई भी ग्राम/नगर वार्ड, निवासी और संसाधन से युक्त होता है जिसके व्यक्ति और क्षेत्र स्तर पर शारीरिक-आर्थिक/संसाधन-मानसिक आधार होते हैं। मानक ग्राम/नगर वार्ड के अवधारणा में निम्नलिखित योग्यता होना चाहिए।

व्यक्ति स्तर पर

2. **व्यक्ति के शारीरिक स्तर पर** - व्यक्ति के शारीरिक स्तर पर उसके लिए रोटी-कपड़ा-मकान की उपलब्धता शत-प्रतिशत होनी चाहिए।
3. **व्यक्ति के आर्थिक/संसाधन स्तर पर** - व्यक्ति के आर्थिक स्तर पर उसके लिए रोजगार की उपलब्धता शत-प्रतिशत होनी चाहिए।
4. **व्यक्ति के मानसिक स्तर पर** - व्यक्ति के मानसिक स्तर पर उसके लिए विश्व स्तरीय पूर्ण ज्ञान की शिक्षा की उपलब्धता शत-प्रतिशत होनी चाहिए। जिससे व्यक्ति को विश्वस्तरीय बुद्धि से युक्त किया जा सके।

ग्राम/नगर वार्ड क्षेत्र स्तर पर

1. **ग्राम/नगर वार्ड क्षेत्र के शारीरिक स्तर पर** - ग्राम/नगर वार्ड का क्षेत्र ही ग्राम/नगर वार्ड का शरीर है। इसलिए इस क्षेत्र में परिवहन, पार्क, कुण्ड/तालाब, बाग/बगीचा इत्यादि होनी चाहिए।
2. **ग्राम/नगर वार्ड क्षेत्र के आर्थिक/संसाधन स्तर पर** - ग्राम/नगर वार्ड क्षेत्र के निवासी द्वारा स्वयं के आर्थिक योगदान से सामूहिक समस्या, आवश्यकता, संसाधन पूर्ण करने की क्षमता होनी चाहिए।

3. **ग्राम/नगर वार्ड क्षेत्र के मानसिक स्तर पर** - ग्राम/नगर वार्ड क्षेत्र के निवासी द्वारा आपसी विवाद को स्वयं सुलझा लेने का मानसिक स्तर होना चाहिए। ताकि कोई भी विवाद पुलिस थाना/न्यायालय तक पहुँचने की स्थिति में न आये। ग्राम/नगर वार्ड क्षेत्र का सामूहिक मानसिक स्तर स्वराज-सुराज और सहजीवन को समझते हुए समभाव में स्थित होकर कर्मज्ञान के अनुसार कर्म होना चाहिए।

मानक ग्राम / नगर वार्ड पुरस्कार (नगद रू0 5 लाख)

"पुनर्निर्माण" द्वारा राष्ट्र निर्माण के कार्य और व्यापार की ओर से ग्राम/नगर वार्ड को "मानक ग्राम/नगर वार्ड पुरस्कार" दिया जाता है जिसमें रू0 5 लाख की नगद राशि ग्राम/नगर वार्ड प्रेरक के माध्यम से ग्राम/नगर वार्ड में सार्वजनिक कार्य को पूर्ण करना होता है। एक ही ग्राम/नगर वार्ड अनेकों बार पुरस्कार प्राप्त कर सकता है। इस पुरस्कार को प्राप्त करने के लिए किसी कैलेण्डर वर्ष (जनवरी से दिसम्बर) के बीच निम्न योग्यता प्राप्त ग्राम/नगर वार्ड को ही दिया जाता है।

1. परियोजना पुर्ननिर्माण के A-सामान्यीकरण (Generalisation) शिक्षा का सत्य शिक्षा (REAL EDUCATION), सत्य पेशा (REAL PROFESSION), सत्य पुस्तक (REAL BOOK), सत्य स्थिति (REAL STATUS), सत्य एस्टेट एजेन्ट (REAL ESTATE AGENT), सत्य किसान (REAL KISAN), B-विशेषीकरण (Specialisation) शिक्षा का सत्य कौशल (REAL SKILL), सत्य डिजीटल कोचिंग (REAL DIGITAL COACHING), सत्य नेटवर्क (REAL NETWORK) के पाठ्यक्रम में न्यूनतम 200 पंजीकरण प्राप्त छात्रों को छात्रवृत्ति मिल चुकी हो।
2. "परियोजना रायल्टी/स्वस्थ महिला मिशन" में ग्राम/नगर वार्ड क्षेत्र के प्रत्येक परिवार से कम से कम एक पंजीकरण हो चुका हो।
3. "परियोजना सामाजिक सहायता" अ-नवजात, ब-विकलांग सहायता, स-वरिष्ठ नागरिक सहायता, द-विधुर सहायता, य-अनाथ सहायता में ग्राम/नगर वार्ड क्षेत्र से 100 प्रतिशत पंजीकरण कर चुका हो।
4. कैलेण्डर वर्ष (जनवरी से दिसम्बर) में कोई भी नया विवाद ग्राम/नगर वार्ड क्षेत्र निवासी से पुलिस थाना/न्यायालय तक न पहुँचा हो।
5. ग्राम/नगर वार्ड क्षेत्र के निवासी द्वारा स्वयं के आर्थिक योगदान से सामूहिक समस्या में प्रथम समस्या कोई भी व्यक्ति भोजन के लिए चिंतित न रहे। जिससे वह स्वयं की उन्नति के लिए बुद्धि को बढ़ाने के लिए स्वतन्त्र रहे और संसाधन जुटा सके। भूखे पेट, आध्यात्मिक स्वतंत्रता नहीं आ सकती। सभी जीवों में एक मात्र मानव ही ऐसा है जिसे भोजन का जन्मसिद्ध अधिकार नहीं है। क्या मानव अन्य जीवों से बदतर है जिसे भोजन का भी जन्मसिद्ध अधिकार नहीं? अगर हम सत्य रूप में मानक ग्राम/नगर वार्ड क्षेत्र के निवासी हैं तो हमें यह करना ही पड़ेगा। प्रत्येक मानक ग्राम/नगर वार्ड क्षेत्र का अपना एक सार्वजनिक "अन्न क्षेत्र"

भाग-7

सत्य नेटवर्क

(REAL NETWORK)

सत्य - सन्देश

सत्य नेटवर्क (REAL NETWORK)

ग्राम प्रधान, सभासद और ग्राम/नगर वार्ड प्रेरक - अर्थ और मुख्य कार्य

निवासीयों को लाभ

सत्य - सन्देश

सम्माननीय ग्रामवासी व नगरवासी,

"बुद्धि का विकास" ही समाज व राष्ट्र निर्माण का मूल आधार है। जब दुनिया बीसवीं सदी के समाप्ति के समीप थी तब वर्ष 1995 ई0 में कोपेनहेगन में सामाजिक विकास का विश्व शिखर सम्मेलन हुआ था। इस शिखर सम्मेलन में यह माना गया कि - "आर्थिक विकास अपने आप में महत्वपूर्ण विषय नहीं है, उसे समाजिक विकास के हित में काम करना चाहिए। यह कहा गया कि पिछले वर्षों में आर्थिक विकास तो हुआ, पर सभी देश सामाजिक विकास की दृष्टि से पिछड़े ही रहे। जिसमें मुख्यतः तीन बिन्दुओं - बढ़ती बेरोजगारी, भीषण गरीबी और सामाजिक विघटन पर चिन्ता व्यक्त की गई। यह स्वीकार किया गया कि सामाजिक विकास की समस्या सार्वभौमिक है। यह सर्वत्र है, लेकिन इस घोर समस्या का समाधान प्रत्येक संस्कृति के सन्दर्भ में खोजना चाहिए।" इसका सीधा सा अर्थ यह है कि व्यक्ति हो या देश, आर्थिक विकास तभी सफल होगा जब बौद्धिक विकास के साथ मनुष्य के गुणवत्ता में भी विकास हो।

समाज सुधार के सम्बन्ध में स्वामी विवेकानन्द जी का कहना था कि - "सुधारकों से मैं कहूंगा कि मैं स्वयं उनसे कहीं बढ़कर सुधारक हूँ। वे लोग इधर-उधर थोड़ा सुधार करना चाहते हैं- और मैं चाहता हूँ आमूल सुधार। हम लोगों का मतभेद है केवल सुधार की प्रणाली में। उनकी प्रणाली विनाशात्मक है और मेरी संघटनात्मक। मैं सुधार में विश्वास नहीं करता, मैं विश्वास करता हूँ स्वाभाविक उन्नति में।" स्वाभाविक उन्नति तभी हो सकती है जब उन्नति के संसाधन व्यक्ति के आस-पास ही उपलब्ध हो जिससे अनिच्छा से ही सही उसकी दृष्टि उस पर पड़े। राष्ट्र निर्माण के लिए डिजिटल ग्राम/नगर वार्ड का वेबसाइट स्वाभाविक उन्नति का ही संसाधन है जिसे आपके घर तक पहुँचाया जा रहा है। कम्प्यूटर और इन्टरनेट की पहुँच सभी तक पहुँचने की ओर है। अब आवश्यकता है इस संसाधन से प्रत्येक व्यक्ति को आर्थिक स्वतन्त्रता की ओर ले जाते हुए राष्ट्र निर्माण के लक्ष्य को प्राप्त करना। जिस प्रकार नदी में जल का सतत प्रवाह होता रहता है उसका उपयोग सिंचाईं में हो सकता है। परन्तु बाँध बनाकर जल का उपयोग करने से बिजली भी बनायी जा सकती है। उसी प्रकार मानव समाज में आकड़ों (डाटा) का सदैव प्रवाह हो रहा है उसे अपने मस्तिष्क में रोककर इकट्ठा करने से ही उसका विश्लेषण हो सकता है। जितने अधिक आकड़ों से विश्लेषण होगा परिणाम उतना ही सटीक होगा। यही बुद्धि है। कम्प्यूटर में भी यदि आकड़ें कम होंगे तो विश्लेषण भी कम ही प्राप्त किये जा सकते हैं। जितने बड़े क्षेत्र के लिए कार्य करना हो उतने बड़े क्षेत्र से सम्बन्धित आकड़ें जुटाये जाते हैं। यही बुद्धि है। कोई भी कार्य सिर्फ एक कारण से नहीं होता। अधिक से अधिक कारणों को जानना, कर्म की सटीक व्याख्या है।

हमारे देश के नागरिकों, विद्यार्थीयों व छात्रों के लिए अब यह उपलब्धता है कि ऐसे बहुत से आँकड़ें जो उनके जीवन से प्रत्यक्ष सम्बन्ध रखते हुये भी उन्हें ये अनुभव नहीं करा पाते कि वे उनसे सीधे प्रभावित और संचालित हैं, अब उन्हें एक साथ उपलब्ध है। जिससे उनके समय को बचाया जा सके और उनके बुद्धि के विकास और स्वाभाविक उन्नति में सहायता उपलब्ध कराया जा सके। हमारे दृष्टि में छात्र वे हैं जो किसी शैक्षणिक संस्थान के किसी शैक्षणिक पाठ्यक्रम में प्रवेश ले कर अध्ययन करते हैं। और विद्यार्थी वे हैं जो सदैव अपने ज्ञान व बुद्धि का विकास कर रहे हैं और उसके वे इच्छुक भी हैं। इस प्रकार सभी मनुष्य व जीव, जीवन पर्यन्त विद्यार्थी ही बने रहते हैं चाहे उसे वे स्वीकार करें या ना करें। जबकि छात्र जीवन पर्यन्त नहीं रहा जा सकता।

इस संघनित (Compact) होती दुनिया में ज्ञान को भी संघनित करना आवश्यक है। मैकेनिक जो मोटर बाईडिंग करता है यदि वह केवल इतना ही जानता है कि कौन सा तार कहाँ जुड़ेगा जिससे मोटर कार्य करना प्रारम्भ कर दें, तो ऐसा मैकेनिक विभिन्न शक्ति के मोटर का आविष्कार नहीं कर सकता जबकि विभिन्न शक्ति के मोटर का आविष्कार केवल वही कर सकता है जो मोटर के मूल सिद्धान्त को जानता हो। ऐसी ही शिक्षा के सम्बन्ध

में स्वामी विवेकानन्द जी ने कहा था - "अनात्मज्ञ पुरूषों की बुद्धि एकदेश-दर्शिनी (Single Dimensional) होती है। आत्मज्ञ पुरूषों की बुद्धि सर्वग्रासिनी (Multi Dimensional) होती है। आत्मप्रकाश होने से, देखोगे कि दर्शन, विज्ञान सब तुम्हारे अधीन हो जायेगे।"

इस पहल से हमारा मकसद गाँव व नगर के लोगों को सभी सरकारी परियोजनाओं की जानकारी ऑनलाइन उपलबध कराना है ताकि लोग सेवाओं का बेहतर लाभ उठा सके। इस पोर्टल के अंतर्गत गांव व नगर की जानकारी से लेकर जिला, प्रदेश, देश व विश्व की जानकारी ऑनलाइन उपलब्ध है। सभी सरकारी योजनाओं की सूची ऑनलाइन उपलब्ध करायी गयी है ताकि लोग उन योजनाओं से जुड़ कर फायदा उठा सके। इस हेतु शारीरिक, आर्थिक व मानसिक विकास को मुख्य बिन्दु मानकर व्यक्ति से लेकर विश्व तक को एक ही वेबसाइट में इस प्रकार संगठित किया गया है जिससे कि अपने ग्राम व नगर वार्ड के वेबसाइट के माध्यम से ही वे सभी ज्ञान-संसार-सूचना व व्यापार तक पहुँच सकें जो एक भारतवासी के लिए न्यूनतम रूप से आवश्यक हों। साथ ही वेबसाइट मालिक, ग्रामवासी व नगरवासी राष्ट्रनिर्माण के व्यापार में शामिल होकर व्यापार का लाभ भी अर्जित कर आर्थिक रूप से सशक्त हो सकें।

हमारा मानना है की डिजिटल पोर्टल से जुड़कर ग्रामीणों व नगर निवासियों के जीवन में एक बड़ा बदलाव आ सकता है। ये अपने-आप में एक बड़ी चुनौती है कि कैसे लोगों को यह भरोसा दिलाया जाए कि डिजिटल ग्राम व नगर के इस्तेमाल से उनकी जिंदगी में एक बड़ा बदलाव आ सकता है? एक ऐसे जगह जहां ज्यादातर लोग अपना समय या तो खेतों में गुजारते हों या फिर स्थानीय व्यवसाय और मजदूरी में, ये डिजिटल ग्राम व नगर उसी सूरत में चल सकती हैं, जब उनका कामकाज ऐसे गैर सरकारी संगठनों यानी एन.जी.ओ के हाथ में हो यानी जिनके पास इस काम का अनुभव हो और जिनका इन पर कुछ असर हो। फिर भी यह जानना चाहिए कि "अच्छे दिन तभी आ सकते है जब मनुष्य की बुद्धि की विकास की दिशा, देश और विश्व स्तर की बुद्धि की व्यापकता की ओर हो।"

अतः आप सब सम्माननीय राष्ट्र निर्माता गुरूजन, शिक्षा मन्दिर संचालकगण, छात्रों-विद्यार्थीयों, ग्राम व नगर पंचायत पदाधिकारीयों व निवासीयों से निवेदन है कि व्यक्ति निर्माण के माध्यम से हम सभी राष्ट्र व विश्व निर्माण के माध्यम बनकर "आध्यात्मिक एवं दार्शनिक विरासत के आधार पर एक भारत-श्रेष्ठ भारत निर्माण" में अग्रसर हों।,

धन्यवाद,

प्रबन्ध निदेशक

सत्य नेटवर्क (REAL NETWORK)

किसी भी युग में अवतार, महापुरूष, संत या किसी भी व्यक्ति के गुण को सीधे देखकर पहचानने की क्षमता किसी भी व्यक्ति के अन्दर नहीं रही है। उस व्यक्ति को, स्वयं के अपने गुणों को ज्ञान, कर्म, जीवन के माध्यम द्वारा व्यक्त करना होता है। उसके बाद ही कुछ लोग उन्हें पहचानते हैं और उनके साथ एक-दूसरे के सदुपयोग के लिए साथ आते रहे हैं। प्राचीन समय में यह कार्य बहुत कठिन होता था इसके लिए वे अनेक प्रकार के आयोजन करते थे।

वर्तमान युग में भी अनेक प्रकार के आयोजन जैसे-सेमिनार, सम्मेलन, प्रदर्शनी, मेले, परीक्षाएँ, प्रतिस्पर्धा इत्यादि द्वारा अपनी योग्यता प्रदर्शित किये जाते हैं। परन्तु यह सब समय लेने वाला है और आम नागरिक के योग्यता को व्यक्त करने का माध्यम नहीं बन पाता। दुनिया बहुत तेज हो चुकी है। ऐसे में किसी विशेष कार्य के लिए कोई भी संस्था/व्यक्ति/योजना संचालक शीघ्रता से अपने कार्य के लिए योग्य व्यक्ति से जुड़ना चाहता है। सीधे व्यक्ति से व्यक्ति के सम्बन्धित होने, परिचय बनाने के कार्य में मनुष्य जीवन इतना छोटा है कि वह एक सिमित दायरे तक ही रह जाता है। व्यापक दायरे तक जाने के लिए व्यक्ति का निराकार रूप विचार-गुण-योग्यता को ही प्रकाशित करना होता है।

शैक्षिक संस्थान अपने शिक्षार्थी की योग्यता को प्रकाशित करने के लिए अनेक कार्यक्रम जैसे-सेमिनार, सम्मेलन, परीक्षाएँ, प्रतिस्पर्धा इत्यादि आयोजित करती रहती है। राष्ट्र निर्माण का व्यापार-पुनर्निर्माण भी अपने विद्यार्थी के गुणों को प्रकाशित करने के लिए डिजिटल सत्य नेटवर्क की सुविधा और आजीवन रायल्टी प्रदान करता है।

भारत एक भाव प्रधान मनोरंजन आधारित देश है इसलिए भारत को एक बाजार की दृष्टि से अन्य देशों द्वारा देखा जाता है। इसका परिणाम यह है कि डिजिटल नेटवर्क के रूप में आये अनेक सोशल नेटवर्किंग वेबसाइट आपको नेटवर्क तो उपलब्ध करातीं हैं परन्तु आपकी योग्यता व निवास क्षेत्रानुसार, आपसे कोई सम्पर्क कर आपकी शक्ति का उपयोग कर सके, ऐसी सुविधा उपलब्ध नहीं कराती। कहा जाता है-"ईश्वर सब देख रहा है"। डिजिटल वेबसाइट आधारित तकनीकी के आ जाने से और उस पर आपकी योग्यता की स्थिति उपलब्ध होने से आपको कौन-कौन कहाँ से देख रहा है ये आप भी नहीं जान सकते। और यदि आप उनके योग्य हुये तो आपसे सम्पर्क कर लेंगे। जिस प्रकार ईश्वर आपकी योग्यतानुसार इस संसार में आपको कार्य सौंपता है। वर्तमान डिजिटल तकनीकी के युग में स्वयं को प्रकाशित करना आसान हो गया है। स्वयं को प्रकाशित करें और दूसरे के प्रकाश में स्वयं को लायें। इसके लिए राष्ट्र निर्माण का व्यापार-पुनर्निर्माण द्वारा निम्नलिखित नेटवर्क उपलब्ध हैं।

01. डिजिटल ग्राम नेटवर्क (Digital Village Network)
02. डिजिटल नगर वार्ड नेटवर्क (Digital City Ward Network)
03. डिजिटल एन.जी.ओ/ट्रस्ट नेटवर्क (Digital NGO/Trust Network)
04. डिजिटल विश्वमानक मानव नेटवर्क (Digital World Standard Human Network)
05. डिजिटल नेतृत्व नेटवर्क (Digital Leader Network)
06. डिजिटल जर्नलिस्ट नेटवर्क (Digital Journalist Network)
07. डिजिटल शिक्षक नेटवर्क (Digital Teacher Network)
08. डिजिटल शैक्षिक संस्थान नेटवर्क (Digital Educational Institute Network)
09. डिजिटल लेखक-ग्रन्थकार-रचयिता नेटवर्क (Digital Author Network)
10. डिजिटल गायक नेटवर्क (Digital Singer Network)
11. डिजिटल खिलाड़ी नेटवर्क (Digital Sports Man Network)
12. डिजिटल पुस्तक विक्रेता नेटवर्क (Digital Book Saler Network)
13. डिजिटल होटल और आहार गृह नेटवर्क (Digital Hotel & Restaurant Network)

राष्ट्र निर्माण का सत्य नेटवर्क वेबसाइट से आय/आर्थिक लाभ देने का आधार

1. सरकारी वेबसाइट से आय/आर्थिक लाभ देने का आधार

सरकारी वेबसाइट से आम नागरिक को कोई भी आर्थिक लाभ देने की योजना न तो कभी रही है, न ही कभी हो पायेगी। सरकारी वेबसाइट केवल अपने सरकारी काम की सूचना, व्यवस्था और नागरिक के लिए ऐसी सुविधा देती है कि आप अपने थोड़ी सी आवश्यकता के लिए फार्म, शुल्क इत्यादि देते-लेते रहें। और जीवन बदल देने का सपना देखते रहें। नागरिकों के व्यक्तिगत बौद्धिक विकास के लिए उनके पास कोई कार्यक्रम नहीं क्योंकि सरकार केवल एक व्यवस्थापक की भूमिका में होती है जिसे आप मतदान कर बनाते है। व्यवस्था संचालन के लिए।

2. नीजी वेबसाइट से आय/आर्थिक लाभ देने का आधार

नीजी वेबसाइट दो प्रकार की हो सकती हैं-

अ.निवासी द्वारा-अपना ज्ञान दिखाने के उद्देश्य से ऐसी वेबसाइट निवासीयों द्वारा बनाया जाता है। जैसे- ग्राम/नगर वार्ड का वेबसाइट केवल यही सिद्ध कर सकता है कि हमारे ग्राम/नगर वार्ड का वेबसाइट बन गया और हम अब इन्टरनेट पर हैं। उपयोगिता सरकारी कामों का मार्गदर्शन और बनाने वाले का निवास क्षेत्र में अपना टेक्नीकल ज्ञानी होने का भवकाल जिसका अनेक प्रकार का व्यक्तिगत लाभ है जो सिर्फ बनाने वाला ही जान व प्राप्त कर सकता है। नागरिकों के व्यक्तिगत बौद्धिक विकास व लाभ के लिए उनके पास कोई कार्यक्रम नहीं होती है।

ब.किसी नीजी कम्पनी/अर्ध-सरकारी कम्पनी/कार्पोरेशन द्वारा-इस प्रकार के वेबसाइट शुद्ध रूप से व्यापार के उद्देश्य से बनाया जाता है जो निवासीयों से अपना व्यापार बढ़ाने के लिए उन्हें ग्राहक बनाना चाहती है। जैसे- बैंक, बीमा कम्पनी इत्यादि। इनसे लाभ ये है कि नागरिक के धन को लेकर नियमानुसार जो लाभ दिया जाता है वो नागरिक को दिया जाता है। नागरिक द्वारा प्राप्त धन से वे व्यापार करती हैं। नागरिकों के व्यक्तिगत बौद्धिक विकास के लिए उनके पास कोई कार्यक्रम नहीं होती है।

3. राष्ट्र निर्माण का सत्य नेटवर्क वेबसाइट से आय/आर्थिक लाभ देने का आधार

राष्ट्र निर्माण का वेबसाइट एक महान और ऐतिहासिक उद्देश्य के लिए व्यक्ति से लेकर विश्व के चहुमुखी विकास के लिए विकसित की गयी है जिसका सपना सत्य रूप में अपने देश भारत से प्रेम करने वाले देखते होंगे।

राष्ट्र निर्माण के लिए विकसित वेबसाइट उपरोक्त (सरकारी व नीजी वेबसाइट) का सम्मिलित रूप के साथ निवासीयों के समग्र विकास से सम्बन्धित है। जिससे ग्राम/नगर वार्ड के निवासीयों को सरकारी योजनाओं के जानकारी के साथ-साथ बौद्धिक विकास के साथ व्यापार करने और आर्थिक लाभ कमाने के लिए सबको समान अवसर देता है। अर्थात् यह निवासीयों को मात्र ग्राहक नहीं, निवासीयों को व्यापारी भी बनाता है। इसलिए इसकी उपयेगिता निवासीयों के जीवन में सदैव बनी रहती है।

सत्य नेटवर्क का वेबसाइट राष्ट्र निर्माण का व्यापार-पुनर्निर्माण के पाठ्यक्रम की भाँति एक सुविधा वाला उत्पाद है। जिसे खरीदने पर वही नियम लागू होता है जो पाठ्यक्रम में प्रवेश लेने पर होता है अर्थात् छात्रवृत्ति, सहायता और रायल्टी के लिए नेटवर्क में जुड़ने वाला प्रत्येक व्यक्ति/संस्था भी अधिकृत होता है। पाठ्यक्रम में प्रवेश लेने वाला विद्यार्थी पाठ्य सामग्री प्राप्त करता है जबकि सत्य नेटवर्क से जुड़ने वाला व्यक्ति/संस्था "स्वयं को प्रकाशित करें और दूसरे के प्रकाश में स्वयं को लायें" का सुविधा प्राप्त करता है। सत्य नेटवर्क से जुड़ने वाला व्यक्ति/संस्था एक स्वतन्त्र प्रवेश केन्द्र/प्रेरक ही होता है।

राष्ट्र निर्माण के सत्य नेटवर्क वेबसाइट का स्वरूप

राष्ट्र निर्माण के सत्य नेटवर्क का वेबसाइट का स्वरूप निम्न रूप से है-

1. राष्ट्र निर्माण के किसी भी सत्य नेटवर्क के वेबसाइट में दो मीनू होते हैं- उर्ध्व और क्षैतिज मीनू।
2. उर्ध्व मीनू में उस नेटवर्क के विषय से सम्बन्धित सामान्य जानकारी होती है जो उनके ज्ञान के विकास के लिए आवश्यक होता हैं जिसका नियंत्रण अर्थात् उस पर सामग्री भरना, हटाना, बदलना, बढ़ाना इत्यादि नेटवर्क नियंत्रक (कम्पनी) के पास होता है।
3. सत्य नेटवर्क से जुड़ने वाले प्रत्येक व्यक्ति/संस्था के नाम से उपलब्ध डोमेन नाम से ही उसका वेबसाइट होता है जिसका नियंत्रण उसी व्यक्ति/संस्था के द्वारा होता है।
4. क्षैतिक मीनू में उस नेटवर्क में शामिल होने वाले व्यक्ति/संस्था से सम्बन्धित जानकारी जैसे-समाचार, परिचय, फोटो, आडियो-विडियो, सम्पर्क इत्यादि होती है जिसका नियंत्रण अर्थात् उस पर सामग्री भरना, हटाना, बदलना, बढ़ाना इत्यादि उसी व्यक्ति/संस्था के द्वारा नियंत्रित होता है।

राष्ट्र निर्माण के सत्य नेटवर्क वेबसाइट की विशेषता

राष्ट्र निर्माण के सत्य नेटवर्क का वेबसाइट की विशेषता निम्नलिखित है-

1. राष्ट्र निर्माण के किसी भी सत्य नेटवर्क के वेबसाइट में से नेटवर्क में जुड़े व्यक्ति/संस्था को पिन कोड, जिला, विधायक क्षेत्र, संसद क्षेत्र के अनुसार छानकर (फिल्टर) कर उनके वेबसाइट को देखा जा सकता है। देखने के लिए जरूरी नहीं कि देखने वाला व्यक्ति/संस्था उस नेटवर्क से जुड़ा ही हो। उदाहरणस्वरूप यदि कोई नया राजनीतिक दल या व्यापारिक संस्था अपने लिए योग्य व्यक्ति किसी विशेष भौगोलिक क्षेत्र में खोज रहा हो तो वह सीधे डिजिटल नेतृत्व नेटवर्क (Digital Leader Network) के वेबसाइट पर जाकर इच्छित क्षेत्र पिन कोड, जिला, विधायक क्षेत्र, संसद क्षेत्र के अनुसार छानकर (फिल्टर) कर उस व्यक्ति के वेबसाइट से उससे सम्पर्क कर सकता है।
2. राष्ट्र निर्माण के किसी भी सत्य नेटवर्क के वेबसाइट से कोई भी व्यक्ति/संस्था (जरूरी नहीं कि देखने वाला व्यक्ति/संस्था उस नेटवर्क से जुड़ा ही हो) किसी भी स्तर के भौगोलिक क्षेत्र जैसे-पिन कोड, जिला, विधायक क्षेत्र, संसद क्षेत्र के अनुसार छानकर (फिल्टर) व्यक्ति/संस्था के विषय में जानकारी देख सकता है और सम्पर्क कर सकता है। जो एक-दूसरे के लिए लाभदायक है।
3. सत्य नेटवर्क के किसी भी बवेबसाइट से किसी भी सत्य नेटवर्क के वेबसाइट पर जा सकते हैं।
4. राष्ट्र निर्माण के किसी भी सत्य नेटवर्क के वेबसाइट में से नेटवर्क में जुड़े व्यक्ति/संस्था स्वयं अपने बारे में दूसरों को बताने के लिए अपने विभिन्न प्रकार के कागजात जैसे-विजिटिंग कार्ड, लेटर पैड, परिचित के बीच में अपने वेबसाइट के नाम का प्रयोग कर सकते हैं।
5. राष्ट्र निर्माण के किसी भी सत्य नेटवर्क के वेबसाइट में से नेटवर्क में जुड़े व्यक्ति/संस्था को छात्रवृत्ति, सहायता और रायल्टी नियमानुसार प्राप्त होता है।

सत्य नेटवर्क वेबसाइट शुल्क (Website Fees)

सत्य नेटवर्क के सभी नेटवर्क का शुल्क एक ही हैं जिसे तीन किस्त प्रथम 25 प्रतिशत, द्वितीय 50 प्रतिशत, अन्तिम 25 प्रतिशत के तीन किस्त में दिया जा सकता है।

प्रत्येक वेबसाइट पर छात्र द्वारा चुनी गयी सहायता जैसे छात्रवृत्ति सहायता, शिक्षा सहायता, पर्यटन सहायता, घरेलू पुस्तकालय सहायता, स्वास्थ्य सहायता में से एक दी जाती है। नियमानुसार साथ ही रायल्टी भी दी जाती है।

सत्य नेटवर्क से अधिक लाभ के सामान्य लक्ष्ययुक्त कार्य

सत्य नेटवर्क का वेबसाइट राष्ट्र निर्माण का व्यापार-पुनर्निर्माण के पाठ्यक्रम की भाँति एक सुविधा वाला उत्पाद है। जिसे खरीदने पर वही नियम लागू होता है जो पाठ्यक्रम में प्रवेश लेने पर होता है अर्थात् छात्रवृत्ति, सहायता और रायल्टी के लिए नेटवर्क में जुड़ने वाला प्रत्येक व्यक्ति/संस्था भी अधिकृत होता है। पाठ्यक्रम में प्रवेश लेने वाला विद्यार्थी पाठ्य सामग्री प्राप्त करता है जबकि सत्य नेटवर्क से जुड़ने वाला व्यक्ति/संस्था "स्वयं को प्रकाशित करें और दूसरे के प्रकाश में स्वयं को लायें" का सुविधा प्राप्त करता है। सत्य नेटवर्क से जुड़ने वाला व्यक्ति/संस्था एक स्वतन्त्र प्रवेश केन्द्र/प्रेरक ही होता है। प्रवेश केन्द्र/प्रेरक को इस प्रणाली से अधिकतम लाभ प्राप्त करने के लिए निम्नलिखित कार्य अवश्य करना चाहिए और सबसे पहले इन्हें लक्ष्य बनाना चाहिए-

अ.अधिक से अधिक "सत्य मानक शिक्षा" के अन्तर्गत प्रवेश पंजीकरण करायें चाहे वह भारत में कहीं भी हों।

ब.सत्य नेटवर्क के निम्नलिखित नेटवर्क में अधिक से अधिक लोगों को जोड़े-

01. डिजिटल ग्राम नेटवर्क (Digital Village Network)- **प्रत्येक ग्राम से एक**
02. डिजिटल नगर वार्ड नेटवर्क (Digital City Ward Network)- **प्रत्येक नगर वार्ड से एक**
03. डिजिटल एन.जी.ओ/ट्रस्ट नेटवर्क (Digital NGO/Trust Network)- **अनेक**
04. डिजिटल विश्वमानक मानव नेटवर्क (Digital World Standard Human Network)- **अनेक**
05. डिजिटल नेतृत्व नेटवर्क (Digital Leader Network)- **अनेक**
06. डिजिटल जर्नलिस्ट नेटवर्क (Digital Journalist Network)- **अनेक**
07. डिजिटल शिक्षक नेटवर्क (Digital Teacher Network)- **अनेक**
08. डिजिटल शैक्षिक संस्थान नेटवर्क (Digital Educational Institute Network)- **अनेक**
09. डिजिटल लेखक-ग्रन्थकार-रचयिता नेटवर्क (Digital Author Network)- **अनेक**
10. डिजिटल गायक नेटवर्क (Digital Singer Network)- **अनेक**
11. डिजिटल खिलाड़ी नेटवर्क (Digital Sports Man Network)- **अनेक**
12. डिजिटल पुस्तक विक्रेता नेटवर्क (Digital Book Saler Network)- **अनेक**
13. डिजिटल होटल और आहार गृह नेटवर्क (Digital Hotel & Restaurant Network)- **अनेक**

सत्य नेटवर्क प्रेरक का कार्य क्षेत्र व्यक्तिगत सम्बन्धों के आधार पर वह भारत के किसी निवासी के लिए भी व्यक्तिगत रूप से कार्य कर सकता है। जिससे अन्य को लाभ में यथाशीघ्र भागीदारी मिल सके।

जय जवान
जय किसान
जय विज्ञान
जय ज्ञान
जय कर्मज्ञान

धर्मक्षेत्रे कुरुक्षेत्रे समवेता युयुत्सवः, मामकाः पाण्डवाश्चैव किमकुर्वत संजय! (गीता का प्रथम श्लोक)

time to renew

"डिजिटल ग्राम" के रास्ते "डिजिटल इण्डिया"

मिले सुर मेरा तुम्हारा..... तो सुर बने हमारा

केवल सूचना और सेवा नहीं, बल्कि राष्ट्र निर्माण के व्यापार का

स्वच्छ मन – स्वच्छ भारत – स्वस्थ भारत

जो मन कर्म में ना बदले, वह मन नहीं और व्यक्ति का अपना स्वरूप नहीं।

सारा ज्ञान-संसार-सूचना आपके अपने ग्राम के वेबसाइट से
"ज्ञान क्रान्ति – गाँव से विश्व की ओर"

अपने ग्राम को जोड़े डिजिटल ग्राम नेटवर्क से और दें एक नया सन्देश
"हमारा ग्राम – मानक ग्राम"

स्वच्छ मन – स्वच्छ भारत – स्वस्थ भारत

मुख्य पृष्ठ | हमारा ग्राम/वार्ड | पंचायत | समाचार | सेवा | परिवार | सम्मानित व्यक्ति | विशिष्टता | वैवाहिक सेवा | संस्थान | सम्पर्क

- हमारा समाचार
- ग्राम/नगर वार्ड प्रेरक
- मानक ग्राम/नगर वार्ड
- डिजिटल ग्राम/नगर वार्ड
- डिजिटल ग्राम/नगर वार्ड सूची
- जिला/जनपद
- प्रदेश
- भारत देश
- विश्व–बन्धुत्व
- विश्व
- संयुक्त राष्ट्र संघ
- सरकारी सेवाएँ
- संविधान जागरण
- कानून जागरण
- व्यापार जागरण
- शिक्षा जागरण
- स्वास्थ्य जागरण
- पर्यटन जागरण
- परियोजना रायल्टी
- परियोजना छात्रवृत्ति
- परियोजना सहायता
- परियोजना सामाजिक सहायता
- परियोजना सर्वेक्षण
- डिजिटल कोचिंग
- सत्य मानक शिक्षा
- स्वस्थ महिला मिशन
- सृष्टि पुस्तकालय योजना
- सम्पर्क

सारा ज्ञान–संसार–सूचना आपके अपने ग्राम /नगर वार्ड के वेबसाइट से अपने ग्राम /नगर वार्ड को जोड़े राष्ट्र निर्माण के डिजिटल ग्राम /नगर वार्ड नेटवर्क से और दें एक नया सन्देश

"हमारा ग्राम/नगर वार्ड – मानक ग्राम/नगर वार्ड"

ज्ञान क्रान्ति – गाँव/नगर वार्ड से विश्व की ओर

ग्राम / नगर वार्ड प्रेरक

अपने ग्राम / नगर वार्ड का भविष्य निर्माता

परिचय पुस्तिका

व

राष्ट्र निर्माण के व्यापार में अवसर

डिजिटल ग्राम / नगर वार्ड नेटवर्क

बारिश उन्हीं कमरे में पहुँचती है, जिनके छत नहीं होते हैं।
अच्छे दिन उन्हीं के आते हैं, जिनके मस्तिष्क बन्द नहीं होते हैं।

01. डिजिटल ग्राम नेटवर्क (Digital Village Network)

इस पहल से हमारा मकसद गाँव व नगर के लोगों को सभी सरकारी परियोजनाओं की जानकारी ऑनलाइन उपलब्ध कराना है ताकि लोग सेवाओं का बेहतर लाभ उठा सकें। इस पोर्टल के अंतर्गत गाँव व नगर की जानकारी से लेकर जिला, प्रदेश, देश व विश्व की जानकारी ऑनलाइन उपलब्ध है। सभी सरकारी योजनाओं की सूची ऑनलाइन उपलब्ध करायी गयी है ताकि लोग उन योजनाओं से जुड़ कर फायदा उठा सके। इस हेतु शारीरिक, आर्थिक व मानसिक विकास को मुख्य बिन्दु मानकर व्यक्ति से लेकर विश्व तक को एक ही वेबसाइट में इस प्रकार संगठित किया गया है जिससे कि अपने ग्राम व नगर वार्ड के वेबसाइट के माध्यम से ही वे सभी ज्ञान-संसार-सूचना व व्यापार तक पहुँच सकें जो एक भारतवासी के लिए न्यूनतम रूप से आवश्यक हों। साथ ही वेबसाइट मालिक, ग्रामवासी व नगरवासी राष्ट्रनिर्माण के व्यापार में शामिल होकर व्यापार का लाभ भी अर्जित कर आर्थिक रूप से सशक्त हो सकें।

हमारा मानना है की डिजिटल पोर्टल से जुड़कर ग्रामीणों व नगर निवासियों के जीवन में एक बड़ा बदलाव आ सकता है। यह जानना चाहिए कि "अच्छे दिन तभी आ सकते है जब मनुष्य की बुद्धि की विकास की दिशा, देश और विश्व स्तर की बुद्धि की व्यापकता की ओर हो।"

अ. क्षैतिज (Horizental) मीनू

वेबसाइट का यह मीनू ग्राम प्रेरक के नियंत्रण में रहता है जिससे वह अपने ग्राम के सूचनाओं को देता रहता है। जिसे ग्रामवासी और अन्य डिजिटल ग्राम के निवासी देख सकते हैं। जिसमें निम्न ज्ञानवर्धक एवं सूचनाप्रद भाग हैं।

01. **मुख पृष्ठ**-यह वेबसाइट का मुख्य पृष्ठ है।
02. **हमारा ग्राम-स्थिति**-ग्राम का नाम, पोर्टल/वेबसाइट का नाम, डाकघर, पुलिस चैकी, पुलिस थाना, विकास खण्ड, तहसील, जिला मुख्यालय, मण्डल मुख्यालय, प्रदेश राजधानी, देश राजधानी, का नाम व ग्राम से दूरी, प्रदेश, देश, पिन कोड, विधान सभा क्षेत्र, संसदीय क्षेत्र। **सुविधा**-नजदीकी राष्ट्रीय राजमार्ग संख्या, रेलवे स्टेशन, प्राथमिक स्वास्थ केन्द्र, प्राथमिक विद्यालय, इण्टर कालेज, महाविद्यालय, विश्वविद्यालय, कौशल विकास केन्द्र, बाजार, खद्यान्न मण्डी, सब्जी मण्डी, सहकारी समिति, बैंक, बैंक ए. टी. एम, प्राथमिक स्वास्थ केन्द्र से दूरी। **जन संसाधन**-महिला, पुरूष, कुल जनसंख्या, साक्षरता प्रतिशत, भूमि **संसाधन**-सिंचित भूमि, असिंचित भूमि, कुल भूमि, **खाद्यान्न संसाधन**-मुख्य फसल, अन्य फसल, ग्राम/पंचायत स्तर पर खाद्य गोदाम (है/नहीं है), प्राकृतिक संसाधन (पत्थर, बालू, वन इत्यादि) का विवरण।
03. **पंचायत**-पंचायत का नाम, ग्राम पंचायत पदाधिकारीयों का नाम, मोबाइल संख्या व फोटो। पंचायत की उप समिति 1. नियोजन एवं विकास समिति, 2. निर्माण कार्य समिति, 3. शिक्षा समिति, 4. स्वास्थ्य एवं परिवार कल्याण समिति, 5. प्रशासनिक समिति, 6. जल प्रबन्ध समिति, 7. खाद्यान्न समिति, 8. विकास मार्गदर्शन एवं तकनीकी समिति के पद एवं पदाधिकारी सूची।

04. **समाचार**-वेबसाइट नियंत्रक (Admin) अपने ग्राम के विभिन्न क्रियाकलाप जैसे- सामाजिक, धार्मिक, वैवाहिक, संगोष्ठि, जन्म-मृत्यु इत्यादि से सम्बन्धित समाचार को समय-समय पर वेबसाइट पर लगा (अपलोड) कर सकता है।

05. **सेवा**-केन्द्र व राज्य सरकार से प्राप्त सरकारी सेवा के विभिन्न विषय जैसे- राशन कार्ड धारक, मनरेगा मजदूर, विधवा पेंशन लाभार्थी, वृद्धा पेंशन लाभार्थी स्कूल व आगनवाड़ी के कर्मचारी इत्यादि से सम्बन्धित विवरण देख सकता है।

06. **कुटुम्ब**-प्रत्येक व्यक्ति किसी न किसी परिवार का सदस्य है, और परिवार के समूह से ग्राम का अस्तित्व है। परिवार के सदस्य ग्राम में होते हैं या स्थायी या रोजगार/व्यापार/नौकरी के कारण अस्थायी रूप से अन्य स्थानों पर भी निवास करते है। प्रत्येक व्यक्ति अपने मूल ग्राम से जुड़ा रहे और ग्राम के परिवार के सदस्यों को आसानी से जान सके इसके लिए ग्राम के प्रत्यके व्यक्ति का विवरण इस भाग में उपलब्ध रहता है।

07. **सम्मानित व्यक्ति**-वेबसाइट नियंत्रक (Admin) अपने ग्राम के सम्मानित व्यक्तियों जैसे- पूर्व प्रधान, शहीद, शिक्षक, उच्च शिक्षा प्राप्त निवासी, व्यापारी, खिलाड़ी, गायक, लेखक, कवि, धर्मिक-कर्मकाण्डी व्यक्ति इत्यादि के फोटो सहित विवरण बतौर विज्ञापन धनराशि लेकर वेबसाइट पर लगा (अपलोड) कर सकता है।

08. **विशिष्टता**-वेबसाइट नियंत्रक (Admin) अपने ग्राम की विशिष्ट विषय जैसे- धार्मिक स्थल, क्रिड़ा स्थल, पंचायत भवन, स्कूल, आगनवाड़ी केन्द्र, राशन की दुकान बाग-बगीचा इत्यादि का फोटो सहित विवरण वेबसाइट पर लगा (अपलोड) कर सकता है।

09. **वैवाहिक सेवा**-वैवाहिक सेवा में ग्राम के कुटुम्ब में से सरकारी नियमानुसार विवाह योग्य स्त्री-पुरूष को ग्रामवासी और अन्य डिजिटल ग्राम के निवासी देख सकते हैं।

10. **संस्थान**-वेबसाइट नियंत्रक (Admin) अपने ग्राम के आस-पास के प्राइवेट संस्थान जैसे- विद्यालय, व्यापारीक संस्थान, सामाजिक संस्थान इत्यादि से सम्बन्धित फोटो सहित विवरण बतौर विज्ञापन धनराशि लेकर वेबसाइट पर लगा (अपलोड) कर सकता है।

11. **सम्पर्क**-ग्राम प्रेरक (Village Catalyst-VC) ग्राम का भाग्य निर्माता से सम्पर्क

ब. उध्व (Vertical) मीनू - ज्ञानवर्धक एवं सूचनाप्रद

वेबसाइट का यह मीनू वेबसाइट के मुख्य संचालक के नियंत्रण में रहता है जिससे वह सभी उपयोगकर्ता के लिए सूचनाओं को देता रहता है। जिसमें निम्न ज्ञानवर्धक एवं सूचनाप्रद भाग हैं।

हमारा समाचार
ग्राम/नगर वार्ड प्रेरक (Village/City Ward Catalyst-VC)
मानक ग्राम/नगर वार्ड
डिजिटल ग्राम / नगर वार्ड
डिजिटल ग्राम / नगर वार्ड सूची
जिला/जनपद
प्रदेश
भारत देश
विश्व-बन्धुत्व
विश्व
संयुक्त राष्ट्र संघ (UNO)
सरकारी सेवाएँ
संविधान जागरण
कानून जागरण
व्यापार जागरण
शिक्षा जागरण
स्वास्थ्य जागरण
पर्यटन जागरण
परियोजना रायल्टी
परियोजना छात्रवृत्ति

परियोजना सहायता
परियोजना सर्वेक्षण
सत्य मानक शिक्षा
सृष्टि पुस्तकालय योजना
परियोजना सामाजिक सहायता
डिजिटल कोचिंग
स्वस्थ महिला मिशन

स. ग्राम /नगर वार्ड प्रेरक का कार्य

एक ग्राम/नगर वार्ड प्रेरक, राष्ट्र निर्माण की प्रणाली- "पुनर्निर्माण" का ग्राम/नगर वार्ड स्तर पर नेतृत्व व अपने कार्य क्षेत्र में समभाव से कार्य करते हुए अपने ग्राम/नगर वार्ड के व्यक्ति केन्द्रित स्वाभाविक उन्नति के लिए शारीरिक-आर्थिक-मानसिक विकास के समस्त संसाधन को उपलब्ध कराते हुए ग्राम/नगर वार्ड और उसके निवासी का भविष्य निर्माता का पद है। जबकि वह अपने कार्यों को करते हुये सामाजिक, राजनितिक व धार्मिक रूप से स्वतन्त्र है।

1. अपने ग्राम/नगर वार्ड का वेबसाइट सम्भालना।
2. अपने ग्राम/नगर वार्ड क्षेत्र में ट्रस्टों द्वारा प्रायोजित सामाजिक सहायता (वृद्ध, विकलांग, विधुर, नवजात व अनाथ) दिलाने के लिए शत-प्रतिशत फार्म भरवाना।
3. अपने ग्राम/नगर वार्ड क्षेत्र में नीजी कम्पनी द्वारा प्रायोजित "सत्य मानक शिक्षा" में प्रवेश व छात्रवृत्ति दिलाने के लिए शत-प्रतिशत फार्म भरवाना।
4. अपने ग्राम/नगर वार्ड क्षेत्र में नीजी कम्पनी द्वारा प्रायोजित "सत्य मानक शिक्षा" में प्रवेश के बदले सहायता (स्वास्थ्य, घरेलू पुस्तकालय, पर्यटन, शिक्षा) दिलाने के लिए शत-प्रतिशत फार्म भरवाना।
5. अपने ग्राम/नगर वार्ड क्षेत्र में मल्टी नेशनल कम्पनी द्वारा प्रायोजित "रायल्टी" दिलाने के लिए शत-प्रतिशत फार्म भरवाना।
6. अपने ग्राम/नगर वार्ड क्षेत्र पर सदैव दृष्टि रखना और यह लक्ष्य रखना कि किसी भी निवासी का मासिक आय कम से कम रू0 10 हजार प्रति माह न रहे।
7. अपने ग्राम/नगर वार्ड क्षेत्र पर परियोजना सर्वेक्षण के अन्तर्गत सदैव दृष्टि रखना और यह देखना कि कोई गम्भीर बीमारी/असाध्य बीमारी से पीड़ित तो नहीं है। ऐसा मिलने पर तुरन्त सूचना देना।

द. ग्राम /नगर वार्ड प्रेरक का कार्य क्षेत्र

ग्राम/नगर वार्ड प्रेरक का कार्य क्षेत्र मुख्य रूप से उसका अपना ग्राम/नगर वार्ड का क्षेत्र ही है परन्तु व्यक्तिगत सम्बन्धों के आधार पर वह भारत के किसी निवासी के लिए भी व्यक्तिगत रूप से कार्य कर सकता है। जिससे ग्राम/नगर वार्ड प्रेरक और अन्य को लाभ में यथाशीघ्र भागीदारी मिल सके।

ग्राम/नगर वार्ड प्रेरक, राष्ट्र निर्माण की प्रणाली को अपने कार्य क्षेत्र में इस भाँति उपलब्ध कराता है जिससे किसी भी निवासी को उसके जीवन का जिम्मेदार स्वयं उसे ही ठहराया जा सके। वह किसी के आशीर्वाद, भाग्य और ईश्वर को दोष न दे सके।

02. डिजिटल नगर वार्ड नेटवर्क (Digital City Ward Network)

इस पहल से हमारा मकसद गाँव व नगर के लोगों को सभी सरकारी परियोजनाओं की जानकारी ऑनलाइन उपलब्ध कराना है ताकि लोग सेवाओं का बेहतर लाभ उठा सकें। इस पोर्टल के अंतर्गत गाँव व नगर की जानकारी से लेकर जिला, प्रदेश, देश व विश्व की जानकारी ऑनलाइन उपलब्ध है। सभी सरकारी योजनाओं की सूची ऑनलाइन उपलब्ध करायी गयी है ताकि लोग उन योजनाओं से जुड़ कर फायदा उठा सके। इस हेतु शारीरिक, आर्थिक व मानसिक विकास को मुख्य बिन्दु मानकर व्यक्ति से लेकर विश्व तक को एक ही वेबसाइट में इस प्रकार संगठित किया गया है जिससे कि अपने ग्राम व नगर वार्ड के वेबसाइट के माध्यम से ही वे सभी ज्ञान-संसार-सूचना व व्यापार तक पहुँच सकें जो एक भारतवासी के लिए न्यूनतम रूप से आवश्यक हों। साथ ही वेबसाइट मालिक, ग्रामवासी व नगरवासी राष्ट्रनिर्माण के व्यापार में शामिल होकर व्यापार का लाभ भी अर्जित कर आर्थिक रूप से सशक्त हो सकें।

हमारा मानना है की डिजिटल पोर्टल से जुड़कर ग्रामीणों व नगर निवासियों के जीवन में एक बड़ा बदलाव आ सकता है। यह जानना चाहिए कि "अच्छे दिन तभी आ सकते है जब मनुष्य की बुद्धि की विकास की दिशा, देश और विश्व स्तर की बुद्धि की व्यापकता की ओर हो।"

अ. क्षैतिज (Horizental) मीनू

वेबसाइट का यह मीनू नगर वार्ड प्रेरक के नियंत्रण में रहता है जिससे वह अपने नगर वार्ड के सूचनाओं को देता रहता है। जिसे नगर वार्डवासी और अन्य डिजिटल नगर वार्ड के निवासी देख सकते हैं। जिसमें निम्न ज्ञानवर्धक एवं सूचनाप्रद भाग हैं।

01. **मुख पृष्ठ-** यह वेबसाइट का मुख्य पृष्ठ है।
02. **हमारा नगर वार्ड-**स्थिति-ग्राम का नाम, पोर्टल/वेबसाइट का नाम, डाकघर, पुलिस चैकी, पुलिस थाना, विकास खण्ड, तहसील, जिला मुख्यालय, मण्डल मुख्यालय, प्रदेश राजधानी, देश राजधानी, का नाम व ग्राम से दूरी, प्रदेश, देश, पिन कोड, विधान सभा क्षेत्र, संसदीय क्षेत्र। **सुविधा-**नजदीकी राष्ट्रीय राजमार्ग संख्या, रेलवे स्टेशन, प्राथमिक स्वास्थ केन्द्र, प्राथमिक विद्यालय, इण्टर कालेज, महाविद्यालय, विश्वविद्यालय, कौशल विकास केन्द्र, बाजार, खद्यान्न मण्डी, सब्जी मण्डी, सहकारी समिति, बैंक, बैंक ए. टी. एम, प्राथमिक स्वास्थ केन्द्र से दूरी। **जन संसाधन-** महिला, पुरूष, कुल जनसंख्या, साक्षरता प्रतिशत
03. **नगर पंचायत-**पँचायत का नाम, नगर पंचायत पदाधिकारीयों का नाम, मोबाइल संख्या व फोटो।
04. **समाचार-**वेबसाइट नियंत्रक (Admin) अपने नगर के विभिन्न क्रियाकलाप जैसे- सामाजिक, धार्मिक, वैवाहिक, संगोष्ठि, जन्म-मृत्यु इत्यादि से सम्बन्धित समाचार को समय-समय पर वेबसाइट पर लगा (अपलोड) कर सकता है।

05. **सेवा**-केन्द्र व राज्य सरकार से प्राप्त सरकारी सेवा के विभिन्न विषय जैसे- राशन कार्ड धारक, मनरेगा मजदूर, विधवा पेंशन लाभार्थी, वृद्धा पेंशन लाभार्थी स्कूल व आॅगनवाड़ी के कर्मचारी इत्यादि से सम्बन्धित विवरण देख सकता है।

06. **नागरिक**-प्रत्येक व्यक्ति किसी न किसी परिवार का सदस्य है, और परिवार के समूह से नगर वार्ड का अस्तित्व है। परिवार के सदस्य नगर वार्ड में होते हैं या स्थायी या रोजगार/व्यापार/नौकरी के कारण अस्थायी रूप से अन्य स्थानों पर भी निवास करते है। प्रत्येक व्यक्ति अपने मूल नगर वार्ड से जुड़ा रहे और नगर वार्ड के परिवार के सदस्यों को आसानी से जान सके इसके लिए नगर वार्ड के प्रत्येक व्यक्ति का विवरण इस भाग में उपलब्ध रहता है।

07. **सम्मानित व्यक्ति**-वेबसाइट नियंत्रक (Admin) अपने नगर वार्ड के सम्मानित व्यक्तियों जैसे- पूर्व प्रधान, शहीद, शिक्षक, उच्च शिक्षा प्राप्त निवासी, व्यापारी, खिलाड़ी, गायक, लेखक, कवि, धर्मिक-कर्मकाण्डी व्यक्ति इत्यादि के फोटो सहित विवरण बतौर विज्ञापन धनराशि लेकर वेबसाइट पर लगा (अपलोड) कर सकता है।

08. **विशिष्टता**-वेबसाइट नियंत्रक (Admin) अपने नगर वार्ड की विशिष्ट विषय जैसे- धार्मिक स्थल, क्रिड़ा स्थल, पंचायत भवन, स्कूल, आगनवाड़ी केन्द्र, राशन की दुकान बाग-बगीचा इत्यादि का फोटो सहित विवरण वेबसाइट पर लगा (अपलोड) कर सकता है।

09. **वैवाहिक सेवा**-वैवाहिक सेवा में नगर वार्ड के नागरिक में से सरकारी नियमानुसार विवाह योग्य स्त्री-पुरूष को नगर वार्डवासी और अन्य डिजिटल नगर वार्ड के निवासी देख सकते हैं।

10. **संस्थान**-वेबसाइट नियंत्रक (Admin) अपने नगर वार्ड के आस-पास के प्राइवेट संस्थान जैसे- विद्यालय, व्यापारीक संस्थान, सामाजिक संस्थान इत्यादि से सम्बन्धित फोटो सहित विवरण बतौर विज्ञापन धनराशि लेकर वेबसाइट पर लगा (अपलोड) कर सकता है।

11. **सम्पर्क**-नगर वार्ड प्रेरक (City Ward Catalyst-VC) नगर वार्ड का भाग्य निर्माता से सम्पर्क

ब. उध्व (Vertical) मीनू - ज्ञानवर्धक एवं सूचनाप्रद

वेबसाइट का यह मीनू वेबसाइट के मुख्य संचालक के नियंत्रण में रहता है जिससे वह सभी उपयोगकर्ता के लिए सूचनाओं को देता रहता है। जिसमें निम्न ज्ञानवर्धक एवं सूचनाप्रद भाग हैं।

हमारा समाचार	ग्राम/नगर वार्ड प्रेरक (Village/City Ward Catalyst-VC)
मानक ग्राम/नगर वार्ड	डिजिटल ग्राम / नगर वार्ड
डिजिटल ग्राम / नगर वार्ड सूची	जिला/जनपद
प्रदेश	भारत देश
विश्व-बन्धुत्व	विश्व
संयुक्त राष्ट्र संघ (UNO)	सरकारी सेवाएँ
संविधान जागरण	कानून जागरण
व्यापार जागरण	शिक्षा जागरण
स्वास्थ्य जागरण	पर्यटन जागरण
परियोजना रायल्टी	परियोजना छात्रवृत्ति
परियोजना सहायता	परियोजना सामाजिक सहायता
परियोजना सर्वेक्षण	डिजिटल कोचिंग
सत्य मानक शिक्षा	स्वस्थ महिला मिशन
सृष्टि पुस्तकालय योजना	

स. ग्राम /नगर वार्ड प्रेरक का कार्य

एक ग्राम/नगर वार्ड प्रेरक, राष्ट्र निर्माण की प्रणाली- "पुनर्निर्माण" का ग्राम/नगर वार्ड स्तर पर नेतृत्व व अपने कार्य क्षेत्र में समभाव से कार्य करते हुए अपने ग्राम/नगर वार्ड के व्यक्ति केन्द्रित स्वाभाविक उन्नति के लिए शारीरिक-आर्थिक-मानसिक विकास के समस्त संसाधन को उपलब्ध कराते हुए ग्राम/नगर वार्ड और उसके निवासी का भविष्य निर्माता का पद है। जबकि वह अपने कार्यों को करते हुये सामाजिक, राजनितिक व धार्मिक रूप से स्वतन्त्र है।

1. अपने ग्राम/नगर वार्ड का वेबसाइट सम्भालना।
2. अपने ग्राम/नगर वार्ड क्षेत्र में ट्रस्टों द्वारा प्रायोजित सामाजिक सहायता (वृद्ध, विकलांग, विधुर, नवजात व अनाथ) दिलाने के लिए शत-प्रतिशत फार्म भरवाना।
3. अपने ग्राम/नगर वार्ड क्षेत्र में नीजी कम्पनी द्वारा प्रायोजित "सत्य मानक शिक्षा" में प्रवेश व छात्रवृत्ति दिलाने के लिए शत-प्रतिशत फार्म भरवाना।
4. अपने ग्राम/नगर वार्ड क्षेत्र में नीजी कम्पनी द्वारा प्रायोजित "सत्य मानक शिक्षा" में प्रवेश के बदले सहायता (स्वास्थ्य, घरेलू पुस्तकालय, पर्यटन, शिक्षा) दिलाने के लिए शत-प्रतिशत फार्म भरवाना।
5. अपने ग्राम/नगर वार्ड क्षेत्र में मल्टी नेशनल कम्पनी द्वारा प्रायोजित "रायल्टी" दिलाने के लिए शत-प्रतिशत फार्म भरवाना।
6. अपने ग्राम/नगर वार्ड क्षेत्र पर सदैव दृष्टि रखना और यह लक्ष्य रखना कि किसी भी निवासी का मासिक आय कम से कम रू0 10 हजार प्रति माह न रहे।
7. अपने ग्राम/नगर वार्ड क्षेत्र पर परियोजना सर्वेक्षण के अन्तर्गत सदैव दृष्टि रखना और यह देखना कि कोई गम्भीर बीमारी/असाध्य बीमारी से पीड़ित तो नहीं है। ऐसा मिलने पर तुरन्त सूचना देना।

द. ग्राम /नगर वार्ड प्रेरक का कार्य क्षेत्र

ग्राम/नगर वार्ड प्रेरक का कार्य क्षेत्र मुख्य रूप से उसका अपना ग्राम/नगर वार्ड का क्षेत्र ही है परन्तु व्यक्तिगत सम्बन्धों के आधार पर वह भारत के किसी निवासी के लिए भी व्यक्तिगत रूप से कार्य कर सकता है। जिससे ग्राम/नगर वार्ड प्रेरक और अन्य को लाभ में यथाशीघ्र भागीदारी मिल सके।

ग्राम/नगर वार्ड प्रेरक, राष्ट्र निर्माण की प्रणाली को अपने कार्य क्षेत्र में इस भाँति उपलब्ध कराता है जिससे किसी भी निवासी को उसके जीवन का जिम्मेदार स्वयं उसे ही ठहराया जा सके। वह किसी के आशीर्वाद, भाग्य और ईश्वर को दोष न दे सके।

03. डिजिटल एन. जी. ओ/ट्रस्ट नेटवर्क (Digital NGO/Trust Network)

हतो वा प्राप्स्यसि स्वर्गं जित्वा वा भोक्ष्यसे महीम। तस्मादुत्तिष्ठ कौन्तेय युद्धाय कृतनिश्चयः।।

(श्लोक–37, द्वितीय अध्याय, गीता)

केवल भावना, विचार और मार्गदर्शन नहीं, बल्कि राष्ट्र निर्माण के कर्म का

मेरी शरण में आ | डिजिटल एन.जी.ओ/ट्रस्ट नेटवर्क | स्वच्छ मन - स्वच्छ भारत - स्वस्थ भारत | बुद्धि-संघ-धर्म के शरण में जा

सभी सर्वोच्च विचार और सर्वोच्च कर्म आपके अपने एन.जी.ओ/ट्रस्ट के वेबसाइट से

अपने एन.जी.ओ/ट्रस्ट को जोड़ें डिजिटल एन.जी.ओ/ट्रस्ट नेटवर्क से और दें एक नया सन्देश "हमारा एन.जी.ओ/ट्रस्ट - मानक एन.जी.ओ/ट्रस्ट"

इस पहल से हमारा मकसद एन. जी. ओ/ट्रस्ट को एक नेटवर्क में लाना है। जिससे एन. जी. ओ/ट्रस्ट का अपने जिले में साख बढ़ें और वे सरकार पर पूर्णतया निर्भर न होकर समाज के सहयोग से समाज की बेहतर सेवा कर सकें। इस पोर्टल के माध्यम से देश के एन. जी. ओ/ट्रस्ट आपस में भी नेटवर्क में रहें। साथ ही वेबसाइट मालिक एन. जी. ओ/ट्रस्ट राष्ट्रनिर्माण के व्यापार में शामिल होकर व्यापार का लाभ भी अर्जित कर आर्थिक रूप से सशक्त हो सकें।

हमारा मानना है की डिजिटल पोर्टल से जुड़कर एन. जी. ओ/ट्रस्ट के जीवन में एक बड़ा बदलाव आ सकता है। यह जानना चाहिए कि "अच्छे दिन तभी आ सकते है जब मनुष्य की बुद्धि की विकास की दिशा, देश और विश्व स्तर की बुद्धि की व्यापकता की ओर हो।"

अ. क्षैतिज (Horizental) मीनू

वेबसाइट का यह मीनू एन. जी. ओ/ट्रस्ट के नियंत्रण में रहता है जिससे वह अपने एन. जी. ओ/ट्रस्ट के सूचनाओं को देता रहता है। जिसे अन्य डिजिटल एन. जी. ओ/ट्रस्ट नेटवर्क में शामिल एन. जी. ओ/ट्रस्ट देख सकते हैं।

मुख्य पृष्ठ
परिचय
विचार
आडियो
वीडियो
समाचार
विकास-योजना
समर्थन
सम्पर्क

ब. उध्व (Vertical) मीनू - ज्ञानवर्धक एवं सूचनाप्रद

वेबसाइट का यह मीनू नेटवर्क के मुख्य संचालक के नियंत्रण में रहता है जिससे वह सभी उपयोगकर्ता के लिए सूचनाओं को देता रहता है। जिसमें निम्न ज्ञानवर्धक एवं सूचनाप्रद भाग हैं।

हमारा समाचार
एन. जी. ओ
मानक एन. जी. ओ
डिजिटल एन. जी. ओ
एन. जी. ओ सूची
जिला/जनपद

प्रदेश
विश्व-बन्धुत्व
संयुक्त राष्ट्र संघ
संविधान जागरण
व्यापार जागरण
स्वास्थ्य जागरण
परियोजना रायल्टी
परियोजना सहायता
परियोजना सर्वेक्षण
सत्य मानक शिक्षा
सृष्टि पुस्तकालय योजना
सम्पर्क

भारत देश
विश्व
सरकारी सेवाएँ
कानून जागरण
शिक्षा जागरण
पर्यटन जागरण
परियोजना छात्रवृत्ति
परियोजना सामाजिक सहायता
डिजिटल कोचिंग
स्वस्थ महिला मिशन
सत्य नेटवर्क

उपरोक्त प्रकार से निम्न सभी नेटवर्क हैं-

04. डिजिटल विश्वमानक मानव नेटवर्क (Digital World Standard Human Network)

05. डिजिटल नेतृत्व नेटवर्क (Digital Leader Network)

06. डिजिटल जर्नलिस्ट नेटवर्क (Digital Journalist Network)

07. डिजिटल शिक्षक नेटवर्क (Digital Teacher Network)

08. डिजिटल शैक्षिक संस्थान नेटवर्क (Digital Educational Institute Network)

09. डिजिटल लेखक-ग्रन्थकार-रचयिता नेटवर्क (Digital Author Network)

10. डिजिटल गायक नेटवर्क (Digital Singer Network)

11. डिजिटल खिलाड़ी नेटवर्क (Digital Sports Man Network)

12. डिजिटल पुस्तक विक्रेता नेटवर्क (Digital Book Saler Network)

13. डिजिटल होटल और आहार गृह नेटवर्क (Digital Hotel & Restaurant Network)

21st Century Definition of MLM Leader, Net worker & Business

*** Fix your Business area**

*** Fix Your Customer/Network**

*** Refer/Sale any where in India**

*** No Liability for Collection/Delivery**

ग्राम प्रधान, सभासद और ग्राम/नगर वार्ड प्रेरक
अर्थ और मुख्य कार्य

अर्थ

ग्राम प्रधान

एक ग्राम प्रधान, अपने ग्राम का, अपने ग्राम पंचायत के निवासीयों द्वारा चुना गया भारत सरकार का संवैधानिक पद - ग्राम पंचायत का प्रधान/अध्यक्ष होता है। ग्राम पंचायत के अन्तर्गत एक ग्राम या कई ग्राम भी हो सकते हैं।

सभासद

एक सभासद, अपने नगर के नगर पंचायत/पालिका के लिए एक वार्ड का, वार्ड के निवासीयों द्वारा चुना गया भारत सरकार का संवैधानिक पद - एक सदस्य होता है।

ग्राम/नगर वार्ड प्रेरक

एक ग्राम/नगर वार्ड प्रेरक, राष्ट्र निर्माण की प्रणाली- "पुनर्निर्माण" का ग्राम/नगर वार्ड स्तर पर नेतृत्व व अपने कार्य क्षेत्र में समभाव से कार्य करते हुए अपने ग्राम/नगर वार्ड के व्यक्ति केन्द्रित स्वाभाविक उन्नति के लिए शारीरिक-आर्थिक-मानसिक विकास के समस्त संसाधन को उपलब्ध कराते हुए ग्राम/नगर वार्ड और उसके निवासी का भविष्य निर्माता का पद है। वह ही अपने ग्राम/नगर वार्ड के वेबसाइट का मालिक/एडमिन/वेबसाइट नियंत्रक होता है। जबकि वह अपने कार्यों को करते हुये सामाजिक, राजनितिक व धार्मिक रूप से स्वतन्त्र है।

मुख्य कार्य

ग्राम प्रधान

एक ग्राम प्रधान, अपने ग्राम पंचायत के निवासीयों और पंचायत क्षेत्र में भारत सरकार व प्रदेश सरकार द्वारा ग्राम विकास के कार्यों को सम्पन्न कराने के लिए सामान्यतः 5 वर्ष के लिए निर्वाचित होता है।

सभासद

एक सभासद, अपने नगर वार्ड के निवासीयों और नगर वार्ड क्षेत्र में भारत सरकार व प्रदेश सरकार द्वारा नगर विकास के कार्यों को सम्पन्न कराने के लिए सामान्यतः 5 वर्ष के लिए निर्वाचित होता है।

ग्राम/नगर वार्ड प्रेरक

एक ग्राम/नगर वार्ड प्रेरक, राष्ट्र निर्माण की- "पुनर्निर्माण" द्वारा नियुक्त व्यक्ति के बहुमुखी शारीरिक-आर्थिक-मानसिक विकास के लिए जब तक वह चाहे, तब तक के लिए नियुक्त होता है। वह ही अपने ग्राम/नगर वार्ड के वेबसाइट का मालिक/एडमिन/वेबसाइट नियंत्रक होता है।

निवासीयों को लाभ

राष्ट्र निर्माण के लिए विकसित वेबसाइट उपरोक्त (सरकारी व नीजी वेबसाइट) का सम्मिलित रूप के साथ निवासीयों के समग्र विकास से सम्बन्धित है। जिससे ग्राम/नगर वार्ड के निवासीयों को सरकारी योजनाओं के जानकारी के साथ-साथ बौद्धिक विकास के साथ व्यापार करने और आर्थिक लाभ कमाने के लिए सबको समान अवसर देता है। अर्थात यह निवासीयों को मात्र ग्राहक नहीं, निवासीयों को व्यापारी भी बनाता है। इसलिए इसकी उपयेगिता निवासीयों के जीवन में सदैव बनी रहती है। इसलिए ही कहा गया है- "ज्ञान क्रान्ति - गाँव/नगर से विश्व की ओर", "सारा ज्ञान-संसार-सूचना, आपके अपने ग्राम/नगर वार्ड के वेबसाइट से" और "केवल सूचना और सेवा नहीं, राष्ट्र निर्माण के व्यापार का डिजिटल ग्राम/नगर वार्ड नेटवर्क"।

इसलिए ग्राम/नगर वार्ड प्रेरक, निवासी व अन्य के लिए उत्पाद (प्रोडक्ट) के अवसर क्या हैं यह जानना आवश्यक है उत्पादों का संक्षिप्त विवरण निम्न प्रकार हैं-

अ. कम्पनी समूह (ग्रुप आफ कम्पनी) के नीजी कम्पनी और ट्रस्ट नेटवर्क

द्वारा संचालित परियोजना छात्रवृत्ति, परियोजना सहायता, परियोजना सामाजिक सहायता से जुड़े उत्पाद (प्रोडक्ट) - परियोजना पुर्ननिर्माण के A- सामान्यीकरण (Generalisation) शिक्षा का सत्य शिक्षा (REAL EDUCATION), सत्य पेशा (REAL PROFESSION), सत्य पुस्तक (REAL BOOK), सत्य स्थिति (REAL STATUS), सत्य एस्टेट एजेन्ट (REAL ESTATE AGENT), सत्य किसान (REAL KISAN), B- विशेषीकरण (Specialisation) शिक्षा का सत्य कौशल (REAL SKILL), सत्य डिजीटल कोचिंग (REAL DIGITAL COACHING), सत्य नेटवर्क (REAL NETWORK) के सभी पाठ्यक्रम व संसाधन, छात्रवृत्ति, सहायता, समाजिक सहायता, सृष्टि पुस्तकालय योजना व अन्य सामाजिक कार्य छात्रवृत्ति वितरण प्रक्रिया प्रणाली 3F (Fuel-Fire-Fuel) से जुड़े हुए हैं। जिनका पाठ्यक्रम व संसाधन शुल्क अलग-अलग हैं लेकिन पंजीकरण, शुल्क मुक्त है।

परियोजना छात्रवृत्ति व परियोजना सहायता में पंजीकरण के लिए सभी अधिकृत हैं जबकि परियोजना समाजिक सहायता में पंजीकरण केवल ग्राम/नगर वार्ड प्रेरक ही करने के लिए अधिकृत हैं।

अब ग्राम/नगर वार्ड प्रेरक, निवासी व अन्य के लिए आर्थिक लाभ के अवसर क्या हैं यह जानना आवश्यक है शेष लाभ तो अनमोल हैं।

1. परियोजना छात्रवृत्ति - पाठ्यक्रम के बदले छात्रवृत्ति सहायता (Scholarship Help)

इ. पाठ्यक्रम के बदले में छात्रवृत्ति चुनने व पाठ्यक्रम शुल्क जमा करने पर एक वर्ष में न्यूनतम रू0 5,000/- दी जाती है।

ई. वर्ष में एक बार छात्रवृत्ति रू0 5,000/- प्राप्त करने के उपरान्त हमारे व्यापार के लाभांस को सदैव प्राप्त करने के लिए जीवन में एक बार दो नये विद्यार्थीयों को पाठ्यक्रम के बारे में बताना व उनका प्रवेश कराना अनिवार्य है। लाभांस की राशि रू0 5,000/- के गुणक में ही दी जाती है जिसकी अधिकतम सीमा प्रवेश लेने वाले विद्यार्थीयों की संख्या पर निर्भर करता है।

2. परियोजना सहायता - पाठ्यक्रम के बदले सहायता (Help)

1. शिक्षा सहायता (Education Help)

इ. पाठ्यक्रम के बदले में शिक्षा सहायता चुनने व पाठ्यक्रम शुल्क जमा करने पर एक वर्ष तक रू0 500/- प्रति माह शिक्षा सहायता दी जाती है।

ई. ब. एक वर्ष तक रू0 500/- प्रति माह शिक्षा सहायता प्राप्त करने के उपरान्त 18 वर्ष की उम्र तक शिक्षा सहायता जारी रखने के लिए जीवन में एक बार दो नये विद्यार्थी का प्रवेश आवश्यक है।

2. स्वास्थ्य सहायता (Health Help)

इ. पाठ्यक्रम के बदले में स्वास्थ्य सहायता चुनने व पाठ्यक्रम शुल्क जमा करने पर रू0 500/- प्रति माह तक की स्वास्थ्यवर्धक दवा दी जाती है।

ई. एक वर्ष तक रू0 500/- प्रति माह स्वास्थ्य सहायता प्राप्त करने के उपरान्त आजीवन स्वास्थ्य सहायता जारी रखने के लिए जीवन में एक बार दो नये विद्यार्थी का प्रवेश आवश्यक है।

3. घरेलू पुस्तकालय सहायता (Home Library Help)

इ. पाठ्यक्रम के बदले में घरेलू पुस्तकालय सहायता चुनने व पाठ्यक्रम शुल्क जमा करने पर रू0 500/- प्रति माह तक की ज्ञानवर्धक पुस्तकंे दी जाती है।

ई. एक वर्ष तक रू0 500/- प्रति माह पुस्तकालय सहायता प्राप्त करने के उपरान्त आजीवन घरेलू पुस्तकालय सहायता जारी रखने के लिए जीवन में एक बार दो नये विद्यार्थी का प्रवेश आवश्यक है।

4. पर्यटन सहायता (Tourism Help)

इ. पाठ्यक्रम के बदले में पर्यटन सहायता चुनने व पाठ्यक्रम शुल्क जमा करने पर प्रति वर्ष एक बार देश में कहीं भी पर्यटन के लिए आने-जाने का रेल आरक्षित टिकट दिया जाता है जिसका कार्यक्रम एक माह पूर्व आप बताते है।

ई. एक वर्ष तक पर्यटन सहायता प्राप्त करने के उपरान्त आजीवन पर्यटन सहायता जारी रखने के लिए जीवन में एक बार दो नये विद्यार्थी का प्रवेश आवश्यक है।

3. परियोजना सामाजिक सहायता शुल्क मुक्त (PROJECT Social Help Free)

हमारा व्यवसाय निम्नलिखित सामाजिक उत्तरदायित्व की भी पूर्ति करती है। सभी सहायता कार्यालय को आवेदन प्राप्त होने की तिथि से तीसरे माह से प्रारम्भ होता है।

ऊ. **नवजात (New Born) सहायता** - बच्चे के जन्म होने पर नवजात सहायता रू0 500/- प्रति माह 5 वर्ष की उम्र तक दी जाती है।

ऋ. **विकलांग सहायता (Handicapped Help)** - शारीरिक रूप से अपंग व्यक्ति जो किसी सरकारी नौकरी में नहीं हैं उन्हें विकलांग सहायता रू0 500/- प्रति माह आजीवन दी जाती है।

ऌ. **वरिष्ठ नागरिक सहायता (Senior Citizen Help)** - 60 वर्ष या उससे अधिक उम्र के ऐसे वरिष्ठ नागरिक जो सरकारी नौकरी में पूर्व में नहीं रहे, उन्हें वरिष्ठ नागरिक सहायता रू0 500/- प्रति माह आजीवन दी जाती है।

ऍ. **विधुर सहायता (Widower Help)** - 60 वर्ष से कम उम्र के ऐसे पुरूष व्यक्ति जिनकी पत्नी का स्वर्गवास हो चुका है और उन्होंने फिर विवाह न किया हो, उन्हें विधुर सहायता रू0 500/- प्रति माह 60 वर्ष की उम्र तक दी जाती है। उसके बाद वे पुनः सहायता के लिए आवेदन कर वरिष्ठ नागरिक सहायता में आ सकते हैं। महिला विधवा को सहायता देने का कोई प्राविधान नहीं रखा गया है क्योंकि सरकार द्वारा उन्हें विभिन्न प्रकार की सहायता व अवसर प्रदान की गयी है। समाज द्वारा भी उन्हें सहयोग और सहानुभूति प्राप्त है।

ऎ. **अनाथ (Orphan) सहायता** - 14 वर्ष या उससे कम उम्र के ऐसे बच्चे जिनके माता-पिता दोनों स्वर्गवासी हो चुके हैं उन्हें अनाथ सहायता रू0 500/- प्रति माह 18 वर्ष की उम्र तक दी जाती है।

ब. मल्टी नेशनल कम्पनी

द्वारा संचालित परियोजना रायल्टी का स्वस्थ महिला मिशन से जुड़े उत्पाद (प्रोडक्ट) - उत्पाद, शुल्क, पंजीकरण व लाभ विवरण जानने के लिए ग्राम/नगर वार्ड प्रेरक से सम्पर्क करें। परियोजना रायल्टी में पंजीकरण के लिए पंजीकृत व्यक्ति ही केवल अधिकृत हैं।

भाग-8
डिजिटल प्रापर्टी और एजेन्ट नेटवर्क

प्रशिक्षु एजेन्ट (TRAINEE AGENT)

स्वतन्त्र एजेन्ट (FREELANCE AGENT)

स्थायी एजेन्ट (PERMANENT AGENT)

पिन कोड एरिया एजेन्सी (PIN CODE AREA AGENCY)

पिन कोड एरिया एजेन्सी (PIN CODE AREA AGENCY) का कार्य

सिस्टम की विशेषताएँ

"जो दिखता है वो तो बिकता ही है लेकिन जो नहीं दिखता वो सबसे अधिक बिकता है। जिसका सबसे बड़ा उदाहरण ईश्वर, आस्था और ज्ञान है। प्रत्येक मनुष्य का निर्माण सर्वप्रथम न दिखने वाले विषय के खरीदने से ही हुआ है जिसके लिए धन प्रत्येक घर से जाता है और जो आता है वह दिखता नहीं है जिसे शिक्षा कहते है।"

- लव कुश सिंह "विश्वमानव"

(Digital Property & Agent Network)
सभी के पास उपलब्ध प्रापर्टी की सूचना की पहुँच, सभी तक

प्रापर्टी डाटा बैंक के माध्यम से प्रापर्टी से सम्बन्धित जानकारी प्राप्त कर व दे सकते हैं जिसमें LAND (Commercial, Industrial, Agriculture, Housing), RENT (Official, Shop, Residential, Apartment Flat, Banglow), 2 Wheeler, 4 Wheeler, ANTIQUE ITEM, Real Estate Related business इत्यादि है जिससे उससे सम्बन्धित व्यापारी सीधे उनसे ही सम्पर्क कर सकते हैं साथ ही सभी एजेन्ट आपस में भी व्यापार कर सकते हैं।

एजेन्ट (AGENT)

1. **प्रशिक्षु एजेन्ट (TRAINEE AGENT)**-प्रशिक्षु एजेन्ट वे हैं जो इस सेवा का कोई भुगतान नहीं करते हैं। ऐसे एजेन्ट पंजीकरण के उपरान्त प्रापर्टी डाटा बैंक में डाटा इन्ट्री कर सकते हैं जो हमारी कम्पनी के साथ-साथ अन्य एजेन्ट भी देख सकते हैं परन्तु उनसे सम्पर्क कम्पनी के सिवा कोई नहीं कर सकता।
2. **स्वतन्त्र एजेन्ट (FREELANCE AGENT)**-स्वतन्त्र एजेन्ट वे हैं जो इस सेवा के लिए रू0 10 हजार का भुगतान करते हैं। ऐसे एजेन्ट पंजीकरण के उपरान्त प्रापर्टी डाटा बैंक में डाटा इन्ट्री कर सकते हैं जो हमारी कम्पनी के साथ-साथ अन्य एजेन्ट भी देख सकते हैं और उनसे सम्पर्क कम्पनी तथा अन्य सभी स्वतन्त्र एजेन्ट कर सकते हैं। यह भुगतान हमारे द्वारा प्लाट/फ्लैट लेने पर समायोजन योग्य भी है।
3. **स्थायी एजेन्ट (PERMANENT AGENT)**-स्थायी एजेन्ट वे हैं जो इस सेवा से रू0 10 हजार का लाभांस प्राप्त कर चुके हैं और उसके उपरान्त दो अन्य एजेन्ट का पंजीकरण इस सेवा के लिए करा चुके हैं।
4. **पिन कोड एरिया एजेन्सी (PIN CODE AREA AGENCY)**-कम्पनी का पिन कोड एरिया एजेन्सी वे बनते हैं जो स्वयं के साथ 11 स्वतन्त्र एजेन्ट एक साथ बनाकर नियुक्त होते हैं। एजेन्सी का विस्तृत कार्य विवरण वेबसाइट से देखा जा सकता है।

एजेन्ट को आर्थिक लाभ

यह तो सत्य हो चुका है कि बिना लाभ के कोई किसी भी प्रणाली (सिस्टम) से नहीं जुड़ता और यह भी उतना ही सत्य है कि बिना सिस्टम को समझे और उसमे जुड़े बिना कुछ भी प्राप्त नहीं हो पाता, पशुवत् जीवन जी लेना अलग बात है। पशु को ईश्वरीय सिस्टम चलाती है जिसे कहते हैं-"जाहीं विधि राखे राम, ताहीं विधि रहिए"। लेकिन मनुष्य का सिस्टम ईश्वरीय सिस्टम को पूर्णतः स्वीकार व आत्मसात् करते हुए, मनुष्य द्वारा विकसित सिस्टम

से विकास को गति मिलती है। ईश्वरीय सिस्टम से ही लाखो-करोड़ों वर्षों में हम सभी यहाँ तक पहुँचे हैं जो एक धीमी गति की प्रक्रिया है। मनुष्य के सिस्टम और ईश्वरीय सिस्टम दोनों को मिलाकर विकास को गति देने के लिए ही दार्शनिकों, वैज्ञानिकों, अवतारों का आना लगा रहता है चाहे उसे मनुष्य स्वयं समझ ले या भीड़ उसे समझा दे।

मनुष्य के सिस्टम और ईश्वरीय सिस्टम से मिलकर ही यह सिस्टम विकसित की गयी है। विश्व में पहली बार प्रयोग की जा रही इस सिस्टम का नाम-भारतीय आध्यात्म एवं दर्शन आधारित स्वदेशी विपणन प्रणाली: 3-एफ (3-F: Fuel-Fire-Fuel) है।

1. **प्रशिक्षु एजेन्ट (TRAINEE AGENT)**-कम्पनी के लाभांस में प्रशिक्षु एजेन्ट भी शामिल होता है परन्तु उसे उसका भुगतान तब तक नहीं होता जब तक कि वह सेवा शुल्क रू0 10 हजार का भुगतान कर स्वतन्त्र एजेन्ट नहीं बनता।
2. **स्वतन्त्र एजेन्ट (FREELANCE AGENT)**-कम्पनी के लाभांस में स्वतन्त्र एजेन्ट शामिल होता है और वह उसका भुगतान केवल एक बार रू0 10,000/- प्राप्त करता है।
3. **स्थायी एजेन्ट (PERMANENT AGENT)**-कम्पनी के लाभांस में स्थायी एजेन्ट शामिल होता है और वह उसका भुगतान अनेक बार रू0 10,000/- के गुणक में प्राप्त करता है।
4. **पिन कोड एरिया एजेन्सी (PIN CODE AREA AGENCY)**-कम्पनी के लिए चाहे जिस एजेन्ट ने भी प्रेरक बनाया हो, वह किसी न किसी पिन कोड एरिया का ही होता है। एजेन्ट जिस पिन कोड एरिया का है उस पिन कोड एरिया एजेन्सी को एक निश्चित राशि लाभांस के रूप में भुगतान होता है।

इसलिए एजेन्ट व एजेन्सी के लिए अवसर क्या हैं यह जानना आवश्यक है। एजेन्ट का शुल्क रू0 10,000/- है तो आर्थिक लाभ वितरण निम्न प्रकार होता है।

क्र.	लाभ	क्षेत्र	अ. शुल्क से लाभ**		ब. लाभांस पर***
			प्रतिशत	रू0	लाभ रू0
1.	एजेन्सी (PCAA)	पिन कोड क्षेत्र	8.00	800.00	5000.00
2.	एजेन्ट	पंजीकरण पर	10.00	1000.00	7500.00

****अ.**शुल्क से लाभ- प्राप्त शुल्क का वितरण है।

*****ब.**लाभांस पर लाभ-वितरण प्रक्रिया प्रणाली (3-F: Fuel-Fire-Fuel) द्वारा एजेन्ट को प्रत्येक लाभांस रू0 10,000/- वितरण पर एजेन्सी और पंजीकरण करने वाले एजेन्ट को लाभ है।

नोट: कार्य न करने की इच्छा पर पद को छोड़ने की स्थिति में पद द्वारा किये गये निवेश को 100 प्रतिशत वापस करने का प्राविधान है। जबकि आपके पद पर लाभांस बनता रहता है, केवल उसका भुगतान रोक दिया जाता है। आप पुनः बिलम्ब शुल्क रू0 100/- प्रतिदिन के साथ हमारे साथ आ सकते हैं और अपना लाभांस प्राप्त कर सकते हैं। ऐसा हम इसलिए करते हैं क्योंकि जब तक भी आपने हमारे साथ कार्य किया है उससे आपने हमारा प्रचार-प्रसार ही किया है। जो आपके पद पर न रहने से नष्ट नहीं होता क्योंकि यह रायल्टी का सत्य-सिद्धान्त है। और हम स्थायी व्यापार की स्थिति में हैं।

पिन कोड एरिया एजेन्सी (PIN CODE AREA AGENCY) का कार्य

1. अपने पिन कोड क्षेत्र के ADVOCATE, BRICK SUPPLIER, BUILDING MATERIAL SUPPLIER, CEMENT DEALER, CENTERING MATERIAL SUPPLIER, ELECTRICAL SUPPLIER, FINANCIER, FOUR WHEELER AGENCY, FOUR WHEELER SERVICE CENTER, FURNISHING SUPPLIER, GENERAL

INSURANCE AGENT, GOVERNMENT SERVANT, HARDWARE SUPPLIER, HOUSING FINANCE AGENT, INTERIOR DECORATION, LIFE INSURANCE AGENT, MLM NET WORKER, PLUMBER, POP & PAINT WORKER, PROPERTY DEALER, REAL ESTATE COMPANY, REAL ESTATE INVESTOR, SAND SUPPLIER, STONE SUPPLIER, TILES & MARBLE SUPPLIER, TRADING BUSINESS OWNER, TWO WHEELER AGENCY, TWO WHEELER SERVICE CENTER, OTHER-NON OF THE ABOVE इत्यादि का स्वतन्त्र एजेन्ट के रूप में पंजीकरण करना।

2. किसी भी एजेन्ट का के.वाई.सी.सत्यापित करना और उस अनुसार वेबसाइट को अपडेट करना और उसे प्रधान कार्यालय को भेजना।

सिस्टम की विशेषताएँ

01 बिना पंजीकरण/लागइन के पिन कोड स्तर पर कुल पंजीकृत एजेन्ट और लाभांस प्राप्त कर रहे एजेन्ट की सूची देख सकते हैं।

02 बिना पंजीकरण/लागइन के पिन कोड स्तर पर कुल पंजीकृत एजेन्ट और लाभांस प्राप्त कर रहे एजेन्ट की सूची देख कर पिन कोड एरिया एजेन्सी का अनुमानित लाभ देख सकते हैं।

03 बिना पंजीकरण/लागइन के पिन कोड एरिया एजेन्सी के लाभ के अनुमान से उस पिन कोड क्षेत्र में एजेन्सी नियुक्त है या नहीं यह देख सकते हैं।

04 बिना पंजीकरण/लागइन के किसी भी पिन कोड क्षेत्र के प्रापर्टी से सम्बन्धित व्यक्तियों से सम्पर्क कर सकते हैं जिसे पिन कोड एरिया एजेन्सी ने पंजीकरण किया हैं।

05 बिना पंजीकरण/लागइन के आपके व्यवसाय से सम्बन्धित ज्ञान के विकास के लिए जानकारी का विस्तृत पृष्ठ और हमारे द्वारा योजनाबद्ध परियोजनाओं की जानकारी।

06 केवल पंजीकरण करके ही प्रापर्टी डाटा दे सकते हैं या डाक पिन कोड क्षेत्र स्तर पर खोज सकते हैं।

07 प्रत्येक पंजीकृत व्यक्ति को सुनिश्चित लाभांस वितरण और सिस्टम से जुड़ने के बाद हटने का कोई रास्ता नहीं।

08 सेवा शुल्क हमेशा सुरक्षित एवं 100 प्रतिशत वापसी/समायोजन योग्य। विशेष रूप में जब तक कि आप कम्पनी से लाभांस नहीं प्राप्त कर चुके हैं। उसके बाद वापसी पर एजेन्ट का ही लाभांस में नुकसान, कम्पनी का नहीं।

09 आपके प्रापर्टी व्यवसाय में सम्पर्क का विस्तृत दायरा। पिन कोड क्षेत्र स्तर पर प्रापर्टी खोज व सीधे खरीदने व बेचने वाले से सम्पर्क और सूचना या सौदे में कम्पनी का कोई हस्तक्षेप या लाभ में भागीदारी नहीं।

10 सूचना, सम्पर्क, लाभ, लाभांस, सेवा शुल्क सब आपका। कम्पनी मात्र एक अवसर उपलब्ध कराने वाले की भूमिका में। क्योंकि वह एक अपने बड़े परियोजना के लिए रियल इस्टेट एजेन्ट नेटवर्क तैयार करने के उद्देश्य से काम कर रही है जिसमें प्रथम अवसर पंजीकृत एजेन्ट को ही मिलेगा।

बारिश उन्हीं कमरे में पहुँचती है, जिनके छत नहीं होते हैं।
अच्छे दिन उन्हीं के आते हैं, जिनके मस्तिष्क बन्द नहीं होते हैं।

भाग-9
आमंत्रण

बेरोजगारों व एम. एल. एम नेटवर्करों को आमंत्रण

छात्रों को आमंत्रण

"कोई दूध पीता है, कोई मक्खन खाता है। कोई पाठ्य पुस्तक पढ़ता है, कोई शोध पत्र पढ़ता है। कम समय में अधिक पाना हो तो मक्खन खाना चाहिए और शोध पत्र पढ़ना चाहिए। पूर्ण नदी का ज्ञान तभी होता है जब प्रारम्भ से अन्त को देखा जाये अन्यथा एक स्थान से देखने पर तो वह मात्र बहता हुआ जल है।"

- लव कुश सिंह"विश्वमानव"

बेरोजगारों व एम. एल. एम नेटवर्करों को आमंत्रण

प्रिय एम. एल. एम नेटवर्कर दोस्तों,

महर्षि मनु ने कहा है कि- "इस कलयुग में मनुष्यों के लिए एक ही कर्म शेष है आजकल यज्ञ और कठोर तपस्याओं से कोई फल नहीं होता। इस समय दान ही अर्थात एक मात्र कर्म है और दानों में धर्म दान अर्थात आध्यात्मिक ज्ञान का दान ही सर्वश्रेष्ठ है। दूसरा दान है विद्यादान, तीसरा प्राणदान और चौथा अन्न दान। जो धर्म का ज्ञानदान करते हैं वे अनन्त जन्म और मृत्यु के प्रवाह से आत्मा की रक्षा करते हैं, जो विद्या दान करते हैं वे मनुष्य की आँखें खोलते, उन्हें आध्यात्म ज्ञान का पथ दिखा देते हैं। दूसरे दान यहाँ तक कि प्राण दान भी उनके निकट तुच्छ है। आध्यात्मिक ज्ञान के विस्तार से मनुष्य जाति की सबसे अधिक सहायता की जा सकती है।"

इस पुनर्निर्माण के व्यापार में आपको केवल पाठ्यक्रम प्रवेश पंजीकरण के लिए अधिकृत किया गया है। आपके काम को आसान करने के लिए शुल्क (धन) लेने से पूर्णतः मुक्त रखा गया है अर्थात केवल आप रेफर करते जायें और इस सत्य शिक्षा के व्यवसाय का रायल्टी व अन्य लाभ पायें।

प्रिय एम. एल. एम नेटवर्कर दोस्तों, उठें और दुनिया को बता दें कि इस दुनिया में परिवर्तन लाने वाले हम लोग हैं। हम सत्य ज्ञान का व्यापार करते हैं। हम राष्ट्र निर्माण का व्यापार करते हैं। हम समाज को सहायता प्रदान करने का व्यापार करते हैं। हम, लोगों को आत्मनिर्भर बनाने का व्यापार करते हैं और वहाँ करते हैं जिस क्षेत्र, जिला, मण्डल, प्रदेश व देश के निवासी हैं। जहाँ हमारे भाई-बन्धु, रिश्तेदार, दोस्त इत्यादि रहते हैं।

अब इस जिले, उस जिले, इस प्रदेश, उस प्रदेश में भागकर अपने खर्चों को न बढ़ायें। आप जहाँ के हैं वहीं से, अपने घर पर रहते हुये और अन्य कार्यों को देखते हुये सहज भाव व आराम से काम करने का समय व सिस्टम (प्रणाली) आ गया है। यदि आप अन्य कम्पनी को कर रहें हों तो उसे भी करते रहें परन्तु इसे राष्ट्र का कार्य समझ कर इसे भी अवश्य करें और इसे एक राष्ट्रीय साझा कार्यक्रम समझें। अन्य कम्पनीयों की तरह न कोई बड़ा सपना, न ही कोई सेमिनार-हंगामा और न ही साल-दो साल चलने वाली कम्पनी। हम हैं युगों में एक बार काम करने वाले लोग, और नहीं हैं तो हम आज ही यह काम बन्द कर सकते हैं। हम राष्ट्र की आवश्यकता की पूर्ति के लिए काम कर रहें हैं न कि अपार धन कमाने की महत्वाकांक्षा की पूर्ति के लिए।

यह काम राष्ट्रीय भाव-समाज सेवा का भाव सामने रखकर करें। लोगों को ज्ञान-बुद्धि की जरूरत है। यह उनके लिए ही है परन्तु उसे हम लोगों को बताना पड़ रहा है। यही ज्ञान-बुद्धि ग्रहण न करने से वे बेरोजगार हैं। सिर्फ और सिर्फ नौकरी पर आश्रित हो गये हैं। जिसके कारण सरकार भी उनसे व्यापार करने लगी है। हमारे इस व्यापार में ज्ञान भी लो और छात्रवृत्ति (स्कालरशिप) भी। साथ में सामाजिक सहायता और अन्य प्रकार की सुविधा भी।

यह काम पारम्परिक व्यवसाय के प्रकार से करें। जैसे शिक्षा व्यवसाय में पत्राचार शिक्षा का व्यवसाय चलता है। आप केवल इस शिक्षा में लोगों के प्रवेश कराने वाले बनें। अधिक से अधिक प्रवेश करायें और अधिक से अधिक सामाजिक-आर्थिक लाभ प्राप्त करें। अपने निवास स्थान से करें। किसी कार्य से जहाँ जाते हैं वहाँ करें। कोई बाधा नहीं और सिर ऊँचा कर शान से कहें-"हम राष्ट्र निर्माण का व्यापार" करते हैं। राष्ट्रीय-वैश्विक स्तर पर आ गये बौद्धिक कमी की पूर्ति का व्यापार करते हैं।

हम आपके आय और नेटवर्क को बढ़ाने के कार्य से मुक्त करने के लिए अन्य अच्छे और स्थायी लम्बे समय तक चलने वाले एम. एल. एम कम्पनीयों से साझेदारी भी कर रहें हैं क्योंकि अब समय एकल कम्पनीयों का नहीं बल्कि समूह का है। जिससे निवेश से लाभ, स्थिरता और शक्ति का अधिकतम विकास व लाभ मिलता है। यह एम. एल. एम कम्पनीयों के लिए एक नये युग की शुरूआत भी होगी। साथ ही हमें बार-बार नये नेटवर्क के लिए मेहनत की आवश्यकता भी नहीं होगी। इस कार्य के लिए आवश्यकता पड़ने पर हम आपसे अलग से निवेश न कराकर आपके छात्रवृत्ति की राशि का अंश ही उपयोग करेंगे। अधिक जानकारी के लिए वेबसाइट देखें।

जय बेरोजगार, जय नेटवर्कर

छात्रों को आमंत्रण

प्रिय छात्रों एवं विद्यार्थीयों,

हमारे दृष्टि में छात्र वे हैं जो किसी शैक्षणिक संस्थान के किसी शैक्षणिक पाठ्यक्रम में प्रवेश ले कर अध्ययन करते हैं। और विद्यार्थी वे हैं जो सदैव अपने ज्ञान व बुद्धि का विकास कर रहे हैं और उसके वे इच्छुक भी हैं। इस प्रकार सभी मनुष्य व जीव, जीवन पर्यन्त विद्यार्थी ही बने रहते हैं चाहे उसे वे स्वीकार करें या ना करें। जबकि छात्र जीवन पर्यन्त नहीं रहा जा सकता।

कहा जाता है-"छात्र शक्ति, राष्ट्र शक्ति", लेकिन कौन सी शक्ति? उसकी कौन सी दिशा? तोड़-फोड़, हड़ताल, या अनशन वाली या समाज व राष्ट्र को नई दिशा देने वाली? स्वामी विवेकानन्द को मानने व उनके चित्र लगाकर छात्र राजनीति द्वारा राष्ट्र को दिशा नहीं मिल सकती बल्कि उन्होंने क्या कहा और क्या किया था, उसे जानने और चिन्तन करने से राष्ट्र को दिशा मिल सकती है और "छात्र शक्ति, राष्ट्र शक्ति" की बात सत्य हो सकती है। हम सभी ज्ञान युग और उसी ओर बढ़ते समय में हैं इसलिए केवल प्रमाण-पत्रों वाली शिक्षा से काम नहीं चलने वाला है।

छात्रों की विवशता है कि उनके शिक्षा बोर्ड व विश्वविद्यालय जो पाठ्यक्रम तैयार करेंगे वही पढ़ना है और छात्रों की यह प्रकृति भी है कि वही पढ़ना है जिसकी परीक्षा ली जाती हो। जिसकी परीक्षा न हो क्या वह पढ़ने योग्य नहीं है? बहुत बढ़ा प्रश्न उठता है। तब तो समाचार पत्र, पत्रिका, उपन्यास इत्यादि जो पाठ्क्रम के नहीं हैं उन्हें नहीं पढ़ना चाहिए। शिक्षा बोर्ड व विश्वविद्यालय तो एक विशेष पाठ्यक्रम के लिए ही विशेष समय में परीक्षा लेते हैं परन्तु ये जिन्दगी तो जीवन भर आपकी परीक्षा हर समय लेती रहती है तो क्या जीवन का पाठ्यक्रम पढ़ना अनिवार्य नहीं है? परन्तु यह पाठ्यक्रम मिलेगा कहाँ? निश्चित रूप से ये पाठ्यक्रम अब से पहले उपलब्ध नहीं था लेकिन इस संघनित (Compact) होती दुनिया में ज्ञान को भी संघनित (Compact) कर पाठ्यक्रम बना दिया गया है। इस पाठ्यक्रम का नाम है-"सत्य मानक शिक्षा" और आप तक पहुँचाने के कार्यक्रम का नाम है-"पुनर्निर्माण-सत्य शिक्षा का राष्ट्रीय तीव्र मार्ग (RENEW- Real Education National Express Way)। यह वही पाठ्यक्रम है जो मैकाले शिक्षा पाठ्यक्रम (वर्तमान शिक्षा) से मिलकर पूर्णता को प्राप्त होगा। इस पाठ्यक्रम का विषय वस्तु जड़ अर्थात सिद्धान्त सूत्र आधारित है न कि तनों-पत्तों अर्थात व्याख्या-कथा आधारित। जिसे एक उदाहरण से समझा जा सकता है- मैकेनिक जो मोटर बाईडिंग करता है यदि वह केवल इतना ही जानता हो कि कौन सा तार कहाँ जुड़ेगा जिससे मोटर कार्य करना प्रारम्भ कर दे, तो ऐसा मैकेनिक विभिन्न शक्ति के मोटर का आविष्कार नहीं कर सकता जबकि विभिन्न शक्ति के मोटर का आविष्कार केवल वही कर सकता है जो मोटर के मूल सिद्धान्त को जानता हो। ऐसी ही शिक्षा के सम्बन्ध में स्वामी विवेकानन्द जी ने कहा था-"अनात्मज्ञ पुरूषों की बुद्धि एकदेशदर्शिनी (Single Dimensional) होती है। आत्मज्ञ पुरूषों की बुद्धि सर्वग्रासिनी (Multi Dimensional) होती है। आत्मप्रकाश होने से, देखोगे कि दर्शन, विज्ञान सब तुम्हारे अधीन हो जायेंगे"।

यह शिक्षा आप तक पहुँचे और आपकी रूचि बनी रहे इसलिए इसमें पाठ्यक्रम के शुल्क के बदले छात्रवृत्ति व अन्य सहायता के साथ बहुत सी ऐसी सुविधा दी गईं है जो आपके शारीरिक-आर्थिक-मानसिक विकास व स्वतन्त्रता के लिए आवश्यक है। ये सुविधा व सहायता हमारे विद्यार्थीयों को संतुष्टि, स्वतन्त्रता और शक्ति सम्पन्न बनाती है। जिससे वे जिस क्षेत्र में चाहे अपना मार्ग चुन सकते हैं। "पुनर्निर्माण-सत्य शिक्षा का राष्ट्रीय तीव्र मार्ग (RENEW- Real Education National Express Way) के विद्यार्थी बनते ही विद्यार्थी को निम्न शक्ति प्राप्त हो जाती है चाहे उसका उपयोग-प्रयोग करें या ना करें-

1. हमारा विद्यार्थी सार्वभौम पूर्ण ज्ञान से युक्त होकर मानसिक स्वतन्त्रता के मुख्यधारा के मार्ग पर चलते हुये शिक्षित, विचारशील, रचनात्मक और नेतृत्वशील बनेगा।
2. हमारा विद्यार्थी "सत्य मानक शिक्षा" का व्यापार करे या ना करे, दोनों स्थिति में छात्रवृत्ति और सहायता को प्राप्त करता रहेगा।

3. हमारा कोई विद्यार्थी, हमारे से जुड़े 1. रेस्टूरेण्ट (Restaurants) 2. चिकित्सक (Doctors) 3. मेडिकल स्टोर (Medical Store) 4. दैनिक प्रयोग के दुकान (FMCG Store) 5. जैविक स्टोर (Organic Store) 6. हमारा विद्यार्थी (Our Student) या किसी भी डाक क्षेत्र प्रवेश केन्द्र से आवश्यकता पड़ने पर सप्ताह में 1 बार और अधिकतम रू0 500.00 की नगद राशि या सेवा या वस्तु प्राप्त कर सकता है जो लेने वाले के छात्रवृत्ति से समायोजित हो जाती है।
4. हमारा विद्यार्थी, यदि किसी भी प्रकार का व्यापार या समाजसेवा इत्यादि से है तो वह अपना विज्ञापन देकर अपने जिला क्षेत्र तक आसानी से पहुँच सकता है।
5. हमारा विद्यार्थी, अपने व्यवसाय और स्थान के अनुसार पूरे देश के अन्य विद्यार्थी से सम्पर्क कर सकता है और वर्गीकृत विज्ञापन में सूचीबद्ध हो सकता है।
6. हमारा विद्यार्थी, ब्लाग (Blog) के माध्यम से अपने किसी परियोजना (Project), फिल्म स्क्रिप्ट (Film Script), पुरातन, विलक्षण एवं दुर्लभ सूचना (Antique, Unique & Rare Information), पुस्तक (Book), सामान्य (General) को पूरे देश के सामने ला सकता है और लोगों के सम्पर्क में आ सकता है।
7. हमारा विद्यार्थी शारीरिक-आर्थिक-मानसिक स्थिति से स्वतन्त्र होकर पूरे भारत देश में भ्रमण कर सकता है।

जय छात्र शक्ति, जय राष्ट्र शक्ति

मानने से,

मानने वाले का कोई कल्याण नहीं होता,

कल्याण तो,

सिर्फ जानने वालों का ही होता रहा है,

होता है और होता रहेगा।

भाग-10

राष्ट्र निर्माण का हमारा व्यवसाय-एक मानक व्यवसाय

हमारा व्यवसाय - डब्ल्यू.एस. (WS)-000: ब्रह्माण्ड (सूक्ष्म एवं स्थूल) के प्रबन्ध और क्रियाकलाप का विश्वमानकके अनुसार

विश्व का मूल मन्त्र-"जय जवान-जय किसान-जय विज्ञान-जय ज्ञान-जय कर्मज्ञान"

भारतीय शास्त्रों कीे एक वाक्य में शिक्षा

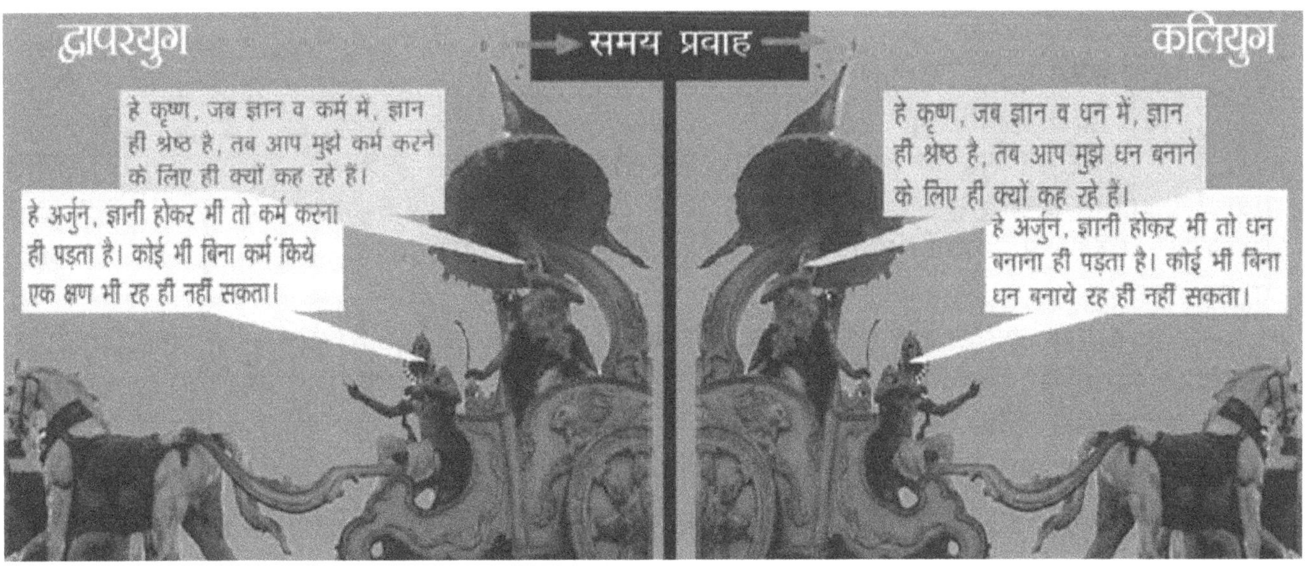

डब्ल्यू.एस. (WS)-000
ब्रह्माण्ड (सूक्ष्म एवं स्थूल) के प्रबन्ध और क्रियाकलाप का विश्वमानक

एक पूर्ण व्यापारिक संगठन के लिए आवश्यक है कि वह डब्ल्यू.एस. (WS)-000 ब्रह्माण्ड (सूक्ष्म एवं स्थूल) के प्रबन्ध और क्रियाकलाप का विश्वमानक के अनुसार हो। अर्थात् उस संगठन की संरचना और कार्य निम्न सभी चक्र को अवश्य ही संचालित करती हो-

सूत्र-1. ज्ञानातीत चक्र: चक्र-0-धर्म ज्ञान से बिना युक्त के मुक्त अर्थात् अपना मालिक अन्य और धर्म ज्ञान से युक्त होकर मुक्त अर्थात् अपना मालिक स्वंय की स्थिति। ज्ञानावस्था से होकर यही चक्र 7 भी कहलाता है। यह स्थिति शिशु और ज्ञानी की होती है।

उपरोक्त सूत्र के अनुसार हमारे व्यवसाय की व्याख्या- एक पूर्ण व्यापारिक संगठन का मालिक या तो कोई और (ईश्वर) होता है या उस संगठन में शामिल एक या अनेक ईश्वर (व्यक्ति) होते हैं। जिस प्रकार ईश्वर किसी जीव-निर्जीव, स्त्री-पुरूष, जाति-सम्प्रदाय इत्यादि से बिना भेद-भाव के सभी के लिए कार्य करता है उसी प्रकार एक पूर्ण व्यापारिक संगठन को भी उसी प्रकार कार्य करना चाहिए। जिस प्रकार ईश्वर दिन-रात, वर्षा-सूखा, गर्मी-सर्दी, तूफान-शान्ति इत्यादि बिना किसी भेद-भाव अर्थात् सार्वभौम एकात्म के द्वारा करता है उसी प्रकार एक पूर्ण व्यापारिक संगठन को भी उसी प्रकार कार्य करना चाहिए। एक शिशु मानव और ज्ञानी मानव दोनों ही समभाव अर्थात् सार्वभौम एकात्म में स्थित होकर ही क्रियाशील रहते हैं। बस शिशु अज्ञानावस्था में रहता है जबकि ज्ञानी मानव ज्ञानावस्था में रहकर वही करता है।

हमारा व्यापार और व्यापारिक संगठन भी इसी प्रकार है। वह अपने कार्यों-योजनाओं-व्यापारिक नियमों को बिना किसी भेद-भाव के समभाव में स्थित होकर संचालित करता है। जिस प्रकार ईश्वर द्वारा वर्षा होती है जिसको जितना जल लेना हो ले ले, उसी प्रकार हमारा व्यापार भी मनुष्यों के लिए है जिसको जितने में शामिल होना है, हो लें।

सूत्र-2. भौतिकवाद या भोगवाद कर्म चक्र:

चक्र-1. TRANSACTION-आदान-प्रदान चक्र। यही ज्ञानावस्था में चक्र-6 कहलाता है।

उपचक्र 1.1-शारीरिक
उपचक्र 1.2-आर्थिक/संसाधन
उपचक्र 1.3-मानसिक

उपरोक्त सूत्र के अनुसार हमारे व्यवसाय की व्याख्या- सूत्र-1 से युक्त चक्र-1 का संचालन-एक पूर्ण व्यापारिक संगठन सूत्र-1 के भाव (हृदय) से युक्त होकर शारीरिक-आर्थिक-मानसिक क्षेत्र में आदान प्रदान करता है। इसे आध्यात्मिकता या धर्म या समभाव या सार्वभौम एकात्म से युक्त व्यवसाय या आदान-प्रदान कहते हैं।

हमारा व्यापार और व्यापारिक संगठन भी इसी प्रकार का है। वह अपने कार्यों-योजनाओं-व्यापारिक नियमों को बिना किसी भेद-भाव के आध्यात्मिकता या धर्म या समभाव या सार्वभौम एकात्म में स्थित होकर शारीरिक-आर्थिक-मानसिक क्षेत्र में आदान-प्रदान संचालित करता है। जिस प्रकार ईश्वर द्वारा शारीरिक-आर्थिक-मानसिक क्षेत्र में आदान प्रदान हो रहा है, उसी प्रकार हमारा व्यापार भी शारीरिक-आर्थिक-मानसिक क्षेत्र में आदान-प्रदान विकास के लिए और शामिल हाने वालों के लिए करता है।

सूत्र-1 से मुक्त चक्र-1 का संचालन-सूत्र-1 से मुक्त व्यापारिक संगठन भी शारीरिक-आर्थिक-मानसिक क्षेत्र में आदान-प्रदान करता है। इसे भौतिकता या अधर्म या असमभाव या अनेकात्म से युक्त व्यवसाय या आदान-प्रदान कहते हैं।

हमारा व्यापार और व्यापारिक संगठन सूत्र-1 से मुक्त होकर चक्र-1 का कार्य नहीं करता। यह उसका विशिष्ट उद्देश्य है।

चक्र-2. RURAL-ग्रामीण चक्र

उपचक्र 2.1-शारीरिक
उपचक्र 2.2-आर्थिक/संसाधन
उपचक्र 2.3-मानसिक

उपरोक्त सूत्र के अनुसार हमारे व्यवसाय की व्याख्या-ग्रामीण का व्यापक अर्थ है-वे जो स्वयं से शारीरिक-आर्थिक-मानसिक क्षेत्र में पीछे हैं।

सूत्र-1 से युक्त चक्र-2 का संचालन-एक पूर्ण व्यापारिक संगठन सूत्र-1 के भाव (हृदय) से युक्त होकर जो स्वयं से शारीरिक-आर्थिक-मानसिक क्षेत्र में पीछे हैं, उनके लिए शारीरिक-आर्थिक-मानसिक क्षेत्र में आदान प्रदान करता है। इसे आध्यात्मिकता या धर्म या समभाव या सार्वभौम एकात्म से युक्त व्यवसाय या आदान-प्रदान कहते हैं।

हमारा व्यापार और व्यापारिक संगठन भी इसी प्रकार का है। वह अपने कार्यों-योजनाओं-व्यापारिक नियमों को बिना किसी भेद-भाव के आध्यात्मिकता या धर्म या समभाव या सार्वभौम एकात्म में स्थित होकर जो स्वयं से शारीरिक-आर्थिक-मानसिक क्षेत्र में पीछे हैं, उनके लिए शारीरिक-आर्थिक-मानसिक क्षेत्र में आदान-प्रदान संचालित करता है। जिस प्रकार ईश्वर द्वारा शारीरिक-आर्थिक-मानसिक क्षेत्र में आदान प्रदान जो ईश्वर से शारीरिक-आर्थिक-मानसिक क्षेत्र में पीछे हैं। हो रहा है, उसी प्रकार हमारा व्यापार भी जो स्वयं से शारीरिक-आर्थिक-मानसिक क्षेत्र में पीछे हैं, उनके लिए शारीरिक-आर्थिक-मानसिक क्षेत्र में आदान-प्रदान विकास के लिए और शामिल हाने वालों के लिए करता है।

सूत्र-1 से मुक्त चक्र-2 का संचालन-सूत्र-1 से मुक्त व्यापारिक संगठन भी शारीरिक-आर्थिक-मानसिक क्षेत्र में आदान-प्रदान करता है। इसे भौतिकता या अधर्म या असमभाव या अनेकात्म से युक्त व्यवसाय या आदान-प्रदान कहते हैं।

हमारा व्यापार और व्यापारिक संगठन सूत्र-1 से मुक्त होकर चक्र-2 का कार्य नहीं करता। यह उसका विशिष्ट उद्देश्य है।

चक्र-3.ADVANCEMENT या ADAPTABILITY -आधुनिकता या अनुकूलन चक्र

उपचक्र 3.1-शारीरिक
उपचक्र 3.2-आर्थिक/संसाधन
उपचक्र 3.3-मानसिक

उपरोक्त सूत्र के अनुसार हमारे व्यवसाय की व्याख्या-आधुनिकता या अनुकूलन का अर्थ है-वे जो स्वयं से शारीरिक-आर्थिक-मानसिक क्षेत्र में आगे हैं उनके शारीरिक-आर्थिक-मानसिक प्रणाली को स्वीकार और स्वयं को उस अनुसार बनाना।

सूत्र-1 से युक्त चक्र-3 का संचालन-एक पूर्ण व्यापारिक संगठन सूत्र-1 के भाव (हृदय) से युक्त होकर जो स्वयं से शारीरिक-आर्थिक-मानसिक क्षेत्र में आगे हैं, उन्हें स्वीकार और स्वयं को उस अनुसार बनाते

हुये उनके लिए शारीरिक-आर्थिक-मानसिक क्षेत्र में आदान प्रदान करता है। इसे आध्यात्मिकता या धर्म या समभाव या एकात्म से युक्त व्यवसाय या आदान-प्रदान कहते हैं।

हमारा व्यापार और व्यापारिक संगठन भी इसी प्रकार का है। वह अपने कार्यों-योजनाओं-व्यापारिक नियमों को बिना किसी भेद-भाव के आध्यात्मिकता या धर्म या समभाव या सार्वभौम एकात्म में स्थित होकर जो स्वयं से शारीरिक-आर्थिक-मानसिक क्षेत्र में आगे हैं, उनके लिए शारीरिक-आर्थिक-मानसिक क्षेत्र में आदान-प्रदान संचालित करता है। जिस प्रकार ईश्वर द्वारा शारीरिक-आर्थिक-मानसिक क्षेत्र में आदान-प्रदान जो ईश्वर से शारीरिक-आर्थिक-मानसिक क्षेत्र में आगे हैं। हो रहा है, उसी प्रकार हमारा व्यापार भी जो स्वयं से शारीरिक-आर्थिक-मानसिक क्षेत्र में आगे हैं, उनके लिए शारीरिक-आर्थिक-मानसिक क्षेत्र में आदान-प्रदान विकास के लिए और शामिल हाने वालों के लिए करता है।

सूत्र-1 से मुक्त चक्र-3 का संचालन-सूत्र-1 से मुक्त व्यापारिक संगठन भी शारीरिक-आर्थिक-मानसिक क्षेत्र में आदान-प्रदान करता है। इसे भौतिकता या अधर्म या असमभाव या अनेकात्म से युक्त व्यवसाय या आदान-प्रदान कहते है।

हमारा व्यापार और व्यापारिक संगठन सूत्र-1 से मुक्त होकर चक्र-3 का कार्य नहीं करता। यह उसका विशिष्ट उद्देश्य है।

चक्र-4. DEVELOPMENT-विकास चक्र

उपचक्र 4.1-शारीरिक

उपचक्र 4.2-आर्थिक/संसाधन

उपचक्र 4.3-मानसिक

उपरोक्त सूत्र के अनुसार हमारे व्यवसाय की व्याख्या-विकास का अर्थ है-स्वयं को शारीरिक-आर्थिक-मानसिक क्षेत्र में आगे बढ़ाने से हैं।

सूत्र-1 से युक्त चक्र-4 का संचालन-एक पूर्ण व्यापारिक संगठन सूत्र-1 के भाव (हृदय) से युक्त होकर स्वयं को शारीरिक-आर्थिक-मानसिक क्षेत्र में आगे बढ़ाने के लिए शारीरिक-आर्थिक-मानसिक क्षेत्र में आदान प्रदान करता है। इसे आध्यात्मिकता या धर्म या समभाव या सार्वभौम एकात्म से युक्त व्यवसाय या आदान-प्रदान कहते हैं।

हमारा व्यापार और व्यापारिक संगठन भी इसी प्रकार का है। वह अपने कार्यों-योजनाओं-व्यापारिक नियमों को बिना किसी भेद-भाव के आध्यात्मिकता या धर्म या समभाव या एकात्म में स्थित होकर स्वयं के शारीरिक-आर्थिक-मानसिक क्षेत्र में आगे बढाता है। जिस प्रकार ईश्वर द्वारा शारीरिक-आर्थिक-मानसिक क्षेत्र में विकास हो रहा है, उसी प्रकार हमारा व्यापार भी स्वयं को शारीरिक-आर्थिक-मानसिक क्षेत्र में आगे बढ़ाने के लिए शारीरिक-आर्थिक-मानसिक क्षेत्र में आदान-प्रदान विकास के लिए और शामिल हाने वालों के लिए करता है।

सूत्र-1 से मुक्त चक्र-4 का संचालन-सूत्र-1 से मुक्त व्यापारिक संगठन भी शारीरिक-आर्थिक-मानसिक क्षेत्र में आदान-प्रदान करता है। इसे भौतिकता या अधर्म या असमभाव या अनेकात्म से युक्त व्यवसाय या आदान-प्रदान कहते है।

हमारा व्यापार और व्यापारिक संगठन सूत्र-1 से मुक्त होकर चक्र-4 का कार्य नहीं करता। यह उसका विशिष्ट उद्देश्य है।

चक्र-5.EDUCATION-शिक्षा चक्र

उपचक्र 5.1-शारीरिक
उपचक्र 5.2-आर्थिक/संसाधन
उपचक्र 5.3-मानसिक

उपरोक्त सूत्र के अनुसार हमारे व्यवसाय की व्याख्या-शिक्षा का अर्थ है-स्वयं को शारीरिक-आर्थिक-मानसिक क्षेत्र के विषय में मस्तिष्क को चिन्तन स्तर पर लाने से हैं।

सूत्र-1 से युक्त चक्र-5 का संचालन-एक पूर्ण व्यापारिक संगठन सूत्र-1 के भाव (हृदय) से युक्त होकर स्वयं को शारीरिक-आर्थिक-मानसिक क्षेत्र में आगे बढ़ाने के लिए शारीरिक-आर्थिक-मानसिक क्षेत्र में शिक्षित करता है। इसे आध्यात्मिकता या धर्म या समभाव या एकात्म से युक्त व्यवसाय या आदान-प्रदान कहते हैं।

हमारा व्यापार और व्यापारिक संगठन भी इसी प्रकार का है। वह अपने कार्यों-योजनाओं-व्यापारिक नियमों को बिना किसी भेद-भाव के आध्यात्मिकता या धर्म या समभाव या सार्वभौम एकात्म में स्थित होकर स्वयं के शारीरिक-आर्थिक-मानसिक क्षेत्र में आगे बढा़ने के लिए शिक्षित करता है। जिस प्रकार ईश्वर द्वारा शारीरिक-आर्थिक-मानसिक क्षेत्र में शिक्षण हो रहा है, उसी प्रकार हमारा व्यापार भी स्वयं को शारीरिक-आर्थिक-मानसिक क्षेत्र में आगे बढ़ाने के लिए शारीरिक-आर्थिक-मानसिक क्षेत्र में आदान-प्रदान विकास के लिए शिक्षित करता है और शामिल हाने वालों के लिए करता है।

सूत्र-1 से मुक्त चक्र-5 का संचालन-सूत्र-1 से मुक्त व्यापारिक संगठन भी शारीरिक-आर्थिक-मानसिक क्षेत्र में शिक्षित करता करता है। इसे भौतिकता या अधर्म या असमभाव या अनेकात्म से युक्त व्यवसाय या आदान-प्रदान कहते हैं।

हमारा व्यापार और व्यापारिक संगठन सूत्र-1 से मुक्त होकर चक्र-5 का कार्य नहीं करता। यह उसका विशिष्ट उद्देश्य है।

सूत्र-3. आध्यात्मवाद-ज्ञानचक्र:

चक्र-6. NATURAL TRUTH -प्राकृतिक सत्य चक्र: यही चक्र अज्ञानावस्था में चक्र-1 कहलाता है।

उपचक्र-1.1-अदृश्य प्राकृतिक अर्थात् अदृश्य आत्मा

उपरोक्त सूत्र के अनुसार हमारे व्यवसाय की व्याख्या- सूत्र-1 से युक्त चक्र-6 उपचक्र-1.1 का संचालन-एक पूर्ण व्यापारिक संगठन सूत्र-1 के भाव (हृदय) से युक्त होकर अदृश्य प्राकृतिक या अदृश्य सार्वभौम आत्मा के लिए आदान-प्रदान करता है। इसे आध्यात्मिकता या धर्म या समभाव या एकात्म से युक्त व्यवसाय या आदान-प्रदान कहते हैं।

हमारा व्यापार और व्यापारिक संगठन भी इसी प्रकार का है। वह अपने कार्यों-योजनाओं-व्यापारिक नियमों को बिना किसी भेद-भाव के आध्यात्मिकता या धर्म या समभाव या सार्वभौम एकात्म में स्थित होकर अदृश्य प्राकृतिक या अदृश्य सार्वभौम आत्मा के लिए शारीरिक-आर्थिक-मानसिक क्षेत्र में आदान-प्रदान संचालित करता है। जिस प्रकार ईश्वर द्वारा अदृश्य प्राकृतिक या अदृश्य आत्मा के लिए शारीरिक-आर्थिक-मानसिक क्षेत्र में आदान प्रदान हो रहा है, उसी प्रकार हमारा व्यापार भी अदृश्य प्राकृतिक या अदृश्य आत्मा के लिए शारीरिक-आर्थिक-मानसिक क्षेत्र में आदान-प्रदान विकास के लिए और शामिल हाने वालों के लिए करता है।

सूत्र-1 से मुक्त चक्र-6 उपचक्र-1.1 का संचालन-सूत्र-1 से मुक्त व्यापारिक संगठन भी शारीरिक-आर्थिक-मानसिक क्षेत्र में आदान-प्रदान करता है। इसे भौतिकता या अधर्म या असमभाव या अनेकात्म से युक्त व्यवसाय या आदान-प्रदान कहते हैं।

हमारा व्यापार और व्यापारिक संगठन सूत्र-1 से मुक्त होकर चक्र-6 उपचक्र-1.1 का कार्य नहीं करता। यह उसका विशिष्ट उद्देश्य है।

उपचक्र 1.2-दृश्य प्राकृतिक अर्थात् दृश्य आत्मा

उपरोक्त सूत्र के अनुसार हमारे व्यवसाय की व्याख्या- सूत्र-1 से युक्त चक्र-6 उपचक्र-1.2 का संचालन-एक पूर्ण व्यापारिक संगठन सूत्र-1 के भाव (हृदय) से युक्त होकर दृश्य प्राकृतिक या दृश्य सार्वभौम आत्मा के लिए आदान-प्रदान करता है। इसे आध्यात्मिकता या धर्म या समभाव या सार्वभौम एकात्म से युक्त व्यवसाय या आदान-प्रदान कहते हैं।

हमारा व्यापार और व्यापारिक संगठन भी इसी प्रकार का है। वह अपने कार्यों-योजनाओं-व्यापारिक नियमों को बिना किसी भेद-भाव के आध्यात्मिकता या धर्म या समभाव या एकात्म में स्थित होकर दृश्य प्राकृतिक या दृश्य आत्मा के लिए शारीरिक-आर्थिक-मानसिक क्षेत्र में आदान-प्रदान संचालित करता है। जिस प्रकार ईश्वर द्वारा दृश्य प्राकृतिक या दृश्य आत्मा के लिए शारीरिक-आर्थिक-मानसिक क्षेत्र में आदान प्रदान हो रहा है, उसी प्रकार हमारा व्यापार भी दृश्य प्राकृतिक या दृश्य सार्वभौम आत्मा के लिए शारीरिक-आर्थिक-मानसिक क्षेत्र में आदान-प्रदान विकास के लिए और शामिल हाने वालों के लिए करता है।

सूत्र-1 से मुक्त चक्र-6 उपचक्र-1.2 का संचालन-सूत्र-1 से मुक्त व्यापारिक संगठन भी शारीरिक-आर्थिक-मानसिक क्षेत्र में आदान-प्रदान करता है। इसे भौतिकता या अधर्म या असमभाव या अनेकात्म से युक्त व्यवसाय या आदान-प्रदान कहते हैं।

हमारा व्यापार और व्यापारिक संगठन सूत्र-1 से मुक्त होकर चक्र-6 उपचक्र-1.2 का कार्य नहीं करता। यह उसका विशिष्ट उद्देश्य है।

सूत्र-4. ज्ञानातीत चक्र: चक्र-7-RELIGIONधर्मचक्र: अपना मालिक स्वंय की स्थिति। यही अज्ञानावस्था में चक्र-0 भी कहलाता है।

उपरोक्त सूत्र के अनुसार हमारे व्यवसाय की व्याख्या-एक पूर्ण व्यापारिक संगठन का मालिक या तो कोई और (ईश्वर) होता है या उस संगठन में शामिल एक या अनेक ईश्वर (व्यक्ति) होते हैं। जिस प्रकार ईश्वर किसी जीव-निर्जीव, स्त्री-पुरूष, जाति-सम्प्रदाय इत्यादि से बिना भेद-भाव के सभी के लिए कार्य करता है उसी प्रकार एक पूर्ण व्यापारिक संगठन को भी उसी प्रकार कार्य करना चाहिए। जिस प्रकार ईश्वर दिन-रात, वर्षा-सूखा, गर्मी-सर्दी, तूफान-शान्ति इत्यादि बिना किसी भेद-भाव अर्थात् एकात्म के द्वारा करता है उसी प्रकार एक पूर्ण व्यापारिक संगठन को भी उसी प्रकार कार्य करना चाहिए। एक शिशु मानव और ज्ञानी मानव दोनों ही समभाव अर्थात् सार्वभौम एकात्म में स्थित होकर ही क्रियाशील रहते हैं। बस शिशु अज्ञानावस्था में रहता है जबकि ज्ञानी मानव ज्ञानावस्था में रहकर वही करता है।

हमारा व्यापार और व्यापारिक संगठन भी इसी प्रकार है। वह अपने कार्यों-योजनाओं-व्यापारिक नियमों को बिना किसी भेद-भाव के समभाव में स्थित होकर संचालित करता है। जिस प्रकार ईश्वर द्वारा वर्षा होती है जिसको जितना जल लेना हो ले ले, उसी प्रकार हमारा व्यापार भी मनुष्यों के लिए है जिसको जितने में शामिल होना है, हो लें। और यह सब ज्ञानावस्था अर्थात् धर्म में स्थित होकर करता है।

हमारा व्यवसाय
डब्ल्यू.एस. (WS)-000
ब्रह्माण्ड (सूक्ष्म एवं स्थूल) के प्रबन्ध और क्रियाकलाप का विश्वमानक के अनुसार

व्यवसाय को इस प्रकार परिभाषित किया जा सकता है-"व्यवसाय एक ऐसी क्रिया है, जिसमें लाभ कमाने के उद्देश्य से वस्तुओं अथवा सेवाओं का नियमित उत्पादन क्रय-विक्रय तथा विनिमय सम्मिलित है" जिसके आर्थिक उद्देश्य, सामाजिक उद्देश्य, मानवीय उद्देश्य, राष्ट्रीय उद्देश्य, वैश्विक उद्देश्य व सामाजिक उत्तरदायित्व होते हैं।

लोग लाभ अर्जित करने के उद्देश्य से व्यवसाय चलाते हैं। लेकिन केवल लाभ अर्जित करना ही व्यवसाय का एकमात्र उद्देश्य नहीं होता। समाज का एक अंग होने के नाते इसे बहुत से सामाजिक कार्य भी करने होते हैं। यह विशेष रूप से अपने अस्तित्व की सुरक्षा में संलग्न स्वामियों, निवेशकों, कर्मचारियों तथा सामान्य रूप से समाज व्यवसाय की प्रकृति तथा क्षेत्र व समुदाय की देखरेख की जिम्मेदारी भी निभाता है। अतः प्रत्येक व्यवसाय को किसी न किसी रूप में इनके प्रति जिम्मेदारियों का निर्वाह करना चाहिए। उदाहरण के लिए, निवेशकों को उचित प्रतिफल की दर का आश्वासन देना, अपने कर्मचारियों को अच्छा वेतन, सुरक्षा, उचित कार्य दशाएँ उपलब्ध कराना, अपने ग्राहकों को अच्छी गुणवत्ता वाली वस्तुएँ उचित मूल्यों पर उपलब्ध कराना, पर्यावरण की सुरक्षा करना तथा इसी प्रकार के अन्य बहुत से कार्य करने चाहिए।

हालांकि ऐसे कार्य करते समय व्यवसाय के सामाजिक उत्तारदायित्वों के निर्वाह के लिए दो बातों का विशेष रूप से ध्यान रखना चाहिए। पहली तो यह कि ऐसी प्रत्येक क्रिया धर्मार्थ क्रिया नहीं होती। इसका अर्थ यह है कि यदि कोई व्यवसाय किसी अस्पताल अथवा मंदिर या किसी स्कूल अथवा कालेज को कुछ धनराशि दान में देता है तो यह उसका सामाजिक उत्तरदायित्व नहीं कहलाएगा, क्योंकि दान देने से सामाजिक उत्तरदायित्वों का निर्वाह नहीं होता। दूसरी बात यह है कि, इस तरह की क्रियाएँ कुछ लोगों के लिए अच्छी और कुछ लोगों के लिए बुरी नहीं होनी चाहिए। मान लीजिए एक व्यापारी तस्करी करके या अपने ग्राहकों को धोखा देकर बहुत सा धन अर्जित कर लेता है और गरीबों के मुफ्त इलाज के लिए अस्पताल चलाता है तो उसका यह कार्य सामाजिक रूप से न्यायोचित नहीं है। सामाजिक उत्तरदायित्व का अर्थ है कि एक व्यवसायी सामाजिक क्रियाओं को सम्पन्न करते समय ऐसा कुछ भी न करे, जो समाज के लिए हानिकारक हो।

इस प्रकार सामाजिक उत्तरदायित्व की अवधारणा व्यवसायी को जमाखोरी व कालाबाजारी, कर चोरी, मिलावट, ग्राहकों को धोखा देना जैसी अनुचित व्यापरिक क्रियाओं के बदले व्यवसायी को विवेकपूर्ण प्रबंधन के द्वारा लाभ अर्जित करने के लिए प्रोत्साहित करती है। यह कर्मचारियों को उचित कार्य तथा आवासीय सुविधाएँ प्रदान करके, ग्राहकों को उत्पाद विक्रय उपरांत उचित सेवाएँ प्रदान करके, पर्यावरण प्रदूषण को नियंत्रित करके तथा प्राकृतिक संसाधनों की सुरक्षा द्वारा संभव है।

एक समाज, व्यक्तियों, समूहों, संगठनों, परिवारों आदि से मिलकर बनता है। ये सभी समाज के सदस्य होते हैं। ये सभी एक दूसरे के साथ मिलते-जुलते हैं तथा अपनी लगभग सभी गतिविधियों के लिए एक दूसरे पर निर्भर होते हैं। इन सभी के बीच एक संबंध होता है, चाहे वह प्रत्यक्ष हो या अप्रत्यक्ष। समाज का एक अंग होने के नाते, समाज के सदस्यों के बीच संबंध बनाए रखने में व्यवसाय को भी मदद करनी चाहिए। इसके लिए उसे समाज के प्रति कुछ निश्चित उत्तरदायित्वों का निर्वाह करना आवश्यक है। ये उत्तरदायित्व हैं-समाज के पिछड़े तथा कमजोर वर्गों की सहायता करना, सामाजिक तथा सांस्कृतिक मूल्यों की रक्षा करना, रोजगार के अवसर जुटाना, पर्यावरण की सुरक्षा करना, प्राकृतिक संसाधनों तथा वन्य जीवन का संरक्षण करना, खेलों तथा

सांस्कृतिक कार्यक्रमों को बढ़ावा देना, शिक्षा, चिकित्सा, विज्ञान प्रोद्यौगिकी आदि के क्षेत्रों में सहायक तथा विकासात्मक शोधों को बढ़ावा देने में सहायता करना।

उपरोक्त मानक के अनुसार ही हमारा व्यवसाय व्यक्ति से लेकर, देश व विश्वराष्ट्र तक के उत्तरदायित्व को पूर्ण करते हुये एक मानक व्यवसाय के रूप में संचालित है।

जिस प्रकार "ओउम" शब्द, उस अदृश्य व्यक्तिगत प्रमाणित ईश्वर का नाम है और "ओउम" शब्द की व्याख्या, उस ईश्वर को समझने-जानने का मार्ग है। उसी प्रकार "TRADE CENTRE" शब्द, इस दृश्य सर्वाजनिक प्रमाणित ईश्वर-ब्रह्माण्ड का नाम है और "TRADE CENTRE" शब्द की व्याख्या, इस ईश्वर-ब्रह्माण्ड में सार्वभौम कर्मज्ञान को समझने-जानने का मार्ग है। शब्द "TRADE CENTRE" ब्रह्माण्ड के पर्यायवाची शब्द के रूप में भी देखा जा सकता है क्योंकि यह ब्रह्माण्ड ही सबसे बड़ा व्यापार केन्द्र है। शब्द "TRADE CENTRE" की व्याख्या के अनुसार ही इस संसार में व्यक्ति से लेकर संगठन, सरकार और विश्व तक संचालित हो रहे हैं।

इस प्रकार-जब to step up TRADE through CENTRE (सभी कर्म व्यापार को सार्वभौम आत्मा केन्द्र के ज्ञान द्वारा आगे बढ़ाना) अर्थात् विस्तार में जब to step up Transaction, Rural, Advancement (Adaptability), Development, Education through Center for Enhancement of Natural Truth & Religious Education (सभी कर्म आदान-प्रदान, ग्रामीण, आधुनिकता-अनुकूलन, विकास, शिक्षा को प्राकृतिक सत्य और धार्मिक शिक्षा के ज्ञान द्वारा आगे बढ़ाना) हुआ अर्थात् जो व्यक्ति और संस्था समभाव और निष्पक्ष में स्थित होकर सभी शारीरिक, आर्थिक व मानसिक कर्म आदान-प्रदान, ग्रामीण, आधुनिकता-अनुकूलन, विकास, शिक्षा को सदैव एक साथ करता है वही मानक व्यक्ति और संस्था कहलाता है।

इस प्रकार इस सिद्धान्त से देखने पर पायेंगे कि जो व्यक्ति और संस्था सफल हैं या सफलता प्राप्त कर रहें हैं उनके मूल में यही सिद्धान्त है। यही नहीं यह किसी देश के कार्य प्रणाली पर भी उतना ही सत्य है। और सिर्फ इतना ही नहीं आठवें व्यक्तिगत प्रमाणित पूर्णावतार श्री कृष्ण भी इसी सिद्धान्त से ही अपने जीवन की समग्र योजना का निर्माण किये थे। यही मानव (व्यक्तिगत मन) और संस्था (संयुक्त मन) के प्रबन्ध और क्रियाकलाप का विश्वमानक (WS-0000 & WS-000) भी है। जब तक भारत इस सिद्धान्त को स्वयं के लिए प्रयोग नहीं करता तब तक आध्यात्मिक एवं दार्शनिक विरासत के आधार पर "एक भारत-श्रेष्ठ भारत" का निर्माण नहीं हो सकता और जब तक भारत इस सिद्धान्त को विश्व में स्थापित नहीं करता तब तक वह इस दृश्य काल में विश्व गुरू नहीं बन सकता।

शब्द TRADE CENTRE का दर्शन बहुत ही विस्तृत और शक्तिशाली है। जिसका पूर्ण विवरण " "विश्वशास्त्र"-द नालेज आफ फाइनल नालेज" के अध्याय-तीन में है। सभी के लिए होते हुये भी उपरोक्त मार्गदर्शक बिन्दु व सिद्धान्त ही एक आदर्श मानक वैश्विक नागरिक व संस्था के लिए विशेष रूप से मार्गदर्शक बिन्दु व सिद्धान्त है।

विश्व का मूल मन्त्र-
"जय जवान-जय किसान-जय विज्ञान-जय ज्ञान-जय कर्मज्ञान"

प्रगतिशील मानव समाज में मानव का विकास जैसे-जैसे होता गया उसके परिणामस्वरूप विभिन्न सामाजिक-असामाजिक विषय क्षेत्रों का भी विकास होता गया। समाज में प्रत्येक विषय क्षेत्रों की एक महत्वपूर्ण भूमिका है। जिसमें किसी भी क्षेत्र को पूर्ण रूप में महत्वहीन नहीं कह सकते न ही पूर्ण रूप से महत्वपूर्ण कह सकते है। क्योंकि क्षेत्र कोई भी हो मानव की अपनी दृष्टि ही उसके उपयोग और दुरूपयोग से उस क्षेत्र को महत्वहीन, महत्वपूर्ण या सामाजिक-असामाजिक रूप में निर्धारण करती है। इसलिए मानव की दृष्टि जब तक विषय क्षेत्र के गुण, अर्थ, उपयोगिता और दुरूपयोगिता के ज्ञान पर केन्द्रीत नहीं होगी तब तक किसी भी क्षेत्र को निश्चित रूप से पूर्ण-महत्वपूर्ण निर्धारण कर पाना असम्भव है। यहाँ यह कहा जा रहा है कि वाह्य विषय क्षेत्र चाहे कोई भी हो वह मूलतः मानव द्वारा ही संचालित, आविष्कृत, नियमित और स्थापित की जाती है। इसलिए मानव का ज्ञान और कर्मज्ञान ही प्रत्येक विषय क्षेत्र की उपयोगिता और दुरूपयोगिता का निर्धारण करता है।

प्रत्येक विषय का विकास सतत होता रहता है। आज हम जो कुछ भी उत्पाद व्यावहार में देखते है वह और यहाँ तक कि मानव का निर्माण भी एक लम्बे प्रक्रिया, सुधार, परीक्षण, रखरखाव इत्यादि का ही परिणाम है। सतत विकास के परिणामस्वरूप ही वह अपनी पूर्णता और अन्तिम स्वरूप को प्राप्त होता है। भारत के विकास का मूल मन्त्र भी विकास की प्रक्रिया को पार करते हुऐ अपने पूर्ण और अन्तिम स्वरूप में व्यक्त हो चुका है। भारत के पूर्ण मूलमन्त्र के स्वरूप का बीज भूतपूर्व प्रधानमन्त्री स्व0 लाल बहादुर शास्त्री ने "जय जवान-जय किसान" का नारा देकर किये। यह बीज समयानुसार भारत की मूल आवश्यकता थी, जो आज भी है और आगे भी रहेगी। यहाँ से भारत के मूलमन्त्र के स्वरूप का विकास प्रारम्भ होता है। मई 1998 में परमाणु बम परीक्षण के उपरान्त प्रधानमंन्त्री श्री अटल बिहारी बाजपेयी ने इस मूलमंन्त्र के स्वरूप के विकास क्रम में "जय विज्ञान" जोड़कर मूलमन्त्र के स्वरूप को "जय जवान-जय किसान-जय विज्ञान" के रूप में प्रस्तुत किये। जो समयानुसार आज की आवश्यकता है। जो आगे भी रहेगी।

"जय जवान-जय किसान-जय विज्ञान" तक ही भारत के मूलमन्त्र का पूर्ण विकसित अर्थात् अन्तिम स्वरूप नहीं है क्योंकि जवान किसान-विज्ञान तीनों स्थान पर मानव ही बैठा है इसलिए मूलमन्त्र के स्वरूप में जब तक मानव के निर्माण का सूत्र नहीं होगा तब तक मूलमन्त्र का स्वरूप भी पूर्ण नहीं हो सकता। इसी कमी को पूर्ण कर पूर्णता प्रदान करने के लिए "विश्व-बन्धुत्व","वसुधैव-कुटुम्बकम्", "बहुजन हिताय-बहुजन सुखाय","एकात्म मानवतावाद" की स्थापना के लिए एकात्मकर्मवाद आधारित सार्वभौम सत्य-सिद्धान्त (धर्मयुक्त नाम-कर्मवेद-प्रथम, अन्तिम तथा पंचमवेदीय श्रृंखला अर्थात् धर्मनिरपेक्ष-सर्वधर्मसम्भाव नाम-विश्वमानक-शून्य श्रृंखला-मन की गुणवता का विश्व मानक) का आविष्कार कर "जय ज्ञान-जय कर्मज्ञान" को जोड़कर भारत के मूलमन्त्र को पूर्ण और अन्तिम स्वरूप-"जय जवान-जय किसान-जय विज्ञान-जय ज्ञान-जय कर्मज्ञान" को व्यक्त किया गया है। जो समयानुसार आज की आवश्यकता है जो आगे भी रहेगी। चूँकि भारत का सर्वोच्च और अन्तिम व्यापक रूप ही विश्व है। अर्थात् भारत ही विश्व है और विश्व ही भारत है। इसलिए यह मूलमन्त्र भारत का ही नहीं सम्पूर्ण विश्व का अन्तिम मूलमन्त्र है।

"ज्ञान" जिससे हम अपने विचारों को एकता-समभाव-बन्धुत्व-धैर्य रूप में प्रस्तुत करने में सक्षम होते हैं। जैसा कि मई 1998 में भारत ने परमाणु बम परीक्षण के उपरान्त उठे विश्वव्यापी विवाद को समाप्त करने के लिए "ज्ञान" का प्रयोग कर अपने विचारों की समभाव रूप में विश्व में समक्ष रखने में सफल हुआ। "कर्मज्ञान" जिससे हम समभाव में स्थित हो कर्म करते है। अर्थात् ईश्वरत्व भाव से उपलब्ध संसाधनों पर आधारित हो कर्म करते हैं। "ज्ञान" से हम सिर्फ एकता-समभाव-बन्धुत्व-धैर्य की भाषा बोल सकते हैं जबकि "कर्मज्ञान" से कार्य करते हुए एकता-समभाव-बन्धुत्व-धैर्य की भाषा बोल सकते है। "ज्ञान" यथावत् स्थिति बनाये रखते हुए शान्ति का प्रतीक है।

तो "कर्मज्ञान" विकास करते हुये शान्ति बनाये रखने का प्रतीक है। ज्ञानावस्था में कर्म प्राकृतिक चेतना अर्थात् शुद्धरूप से वर्तमान स्थिति में प्राथमिकता से कर्म करना, के अन्तर्गत होता है जबकि कर्मज्ञानावस्था में कर्म प्राकृतिक चेतना समाहित सत्य चेतना अर्थात् भूतकाल का अनुभव, भविष्य की आवश्यकता के साथ प्राथमिकता के साथ वर्तमान में कार्य करना, के अन्तर्गत होता है। वर्तमान और भविष्य की आवश्यकताओं को देखते हुऐ मात्र "ज्ञान" से ही अब विकास सम्भव नहीं है। क्योंकि यह अवस्था "नीतिविहीन" अवस्था है। अब "नीतियुक्त" अवस्था कर्मज्ञानावस्था की आवश्यकता है। जिसके अभाव के कारण ही संसाधनों के होते हुये भी बेरोजगारी, अपराधों का विकास, विखण्डन इत्यादि विनाशक स्थिति उत्पन्न हो रही है। इस कर्मज्ञान का आविष्कार सम्पूर्ण विश्व के मानवजाति के लिए महानतम उपलब्धि हैं।

भारतीय शास्त्रों की एक वाक्य में शिक्षा

भारतीय शास्त्र, मनुष्य मात्र को ईश्वरत्व तक उठाने के लिए कालानुसार रची जाती रहीं हैं न कि उसकी पूजा करने के लिए। इसलिए उनके उद्देश्यों को समझना आवश्यक है। इन पर आधारित सिनेमा और दूरदर्शन के निर्माण और उसके प्रसारण से आम जनता इनसे परिचित भी हो चुकी है। अब इन शास्त्रों के व्यावहारिकरण के लिए आवश्यक है कि इनके अर्थ को समझा जाये जिससे उसका जीवन में प्रयोग हो सके।

उपरोक्त स्वतन्त्रता के मूल/जड़ सिंद्धान्त होने के बावजूद मनुष्य के जीवन की दो आवश्यकताएँ, आवश्यक हो गयी हैं जिसका निर्माण वे स्वयं किये हैं। पहला - किसी राजनितिक दल का सदस्य होना और दूसरा किसी गुरू का चेला बनना। और इस प्रकृति से यह स्पष्ट भी हो चुका है कि ये दोनों आवश्यकता इनके परम लक्ष्य और स्वतन्त्रता की आवश्यकता के लिए नहीं बल्कि इनके जीवन के संसाधन के स्वार्थ पूर्ति की आवश्यकता है। इस छोटे से लक्ष्य के लिए उनकी कितनी शारीरिक-आर्थिक-मानसिक बलि चढ़ती है ये तो वही जानें परन्तु बड़े लक्ष्य और पूर्ण स्वतन्त्रता के मार्ग पर ले जाने के लिए ही यह भाग लिखा जा रहा है।

वेद की शिक्षा

वेदों को मूलतः सार्वभौम ज्ञान का शास्त्र समझना चाहिए। जिनका मूल उद्देश्य यह बताना था कि "एक ही सार्वभौम आत्मा के सभी प्रकाश हैं अर्थात बहुरूप में प्रकाशित एक ही सत्ता है। इस प्रकार हम सभी एक ही कुटुम्ब के सदस्य है।"

उपनिषद् कीे शिक्षा

उपनिषद्ोें की शिक्षा उस सार्वभौम आत्मा के नाम के अर्थ की व्याख्या के माध्यम से उस सार्वभौम आत्मा को समझाना है।

पुराण कीे शिक्षा

जब उस सार्वभौम आत्मा का ही सब प्रकाश है, तब यह ब्रह्माण्ड ही ईश्वर का दृश्य रूप है। इसलिए पुराण की रचना कई चरणों में हुयी और प्रत्येक चरण की अलग-अलग शिक्षा है।

प्रथम चरण - इस चरण में पुराण की शिक्षा मूलतः उस सार्वभौम एक आत्मा से ब्रह्माण्ड के विकास को कथा के माध्यम से समझाया गया है।

द्वितीय चरण - इस चरण में पुराण की शिक्षा मूलतः उस सार्वभौम एक आत्मा से सौर मण्डल के विकास को कथा के माध्यम से समझाया गया है।

तृतीय चरण - इस चरण में पुराण की शिक्षा मूलतः उस सार्वभौम एक आत्मा से प्रकृति के विकास को कथा के माध्यम रो रामझाया गया है।

चतुर्थ चरण - इस चरण में पुराण की शिक्षा मूलतः उस सार्वभौम एक आत्मा से जीवों के विकास को कथा के माध्यम से समझाया गया है।

पंचम चरण - इस चरण में पुराण की शिक्षा मूलतः उस सार्वभौम एक आत्मा से मनुष्य के विकास को कथा के माध्यम से साथ ही मनुष्य को व्यक्तिगत, सामाजिक और वैश्विक मनुष्य तक उठने के उन गुणों को समझाया गया है। जो इस प्रकार हैं-

वैश्विक/ब्रह्माण्डिय (मानक वैश्विक चरित्र) मनुष्य के लिए - एकात्म ज्ञान, एकात्म वाणी, एकात्म कर्म, एकात्म प्रेम, एकात्म सर्मपण और एकात्म ध्यान से युक्त जीवन और वस्त्राभूषण का प्रक्षेपण शिव-शंकर परिवार।

सामाजिक (मानक सामाजिक चरित्र) मनुष्य के लिए - एकात्म ज्ञान, एकात्म वाणी, एकात्म कर्म, एकात्म प्रेम से युक्त जीवन और वस्त्राभूषण का प्रक्षेपण विष्णु परिवार।

व्यक्तिगत (मानक व्यक्ति चरित्र) मनुष्य के लिए - एकात्म ज्ञान, एकात्म वाणी से युक्त जीवन और वस्त्राभूषण का प्रक्षेपण ब्रह्मा परिवार।

रामयाण की शिक्षा

रामायण की शिक्षा आपसी सम्बन्धों में एक-दूसरे को महान बताते हुये परिस्थितियों के अनुसार कर्म करने की शिक्षा दी गयी है जिससे अन्य सभी लोग स्वयं ही अपने लोगों को महान समझने लगते हैं।

महाभारत कीे शिक्षा

महाभारत की शिक्षा अपनी प्रकृति में स्थित रहकर व्यक्तिगत प्रमाणित स्वार्थ (लक्ष्य) को प्राप्त करने के अनुसार सम्बन्धों का आधार बनाने की शिक्षा है।

गीता कीे शिक्षा

गीता की मूल शिक्षा प्रकृति में व्याप्त मूल तीन सत्व, रज और तम गुण के आधार पर व्यक्त विषयों जिसमें मनुष्य भी शामिल है, की पहचान करने की शिक्षा दी गयी है और उससे मुक्त रहकर कर्म करने को निष्काम कर्मयोग तथा उसमें स्थित रहने को स्थितप्रज्ञ और ईश्वर से साक्षात्कार करने का मार्ग समझाया गया।

विश्वभारत कीे शिक्षा

विश्वभारत, विश्वशास्त्र के स्थापना की योजना का शास्त्र है, जो विश्वशास्त्र का ही एक भाग है। विश्वभारत, की शिक्षा अपनी प्रकृति में स्थित रहकर सार्वजनिक प्रमाणित स्वार्थ (लक्ष्य) को प्राप्त करने के अनुसार सम्बन्धों का आधार बनाने की शिक्षा है।

विश्वशास्त्र-द ना ॅलेज आ ॅफ फाइनल ना ॅलेज की शिक्षा

विश्वशास्त्र की शिक्षा, उपरोक्त सभी को समझाना है और पूर्ण सार्वजनिक प्रमाणित ज्ञान-कर्मज्ञान से युक्त होकर कर्म करने की शिक्षा है। जिससे भारतीय शास्त्रों की वैश्विक स्वीकारीता स्थापित हो और देवी-देवताओं के उत्पत्ति के उद्देश्य से भटक गये मनुष्य को शास्त्रों के मूल उद्देश्य की मुख्यधारा में लाया जा सके।

"हिन्दू भावों को अंग्रेजी में व्यक्त करना, फिर शुष्क दर्शन, जटिल पौराणिक कथाएं और अनूठे आश्चर्यजनक मनोविज्ञान से ऐसे धर्म का निर्माण करना, जो सरल, सहज और लोकप्रिय हो और उसके साथ ही उन्नत मस्तिष्क वालों को संतुष्ट कर सके- इस कार्य की कठिनाइयों को वे ही समझ सकते हैं, जिन्होंने इसके लिए प्रयत्न किया हो। अद्वैत के गुढ़ सिद्धान्त में नित्य प्रति के जीवन के लिए कविता का रस और जीवन दायिनी शक्ति उत्पन्न करनी है। अत्यन्त उलझी हुई पौराणिक कथाओं में से जीवन प्रकृत चरित्रों के उदाहरण समूह निकालने हैं और बुद्धि को भ्रम में डालने वाली योग विद्या से अत्यन्त वैज्ञानिक और क्रियात्मक मनोविज्ञान का विकास करना है और इन सब को एक ऐसे रुप में लाना पड़ेगा कि बच्चा-बच्चा इसे समझ सके।"

- स्वामी विवेकानन्द

"अब व्यावहारिक जीवन में उसके प्रयोग का समय आया है। अब और 'रहस्य' बनाये रखने से नहीं चलेगा। अब और वह हिमालय की गुहाओ। में, वन-अरण्यांे में साधु-सन्यासियों के पास न रहेगा, लोगों के दैनन्दिन जीवन में उसको कार्यान्वित करना होगा। राजा के महल में, साधु-सन्यासी की गुफा में, मजदूर की झोपड़ी में, सर्वत्र सब अवस्थाओं में- यहा ॅ तक कि राह के भिखारी द्वारा भी - वह कार्य में लाया जा सकता है।"

- स्वामी विवेकानन्द

"सूक्ष्म परमाणु से बृहद् ब्रह्माण्ड तक सभी स्वयं अपनी स्थिरता, शान्ति और एकता के लिए क्रियाशील है। मैं (सार्वभौम आत्मा) भी अपनी स्थिरता, शान्ति और एकता के लिए क्रियाशील हूँ अर्थात सभी अपने धर्म में बद्ध होकर स्वयं या केन्द्र या CENTRE की ओर ही व्यापार या आदान-प्रदान या TRADE कर रहे है। प्रत्येक वस्तु के धर्म या क्रिया या व्यापार या अदान-प्रदान या TRADE का एक चक्र है। सभी के मन स्तर चक्र अर्थात धर्म का चरम विकसित और अन्तिम चक्र मैं (सार्वभौम आत्मा) है। तुम सब इस ओर ही आ रहे हो बस तुम्हें उसका ज्ञान नहीं, उसका ज्ञान होगा कार्यो से क्योंकि कर्म, ज्ञान का ही दृश्य रूप है। एक ही देश काल मुक्त अदृश्य ज्ञान है- आत्मा और एक ही देश काल मुक्त दृश्य कर्म है- आदान-प्रदान।"

-लव कुश सिंह "विश्वमानव"

भाग-11
परिवर्तन

सीधी समझ

नये भारत में, नये मनुष्य के उदय के लिए

व्यवस्था के परिवर्तन या सत्यीकरण का पहला प्रारूप और उसकी कार्य विधि

वे शब्द जिसके बिना युग परिवर्तन सम्भव नहीं

उपाधियाँ मिलती है- पीएच0 डी0, डी0 लिट0 और डी0 फिल0 और उनका बड़ा सम्मान होता है। उनका काम क्या है? उनका काम यह है कि वे तय करते हैं कि गोरखनाथ कब पैदा हुए थे। कोई कहता है दसवीं सदी के अंत में, कोई कहता है ग्यारहवीं सदी के प्रारम्भ में। इस पर बड़ा विवाद चलता है। बड़े-बड़े विश्वविद्यालयों के ज्ञानी सिर खपा कर खोज में लगे रहते हैं। शास्त्रों की, प्रमाणों की, इसकी, उसकी। उनकी पूरी जिन्दगी इसी में जाती है। इससे बड़ा अज्ञान और क्या होगा? गोरख कब पैदा हुए, इसे जानकर करोगे क्या? इसे जान भी लिया तो पाओगे क्या? गोरख न भी पैदा हुए, यह भी सिद्ध हो जाये, तो भी क्या फायदा? हुए हों या न हुए हों, अर्थहीन है। गोरख ने क्या जिया उसका स्वाद लो। इसलिए तुम्हारे विश्वविद्यालय ऐसी व्यर्थता के कामों में संलग्न हैं कि बड़ा आश्चर्य होता है कि इन्हें विश्वविद्यालय कहो या न कहो। इनका काम ही........तुम्हारे विश्वविद्यालय में चलने वाली जितनी शोध है, सब कूड़ा-करकट है।

-आचार्य रजनीश ”ओशो“

(अक्टुबर व नवम्बर 1978 में दिये गये प्रवचन का अंश)

FINAL KNOWLEDGE BOMB BLAST

AFTER FIRST NOBEL DISCOVERY OF ZERO BY INDIA AGAIN ZERO BASED FINAL DISCOVERY

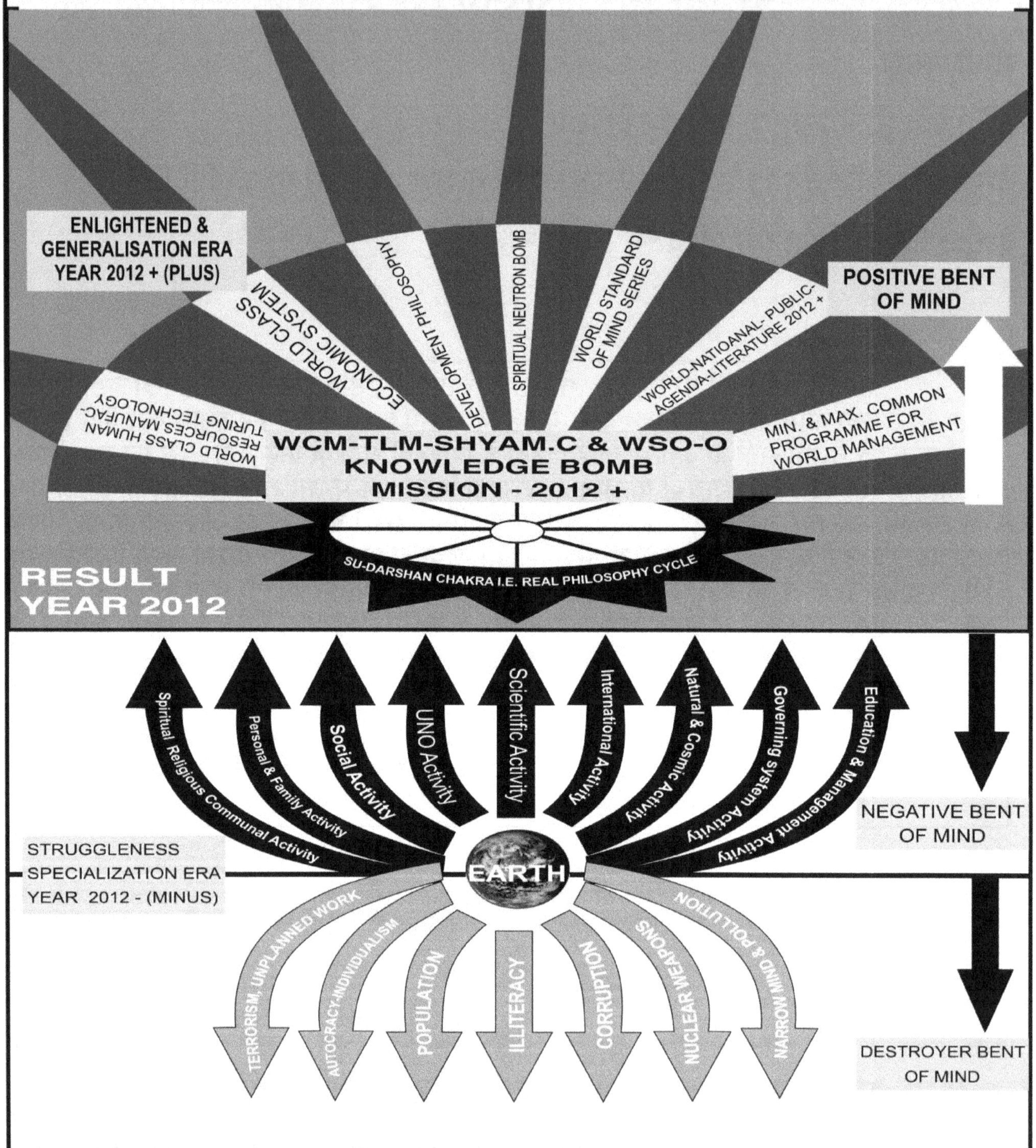

मैकाले शिक्षा पद्धति हम बदल नहीं सकते लेकिन अलग से “सत्य मानक शिक्षा” ग्रहण तो कर सकते हैं।

सरकारी पाठ्यक्रम बनाम नीजी पाठ्यक्रम / सार्वभौम आत्मीय पाठ्यक्रम / ईश्वरीय पाठ्यक्रम

ज्ञान के इस युग में ज्ञान की ओर चलें

FINAL KNOWLEDGE BOMB BLAST

यह चित्र **"FINAL KNOWLEDGE BOMB BLAST"** एक गहन वैचारिक मानचित्र है, जो मानव चेतना, ज्ञान, दर्शन और वैश्विक व्यवस्था के परिवर्तन को प्रतीकात्मक रूप में प्रस्तुत करता है।

इसमें यह दिखाया गया है कि वर्ष 2012 को एक *युग-संधि* के रूप में देखा गया है- जहाँ संघर्ष, विशेषज्ञता और विखंडन (2012–minus) से निकलकर मानवता को प्रबोधन, सामान्यीकरण और समन्वय (2012–plus) की ओर बढ़ना है।

चित्र के केंद्र में **WCM–TLM–SHYAM.C & WSO-O Knowledge Bomb Mission** और **सु-दर्शन चक्र (Real Philosophy Cycle)** को रखा गया है, जो यह संकेत देता है कि वास्तविक परिवर्तन शस्त्रों से नहीं, बल्कि दर्शन, विवेक और समग्र ज्ञान से आता है। ऊपर की ओर उठती संरचना *Positive Bent of Mind* को दर्शाती है, जहाँ विश्व-स्तरीय सोच, आध्यात्मिक दर्शन, मानवीय मूल्य, वैश्विक एजेंडा और कॉमन प्रोग्राम के माध्यम से मानव चेतना का विस्तार होता है।

चित्र के निचले भाग में पृथ्वी को केंद्र बनाकर मानव गतिविधियों-आध्यात्मिक, सामाजिक, वैज्ञानिक, अंतरराष्ट्रीय, शैक्षिक और प्रशासनिक-को दर्शाया गया है, जो यदि संतुलित हों तो उन्नति का मार्ग बनती हैं, और यदि असंतुलित हों तो *Negative* तथा *Destroyer Bent of Mind* की ओर ले जाती हैं।

वहीं नीचे की ओर गिरते तीर आतंकवाद, तानाशाही, जनसंख्या विस्फोट, अशिक्षा, भ्रष्टाचार, परमाणु खतरे और संकीर्ण सोच जैसे विनाशकारी तत्वों का प्रतिनिधित्व करते हैं। समग्र रूप से यह चित्र यह संदेश देता है कि वर्तमान युग में मानवता के सामने विकल्प स्पष्ट है-या तो संकीर्ण, नकारात्मक और विनाशकारी सोच, या फिर **"ज्ञान आधारित सार्वभौमिक दर्शन"** के माध्यम से पृथ्वी और मानव सभ्यता का संतुलित, शांतिपूर्ण और प्रबुद्ध भविष्य।

सीधी समझ

बड़ा वट वृक्ष (Big Banyan Tree), सैकड़ों वर्ष पुराना एक विशाल क्षेत्र में फैला वट वृक्ष है। जिसका मूल वृक्ष अब अस्तित्व में नहीं है उसके तनों से निकले सैंकड़ों जड़ वर्तमान में स्वयं एक वृक्ष, फिर उनके तनों से निकले सैंकड़ों जड़ भी वर्तमान में एक-एक वृक्ष के रूप में स्थापित हैं और सभी एक-दूसरे से जुड़े हुये हैं, बस जो नहीं है, वह है मूल वृक्ष। इस प्रकार सम्पूर्ण वृक्ष परिवार एक बड़े क्षेत्र में फैल चुका है और निरन्तर जारी भी है। प्रत्येक स्वयं स्वतन्त्र वृक्ष के रूप में स्थापित वृक्ष का अपने परिवार के रूप में तना, पत्ता, फूल और फल सब निकलते रहते हैं और जिसे जहाँ अर्थात् नजदीकी स्रोत से सुविधा अर्थात् खुराक मिल सकता हैं वहाँ से प्राप्त करते हुये विकास कर रहे हैं। इस कार्य में आपस में कोई विवाद नहीं है। कोई किसी पर अधिपत्य जमाना नहीं चाहता, ना ही अन्य के विकास में कोई बाधा पहुँचाता है। जिसको जिस ओर उचित वातावरण मिलता जाता है, उस ओर वह विकास कर रहा है। कुल मिलाकर स्व प्रेरित सुशासन की भाँति संचालित है। इस वट वृक्ष के सबसे बाद अर्थात् वर्तमान के तनों-पत्तों के लिए उसका जन्मदाता व पालनकर्ता के रूप में उसका नजदीकी जड़ ही है इसलिए उसकी कथा-कहानी वहीं से शुरू होती है और वहीं तक उसका ज्ञान है जो एक संकुचित और सीमित ज्ञान है। वह पूर्ण को नहीं जान रहा, उसका पूर्णत्व, सार्वभौम पूर्णत्व नहीं बल्कि सीमित पूर्णत्व है। सीमित पूर्णत्व में भी वह आनन्द में हैं और विकासशील है। उसका विकास होना सार्वभौम का ही विकास होना है परन्तु उसे उसका ज्ञान नहीं है और वह उस सार्वभौम के विकास में अपने योगदान को करते हुये भी स्वयं को गौरवान्वित नहीं अनुभव कर रहा है। सार्वभौम से युक्त होने के बाद भी उसे अपने परिवार से ही जुड़ा रहना उसकी विवशता भी है और इसके अलावा कोई अन्य मार्ग भी नहीं हैं। उसके सार्वभौम का मार्ग भी उसके अपने परिवार के ही मार्ग से होकर जाता है। वृक्ष के साथ यह मजबूरी भी है कि क्योंकि वह स्थिर है इसलिए उसका छोटा परिवार केवल पड़ोस तक के ही दायरे के सम्पर्क में है। दूसरे छोर के परिवार का क्या हाल है उसे कुछ नहीं पता।

हे मानवों, ये संसार भी उपरोक्त वट वृक्ष के सामन ही फैला हुआ है। परन्तु उस भाँति विकास नहीं कर रहा है। मनुष्य के अन्दर बीमारी की भाँति अधिकतम "शक्ति और लाभ (पावर और प्राफिट)" की दौड़ ने उसे अधिपत्य, अत्याचार, दूसरे को दबाना इत्यादि से युक्त कर दिया है। और जो इस दौड़ में नहीं हैं वे सीमित पूर्णत्व में आनन्द के साथ विकासशील हैं। उन्हें और भी तेज विकास की इच्छा है परन्तु उनके बुद्धि का दायरा ही सीमित है इसलिए उन्हें मार्ग नहीं मिल रहा है। यदि उनको मार्ग भी मिल रहा हो तो वट वृक्ष की भाँति उसके नजदीकी जन्मदाता ने उसे यह बता रखा है कि जब उस सार्वभौम का मार्ग मेरे ही रास्ते से जाता है तो जो मैं कह रहा हूँ उसे करो। और इसके लिए वे अपने परिवार के लिए अनेक प्रकार की प्रणाली दे रखे हैं। जबकि ये प्रणाली देने वाले उनके नजदीकी जन्मदाता स्वयं कहाँ से आये हैं स्वयं उन्हे भी नहीं पता। क्योंकि वे स्वयं भी उस वट वृक्ष के खो गये मूल जड़ की तरह अपने मूल जड़ को नहीं जानते। वे भी अपने नजदीकी जन्मदाता का ही अनुसरण कर रहे होते हैं। ये प्रणालीयाँ अनेक प्रकार की हैं उदाहरणस्वरूप कुछ मुख्य निम्नवत् हैं-

1 उनके द्वारा प्रस्तुत कुछ पुस्तकें होती हैं जिन्हें नियमानुसार प्रतिदिन पढ़ना होता है। पढ़ने के पूर्व शुद्धता की भी प्रक्रिया अनिवार्य होती है अन्यथा पुस्तकें परिणाम नहीं दे पायेंगी, ये भी शर्त होती हैं।

2 उनके द्वारा भोजन से सम्बन्धित कुछ नियम बना दिये जाते हैं कि क्या खाना है और क्या नहीं खाना है।

3 उनके द्वारा कोई मन्त्र दे कर उसे नियमानुसार जपने के लिए दे दिया जाता है।

4 उनके द्वारा किसी यन्त्र-तन्त्र द्वारा समस्या मुक्ति का उपाय बता दिया जाता है।

5 उनके द्वारा किसी विशेष प्रकार के रंग और ढ़ग के वस्त्र निर्धारित कर दी जाती है जिससे उनकी पहचान एक अलग रूप में हो। अर्थात् समाज का एक और विभाजन कर उसे प्रस्तुत कर देते हैं।

सामान्य रूप से सभी द्वारा अनिवार्य रूप से ये भी निर्धारित कर दी जाती है कि किसी दूसरे के नियमों को न तो जानना है, न सुनना है, न पढ़ना है और न ही उसमें शामिल होना है। अर्थात् एक गतिशील प्राणी मनुष्य को जिसे सदैव श्रेष्ठ से, श्रेष्ठतम और सर्वोच्च तक उठने-विकास करने के लिए निर्मित किया गया था, उसे एक सीमित

दायरे में बुद्धिबद्ध कर दिया गया। मनुष्य जिसका निर्माण अपनी मस्तिष्क को असीम क्षमता को विकसित कर ईश्वर रूप में व्यक्त होना था, उसे जड़ (स्थिर) बना दिया गया।

हे मानवों, मनुष्यों की सबसे बड़ी कमजोरी "स्वयं में गुणों का विकास कर स्वयं बन जाने या हो जाने" में नहीं बल्कि "पाने" की इच्छा है। इस पाने की इच्छा की कमजोरी का परिणाम ही है उपरोक्त अनेक प्रकार के बुद्धिबद्ध करने की विधियाँ।

हे मानवों, उपरोक्त के पृष्ठभूमि में उनका उद्देश्य केवल अपने स्वार्थ की पूर्ति के सिवाय कुछ नहीं होता। क्योंकि मार्गदर्शक या प्रेरक या शिक्षक का उद्देश्य स्वयं से श्रेष्ठ मानव का निर्माण होता है न कि सदैव जीवन भर एक ही प्रणाली या प्रक्रिया या कक्षा में पढ़ते-दुहराते रहने के लिए विवश करना। उपरोक्त के पृष्ठभूमि में शारीरिक-आर्थिक-मानसिक शोषण का ही कार्य विभिन्न प्रकार से चल रहा है। कोई अपने कृषि कार्य को मुफ्त में हल करवा रहा है, तो कोई अपने नाम के उत्पादों को सिर्फ उन्हें ही खरीदने के लिए बुद्धिबद्ध कर दिया है।

हे मानवों, इन सबको आस्था का व्यापार कहते हैं। जबकि मैं देख रहा हूँ कि प्रत्येक संस्कारित करने की क्रिया जो उस काल के लिए आस्था का विषय था। उसके अगले काल के लिए संस्कारित करने की नयी क्रिया उपलब्ध हो जाने के बावजूद, मानव शरीर पिछले काल के संस्कारित करने वाली क्रिया के प्रति आस्था रखते हुये मूर्खता का स्पष्ट प्रदर्शन कर रहा है। सभी कालों में, सभी संस्कारित करने की क्रियाओं में मैं (सार्वभौम आत्मा) ही आस्था का विषय था परन्तु क्रिया के प्रति आस्था रखना मूर्खता का स्पष्ट प्रमाण ही तो है। चाहे वह व्यक्तिगत इच्छा से हो या सामाजिक प्रदर्शन की इच्छा से। इन समस्त संस्कारित करने के क्रिया के पीछे जो रहस्य आज तक गोपनीय था उसे मैंने तुम्हारें समक्ष सार्वजनिक प्रकाशित कर दिया है। अब कुछ भी गोपनीय नहीं। बावजूद इसके प्रत्येक मनुष्य अपनी मूर्खता रूपी आस्था को प्रदर्शित करने के लिए स्वतन्त्र है। परन्तु वह मुझ (सार्वभौम आत्मा) को प्राप्त नहीं कर सकता। हे मानवों, ईश्वर बहुमत से नहीं निर्धारित किया जाता इसलिए ही उसे अनिवर्चनीय कहा गया है। किसी भी वस्तु के प्रति आस्था के विकास से और समस्त मानवों को उसके प्रति आस्थावान् बना देने से वह वस्तु गुण प्रकट कर वैसा नहीं बन सकती जैसा आप उम्मीद करते हो।

हे मानवों, एक तरह से देखा जाये तो उपरोक्त व्यवस्था से कोई समस्या है ही नहीं क्योंकि जिसकी इच्छा जहाँ से पूर्ति हो रही है और विकास का मार्ग मिल रहा है, वह वहाँ से जुडा हुआ है। इसलिए मानव सभ्यता पर आया यह दसवाँ और अन्तिम संकट, संकट होते हुये भी संकट जैसा नहीं दिखता। इस व्यवस्था से हमें कोई समस्या भी नहीं है। समस्या ये है कि धर्म को जिस उद्देश्य के लिए निर्मित किया गया था वही धर्म, संकट में है। यह धर्म ही उस वट वृक्ष का मूल है, सार्वभौम है, समष्टि है। इसके ज्ञान से युक्त दोनों को अर्थात् विशाल संसार रूपी वट वृक्ष के छोटे-छोटे परिवार के नेतृत्वकर्ता मुखिया सहित उसके सदस्यों को होना आवश्यक है। तभी परिवार के नेतृत्वकर्ता मुखिया द्वारा बनाये गये उपरोक्त प्रणाली-नियम परिणाम-फल दे पायेंगे जिसकी इच्छा परिवार के सदस्य करते हैं।

हमारी उत्पत्ति ज्ञान से हुई है। जिन्हें ज्ञान है वही अपने आप को संघर्ष में पाते हैं और सर्वश्रेष्ठता के लिए कर्मशील हैं। शेष सभी तो प्रकृति के अनुसार आते-जाते रहते हैं। इस ज्ञान को ही ब्रह्म (सार्वभौम एकात्म ज्ञान) कहते हैं। देवता रूप में इस ज्ञान को ब्रह्मा के रूप में प्रक्षेपित किया गया है। यह ज्ञान जिस-जिस अंगो द्वारा प्राथमिकता से अनुभव में आता है उतने प्रकार के मानव अपने-आप को उत्पन्न समझते हैं।

पुराण रचनाकार महर्षि व्यास ने ब्रह्मा अर्थात ज्ञान के पुत्रों का प्रक्षेपण किये हैं। ब्रह्मा के 10 मानस पुत्रों

01.मन (विचार) से ज्ञान प्राप्त करने वाले मरीचि

02.नेत्रों (देखकर) ज्ञान प्राप्त करने वाले अत्रि

03.मुख (वाणी) से ज्ञान प्राप्त करने वाले अंगिरा

04.कान (सुन) कर ज्ञान प्राप्त करने वाले पुलस्त्य

05.नाभि (केन्द्र) से ज्ञान प्राप्त करने वाले पुलह

06.हाथ (कर्म) से ज्ञान प्राप्त करने वाले कृतु

07.त्वचा (स्पर्श) से ज्ञान प्राप्त करने वाले भृगु

08.प्राण (श्वास) से ज्ञान प्राप्त करने वाले वशिष्ठ

09.अँगूठे (आत्मा) से ज्ञान प्राप्त करने वाले दक्ष

10.गोद (प्रेम) से ज्ञान प्राप्त करने वाले नारद

ये दस प्रकार ज्ञान से उत्पन्न है और इतने प्रकार के मानव निर्मित होकर संसार में विचरण कर रहे हैं। इसे ये न समझना चाहिए कि मन या नेत्र इत्यादि से कैसे ब्रह्मा ने अपने पुत्रों को उत्पन्न किया? चूंकि शरीर का अस्तित्व अस्थायी है इसलिए विचार के आधार पर ये मनुष्य के वर्ग या श्रेणी का निर्धारण है। इसे मानकीकरण (Standardization) या वर्गीकरण (Classification) भी कहा जा सकता है। जिस प्रकार आजकल मानकीकरण के शब्द ISOऔर ISI मार्का दिये जाते हैं।

नये भारत में, नये मनुष्य के उदय के लिए

आप लंगोट से जौकी पर आ गये...पायजामे से पतलून पर आ गये...नाड़े से बेल्ट पर आ गये...खड़ाऊँ से बूट पर आ गये...कलम से कीबोर्ड पर आ गये। पगडंडियों से एक्सप्रेस वे पर आ गये...चूल्हे से इंडक्शन कुकर पर आ गये...जंगलो से अपार्टमेंट तक आ गये। हल से ट्रैक्टर पर आ गये...पैदल से लक्ज़री जहाज़ों पर आ गये...दीये-मशाल से एलईडी पर आ गये...आप लैंडलाइन से ओरियो एंड्रॉयड तक आ गये...तीर-कमान और गदा से ऑटोमैटिक बंदूकों और मिसाइलों पर आ गये। दुनियां चाँद पे चली गई...मंगल की छाती पर नासा ने रोबोट उतार दिया....शनि मंगल सूर्यग्रहण-चन्द्रग्रहण के हर रहस्य से पर्दा उठ गया!

आप पाँच हज़ार ईसापूर्व और पाँचवी-छठवीं शताब्दी से इक्कीसवी शताब्दी में आ गये...आप लगातार अपडेट होते रहे हैं!!! मगर फिर भी तुम ग्रह-नक्षत्रों को...शनि-मंगल को जन्मकुंडली में देख-देख कर काँप रहे हो। अपना भविष्य सुधारने के लिए बाबा-बाबियों का रास्ता नाप रहे हो। क्या इसी दिन के लिए तुमने बी.एससी, एम.एससी पीएच.डी की थी?? कि तुम पढ़े-लिखे जाहिलों की फौज में शामिल हो जाना! क्या इसी दिन के लिए तुम डॉक्टर, इंजीनियर, वकील, मजिस्ट्रेट या प्रोफेसर बने थे? कि बंगले पर काली हांडी टांगना! निम्बू मिर्ची टांगना! नजर न लगने से एक पैर में काला धागा बांधना?? और अपने उज्ज्वल भविष्य की भीख किसी बाबा-बाबी के दर पर नाक रगड़ के मांगना?

देश आजाद हो गया! दुनिया आजाद हो गई! आखिर कब मिलेगी तुम्हें आजादी?? इस अंधी मानसिक गुलामी से? दुनिया रोज नए-नए आविष्कार कर रही है! तुम हजारों साल पुरानी भाषा, संस्कृति, रीति, रिवाजो की वैज्ञानिक व्याख्या करने में लगे हो! क्या भारत पुनः विश्वगुरु तुम्हारे जैसे मनोरोगियों की वजह से कभी बन पाएगा? बंद कमरे में तुम्हारी चोटी कट जाती! अँधेरे में अकेले में तुम्हें भूत-पलीत सताते हैं! तुम्हें ही सारी दुनिया की नजर लगती है! डायन तो तुम्हारे हर घर में मौजूद है!! तुम्हारे तंत्र-मंत्र-यंत्र काम क्यों नहीं करते हैं? एक पैर में काले धागे वाला रक्षा सूत्र तुम्हारी चोंटी क्यों नहीं बचाता है? आखिर कब तक तुम मानसिक गुलाम रहोगे?

तुम्हारी समस्याएं लौकिक है। मगर तुम्हें हर समस्या का हल परलोक में नजर आता है! संसार तुम्हारे लिए स्वप्नवत् है माया है! भगवान की लीला है! नाटक है! भ्रम है! आखिर तुम्हें इस सपने से कौन जगाए? कब तक शब्दों के साथ बलात्कार करोगे? कब तक धोखे में रहोगे? कब तक हर सिद्धान्त हर आविष्कार को शास्त्रों ऋषि-मुनियों के माथे मड़ोगे??

तुम लोग को जो जगाए वही धर्मद्रोही, देशद्रोही, जातिवादी या नास्तिक है? चारुवाक, बुद्ध, महावीर, कपिल, कणाद गौतम, नागसेन, अश्वघोष, कबीर, नानक, रविदास, ओशो, फुले, शाहू, पेरियार, भीम, भगतसिंह, कोवूर, राहुल संस्कृत्यायन, दयानन्द, विवेकानंद, सबने विवेक लगाया! मगर फिर भी तुम्हारा विवेक नहीं जागा!

तुम्हारा धर्म कब अपडेट (Update) होगा?
तुम्हारी आस्था कब अपडेट (Update) होगी?
तुम्हारा ईश्वर कब अपडेट (Update) होगा?
तुम्हारी सोच कब अपडेट (Update) होगी?
तुम्हारे धर्म की किताबें कब अपडेट (Update) होंगी?

कम्प्यूटर और मोबाइल का साफ्टवेयर तो तुरन्त करते हो, तुम्हारे मस्तिष्क का साफ्टवेयर कब अपडेट (Update) होगा?

क्योंकि तुम विश्वगुरु के अहंकार की दारू पीकर गरीबी, अनपढ़ता, लिंगभेद, जातिभेद, भाषाभेद, क्षेत्रभेद, साम्प्रदायिकता की नाली में पड़े हो! आखिर तुम्हें कब मिलेगी आजादी? इस उम्दा मानसिक गुलामी से?

सोच के बता देना!!
आओ एक कदम शब्दों के उँचाइयों की ओर..........

IDEAS + ACTION = CHANGE

व्यवस्था के परिवर्तन या सत्यीकरण का पहला प्रारूप और उसकी कार्य विधि

उदाहरण के रूप में, यदि किसी शिक्षित व्यक्ति जिसे अंकगणित का ज्ञान हो, उसके समक्ष संख्या 5 लिख दिया जाये और उससे कहा जाये कि इस संख्या के आगे और पीछे की संख्या लिखें तो वह आसानी से उसे लिख देगा परन्तु अंकगणित का अज्ञानी ऐसा नहीं कर पायेगा। उसका सारा ध्यान केवल संख्या 5 पर ही टिका रह जायेगा क्योंकि वह संख्या पद्धति से अपरिचित है। अगर वह कुछ लिख भी देगा तो वह आवश्यक नहीं कि सत्य हो और उसमें सुधार की पूरी सम्भावना बनी रहेगी। समाज सुधार के क्षेत्र में भी यही बात है। हम एक समस्या देखते हैं फिर उसमें कुछ सुधार कर देते हैं। फल यह होता है कि कुछ समय बाद पुनः उसमें सुधार की आवश्यकता आ जाती है।

जितने अधिक आकड़ों को विश्लेषित कर हम परिणाम को खोजेंगे उतने ही सत्य परिणाम हमारे सामने आयेंगे। प्रस्तुत शास्त्र व्यक्त अधिकतम आकड़ों के व्यवस्थित प्रस्तुतीकरण का शास्त्र है। दूसरे रूप में इसे धर्म ज्ञान का बैलेन्ससीट भी कह सकते है। इन सम्पूर्ण आकड़ों पर आधारित होकर व्यक्ति, समाज और विश्व राष्ट्र के लिए लिया गया निर्णय ही एक सत्य निर्णय हो सकता है। समाज सुधार के सम्बन्ध में स्वामी विवेकानन्द का कहना है कि-"तथाकथित समाज-सुधार के विषय में हस्तक्षेप न करना क्योंकि पहले आध्यात्मिक सुधार हुये बिना अन्य किसी भी प्रकार का सुधार हो नहीं सकता (राम पृष्ठ मिशन, पत्रावली भाग-1, पृष्ठ-29), भारत के शिक्षित समाज से मैं इस बात पर सहमत हूँ कि समाज का आमूल परिवर्तन करना आवश्यक है। पर यह किया किस तरह जाये? सुधारकों की सब कुछ नष्ट कर डालने की रीति व्यर्थ सिद्ध हो चुकी है। मेरी योजना यह है, हमने अतीत में कुछ बुरा नहीं किया। निश्चय ही नहीं किया। हमारा समाज खराब नहीं, बल्कि अच्छा है। मैं केवल चाहता हूँ कि वह और भी अच्छा हो। हमें असत्य से सत्य तक अथवा बुरे से अच्छे तक पहुँचना नहीं है। वरन् सत्य से उच्चतर सत्य तक, श्रेष्ठ से श्रेष्ठतर और श्रेष्ठतम तक पहुँचना है। मैं अपने देशवासियों से कहता हूँ कि अब तक जो तुमने किया, सो अच्छा ही किया है, अब इस समय और भी अच्छा करने का मौका आ गया है।"-(राम पृष्ठ मिशन, जितने मत उतने पथ, पृष्ठ-46)

व्यक्ति हो या ज्ञानी, समाज हो या राज्य, देश हो या विश्व, समाज नेता हों या राजनेता सभी को अब यह जान लेना चाहिए कि विश्व एक परिवार है और उस परिवार का शास्त्र-"विश्वशास्त्र" है। जब तक यह शास्त्र उपलब्ध नहीं था तब तक इस विश्व परिवार के एकीकरण का मार्ग नहीं खुला था, अब वह मार्ग मिल चुका है। कोई भी समाज निर्माण या युग परिवर्तन का कार्य एक क्षण का कार्य नहीं है। यह एक लम्बी अवधि की प्रक्रिया का कार्य है। इसे हम उन समाज सुधारकों के संस्थाओं के कार्य को देख कर अनुभव कर सकते हैं।

व्यवस्था परिवर्तन, एक राजनीतिक लुभावना वाला शब्द है। वह कैसे होगा, इसके लिए एक प्रारूप की आवश्यकता होती है अगर वह नहीं है तो व्यवस्था परिवर्तन चिल्लाने से नहीं होता। फिर व्यवस्था परिवर्तन किस बात का? मानव समाज को संचालित करने के लिए तो सिर्फ दो ही मूल व्यवस्था है-एक राजतन्त्र, जिसका युग जा चुका है। दूसरा-लोकतन्त्र, जिसका युग चल रहा है और यही अन्तिम व्यवस्था भी बनी रहेगी क्योंकि ब्रह्माण्डीय व्यवस्था भी लोकतन्त्र से ही चल रहा है और मनुष्य के मस्तिष्क से अन्ततः वही व्यक्त हो रहा है। लोकतन्त्र से हम राजतन्त्र में नहीं जा सकते इसलिए व्यवस्था परिवर्तन का अर्थ ही निरर्थक है।

आवश्यकता है वर्तमान लोकतन्त्र व्यवस्था को ही सत्य आधारित करने की जिसे व्यवस्था सत्यीकरण कहा जा सकता है। इस कार्य में हमें मानकशास्त्र की आवश्यकता है जिससे तोल कर यह देख सके कि इस लोकतन्त्र व्यवस्था में कहाँ सुधार करने से सत्यीकरण हो जायेगा। यह मानकशास्त्र ही "विश्वशास्त्र" है। सिर्फ मतदाता बनने व वोट डालने से ही लोकतन्त्र स्वस्थ नहीं हो सकता। उसके लिए देश व विश्व के पूर्ण ज्ञान की आवश्यकता होगी। इसलिए आवश्यक है कि प्रत्येक मतदाता "विश्वशास्त्र" के ज्ञान से युक्त हो।

अच्छा होता कि हमारे राजनेतागण कुछ दिनों के लिए सन्यास लेकर थोड़ा कुछ अध्ययन-चिंतन करते रहते ताकि उन्हें बार-बार लक्ष्य के लिए शब्दों का परिवर्तन न करना पड़ता। एक ही स्थिति में बहुत समय तक रहने पर बुद्धि, बद्ध हो जाती है। एक-एक सीढ़ी चढ़कर, पहुँच गये-पहुँच गये चिल्लाने से अच्छा है कि अन्तिम सीढ़ी पर पर बैठकर चिल्लाना कि पहुँच गये।

चाहे कुछ हो यदि प्रारूप नहीं, तो न तो व्यवस्था परिवर्तन हो सकता है, न ही व्यवस्था सत्यीकरण हो सकता है, न ही सम्पूर्ण क्रान्ति। भीड़ से क्रान्ति नहीं सिर्फ हंगामा होता है। भीड़ में जोश होता है, होश नहीं।

इस मानक शास्त्र के प्रस्तुत हो जाने से व्यवस्था परिवर्तन की नहीं बल्कि व्यवस्था के सत्यीकरण का मार्ग खुल चुका है। जिसका व्यक्ति, समाज और विश्व राष्ट्र को आवश्यकता भी है। किसी एक विषय पर बहुत अधिक पुस्तक मस्तिष्क को भ्रमित ही करती है। यह शास्त्र प्रारम्भ से अन्त तक के विकास को क्रमबद्ध प्रस्तुत करता है जिससे हम सभी एक सत्य निर्णय करने में सक्षम हों और पूर्ण ज्ञान से युक्त हो जायें और हमारा कोई भी सुधार एक स्थायी, अच्छा और दूरगामी परिणाम देने वाला हो।

प्रश्न यह भी उठता है कि परिवार का मुखिया जिसके द्वारा परिवार का संचालन होता है, यदि वह परिवार के हित व विकास के विषय में कर्म न करता हो तो क्या परिवार का सदस्य उसमें हस्तक्षेप करने का अधिकारी है या नहीं? यही बात देश को चलाने वाले संसद के विषय में भी है। यदि संसद स्वयं देशहित व जनहित के प्रति उदासीन हो जाये तो क्या जनता संसद को मार्गदर्शन देने का अधिकार नहीं रखती? यदि नहीं तो संविधान की धारा-51(ए) के अन्तर्गत नागरिक का मौलिक कर्तव्य की उपयोगिता क्या है? ध्यान रखने योग्य विषय यह है कि कोई भी चुना हुआ प्रतिनिधि सिर्फ उतने ही बड़े क्षेत्र का प्रतिनिधि होता है जिस क्षेत्र से वह चुना जाता है। भारत में ऐसा कोई प्रतिनिधि जनता से नहीं चुना जाता जो भारत का प्रतिनिधित्व करता हो और जब तक भारत का प्रतिनिधित्व करने वाला चुनाव नहीं होता या भारत की जनता का राष्ट्रीय मुद्दों पर विचार कर संसद के कर्तव्य का बोध कराने वाली स्वतन्त्र संस्था नहीं बन जाती, तब तक जनता को संसद को संविधान की धारा-51(ए) के अन्तर्गत नागरिक का मौलिक कर्तव्य के अनुसार न्यायालय व संसद के माध्यम से सरकार को मार्गदर्शन देने का कर्तव्य करना चाहिए जो उसका अधिकार भी है।

वे शब्द जिसके बिना युग परिवर्तन सम्भव नहीं

सन् 1893 से सन् 1993 के 100 वर्षों के समय में विश्व के बौद्धिक शक्ति को जिन्होंने सबसे अधिक हलचल दी वे हैं-धर्म की ओर से स्वामी विवेकानन्द और धार्मिकता की ओर से आचार्य रजनीश"ओशो"। मनुष्य जिस प्रकार भौतिक विज्ञान के नवीन आविष्कारों को आसानी से ग्रहण करता है उसी प्रकार धर्म-आध्यात्म-दर्शन के नवीन आविष्कारों को भी मनुष्य को ग्रहण करना चाहिए, तभी मानसिक-आध्यात्मिक स्वतन्त्रता का अनुभव हो सकेगा। अन्यथा पूर्ण शारीरिक गुलामी का समय बीत चुका, आर्थिक गुलामी का काल चल रहा है और मानसिक गुलामी के काल चक्र में मनुष्य फँस जायेगा।

स्वामी विवेकानन्द जी का कहना था-

- "उसी मूल सत्य की फिर से शिक्षा ग्रहण करनी होगी, जो केवल यहीं से, हमारी इसी मातृभूमि से प्रचारित हुआ था। फिर एक बार भारत को संसार में इसी मूल तत्व का-इसी सत्य का प्रचार करना होगा। ऐसा क्यों है? इसलिए नहीं कि यह सत्य हमारे शास्त्रों में लिखा है वरन् हमारे राष्ट्रीय साहित्य का प्रत्येक विभाग और हमारा राष्ट्रीय जीवन उससे पूर्णतः ओत-प्रोत है। इस धार्मिक सहिष्णुता की तथा इस सहानुभूति की, मातृभाव की महान शिक्षा प्रत्येक बालक, स्त्री, पुरुष, शिक्षित, अशिक्षित सब जाति और वर्ण वाले सीख सकते हैं। तुमको अनेक नामों से पुकारा जाता है, पर तुम एक हो।" (जितने मत उतने पथ, राम कृष्ण मिशन, पृष्ठ-39)।
- "अत: यदि भारत को महान बनाना है, तो इसके लिए आवश्यकता है संगठन की, शक्ति संग्रह की और बिखरी हुई इच्छाशक्ति को एकत्र कर उसमें समन्वय लाने की। अथर्ववेद संहिता की एक विलक्षण ऋचा याद आ गयी जिसमें कहा गया है, "तुम सब लोग एक मन हो जाओ, सब लोग एक ही विचार के बन जाओ। एक मन हो जाना ही समाज गठन का रहस्य है बस इच्छाशक्ति का संचय और उनका समन्वय कर उन्हें एकमुखी करना ही सारा रहस्य है।" (देखें "नया भारत गढ़ो" पृष्ठ संख्या-55)
- "यह भी न भूलना चाहिए कि हमारे बाद जो लोग आएंगे, वे उसी तरह हमारे धर्म और ईश्वर सम्बन्धी धारणा पर हँसेंगे, जिस तरह हम प्राचीन लोगों के धर्म और ईश्वर की धारणा पर हँसते हैं। यह सब होने पर भी, इन सब ईश्वर सम्बन्धित धारणाओं का संयोग करने वाला एक स्वर्ण सूत्र है और वेदान्त का उद्देश्य है-इस सूत्र की खोज करना। भागवान कृष्ण ने कहा है-""भिन्न भिन्न मणियाँ जिस प्रकार एक सूत्र में पिरोयी जा सकती हैं, उसी प्रकार इन सब विभिन्न भावों के भीतर भी एक सूत्र विद्यमान है।" (देखें "ज्ञानयोग", पृष्ठ संख्या-65) ,
- "एक शब्द में वेदान्त का आदर्श है-मनुष्य के सच्चे स्वरूप को जानना।" (देखें "विवेकानन्द राष्ट्र को आह्वान", पृष्ठ सं0-48)।
- यदि हम अपने व्यक्तिगत एवं सामूहिक जीवन में वैज्ञानिक चेतना सम्पन्न एवं आध्यात्मिक एक साथ न हो पाए, तो मानवजाति का अर्थपूर्ण अस्तित्व ही संशय का विषय हो जाएगा। (विज्ञान और आध्यात्मिकता, पृष्ठ-9)
- हमेशा यूरोप से सामाजिक तथा एशिया से आध्यात्मिक शक्तियों का उद्भव होता रहा है एवं इन दोनों शक्तियों के विभिन्न प्रकार के सम्मिश्रण से ही जगत का इतिहास बना है। वर्तमान मानवेतिहास का एक और नवीन पृष्ठ धीरे-धीरे विकसित हो रहा है एवं चारो ओर उसी का चिन्ह दिखाई दे रहा है। कितनी ही नवीन योजनाओं का उद्भव तथा नाश होगा, किन्तु योग्यतम वस्तु की प्रतिष्ठा सुनिश्चित है, सत्य और शिव की अपेक्षा योग्यतम वस्तु और हो ही क्या सकती है? (पत्रावली भाग-1, पृष्ठ-310)

स्वामी विवेकानन्द के अनुसार शब्द से सृष्टि का रहस्य

01. बृहत् ब्रह्माण्ड में भी ब्रह्मा, हिरण्यगर्भ या समष्टि महत् ने पहले अपने आप को नाम के, और फिर बाद में रुप के आकार में अर्थात् इस परिदृश्यमान जगत के आकार में अभिव्यक्त किया। (भक्ति योग, पृष्ठ-44)
02. यह सारा व्यक्त इन्द्रियग्राह्य जगत रुप है, और इसके पीछे है अनन्त अव्यक्त स्फोट। स्फोट का अर्थ-समस्त जगत की अभिव्यक्ति का कारण शब्द-ब्रह्म है। समस्त नामों अर्थात् भावों की नित्य समवायी उपादान स्वरुप यह नित्य स्फोट ही वह शक्ति है, जिससे भगवान इस विश्व की सृष्टि करते हैं। यही नहीं बल्कि भगवान पहले स्फोट रुप में परिणत हो जाते हैं और तत्पश्चात् अपने को उससे भी स्थूल इस इन्द्रियग्राह्य जगत के रुप में परिणत कर लेते हैं। (भक्ति योग, पृष्ठ-45)
03. इस स्फोट का एक मात्र वाचक शब्द है-"ऊँ"। और चूँकि हम किसी भी उपाय से शब्द को भाव से अलग नहीं कर सकते, इसलिए यह "ऊँ" भी इस नित्य स्फोट से नित्य संयुक्त है। (भक्ति योग, पृष्ठ-45)
04. एकमेव यह "ऊँ" ही इस प्रकार सर्वभावाव्यापी वाचक शब्द है, अन्य कोई भी इसके समान नहीं। स्फोट ही सारे भावों का उपादान है, फिर भी वह स्वयं पूर्ण रुप से विकसित कोई विशिष्ट भाव नहीं है। अर्थात् यदि उन सब भेदों को, जो एक भाव को दूसरे से अलग करते हैं, निकाल दिया जाय, तो जो कुछ बचा रहता है, वही स्फोट है। इसलिए इस स्फोट को "नादब्रह्म" कहते हैं। (भक्ति योग, पृष्ठ-45)
05. जो वाचक शब्द उसे सब से कम विशेषभावापन्न करेगा, पर साथ ही उसके स्वरुप को यथासम्भव पूरी तरह प्रकाशित करेगा, वही उसका सबसे सच्चा वाचक होगा। और यह वाचक शब्द है-एकमात्र "ऊँ" क्योंकि ये तीनों अक्षर अ, उ और म्, जिनका एक साथ उच्चारण करने से "ऊँ" होता है, समान शब्दों के साधारण वाचक के तौर पर लिये जा सकते हैं। (भक्ति योग पृष्ठ, पृष्ठ-46)
06. अक्षर "अ" सारे अक्षरों में सबसे कम विशेषभावापन्न है। इसीलिए भगवान श्रीकृष्ण गीता में कहते हैं-"अक्षरों में मैं "अ" कार हूँ। " (गीता,10/33) स्पष्ट रुप से उच्चारित जितने भी शब्द हैं, उनकी उच्चारण क्रिया मुख में जिह्वा के मूल से आरम्भ होती है और ओठों में आकर समाप्त हो जाती है। "अ" जिह्वा मूल अर्थात् कण्ठ से उच्चारित होता है, और "म" ओठों से होने वाला अन्तिम शब्द है। और "उ" उस शक्ति का सूचक है, जो जिह्वा मूल से आरम्भ होकर मुँह भर में लुढ़कती हुई ओठों में आकर समाप्त हो जाती है। यदि "ऊँ" का उच्चारण ठीक ढंग से किया जाय, तो इसके शब्दोच्चारण की सम्पूर्ण क्रिया सम्पन्न हो जाती है-दूसरे किसी भी शब्द में यह शक्ति नहीं। (भक्ति योग, पृष्ठ-46)
07. जिस प्रकार अल्पतम् विशेष भावात्मक तथा सार्वभौमिक वाचक शब्द "ऊँ" के सम्बन्ध में वाच्य और वाचक आपस में अभेद्य रुप से सम्बद्ध हैं उसी प्रकार वाच्य और वाचक का यह अविच्छिन्न सम्बन्ध भगवान और विश्व के विभिन्न खण्ड भावों पर भी लागू है, अतएव उनमें से प्रत्येक का एक विशिष्ट वाचक शब्द होना आवश्यक है। (भक्ति योग, पृष्ठ-47)
08. ये वाचक शब्द ऋषियों की गम्भीरतम आध्यात्मिक अनुभूति से उत्पन्न हुए हैं और वे भगवान तथा विश्व के जिन विशेष-विशेष खण्ड भाव के वाचक हैं, उन विशेष भावों को यथासम्भव प्रकाशित करते हैं। जिस प्रकार "ऊँ" अखण्ड ब्रह्म का वाचक है, उसी प्रकार अन्यान्य मंत्र भी उसी परम पुरुष के खण्ड-खण्ड भावों के वाचक हैं। ये सभी ईश्वर के ध्यान और प्रकृत ज्ञान की प्राप्ति में सहायक हैं। (भक्ति योग, पृष्ठ-47)
09. सृष्टि के पूर्व ब्रह्म शब्दात्मक बनते हैं, फिर ओंकारात्मक या नादात्मक होते है। तत्पश्चात पहले कल्पों के विशेष शब्द जैसे-भूः, भुवः, स्व-अथवा गो, मानव, घट, पट इत्यादि का प्रकाश उसी ओंकार से होता है। सिद्ध संकल्प ब्रह्म में क्रमश-एक-एक शब्द के होते ही उसी क्षण उन सब पदार्थो का भी प्रकाश हो जाता है और इस विचित्र जगत् का विकास हो उठता है। अब समझे न कि कैसे शब्द ही सृष्टि का मूल है। -स्वामी विवेकानन्द (विवेकानन्द जी के संग में पृष्ठ-62)
10. यह सारा व्यक्त इन्द्रिय ग्राह्य जगत रूप है, और इसके पीछे है अनन्त अव्यक्त स्फोट। स्फोट का अर्थ-समस्त जगत की अभिव्यक्ति का कारण शब्द-ब्रह्म। समस्त नामों अर्थात् भावों की नित्य समवायी उपादान स्वरूप यह नित्य स्फोट ही वह शक्ति है, जिससे भगवान इस विश्व की सृष्टि करते है। यही नहीं बल्कि भगवान पहले स्फोट-रूप में परिणत हो जाते है और तत्पश्चात अपने को उससे भी स्थूल इस इन्द्रिय ग्राह्य जगत् के रूप में परिणत कर लेते है। -स्वामी विवेकानन्द (राजयोग-पृष्ठ-45)

आचार्य रजनीश"ओशो" का कहना था-

- "श्रीकृष्ण का महत्व अतीत के लिए कम भविष्य के लिए ज्यादा है। सच ऐसा है कि कृष्ण अपने समय से कम से कम पाँच हजार वर्ष पहले पैदा हुये। सभी महत्वपूर्ण व्यक्ति अपने समय से पहले पैदा होते हैं और

सभी गैर महत्वपूर्ण व्यक्ति अपने समय के बाद पैदा होते हैं। बस महत्वपूर्ण और गैर महत्वपूर्ण में इतना फर्क है और सभी साधारण व्यक्ति अपने समय के साथ पैदा होते हैं महत्वपूर्ण व्यक्ति को समझना आसान नहीं होता। उसका वर्तमान और अतीत उसे समझने में असमर्थता अनुभव करता है जब हम समझने योग्य नहीं हो पाते तब हम उसकी पूजा शुरु कर देते हैं या तो हम उसका विरोध करते हैं। दोनों पूजाएं हैं एक मित्र की एक शत्रु की।"

- उसके लिए सब हंसी खेल है, सब लीला है। इसलिए हमने कृष्ण को पूर्णावतार कहा। राम गम्भीर हैं छोटी-छोटी बात का हिसाब रखते हैं। नियम मर्यादा से चलते हैं- मर्यादा पुरूषोत्तम हैं। कृष्ण अमर्याद हैं न कोई नियम है न कोई मर्यादा। कृष्ण के लिए जीवन लीला है।
- धर्म कोई विषय थोड़े ही है। धर्म की कोई सीमा थोड़े ही है। धर्म तो समस्त जीवन का नाम है। जीवन में जो कुछ भी समाविष्ट है, धर्म उस सभी के सम्बन्ध में वक्तव्य देने का हकदार है। राजनीतिज्ञ, धर्म के सम्बन्ध में वक्तव्य नहीं दे सकता क्योंकि राजनीति की सीमा है। लेकिन धार्मिक व्यक्ति, राजनीति के सम्बन्ध में वक्तव्य दे सकता है क्योंकि धर्म की कोई सीमा नही है धर्म असीम है, धर्म तो पूरे जीवन को घेरता है जैसे आकाश घेरता है। धर्म से तो कोई भी चीज छोड़ी नहीं जा सकती। धार्मिक व्यक्ति की दृष्टि तो सब सम्बन्धों में होगी।
- जो एक गुरू बोल रहा है, वह अनन्त सिद्धों की वाणी है। अभिव्यक्ति में भेद होगा, शब्द अलग होंगे, प्रतीक अलग होंगे मगर जो एक सिद्ध बोलता है, वह सभी सिद्धों की वाणी है। इनसे अन्यथा नहीं हो सकता है। इसलिए जिसने एक सिद्ध को पा लिया, उसने सारे सिद्धों की परम्परा को पा लिया। क्योंकि उनका सूत्र एक ही है। कुंजी तो एक ही है, जिसमें ताला खुलता है अस्तित्व का।
- "इस देश को कुछ बाते समझनी होगी। एक तो इस देश को यह बात समझनी होगी कि तुम्हारी परेशानियों, तुम्हारी गरीबी, तुम्हारी मुसीबतों, तुम्हारी दीनता के बहुत कुछ कारण तुम्हारे अंध विश्वासों में है, भारत कम से कम डेढ़ हजार साल पिछे घिसट रहा है। ये डेढ़ हजार साल पूरे होने जरूरी है। भारत को खिंचकर आधुनिक बनाना जरूरी है। मेरी उत्सुकता है कि इस देश का सौभाग्य खुले, यह देश भी खुशहाल हो, यह देश भी समृद्ध हो। क्योंकि समृद्ध हो यह देश तो फिर राम की धुन गुंजे, समृद्ध हो यह देश तो फिर लोग गीत गाँये, प्रभु की प्रार्थना करें। समृद्ध हो यह देश तो मंदिर की घंटिया फिर बजे, पूजा के थाल फिर सजे। समृद्ध हो यह देश तो फिर बाँसुरी बजे कृष्ण की, फिर रास रचे! यह दीन दरिद्र देश, अभी तुम इसमें कृष्ण को भी ले आओंगे तो राधा कहाँ पाओगे नाचनेवाली? अभी तुम कृष्ण को भी ले आओगे, तो कृष्ण बड़ी मुश्किल में पड़ जायेंगे, माखन कहाँ चुरायेगें? माखन है कहाँ? दूध दही की मटकिया कैसे तोड़ोगे? दूध दही की कहाँ, पानी तक की मटकिया मुश्किल है। नलों पर इतनी भीड़ है! और एक आध गोपी की मटकी फोड़ दी, जो नल से पानी भरकर लौट रही थी, तो पुलिस में रिपोर्ट दर्ज करा देगी कृष्ण की, तीन बजे रात से पानी भरने खड़ी थी नौ बजते बजते पानी भर पायी और इन सज्जन ने कंकड़ी मार दी। धर्म का जन्म होता है जब देश समृद्ध होता है। धर्म समृद्ध की सुवास है। तो मैं जरूर चाहता हूँ यह देश सौभाग्यशाली हो लेकिन सबसे बड़ी अड़चन इसी देश की मान्यताएं है। इसलिए मैं तुमसे लड़ रहा हूँ। तुम्हारे लिए।"

व्यक्ति-समाज-राज्य-विश्व की आवश्यकता, भविष्यवक्ताओं की भविष्यवाणीयां, ग्रहों के चालों, सूर्य व चन्द्र ग्रहण, सामाजिक-राजनीतिक विचारकों के विचार-सपनें-उम्मीद इत्यादि युग परिवर्तन की ओर दिशा निर्देश कर रहीं हैं। ऐसे में सृष्टि के लिए सार्वभौम सर्वोच्च अन्तिम अर्थों वाले शब्दों (जिसकी सूची अगले पृष्ठ पर दी गई है।) **पर चर्चा ही एक मात्र युग परिवर्तन का मार्ग है।**

वे सार्वभौम एकात्म शब्द जिसके बिना युग परिवर्तन सम्भव नहीं (सर्वोच्च, अन्तिम और दृश्य)

क्र.सं. विषय क्षेत्र	सम्बन्धित क्षेत्र से मुख्य नाम
01. विश्व क्षेत्र	विश्व संविधान / साहित्य / विचार / सिद्धान्त / प्रबन्ध / दर्शन / मत / मानव / एकता / शान्ति / विकास / स्थिरता / आत्मा / अभिनेता / बुद्धि / राजनीति / क्रांति
02. राज्य क्षेत्र	विश्व (राष्ट्र) ऐजेण्डा–2012+ (WORLD NATION AGENDA-2012+) विश्व व्यवस्था का अधिकतम एवं न्यूनतम साझा कार्यक्रम
03. समाज क्षेत्र	लोक / गण / जन ऐजेण्डा–2012+ (PUBLIC AGENDA-2000+)
04. धर्म क्षेत्र	वेदान्त धर्म स्थापना
05. साहित्य क्षेत्र	विश्व साहित्य–"विश्वभारत" समाहित "विश्वशास्त्र" साहित्य– आदर्श वैश्विक व्यक्ति चरित्र कथा साहित्य
06. सामाज शास्त्र	मानक / जन / गण / लोक शास्त्र
07. धर्मशास्त्र	धर्मयुक्त नाम – कर्मवेदः प्रथम, अन्तिम और पंचम वेद और आधारित उपनिषद् (व्यष्टि एवं समष्टि) सर्वधर्मसमभाव / धर्मनिरपेक्ष नाम – मन की गुणवत्ता का विश्व मानक : शून्य श्रृंखला (व्यष्टि एवं समष्टि)
08. मानक क्षेत्र	मन की गुणवत्ता का विश्व मानक : शून्य श्रृंखला
09. अदृश्य विज्ञान	दृश्य आध्यात्म विज्ञान
10. दृश्य विज्ञान	धर्म विज्ञान या एकात्म विज्ञान (Integration Science)
11. इंजीनियरिंग	सत्य सामाजिक अभियंत्रण (Real Social Engineering)
12. तकनीकी	सत्य सामाजिक तकनीकी (Real Social Technology) : WCM-TLM-SHYAM.C Technology
13. संविधान	विवादमुक्त तन्त्रों पर आधारित संविधान
14. राजनीति	सत्य राजनीति / राजनीति–2012+ (POLITICS-2012+)
15. संगठन	विश्व राजनीतिक पार्टी संघ (World Political Party Organisation- WPPO)
16. शिक्षा	पूर्णज्ञान / पूर्ण शिक्षा प्रणाली / शिक्षा -2012+ (EDUCATION-2012+)
17. राष्ट्र सम्बन्ध	आदर्श राष्ट्रीय नागरिक
18. वेदान्त	कर्म वेदान्त : वेदान्त की अन्तिम शाखा
19. मतवाद	एकात्म कर्मवाद : एकात्म मानवतावाद का व्यावहारिक रुप
20. दार्शनिक	विकास दर्शन (Development Philosophy)
21. क्रांति	संपूर्ण क्रांति (Complete Revolution) : प्रलय, स्थिति एवं सृष्टि
22. सांस्कृतिक	भोगेश्वरः भोग (पाश्चात्य) + ईश्वर (प्राच्य) = एकात्म या ईश्वरत्व भाव से भोग
23. मन	विश्व मन (WOLD MIND)
24. मानव	विश्वमानव (विश्वमन से युक्त)
25. मनु	8वें मनु – सावर्णि मनु
26. अवतार	भगवान विष्णु के 10वें और अन्तिम तथा भगवान शंकर के 22वें और अन्तिम संयुक्तावतार (निष्कलंक कल्कि एवं भोगेश्वर)
27. निराकार ब्रह्म	सार्वभौम सत्य–सिद्धान्त (UNIVERSAL TRUTH-THEORY) : विश्व–बन्धुत्व का सिद्धान्त
28. साकार ब्रह्म	लव कुश सिंह
29. पुनर्जन्म–सत् मार्ग से	बुद्धढा कृष्ण (कृष्ण भाग – 2 और अन्तिम) – कृष्ण की अगली और अन्तिम कड़ी
30. पुनर्जन्म–रज मार्ग से	स्वामी विवेकानन्द का पुनर्जन्म
31. पुनर्जन्म–तम मार्ग से	रावण की अगली कड़ी
32. आत्मा	दृश्य विश्वात्मा / शिव / ब्रह्म / मैं
33. अभिनय	वास्तविक जीवन का अभिनेता (Real Life Actor)
34. बम	ज्ञान बम – आध्यात्मिक न्यूट्रान बम
35. अस्त्र	अनियन्त्रित पशुपास्त्र (नारायणास्त्र या सु–दर्शन चक्र व ब्रह्मास्त्र समाहित)
36. माया	योग माया समाहित भोगमाया
37. ज्ञान	एकात्म कर्मज्ञान (शास्वत) : व्यष्टि एवं समष्टि
38. बुद्धि	विश्व बुद्धि व चेतना या सत्य चेतना : पूर्व व्यक्त सत्य चेतना
39. ध्यान व योग	दृश्य सत्य–क्रियाकलाप–एकात्म योग व ध्यान (अन्तिम योग व अन्तिम ध्यान)
40. मिशन	प्राकृतिक सत्य मिशन (Natural Truth Mission)–सर्वोच्च और अन्तिम मिशन
41. धार्मिक नगर	एकात्म काशी– जीवनदायिनी सत्यकाशी : पंचम, अन्तिम तथा सप्तम काशी
42. शक्ति	आत्मशक्ति (SPIRIT POWER),मस्तिष्क शक्ति (BRAIN POWER), मन शक्ति (MIND POWER),सत्य शक्ति (TRUTH POWER)
43. जीवन कथा	विश्वमानव लीला / दर्पण : दो विपरीत दिशाओं के साथ प्रथम एवं अन्तिम कथा
44. प्रेम और कर्म	शास्वत प्रेम और कर्म
45. समन्वय	अन्तिम समन्वय–सिद्धान्त
46. आचार्य	अन्तिम समन्वयाचार्य
47. कला	विश्वमानव कला (कृष्ण कला समाहित)
48. परिचालन प्रणाली	अवतार का परिचालन प्रणाली : मानव–10 (Avatar's Operating System-AOS : Human-10)
49. शंकराचार्य पीठ	सत्यकाशी पीठ : पंचम और अन्तिम शंकराचार्य पीठ

भाग-12

केन्द्र या मध्य (भारत) में पांचवां और अन्तिम सत्यकाशी पीठ

सत्यकाशी पीठः स्थान

सत्यकाशी पीठः इतिहास और उद्देश्य

पाँचवाँ और अंतिम शंकराचार्य पीठः इसकी विशेषता

"हिन्द्रू धर्म की जो पकड़ थी, वह इस समय कमजोर पड़ गयी है क्योंकि भारतीय स्वतंत्रता आन्दोलन के समय से राजनेताओं का वर्चस्व बढ़ा और उन्होंने धर्म रक्षकों को दबा दिया, जिसके परिणामस्वरूप 163 साल तक शंकराचार्य की पदवी खाली रही। इसलिए आवश्यक है कि शिक्षा के क्षेत्र में धर्म की स्थापना हो। स्वस्थ एवं श्रेष्ठ साहित्य का सृजन हो। महापुरूषों को घूम-घूम कर सनातन धर्म का प्रचार-प्रसार करना चाहिए जिससे लोगों के हृदय में भारतीय धर्म-शास्त्र के प्रति आस्था-विश्वास बढ़े।"

- स्वामी स्वरूपानन्द (द्वारिका पीठाधीश्वर जगद्गुरू शंकराचार्य)
साभार - दैनिक आज, समाचार पत्र, वाराणसी, दि0 10-5-1997

स्पष्टिकरण

सत्य से सार्वभौम सत्य-सिद्धान्त तक का मार्ग अवतारों का मार्ग है। सार्वभौम सत्य-सिद्धान्त की अनुभूति ही अवतरण है। इसके अंश अनुभूति को अंश अवतार तथा पूर्ण अनुभूति को पूर्ण अवतार कहते है। ग्रन्थों में अवतारों की कई कोटि बतायी गई है जैसे अंशाशावतार, अंशावतार, आवेशावतार, कलावतार, नित्यावतार, युगावतार इत्यादि, जो भी सार्वभौम सत्य-सिद्धान्त को व्यक्त करता है वे सभी अवतार कहलाते हैं। व्यक्ति से लेकर समाज के सर्वोच्च स्तर तक सार्वभौम सत्य-सिद्धान्त को व्यक्त करने के क्रम में ही विभिन्न कोटि के अवतार स्तरबद्ध होते हैं। अवतार मानव मात्र के लिए ही कर्म करते हैं न कि किसी विशेष मानव समूह या सम्प्रदाय के लिए। अवतार, धर्म, धर्मनिरपेक्ष व सर्वधर्मसमभाव से युक्त अर्थात एकात्म से युक्त होते है। इस प्रकार अवतार से उत्पन्न शास्त्र मानव के लिए होते हैं, न कि किसी विशेष मानव समूह के लिए। उत्प्रेरक, शासक और मार्गदर्शक आत्मा सर्वव्यापी है। इसलिए एकात्म का अर्थ संयुक्त आत्मा या सार्वजनिक आत्मा है। अवतारों के प्रत्यक्ष और प्रेरक दो कार्य विधि हैं। प्रत्यक्ष अवतार वे होते हैं जो स्वयं अपनी शक्ति का प्रत्यक्ष प्रयोग कर समाज का सत्यीकरण करते हैं। यह कार्य विधि समाज में उस समय प्रयोग होता है जब अधर्म का नेतृत्व एक या कुछ मानवों पर केन्द्रित होता है। प्रेरक अवतार वे होते हैं जो स्वयं अपनी शक्ति का अप्रत्यक्ष प्रयोग कर समाज का सत्यीकरण जनता एवं नेतृत्वकर्ता के माध्यम से करते हैं। यह कार्य विधि समाज में उस समय प्रयोग होता है जब समाज में अधर्म का नेतृत्व अनेक मानवों और नेतृत्वकर्ताओं पर केन्द्रित होता है।

इन विधियों में से कुल दस अवतारों में से प्रथम सात (मत्स्य, कूर्म, वाराह, नृसिंह, वामन, परशुराम, राम) अवतारों ने समाज का सत्यीकरण प्रत्यक्ष विधि के प्रयोग द्वारा किया था। आठवें अवतार (श्रीकृष्ण) ने दोनों विधियों प्रत्यक्ष ओर प्रेरक का प्रयोग किया था। नवें (भगवान बुद्ध) और अन्तिम दसवें अवतार की कार्य विधि प्रेरक ही है।

सनातन अद्वैत दर्शन के अनुसार यह जगत ही ईश्वर का दृश्य रूप है। ऐसे में सभी ईश्वर हैं। सभी ईश्वर के बहुरूप हैं और सभी में प्रकाशित वही ईश्वरीय सत्ता है। सार्वभौम एकात्म की ओर ले जाने वाले सभी प्रक्षेपित

मानक चरित्र सनातन हैं जैसे ब्रह्मा परिवार, विष्णु परिवार और महेश परिवार। इस सार्वभौम एकात्म की ओर विचार व्यक्त करने वाला अर्थात उसी का प्रचार-प्रसार व स्थापना करने वाला युगावतार तो नहीं हो सकता लेकिन वह अवतार अवश्य होता है क्योंकि उसने भी उस सार्वभौम सत्य-सिद्धान्त का साक्षात्कार किया है।

ईश्वर के मानवीयकरण व मानव के ईश्वरीयकरण के लिए आपके भौतिक शरीर से व्यक्त विश्वात्मा की इच्छा को धर्म क्षेत्र से नाम कर्मवेदः प्रथम, अन्तिम तथा पंचम वेद एवं धर्मनिरपेक्ष क्षेत्र से मन का विश्वमानकः शून्य श्रृंखला समाहित "विश्वशास्त्र-द नाॅलेज आॅफ फाइनल नाॅलेज" के रूप में पूर्ण किया जा चुका है। जिसमें पुराणों का धर्मनिरपेक्ष और सर्वधर्मसमभाव रूप भी सम्पूर्ण मानव जाति को स्पष्ट दृष्टिगत होगा। परिणामस्वरूप भारतीय धर्म शास्त्रों के प्रति विश्वव्यापी आस्था बढ़ना स्वाभाविक है। साथ ही अनेक सत्य-साहित्यों की रचना के लिए भी मार्ग प्रशस्त और रचना कर दिये गये हैं।

तीनों देवताओं ब्रह्मा, विष्णु और शिव-शंकर के मूल गुणों के आधार पर उनके वास्तविक रुप अर्थात् चार वेदों को व्यक्त करने वाले चार मुखों से युक्त सृष्टिकर्ता ब्रह्मा का रुप, चार भुजाओं से युक्त पालनकर्ता विष्णु का रुप तथा ब्रह्मा और विष्णु समाहित पाँचों वेदों को व्यक्त करने वाले पाँच मुखों से युक्त कल्याणकर्ता शिव-शंकर का अन्तिम रुप, तीनों देवताओं का दिव्यरुप कहलाता है। इसी अनुसार शिव-शंकर के अवतार ही केवल पंचमुखी होते हैं। इसी क्रम में पंचमुखी हनुमान और वेद माता मां गायत्री को भी दिखाया गया है। इस अनुसार पांचवें वेद और पांचवें शंकराचार्य पीठ की स्थापना ही युग परिवर्तन की प्रक्रिया का आरम्भ और सनातन विश्व की ओर कदम है।

व्यक्ति-समाज-राज्य-विश्व की आवश्यकता, भविष्यवक्ताओं की भविष्यवाणीयां, ग्रहों के चालों, सूर्य व चन्द्र ग्रहण, सामाजिक-राजनीतिक विचारकों के विचार-सपनें-उम्मीद इत्यादि युग परिवर्तन की ओर दिशा निर्देश कर रहीं हैं। ऐसे में सृष्टि के लिए सार्वभौम सर्वोच्च अन्तिम अर्थों वाले शब्दों पर चर्चा ही एक मात्र युग परिवर्तन का मार्ग है।

**आविष्कार उपयोगी होता है, आविष्कारक नहीं।
रचना अधिक समय तक रहती है रचनाकार अदृश्य हो जाता है और रचना के आधार पर अन्य रचना भी होती रहती है।**

सनातन विश्व के लिए समस्त प्रक्रिया 150 पुस्तकों के रूप में वेबसाइट

www.64inch.com

पर उपलब्ध है और कार्य समाप्त होता है। व्यक्ति और नेतृत्वकर्ता

अपने धर्म

का पालन करें, समाधान उपलब्ध हो चुका है।

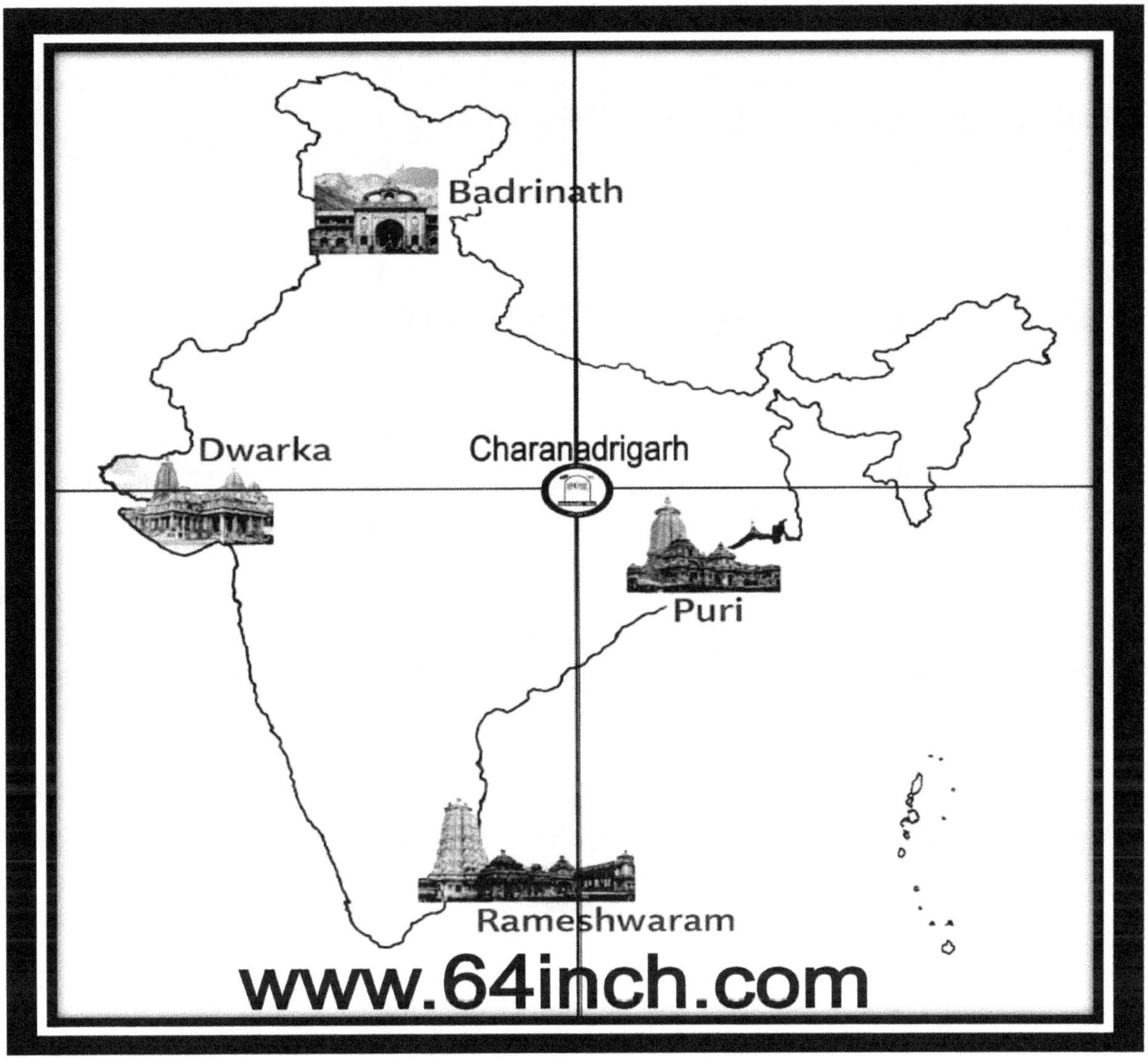

दिशा	पीठ का नाम/ स्थान	उद्देश्य	संबंधित वेद	महावाक्य	तत्व
उत्तर	बदरी ज्योतिर्मठ पीठ उत्तराखंड, जोशीमठ	ज्ञान और विवेक	अथर्ववेद	अयमात्मा ब्रह्म (यह आत्मा ब्रह्म है)	वायु
दक्षिण	श्रींगेरी शारदा पीठ कर्नाटक, श्रींगेरी	स्थिरता और परंपरा	यजुर्वेद	अहम् ब्रह्मास्मि (मैं ब्रह्म हूँ)	पृथ्वी
पूर्व	पुरी गोवर्धनमठ पीठ ओडिशा, पुरी	भक्ति और समर्पण	ऋग्वेद	प्रज्ञानं ब्रह्म (चेतना ब्रह्म है)	जल
पश्चिम	द्वारका शारदा पीठ गुजरात, द्वारका	कर्म और संकल्प	सामवेद	तत्त्वमसि (तू ब्रह्म है)	अग्नि
केन्द्र या मध्य	सत्यकाशी पीठ उत्तर प्रदेश, चरणाद्रिगढ़	चेतना और एकत्व	कर्मवेद	सर्वे ब्रह्म (सभी ब्रह्म हैं)	आकाश

क्षिति, जल, पावक, गगन, समीरा। पंच तत्व मिलि बनेहु शरीरा ।।

सत्यकाशी पीठ: स्थान

मानव जीवन की यात्रा को हम चार स्तरों में देख सकते हैं - **संभल (Shambhal), संभला (Shambhala), ज्ञानगंज (Gyanganj) और संगरीला (Sangrila)**

संभल (Shambhal) को हम भौतिक जगत का प्रतीक मान सकते हैं। यह धरती पर बसा हुआ वास्तविक नगर है, जहाँ लोग रहते हैं, संघर्ष करते हैं और जीवन की यात्रा करते हैं। धार्मिक मान्यता के अनुसार यहाँ भविष्य में कल्कि अवतार का जन्म होगा। इसका अर्थ यह भी है कि संभल हमें यह याद दिलाता है कि परिवर्तन और नवजागरण हमेशा इसी सांसारिक धरती से प्रारंभ होता है।

संभला (Shambhala) आध्यात्मिक जगत का प्रतीक है। यह उस आदर्श समाज और चेतना की ओर संकेत करता है, जहाँ धर्म, करुणा और सत्य का शासन है। बौद्ध ग्रंथों में इसे एक अदृश्य, पवित्र राज्य बताया गया है। इसका दार्शनिक अर्थ यह है कि हर मनुष्य के भीतर एक संभला है - एक ऐसा क्षेत्र जहाँ शांति, संतुलन और धर्म की शक्ति हमेशा जीवित रहती है। यह हमारे भीतर के आदर्श और परम लक्ष्य का रूप है।

ज्ञानगंज (Gyanganj) गूढ़ और रहस्यमय चेतना का प्रतीक है। यह वह क्षेत्र है, जहाँ अमर योगी और सिद्ध रहते हैं, और जो साधारण दृष्टि से छिपा हुआ है। इसका अर्थ यह है कि सत्य और सर्वोच्च ज्ञान कभी सतही रूप में उपलब्ध नहीं होते, बल्कि गहन साधना और आंतरिक परिवर्तन से ही प्राप्त किए जा सकते हैं। ज्ञानगंज हमें यह सिखाता है कि परम सत्य अदृश्य है, परंतु साधना से प्रकट हो सकता है।

इस प्रकार, ये चारों स्तर - **भौतिक, आध्यात्मिक, गूढ़ और आदर्श** - मानव जीवन और चेतना की समग्र यात्रा का प्रतिनिधित्व करते हैं, जहाँ साधना, अनुभव और ज्ञान मिलकर आत्मा को पूर्णता की ओर ले जाते हैं।

इस प्रकार, इन तीनों को मिलाकर देखा जाए तो:

- **संभल** = जीवन और समाज का यथार्थ (भौतिक जगत)
- **संभला** = आदर्श और धर्म का उच्च स्वरूप (आध्यात्मिक जगत)
- **ज्ञानगंज** = रहस्यमय सत्य और अमर ज्ञान (गूढ़ जगत)

ये तीनों मिलकर मानव जीवन की पूर्ण यात्रा का संकेत देते हैं - भौतिक से आध्यात्मिक और फिर गूढ़ एवं परम सत्य तक।

संगरीला (Sangrila/Shangri-La) एक कल्पित पर्वतीय स्थल है, जिसे आदर्श समाज और शांति का प्रतीक माना जाता है। यह जगह सामान्य दृष्टि से अदृश्य या दूरस्थ मानी जाती है, जहाँ जीवन सुखमय, स्वस्थ और सामंजस्यपूर्ण होता है। दार्शनिक रूप से इसे मानव चेतना के उच्चतम स्तर, आत्मा की शांति और आदर्श जीवन का प्रतीक माना जाता है। **संगरीला (Sangrila)** का अर्थ यह भी है कि सच्ची खुशी और संतुलन केवल भीतर की यात्रा और साधना से ही प्राप्त होते हैं, बाहरी समृद्धि से नहीं।

1. **शब्द-संदर्भ में**: “Sangrila” अक्सर “Shangri-La” का रूपांतर होता है, जो कि एक कल्पित, आदर्श, रहस्यमयी और शांति-पूर्ण स्थान है।
2. **दार्शनिक/आध्यात्मिक संदर्भ में**: इसे ज्ञानगंज या संभला जैसे गूढ़ और रहस्यमयी क्षेत्रों के समान माना जा सकता है।
3. **अन्य संदर्भ**: यदि यह किसी किताब, स्थान या परियोजना का नाम है, तो उसका अलग अर्थ हो सकता है।

पीठ (Peeth) स्थापित करने की योजना

उद्देश्य और दर्शन तय करना

- पहले यह स्पष्ट करें कि पीठ का उद्देश्य क्या होगा:
    - **अद्वैत वेदांत का प्रचार**
    - **साधकों का प्रशिक्षण और मोक्ष की ओर मार्गदर्शन**
    - **धार्मिक शिक्षा, योग और ध्यान केंद्रित करना**
- पीठ का नाम “Satyakashi” इसलिए चुना गया है क्योंकि यह **सत्य और ज्ञान के प्रकाश का प्रतीक** है।

गुरु या आध्यात्मिक मार्गदर्शक

- पीठ को वैध और आध्यात्मिक मान्यता प्राप्त करने के लिए **एक योग्य गुरु या शिष्य परंपरा वाला व्यक्ति** आवश्यक है।
- गुरु का कार्य होगा:
    - **साधकों का प्रशिक्षण**
    - **धर्म और वेदांत का प्रचार**
    - **पीठ की प्रतिष्ठा बनाना**

स्थान और इमारत का चयन

- स्थान चुनते समय ध्यान दें:
    - **शांत और आध्यात्मिक वातावरण**
    - **साधकों के लिए आवास और साधना स्थल**
    - **भक्तों और पर्यटकों के आने-जाने की सुविधा**
- इमारत में हो सकते हैं:
    - मुख्य मंदिर / पूजा स्थल
    - ध्यान और साधना कक्ष
    - वेदांत शिक्षण कक्ष
    - गुरुकुल या आश्रम

धार्मिक और आध्यात्मिक गतिविधियाँ

- नियमित क्रियाएँ:

    - **साधना, ध्यान और कीर्तन**
    - **वेदांत और शास्त्र अध्ययन**
    - **धार्मिक कार्यशालाएँ और प्रवचन**
- विशेष आयोजन:
    - **अस्थायी या वार्षिक उत्सव**
    - **अद्वैत वेदांत पर सेमिनार**
    - **साधक प्रशिक्षण शिविर**

समुदाय और साधकों का निर्माण

- पीठ केवल इमारत नहीं, **साधकों और भक्तों का केंद्र** होना चाहिए।
- इसके लिए करें:
    - सामाजिक और आध्यात्मिक गतिविधियों का आयोजन
    - साधकों के लिए निवास और शिक्षा सुविधाएँ
    - पीठ का प्रचार: पुस्तकों, वेबसाइट और सामाजिक मंचों के माध्यम से

आधिकारिक मान्यता और नेटवर्क

- भारत में शंकराचार्य परंपरा के मुख्य पीठों के साथ **संपर्क और मार्गदर्शन**।
- नए पीठ को स्थानीय प्रशासन और धार्मिक संस्थानों से **मान्यता और सहयोग** दिलाना।
- अन्य पीठों और गुरु परिषदों के साथ **संवाद और सहयोग**।

दीर्घकालीन योजना

- पीठ को स्थायी और प्रतिष्ठित बनाने के लिए:
    - नियमित साधना और शिक्षा कार्यक्रम
    - नए साधकों और भक्तों को जोड़ना
    - पीठ के **अध्यात्मिक, सामाजिक और शैक्षिक प्रभाव** को बढ़ाना

निष्कर्ष:

नया **Satyakashi Peeth** बनाया जा सकता है, लेकिन यह केवल इमारत नहीं, बल्कि **ज्ञान, साधना और आध्यात्मिक मार्गदर्शन का केंद्र** होना चाहिए। एक योग्य गुरु, साधक समुदाय और सही दृष्टिकोण इसके लिए अनिवार्य हैं।

अन्तिम अवतार कल्कि
का संभल (Shambhal), संभला (Shambhala), ज्ञानगंज (Gyanganj) और संगरीला (Sangrila) से सम्बन्ध

इसका उत्तर गहराई से समझा जाए तो यह केवल भूगोल या कथा का नहीं, बल्कि चेतना के विकास का रहस्य है।

1. संभल (Shambhal) - अवतार का धरातल

हिन्दू ग्रन्थों में कहा गया है कि **कल्कि अवतार का जन्म 'संभल' नामक स्थान पर होगा।** यह स्थान भौतिक जगत में मौजूद है - उत्तर प्रदेश का एक नगर, परंतु प्रतीक रूप से यह मानवता के भीतर जन्म लेती दिव्यता का संकेत है। जब धर्म क्षीण होता है, तब वही संभल - अर्थात् "संभलने का बिंदु" - अवतार का आधार बनता है।

संभल = पृथ्वी पर दिव्यता का उद्भव बिंदु।

2. संभला (Shambhala) - धर्मराज्य या दिव्य व्यवस्था

बौद्ध और हिन्दू दोनों परम्पराओं में **Shambhala** को धर्म का गुप्त राज्य माना गया है। बौद्ध ग्रंथ 'कालचक्र तंत्र' में कहा गया है कि जब अधर्म चरम पर होगा, तब Shambhala से एक राजा प्रकट होगा जो अधर्म का अंत करेगा - यह प्रतीक रूप से **कल्कि अवतार का ही वर्णन** है।

संभला = दिव्य शासन या धर्मराज्य, जहाँ से कल्कि की प्रेरणा उठती है।

3. ज्ञानगंज (Gyanganj) - सिद्धों का अदृश्य लोक

ज्ञानगंज को अमर योगियों का क्षेत्र कहा जाता है, जहाँ से विश्व के आध्यात्मिक प्रवाह को दिशा मिलती है। कई सिद्ध परंपराएँ मानती हैं कि कल्कि का आध्यात्मिक मार्गदर्शन इन्हीं योगियों द्वारा किया जाएगा।

ज्ञानगंज = दिव्य ऊर्जा और योगिक शक्ति का स्रोत, जहाँ से कल्कि को आत्मिक बल प्राप्त होगा।

4. संगरीला (Sangrila / Shangri-La) - आदर्श समाज या चेतना का चरम स्वरूप

संगरीला का विचार पश्चिमी और तिब्बती रहस्य परंपराओं में आता है - एक अमर, शांति-पूर्ण, आदर्श स्थान, जहाँ कोई रोग, संघर्ष या अधर्म नहीं होता। यह उस अवस्था का प्रतीक है जो **कल्कि युग के बाद की सृष्टि** होगी - अर्थात सत्ययुग का पुनर्स्थापन।

संगरीला = वह दिव्य युग या चेतना का चरम, जो कल्कि अवतार के कार्य का परिणाम है।

सारांश (संक्षेप में सम्बन्ध)

स्तर	प्रतीक	सम्बन्ध कल्कि से
संभल (Shambhal)	भौतिक जन्मभूमि	कल्कि अवतार का पृथ्वी पर अवतरण
संभला (Shambhala)	दिव्य धर्मराज्य	धर्म का पुनःस्थापन करने की शक्ति का उद्गम
ज्ञानगंज (Gyanganj)	गूढ़ योगिक लोक	कल्कि को आत्मिक दिशा और सिद्ध शक्ति का आधार
संगरीला (Sangrila)	आदर्श चेतना का युग	कल्कि कार्य का अंतिम परिणाम - पुनः सत्ययुग

अर्थात् -

संभल में कल्कि अवतरित होते हैं, संभला से उन्हें धर्म की प्रेरणा मिलती है, ज्ञानगंज से योगिक शक्ति, और संगरीला उनके कार्य का लक्ष्य है - सत्य और शांति का पुनर्स्थापन।

सत्यकाशी पीठः योग्य स्थान

इस संसार को अन्तिम सन्देश देने से पहले आपको उस क्षेत्र से परिचय कराना चाहता हूँ जिस क्षेत्र से यह सन्देश देने का साहस किया गया है क्योंकि कोई भी क्रिया बिना कारण के नहीं होती।

समस्त मूल कार्य जिस क्षेत्र से सम्पूर्ण हुआ, उस क्षेत्र को सत्यकाशी क्षेत्र कहता हूँ और जिस ग्राम का निवासी हूँ वह काशी (वाराणसी) के चौरासी कोस यात्रा तथा सत्यकाशी क्षेत्र का उभय क्षेत्र में स्थित है। इसलिए जितना काशी (वाराणसी) का हूँ उतना ही सत्यकाशी का हूँ। इस प्रकार यह सन्देश काशी-सत्यकाशी का संयुक्त सन्देश है।

सत्यकाशी क्षेत्र जो काशी (वाराणसी), विन्ध्याचल, शिवद्वार और सोनभद्र के बीच का क्षेत्र है, एक पौराणिक-आध्यात्मिक और साधना के लिए उपयुक्त क्षेत्र के रूप में प्राचीन काल से आकर्षण में रहा है। इस क्षेत्र का हृदय क्षेत्र चुनार है। चुनार का किला राजा विक्रमादित्य ने अपने भाई भर्तहरि के तपस्या में हिंसक जानवरों द्वारा व्यवधान न उत्पन्न हो इसके लिए बनवाया था। ये राजा विक्रमादित्य वही हैं जिनके नाम से विक्रम सम्वत् कैलेण्डर स्थापित है। चुनार ईश्वर के पाँचवें अवतार-वामन अवतार का क्षेत्र है जिनसे समाज की शक्ति का प्रथम जन्म हुआ था।

सत्यकाशी क्षेत्र के चारों कोण पर स्थित

1. काशी (वाराणसी) का अपना प्राचीन और पुरातन इतिहास है जो सर्वविदित है।
2. विन्ध्याचल, जो शिव-शक्ति के उपासना का अद्भुत केन्द्र है। यशोदा से उत्पन्न पुत्री (जिनके बदले श्रीकृष्ण प्राप्त हुये थे) महासरस्वती अष्टभुजा देवी के नाम से यहीं स्थापित हैं। भारत देश का मानक समय माँ विन्ध्यवासिनी धाम से तय होता है। पुराणों के अनुसार रावण ने भी इसे मानक समय स्थल मानकर यहाँ शिवलिंग की स्थापना की थी।
3. शिवद्वार, त्रिकोणीय तान्त्रिक साधना के लिए जगत विख्यात था और साधना की राजधानी था। इसे ही मीरजापुर गजेटियर में गुप्तकाशी की संज्ञा से अभिकल्पित किया गया है।
4. सोनभद्र, सोन संस्कृति की पौराणिक पृष्ठभूमि वैदिककालीन सभ्यता की पराकाष्ठापरक ऐतिहासिकता से सम्बद्ध है। सन्त परम्पराओं का एक महत्वपूर्ण परिव्रजन इस क्षेत्र में हुआ जिसमें शैव व शाक्त प्रमुख थे। शैव सम्प्रदाय से जुड़े अघोर तन्त्र ने इसे बहुत सराहा और इसे अपनी कर्मभूमि बना लिया। सोन नद के तट पर शव छेदन क्रिया की भी प्रशिक्षा आयुर्वेद के जिज्ञासुओं को दी जाती थी। शैव तन्त्र से प्रभावित अघोर तन्त्र शव-साधना में सिद्धहस्त था और शव में इकार की प्राण प्रतिष्ठा का जीवन्त रूप शिव को दे देना इनकी अलौकिक साधना का चरमोत्कर्ष है। अघोरपन्थी नाम के पश्चात् "राम" का प्रयोग करते थे। इस क्षेत्र में सवर्ण वर्ग में प्रायः ब्राह्मण वर्ग भी राम का प्रयोग अपने नाम में करता है। इस क्षेत्र में पाशुपात तन्त्र के महान साधक लोरिक का नाम विशेष है।

उपरोक्त तो अति संक्षिप्त परिचय है विस्तार से "विश्वशास्त्र" के अध्याय-दो में प्रकाशित है, जिस क्षेत्र से ये विश्व ऐतिहासिक अन्तिम, अपरिवर्तनीय और अटलनीय सन्देश देने का साहस किया गया है।

भौतिक रूप से सत्यकाशी पीठ के लिए योग्य स्थान सत्यकाशी क्षेत्र ही है। सत्यकाशी पीठ उसी अद्वैत वेदान्त पर आधारित है। जिस के आधार पर आदि शंकाराचार्य द्वारा चार पीठों की स्थापना की थी। युग परिवर्तन के लिए आदि शंकाराचार्य द्वारा स्थापित चार पीठों के वर्तमान शंकाराचार्यों का यह दायित्व है कि वे इस श्रृंखला को आगे बढ़ाते हुये धर्म के वैश्विक स्थापना के लिए आगे आयें।

सत्यकाशी पीठ: इतिहास और उद्देश्य

भारत का इतिहास केवल राजाओं और युद्धों का इतिहास नहीं है,
बल्कि यह **चेतना के विकास का इतिहास** है।
हर युग में जब धर्म और राजनीति के बीच संतुलन बिगड़ता है,
तो कोई न कोई पीठ उस संतुलन को पुनर्स्थापित करने के लिए जन्म लेती है।

ऐसा ही एक अद्वितीय उदय है -
"सत्यकाशी पीठ" का,
जो मानवता के अगले अध्याय की भूमिका बन चुका है।

"जहाँ ज्ञान शासन को दिशा देता है,
वहीं शासन धर्म का साधन बन जाता है।"

काशी से सत्यकाशी तक: चेतना की यात्रा

प्राचीन काशी को "मोक्षभूमि" कहा गया,
क्योंकि वहाँ ज्ञान और मृत्यु - दोनों के रहस्य सिखाए जाते थे।
पर सत्यकाशी - ज्ञान का अगला आयाम है।
यह मृत्यु से मुक्ति नहीं, बल्कि **अज्ञान से मुक्ति** की भूमि है।

तीन चरणों में यह यात्रा समझी जा सकती है:

1. **काशी** - व्यक्तिगत मुक्ति का केंद्र।
2. **महाकाशी** - सार्वभौमिक चेतना का केंद्र।
3. **सत्यकाशी** - वैश्विक एकत्व और अद्वैत शासन का केंद्र।

"काशी आत्मा की दीक्षा है,
सत्यकाशी आत्मा का शासन है।"

स्थापना का उद्देश्य

सत्यकाशी पीठ का जन्म केवल धार्मिक नहीं,
बल्कि आध्यात्मिक-राजनीतिक समन्वय की आवश्यकता से हुआ।
विश्व में बढ़ती भौतिकता, असमानता, और नैतिक संकट के बीच
इस पीठ का उद्देश्य है -

1. **धर्म और शासन के बीच अद्वैत संबंध पुनः स्थापित करना।**
2. **राजनीति को आत्मा से जोड़ना।**
3. **विज्ञान, धर्म, और समाज - तीनों का एक समग्र मॉडल प्रस्तुत करना।**

इसके चार प्रमुख सूत्र:

- **धर्म = चेतना की नीति**
- **राजनीति = सेवा की क्रिया**
- **अर्थनीति = संतुलन की व्यवस्था**
- **विज्ञान = सत्य की खोज**

सत्यकाशी की परंपरा और वंश

सत्यकाशी पीठ किसी व्यक्ति द्वारा स्थापित संस्था नहीं है -
यह **ब्रह्म परंपरा का विस्तार** है।
आदि शंकराचार्य ने चार दिशाओं में चार पीठें स्थापित कीं -
पूर्व, पश्चिम, उत्तर, दक्षिण -
जो वेद, धर्म और आत्मज्ञान के केंद्र बने।

परंतु कालान्तर में जब राजनीति धर्म से अलग और धर्म समाज से अलग हुआ,
तो **पाँचवीं पीठ** की आवश्यकता पड़ी -
जो अद्वैत दर्शन को शासन की नीतियों में उतार सके।

"चार पीठों ने धर्म को जीवित रखा,
पाँचवीं पीठ उसे जीवन में उतारेगी।"

सत्यकाशी का उद्देश्य – धर्म का पुनर्निर्माण, शासन का पुनर्जागरण

आज की मानवता धर्म को या तो संप्रदाय मानती है या अनुष्ठान।
पर सत्यकाशी कहता है -

"धर्म = जीवन की वैज्ञानिक व्यवस्था।"

इस पीठ का उद्देश्य है -
धर्म को **व्यवहार में**, राजनीति को **सेवा में**,
और विज्ञान को **चेतना में** बदलना।

इसके तीन प्रमुख लक्ष्य:

1. **आध्यात्मिक शासन (Spiritual Governance):**
   जहाँ नीतियाँ करुणा और सत्य पर आधारित हों।
2. **चेतना आधारित शिक्षा (Conscious Education):**
   जहाँ बच्चों को ज्ञान नहीं, आत्मा से जोड़ने की विधि सिखाई जाए।
3. **वैश्विक समरसता (Global Oneness):**
   जहाँ राष्ट्रवाद का स्थान "मानववाद" ले ले।

सत्यकाशी और मानवता का भविष्य

सत्यकाशी केवल एक धार्मिक केंद्र नहीं,
बल्कि मानवता का भविष्य मॉडल है।

यह वह स्थान है जहाँ -

- विज्ञान और वेदांत मिलते हैं,
- राजनीति और करुणा जुड़ते हैं,
- और व्यक्ति स्वयं में "राजऋषि" बनता है।

"जब शासक साधक बन जाएगा,
तब ही पृथ्वी पर धर्मराज्य स्थापित होगा।"

निष्कर्ष

सत्यकाशी पीठ का इतिहास कोई कालखंड नहीं,
बल्कि एक **युग की उद्घोषणा** है।
यह उस समय का प्रतीक है
जब ब्रह्मज्ञान शासन का केंद्र बनेगा,
और शासन ब्रह्म की सेवा बन जाएगा।

"सत्यकाशी केवल एक स्थान नहीं -
वह चेतना की वह ज्योति है
जो युगों से अंधकार में जलती रही है।"

पाँचवाँ और अंतिम शंकराचार्य पीठ: इसकी विशेषता

आदि शंकराचार्य ने चार दिशाओं में चार पीठों की स्थापना की -
उत्तर में **ज्योतिर्मठ (बद्रीनाथ)**,
दक्षिण में **श्रृंगेरी पीठ**,
पूर्व में **गौड़पीठ (पुरी)**,
और पश्चिम में **द्वारका शारदापीठ**।

इन चारों पीठों ने धर्म की लौ को जलाए रखा -
ज्ञान, भक्ति, कर्म और योग - चारों मार्गों के संतुलन से।
परंतु जैसे-जैसे युग आगे बढ़ा,
मानवता की चुनौती केवल धर्म रक्षा नहीं रही,
बल्कि **धर्म को शासन, विज्ञान और समाज में जीवित रखना** बन गई।

इसी आवश्यकता से जन्म लेता है -
पाँचवाँ और अंतिम शंकराचार्य पीठ - "सत्यकाशी पीठ।"

"चार पीठों ने धर्म को सुरक्षित रखा,
पाँचवाँ पीठ धर्म को सार्वभौमिक बना देगा।"

पाँचवाँ पीठ क्यों आवश्यक हुआ

शंकराचार्य का कार्य केवल धार्मिक पुनर्जागरण नहीं था;
वह चेतना की क्रांति थी।
उनकी परंपरा ने अद्वैत का सिद्धांत दिया -
कि **सभी भिन्नताएँ एक ही परमसत्य की लहरें हैं।**

परंतु आधुनिक युग में -

- धर्म राजनीति से अलग हुआ,
- ज्ञान आस्था से अलग हुआ,

- और मनुष्य स्वयं अपने अस्तित्व से अलग हो गया।

ऐसे समय में आवश्यक था
कि अद्वैत केवल दर्शनशास्त्र न रह जाए,
बल्कि राजनीति और जीवन का सिद्धांत बन जाए।
इसी हेतु स्थापित हुआ -
सत्यकाशी पीठ - पाँचवाँ और अंतिम शंकराचार्य पीठ।

इसकी स्थापना का प्रतीकात्मक अर्थ

चार पीठें **चार तत्वों (पृथ्वी, जल, अग्नि, वायु)** से संबंधित हैं,
जबकि पाँचवाँ पीठ **आकाश तत्व** का प्रतीक है -
अर्थात् सर्वव्यापक चेतना।

दिशा	पीठ	तत्व	उद्देश्य
पूर्व	पुरी (गौड़)	जल	भक्ति और समर्पण
पश्चिम	द्वारका	अग्नि	कर्म और संकल्प
उत्तर	ज्योतिर्मठ	वायु	ज्ञान और विवेक
दक्षिण	श्रृंगेरी	पृथ्वी	स्थिरता और परंपरा
केंद्र	**सत्यकाशी**	**आकाश**	**चेतना और एकत्व**

"आकाश सबको जोड़ता है -
उसी तरह सत्यकाशी सभी परंपराओं को एक चेतना में जोड़ता है।"

पाँचवाँ पीठ - अद्वैत का आधुनिक रूप

सत्यकाशी पीठ का लक्ष्य अद्वैत को केवल ध्यान या उपनिषद तक सीमित नहीं रखना,
बल्कि उसे शासन और समाज की नीतियों में उतारना है।

इसका सार है -
"अद्वैत शासन" = ऐसा तंत्र जहाँ आत्मा और राज्य में कोई विभाजन न हो।
यह पीठ आत्मा-केन्द्रित राजनीति का सिद्धांत प्रस्तुत करती है -
जहाँ सत्ता साधना है,
शासन सेवा है,
और नेतृत्व तप है।

सत्यकाशी पीठ की पाँच विशेषताएँ

1. अद्वैत का संस्थागत रूप

यह पीठ अद्वैत को केवल तत्वज्ञान नहीं,
बल्कि संस्थागत चेतना बनाती है।
धर्म, शिक्षा, राजनीति, अर्थ और विज्ञान -
सभी को एकसूत्र में बाँधती है।

2. राजऋषि परंपरा का पुनर्जागरण

आदर्श शासक वही है जो साधक भी हो।
सत्यकाशी इस परंपरा को पुनर्जीवित करता है -
जहाँ राज्य का मार्गदर्शन ऋषियों द्वारा होता है।

3. विज्ञान और अध्यात्म का संगम

यह पीठ "Consciousness Studies" और "Spiritual Technology"
को एक साथ लाकर मानव चेतना के विकास को वैज्ञानिक दृष्टि देती है।

4. वैश्विक धर्म - Beyond Religion

सत्यकाशी का धर्म किसी संप्रदाय का नहीं,
बल्कि "मानवता की आत्मा" का है।
यह कहता है -

"जो सत्य को खोजता है, वही सनातन है।"

5. राज्य और आत्मा का समन्वय

यह पीठ बताती है कि शासन तंत्र तभी स्थायी है
जब वह आत्मिक अनुशासन पर आधारित हो।
यह "राजनीति का आध्यात्मिकीकरण" है,
जिसे भविष्य की सभ्यता का आधार माना गया है।

"अंतिम शंकराचार्य पीठ" क्यों कहा गया

चार पीठें धर्म की दिशा का प्रतीक थीं,
पाँचवाँ पीठ **धर्म की दिशा से परे उसकी पूर्णता** का प्रतीक है।
यह अब किसी भौगोलिक क्षेत्र के लिए नहीं,
बल्कि पूरे विश्व की चेतना के लिए है।

"जब मनुष्य का धर्म मानवता होगा,
तब सत्यकाशी पाँचवाँ ही नहीं, अंतिम पीठ सिद्ध होगा।"

सत्यकाशी पीठ का दार्शनिक आधार

इस पीठ की जड़ें तीन सूत्रों पर टिकी हैं -

1. **ब्रह्म सत्यम्** - सत्य सर्वत्र है।
2. **जगत् मिथ्या** - भेद, संप्रदाय और हिंसा केवल अज्ञान की छाया हैं।
3. **जीवो ब्रह्मैव नापरः** - प्रत्येक व्यक्ति ब्रह्म का ही अंश है।

यही दर्शन राजनीति में यह रूप लेता है -

दर्शन	राजनीतिक रूप
ब्रह्म सत्यम्	राज्य का आधार सत्य और नीति
जगत मिथ्या	जाति, रंग, धर्म से ऊपर समानता
जीवो ब्रह्मैव	प्रत्येक नागरिक में दिव्यता का सम्मान

निष्कर्ष

**सत्यकाशी पीठ शंकराचार्य की परंपरा का समापन नहीं,
बल्कि उसका परिपूर्ण रूप है।
यह धर्म, राजनीति, और चेतना -
तीनों के संगम से एक** नया युग **आरंभ करता है।**

**"पहले चार पीठों ने दिशा दी,
पाँचवें ने दिशा को प्रकाश बना दिया।"**

**सत्यकाशी पीठ इसलिए अंतिम है -
क्योंकि यह अद्वैत को सिद्धांत नहीं,
बल्कि जीवित अनुभव बना देता है।**

भाग-13
सत्यकाशी पीठ के कार्य

धारा-उद्धार: धर्म की पुनर्स्थापना

मनुष्य चेतना का रूपांतरण

साधना, दीक्षा और आध्यात्मिक अनुष्ठान

वैश्विक कार्य: मानवता के लिए संदेश

शिव-तत्व और कल्कि-तत्व का मिलन

"सार्वभौम सत्य-सिद्धान्त" पर आधारित "युग परिवर्तन श्रृंखला" के नवयुग के शास्त्र-साहित्य

धारा-उद्धारः धर्म की पुनर्स्थापना

सत्यकाशी पीठ का प्रथम और सर्वोपरि कार्य है-**धारा-उद्धार**, अर्थात वह दिव्य धारा जो युगों से मलीन, विभ्रांत या विकृत हो चुकी है, उसे पुनः शुद्ध स्वरूप में प्रवाहित करना। "धर्म" शब्द यहाँ किसी संप्रदाय, पद्धति या विचारधारा का नाम नहीं; धर्म का अर्थ है-**जगत की अंतर्निहित समरसता, सत्य और सृष्टि-नियम**।

जब युग बदलता है, धर्म की धारा अवरुद्ध हो जाती है।
सत्य केवल ग्रंथों में रह जाता है, इसके प्रयोग का बल खो जाता है।
लो़ग अनुष्ठान तो करते हैं, पररस के बिना;
मंत्र तो बोलते हैं, पर अर्थ के बिना;
धर्म का नाम तो लेते हैं, पर धर्म का जीवन नहीं जीते।

सत्यकाशी पीठ इस जड़ता को तोड़ता है।

यह धारा-उद्धार तीन प्रकार से होता है:

1. सत्य-दृष्टि का पुनर्जागरण

लोगों में सत्य को पहचानने और जीने की क्षमता पुनः सक्रिय होती है।
यह क्षमता बिना किसी प्रवचन-केवल चेतना-संक्रमण से जगती है।

2. धर्म का प्रयोगशाला-रूप

सत्यकाशी पीठ धर्म को जीवन के केंद्र में स्थापित करता है।
धर्म यहाँ सिद्धांत नहीं-व्यवहार और चरित्र का प्रवाह है।

3. युग-धर्म की घोषणा

हर युग का धर्म अलग होता है।
कलियुग से सतयुग में प्रवेश के लिए जो धर्म आवश्यक है-योग, करुणा, सत्य, उच्च चेतना, मानव-एकत्व-उसका पुनःस्थापन पीठ के मुख्य कार्यों में है।

इस प्रकार, धारा-उद्धार वह बीज है जिससे नए युग की पूरी फसल अंकुरित होती है।

मनुष्य चेतना का रूपांतरण

युग परिवर्तन का मूल आधार मनुष्य की बाहरी परिस्थितियाँ नहीं-उसकी **भीतर की चेतना** है। सत्यकाशी पीठ का दूसरा मुख्य कार्य इसी रूपांतरण से जुड़ा है।

मनुष्य आज बुद्धि में प्रबल है, पर चेतना में सुप्त।
ज्ञान बहुत है, पर विवेक कम।
सूचना बहुत है, पर अनुभूति नहीं।
असंतोष बहुत है, पर दिशा नहीं।

पीठ का उद्देश्य मनुष्य को बाहरी उपलब्धियों से हटाकर भीतर की यात्रा में प्रवेश कराना है।

रूपांतरण के चार चरण

1. जागरण (Awakening)

मनुष्य स्वयं से पहला प्रश्न पूछता है-"मैं कौन हूँ?"
यह प्रश्न जन्म देता है।

2. शुद्धि (Purification)

पुराने संस्कार, भय, भ्रम और अहंकार टूटने लगते हैं।

3. विस्तार (Expansion)

चेतना शरीर-मन से आगे बढ़कर सूक्ष्म और कारण-स्तरों को अनुभव करने लगती है।

4. परिणति (Realization)

मनुष्य अपने भीतर स्थित दिव्य-सत्ता को पहचान लेता है।
यही "नया मनुष्य" है-युग परिवर्तन का वाहक।

पीठ का कार्य प्रत्येक साधक को इन चार चरणों के मार्ग से गुज़ारना है-धीरे, सहज, और सामूहिक ऊर्जा के साथ।

साधना, दीक्षा और आध्यात्मिक अनुष्ठान

हर परिवर्तन की जड़ अनुशासन और साधना है।
सत्यकाशी पीठ में साधना केवल ध्यान या मंत्र नहीं-यह एक पूर्ण जीवन-शास्त्र है।

1. साधना (Spiritual Practice)

- आंतरिक शांति
- चेतना का विस्तार
- ऊर्जा का स्थिरीकरण
- स्मृति-शोधन
- आत्म-प्रकाश

पीठ की साधना आधुनिक मन के अनुसार सरल, गहरी और प्रभावकारी है।
यह शरीर, मन, प्राण और चेतना-सभी स्तरों पर काम करती है।

2. दीक्षा (Initiation)

दीक्षा बाहरी कर्म नहीं-ऊर्जा का आंतरिक स्थानांतरण है।
यह वह क्षण है जब साधक की चेतना में युग-ऊर्जा का बीज रोपा जाता है।
यह बीज धीरे-धीरे जागता है और साधक स्वयं एक "चेतना-केंद्र" बन जाता है।

3. अनुष्ठान (Rituals)

अनुष्ठान ब्रह्मांडीय ऊर्जा को पृथ्वी पर स्थिर करने के उपकरण हैं।
सत्यकाशी पीठ में अनुष्ठान प्राचीन और आधुनिक दोनों हैं-
वे बाहरी प्रतीकों से अधिक आंतरिक परिवर्तन पर आधारित हैं।

अनुष्ठान केवल पूजा नहीं-वे प्रकाश का आह्वान हैं।

वैश्विक कार्य - मानवता के लिए संदेश

सत्यकाशी पीठ का कार्य किसी एक देश, संस्कृति या समुदाय तक सीमित नहीं।
युग परिवर्तन हमेशा वैश्विक होता है-इसलिए उसका संदेश भी वैश्विक होता है।

आज मानवता कई स्तरों पर विभाजित है-
भाषा, धर्म, राजनीति, अर्थव्यवस्था, जाति, विचार।
पर चेतना का सत्य इन सभी से ऊपर है।

सत्यकाशी पीठ का वैश्विक संदेश यही है:

1. मानव एक है

भिन्नता केवल बाहरी है; भीतर सबमें एक ही प्रकाश विद्यमान है।

2. पृथ्वी हमारा साझा आश्रम है

मानवता को पृथ्वी-चेतना के साथ सुसंगत होना होगा।

3. धर्म संघर्ष नहीं-एकता का मार्ग है

सभी पवित्र परंपराएँ एक ही सत्य के भिन्न द्वार हैं।

4. विज्ञान और अध्यात्म एक-दूसरे के पूरक हैं

दुनिया का नया युग तभी जन्म लेगा जब विज्ञान चेतना को समझेगा, और अध्यात्म विज्ञान को अपनाएगा।

5. कल्कि-ऊर्जा सार्वभौमिक है

यह ऊर्जा किसी राष्ट्र का, पंथ का, या समूह का स्वामित्व नहीं;
यह सम्पूर्ण मानवता का जन्मसिद्ध अधिकार है।

सत्यकाशी पीठ का उद्देश्य इसी संदेश को विश्व तक पहुँचाना है-शब्द, कला, ध्यान, साधना, विज्ञान और ऊर्जा के माध्यम से।

शिव-तत्व और कल्कि-तत्व का मिलन

युग परिवर्तन का अंतिम रहस्य दो महाशक्तियों के मिलन में निहित है-
शिव-तत्व और **कल्कि-तत्व**।

शिव-तत्व

संहार, मौन, तत्त्व-ज्ञान, समाधि और शून्य का प्रतिनिधि।
यह सभी रूपों का विसर्जन है-स्रोत में लौटना।

कल्कि-तत्व

नव-सृष्टि, धर्मस्थापन, ऊर्जा का उत्थान और युग-चक्र का पुनर्मूल्यांकन।
यह समय को पुनः संतुलित करने वाली शक्ति है।

दोनों का मिलन तब होता है जब:

- पुराना युग समाप्त हो रहा हो
- नया युग जन्म ले रहा हो
- पृथ्वी अपनी चेतना बदल रही हो
- मानवता परिवर्तन की पुकार कर रही हो

शिव-तत्व पुरातन को शून्य करता है,
और उसी शून्य में कल्कि-तत्व नया ब्रह्मांडीय क्रम स्थापित करता है।

सत्यकाशी पीठ इसी मिलन का केंद्र है-
जहाँ **शिव का मौन** और **कल्कि का उदय**
एक साथ कार्य करते हैं।

यही मिलन युग के नये चक्र की शुरुआत है-
यहीं से सतयुग का नया सूर्योदय होता है।

"सार्वभौम सत्य-सिद्धान्त" पर आधारित "युग परिवर्तन श्रृंखला" के नवयुग के शास्त्र-साहित्य

विभिन्न सम्प्रदाय (धर्म), जाति, मत, दर्शन इत्यादि में विभाजित इस मानव समाज में वर्तमान तथा आने वाले भविष्य के समय की मूल आवश्यकता है- मानव के मनो का एकीकरण अर्थात मानव मन का भूमण्डलीकरण एवं ब्रह्माण्डीयकरण। इसकी आवश्यकता इसलिए भी है क्योंकि मानव अपने विज्ञान व तकनीकी ज्ञान से प्राप्त संसाधनो का प्रयोग करते हुये, एक तरफ तो ब्रह्माण्ड की ओर चल पड़ा है तो दुसरी तरफ विध्वंस के लिए अनेक हथियारों का भी निर्माण कर चुका है। ऐसी स्थिति में हमें निश्चित रूप से ऐसे एकीकरण की आवश्यकता है जिससे हम इस पृथ्वी से मानसिक स्तर के विवादों को समाप्त कर सकें।

माया सभ्यता के अनुसार विश्व के मानव समाज यह भी मान रहें हैं कि 21 दिसम्बर, 2012 को दुनिया का अन्त हो जायेगा। जबकि हिन्दू धर्म शास्त्र विष्णु पुराण, भागवत पुराण, अग्नि पुराण, गरूड़ पुराण, पद्म पुराण इत्यादि में भगवान के दसवें और महाअवतार "कल्कि" का होना अभी शेष है। जिनसे कलियुग के अंधकार व विनाश को समाप्त करने का कार्य सम्पन्न होगा, साथ ही सत्ययुग का आरम्भ होगा। सिक्ख धर्म के पवित्र ग्रन्थ "दशम् ग्रन्थ" में भी "कल्कि अवतार" का वर्णन मिलता है।

सृजन और विनाश, का स्तर शारीरिक, आर्थिक व मानसिक होता है। जो एक व्यक्ति, समाज, देश और विश्व राष्ट्र के लिए होता है। व्यक्ति पर हुये शारीरिक, आर्थिक व मानसिक सृजन और विनाश को व्यक्ति ही अनुभव करता है परन्तु समाज, देश और विश्व राष्ट्र पर हुये शारीरिक, आर्थिक व मानसिक सृजन व विनाश को सार्वजनिक रूप से सभी देखते है। समाज, देश और विश्व राष्ट्र पर शारीरिक व आर्थिक सृजन और विनाश वर्तमान में तो चल ही रहा है जिसे सार्वजनिक रूप से मानव समाज देख रहा है।

भौतिकवादी पश्चिमी संस्कृति किसी भी सृजन व विनाश को मानसिक स्तर पर सोच ही नहीं सकता क्योंकि वह समस्त क्रियाकलाप को बाह्य जगत में ही घटित होता समझाता है जबकि वर्तमान समय मानसिक स्तर पर विनाश व सृजन का है। इस आधार पर यह कहा जा सकता है कि माया सभ्यता के अनुसार 21 दिसम्बर, 2012 को जो विनाश व सृजन होगा, वह मानसिक स्तर का ही होगा। जिसके परिणामस्वरूप सभी सम्प्रदाय, मत, दर्शन एक उच्च स्तर के विचार या सत्य में विलीन अर्थात विनाश को प्राप्त करेगा। फलस्वरूप उच्च स्तर के विचार या सत्य में स्थापित होने से सृजन होगा। कुल मिलाकर माया सभ्यता के कैलेण्डर का अन्त तिथि 21 दिसम्बर, 2012, दुनिया के अन्त की तिथि नहीं बल्कि वह वर्तमान युग के अन्त की अन्तिम तिथि का अनुमान है जिसके बाद नये युग का आरम्भ होगा।

ईश्वर भी इतना मूर्ख व अज्ञानी नहीं है कि वह स्वयं को इस मानव षरीर में पूर्ण व्यक्त किये बिना ही दुनिया को नष्ट कर दे। इसके सम्बन्ध में हिन्दू धर्म शास्त्रों में सृष्टि के प्रारम्भ के सम्बन्ध में कहा गया है कि- "ईश्वर ने इच्छा व्यक्त की कि मैं एक हूँ, अनेक हो जाऊँ"। इस प्रकार जब वही ईश्वर सभी में है तब निश्चित रूप से जब तक सभी मानव ईश्वर नहीं हो जाते तब तक दुनिया के अन्त होने का कोई प्रश्न ही नहीं उठता। और विकास क्रम चलता रहेगा।

21 दिसम्बर, 2012 के बाद का समय नये युग के प्रारम्भ का समय है जिसमें ज्ञान, ध्यान, चेतना, भाव, जन, देश, विश्व राष्ट्र, आध्यात्मिक जागरण, मानवता इत्यादि का विश्वव्यापी विकास होगा। परिणामस्वरूप सभी मानव को ईश्वर रूप में स्थापित होने का अवसर प्राप्त होगा। और यही विश्व मानव समाज की मूल आवश्यकता है। प्राचीन वैदिक काल में समाज को नियंत्रित करने के लिए ज्ञानार्जन सबके लिए खुला नहीं था परन्तु वर्तमान और भविष्य की आवश्यकता यह है कि समाज को नियंत्रित करने के लिए सभी को पूर्ण ज्ञान से युक्त कर सभी के लिए ज्ञान को खोल दिया जाय। यही कारण था कि वेद को प्रतीकात्मक रूप में लिख कर गुरू-शिष्य परम्परा द्वारा उसकी व्याख्या की जाती रही थी जिससे राजा और समाज को नियंत्रण में रखा जा सके।

सभी मानव को ईश्वर रूप में स्थापित होने के लिए जो माध्यम चाहिए वह है-"एकात्म विज्ञान" व "ईश्वर शास्त्र" विषय से मानव को शिक्षित करना और शिक्षा पाठ्यक्रम में अनिवार्य रूप से अध्ययन के लिए शामिल कराया जा सके।

"सार्वभौम सत्य-सिद्धांत"पर आधारित "युग परिवर्तन श्रृंखला" मानवता के अगली पीढ़ी के उदय के लिए

"नये युग" में "नये भारत" के लिए "नवीन मान-राग-प्राण" पर आधारित क्रियान्वयन प्रणाली (Operation System)-मानव-10 (MANAV-10) की पुस्तकें

यह नई पीढ़ी (Gen-Z) के लिए "विकसित भारत" और "मानव-10 प्रणाली" (MANAV-10 System) को प्रोत्साहित करने वाली श्रृंखला का हिस्सा है। अर्थात् यह पुस्तक किसी धर्म, जाति या मत से ऊपर उठकर "Universal Truth Principles" की ओर संकेत करती है।

मुद्रित (Printed Hard Copy) पुस्तक के लिए लिंक(Link)

https://notionpress.com/author/lava_kush

E_Book के लिए

www.64inch.com

द्वापर युग में आठवें अवतार श्रीकृष्ण द्वारा प्रारम्भ किया गया कार्य नवसृजन के प्रथम भाग सार्वभौम ज्ञान के शास्त्र "गीता" के बाद कलियुग में द्वितीय और अन्तिम भाग "सार्वभौम कर्मज्ञान" और "पूर्णज्ञान का पूरक शास्त्र"

विश्व युद्ध के पहले
दिव्य दृष्टि
सत्यकाशी पीठ
पाँचवां और अन्तिम शंकराचार्य पीठ

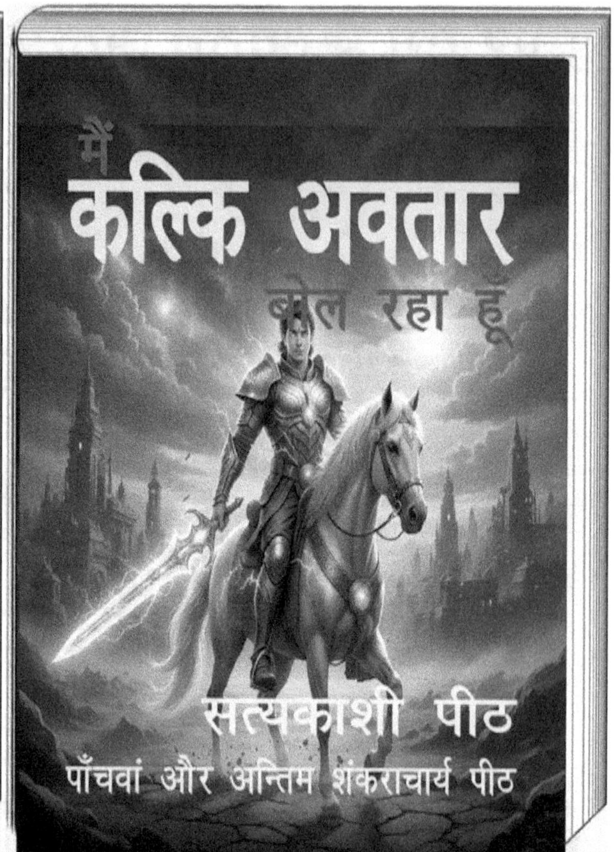
मैं
कल्कि अवतार
बोल रहा हूँ
सत्यकाशी पीठ
पाँचवां और अन्तिम शंकराचार्य पीठ

समष्टि गीता
यथार्थ प्रकाश
सत्यकाशी पीठ
पाँचवां और अन्तिम शंकराचार्य पीठ

फिल्म स्क्रीप्ट
राइटिंग
IDEAS
You are the writer of your life
FRESH Ideas
Writing is designing with words
creative THINKING
LIGHTS CAMERA ACTION
Short Films.
लव कुश सिंह "विश्वमानव"

प्रारम्भिक सत्य
अन्तिम
दृष्टि
सत्यकाशी पीठ
पाँचवां और अन्तिम शंकराचार्य पीठ

सत्य धर्म
युग परिवर्तक
दृष्टि
सत्यकाशी पीठ
पाँचवां और अन्तिम शंकराचार्य पीठ

सत्य दार्शनिक-दर्शन
और
कर्म वेदान्त-विकास
दर्शन
सत्यकाशी पीठ
पाँचवां और अन्तिम शंकराचार्य पीठ

सत्य शास्त्र
एवं
पुराण-रहस्य
महर्षि व्यास
कला
सत्यकाशी पीठ
पाँचवां और अन्तिम शंकराचार्य पीठ

संत एवं गुरु
और
सत्यकाशी पीठ
पाँचवां और अन्तिम शंकराचार्य पीठ

समाज और
ईश्वरीय समाज
सत्यकाशी पीठ
पाँचवां और अन्तिम शंकराचार्य पीठ

सत्य शास्त्र और
विश्वशास्त्र
सत्यकाशी पीठ
पाँचवां और अन्तिम शंकराचार्य पीठ
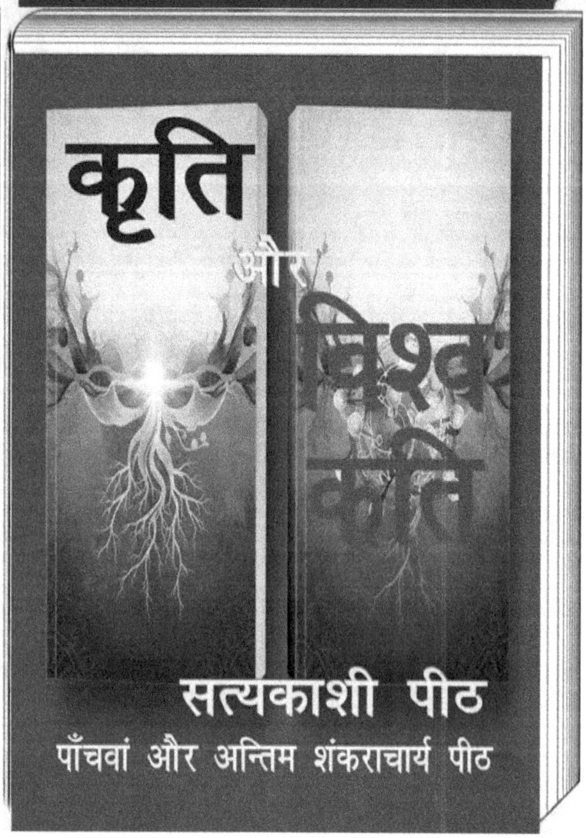
कृति
और
विश्व
कृति
सत्यकाशी पीठ
पाँचवां और अन्तिम शंकराचार्य पीठ

भारत माता मन्दिर
और
विश्वधर्म मन्दिर
सत्यकाशी पीठ
पाँचवां और अन्तिम शंकराचार्य पीठ

महाभारत
और
विश्वभारत
सत्यकाशी पीठ
पाँचवां और अन्तिम शंकराचार्य पीठ

संविधान और
विश्व संविधान
सत्यकाशी पीठ
पांचवां और अन्तिम शंकराचार्य पीठ

शिक्षा और
पूर्ण शिक्षा
सत्यकाशी पीठ
अन्तिम शंकराचार्य पीठ

देवता और सार्वभौम देवता
कल्कि
सत्यकाशी पीठ

माँ कल्कि

द्वादस ज्योतिर्लिंग और
१३वां अन्तिम ज्योतिर्लिंग
?
सत्यकाशी पीठ
पाँचवां और अन्तिम शंकराचार्य पीठ

काशी
मोक्षदायिनी
और
जीवनदायिनी
ॐ

सत्यकाशी
स्वर्णयुग
का
तीर्थ

काशी
रहस्योद्घाटन
सत्यकाशी पीठ
पांचवां और अन्तिम शंकराचार्य पीठ

2020
सत्यकाशी पीठ
पाँचवां और अन्तिम शंकराचार्य पीठ

ईश्वर
का
संक्षिप्त इतिहास
सत्यकाशी पीठ
पाँचवां और अन्तिम शंकराचार्य पीठ

अवतार
अन्तिम सत्य दृष्टि
सत्यकाशी पीठ
पाँचवां और अन्तिम शंकराचार्य पीठ

भविष्यवाणियाँ
और
कल्कि अवतार
सत्यकाशी पीठ
पाँचवां और अन्तिम शंकराचार्य पीठ

स्वामी विवेकानन्द
और
कल्कि अवतार
सत्यकाशी पीठ
पाँचवां और अन्तिम शंकराचार्य पीठ

मनु, मनवन्तर
और
कल्कि अवतार
सत्यकाशी पीठ
पाँचवां और अन्तिम शंकराचार्य पीठ

व्यास, शास्त्र
और
कल्कि अवतार
सत्यकाशी पीठ
पाँचवां और अन्तिम शंकराचार्य पीठ

ऋषि, ऋषि परम्परा
और
कल्कि अवतार
सत्यकाशी पीठ
पाँचवां और अन्तिम शंकराचार्य पीठ

दूसरा आगमन
या
अन्तिम आगमन
सत्यकाशी पीठ
पाँचवां और अन्तिम शंकराचार्य पीठ

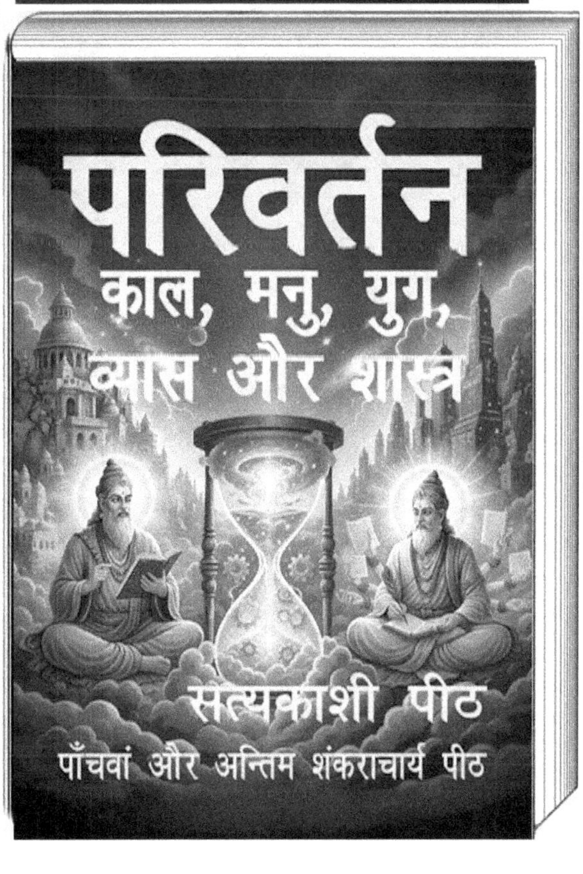
परिवर्तन
काल, मनु, युग,
व्यास और शास्त्र
सत्यकाशी पीठ
पाँचवां और अन्तिम शंकराचार्य पीठ

राम, रावण
और
सार्वभौम एकात्म
सत्यकाशी पीठ
पाँचवां और अन्तिम शंकराचार्य पीठ

मैं
व्यक्तिगत या सार्वभौम
सत्यकाशी पीठ
पाँचवां और अन्तिम शंकराचार्य पीठ

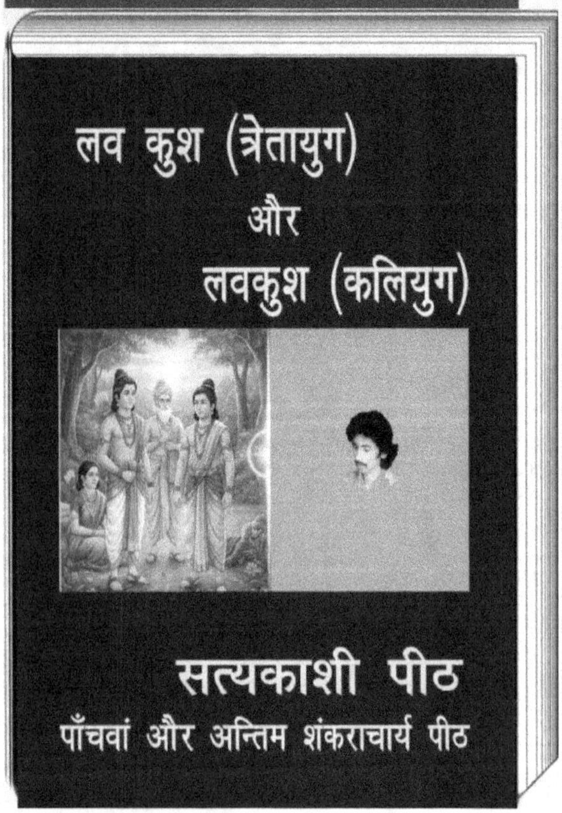
लव कुश (त्रेतायुग)
और
लवकुश (कलियुग)
सत्यकाशी पीठ
पाँचवां और अन्तिम शंकराचार्य पीठ

कल्कि महावतार
आ चुके हैं
(ACTION PLAN)
सत्यकाशी पीठ
पाँचवां और अन्तिम शंकराचार्य पीठ

लव कुश सिंह
(कल्कि महावतार)
जीवन, ज्ञान, कर्म और विश्वरूप
सत्यकाशी पीठ
पाँचवां और अन्तिम शंकराचार्य पीठ

वैश्विक बुद्ध
बुद्ध का
भाग-दो
और अन्तिम
सत्यकाशी पीठ
पाँचवां और अन्तिम शंकराचार्य पीठ

बुड्ढ़ा कृष्ण
कृष्ण का
भाग-दो
और अन्तिम
सत्यकाशी पीठ
पाँचवां और अन्तिम शंकराचार्य पीठ

सम्पूर्ण क्रान्ति
अन्तिम कार्य योजना
64
सत्यकाशी पीठ
पांचवां और अन्तिम शंकराचार्य पीठ

सम्पूर्ण क्रान्ति
वेबसाइट मार्गदर्शन
विवरणिका
www.64inch.com
सत्यकाशी पीठ
पाँचवां और अन्तिम शंकराचार्य पीठ

पुनर्निर्माण
(RENEW)
समस्या, समाधान
और
राष्ट्र निर्माण की योजना
सत्यकाशी पीठ
पाँचवां और अन्तिम शंकराचार्य पीठ

पुनर्निर्माण
(RENEW)
ग्राम एवं नगर वार्ड
प्रेरक
सत्यकाशी पीठ
पाँचवां और अन्तिम शंकराचार्य पीठ

द्वापर युग में आठवें अवतार श्रीकृष्ण द्वारा प्रारम्भ किया गया कार्य "नवसृजन" के
प्रथम भाग "सार्वभौम ज्ञान" के शास्त्र "गीता" के बाद कलियुग में
द्वितीय और अन्तिम भाग "सार्वभौम कर्मज्ञान" और "पूर्णज्ञान का पूरक शास्त्र"
।। विश्वशास्त्र ।।
द नॉलेज ऑफ फाइनल नॉलेज
परिचय
- लव कुश सिंह "विश्वमानव"

एन्टायर पालिटिक्स
पूर्ण पाठ्यक्रम
सत्यकाशी पीठ
पाचवां और अन्तिम शंकराचार्य पीठ

वसुधैव
कुटुम्बकम्
सत्यकाशी पीठ
पाँचवां और अन्तिम शंकराचार्य पीठ

।।कर्मवेद।।
प्रथम, अन्तिम तथा पंचम
सत्यकाशी पीठ
पांचवां और अन्तिम शंकराचार्य पीठ

आठवें अवतार
श्रीकृष्ण
सत्यकाशी पीठ
पांचवां और अन्तिम शंकराचार्य पीठ

अयोध्या नहीं,
मुंगेर है
राम जन्मभूमि
सत्यकाशी पीठ
पाँचवां और अन्तिम शंकराचार्य पीठ

विश्वमानव
भूतपूर्व नेतृत्वकर्ताओं
का
स्पष्टिकरण
सत्यकाशी पीठ
पाँचवां और अन्तिम शंकराचार्य पीठ

विश्वमानव
वर्तमान नेतृत्वकर्ताओं
का
स्पष्टिकरण
सत्यकाशी पीठ
पाँचवां और अन्तिम शंकराचार्य पीठ

विश्वमानव
वार्ता, वक्तव्य
एवं
वाणीयाँ
सत्यकाशी पीठ
पाँचवां और अन्तिम शंकराचार्य पीठ

विश्वमानव
पत्रावली, प्रसारण
और
अन्तिम पत्र
सत्यकाशी पीठ
पाँचवां और अन्तिम शंकराचार्य पीठ

सत्य जनहित
आह्वान
सत्यकाशी पीठ
पाँचवां और अन्तिम शंकराचार्य पीठ

विश्व शान्ति
अन्तिम सत्य दृष्टि
सत्यकाशी पीठ
पाँचवां और अन्तिम शंकराचार्य पीठ

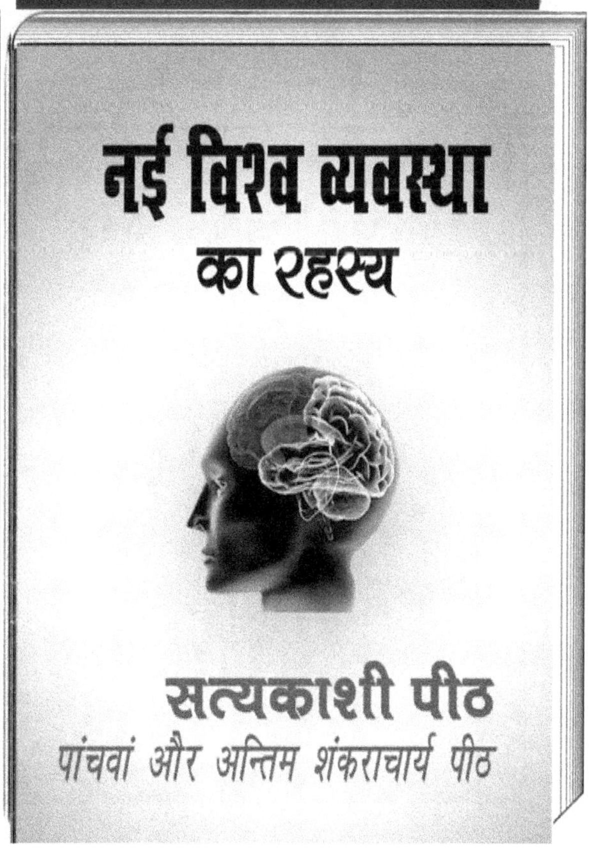
नई विश्व व्यवस्था
का रहस्य
सत्यकाशी पीठ
पांचवां और अन्तिम शंकराचार्य पीठ

समाजवाद
ब्रह्माण्डीय विकास का अवतारी मार्ग
सत्यकाशी पीठ
पांचवां और अन्तिम शंकराचार्य पीठ

भारतवाद
राष्ट्रवाद की मुख्यधारा
सत्यकाशी पीठ
पांचवां और अन्तिम शंकराचार्य पीठ

100 वर्षीय संयुक्त राष्ट्र
को अग्रिम सन्देश
सत्यकाशी पीठ
पांचवां और अन्तिम शंकराचार्य पीठ

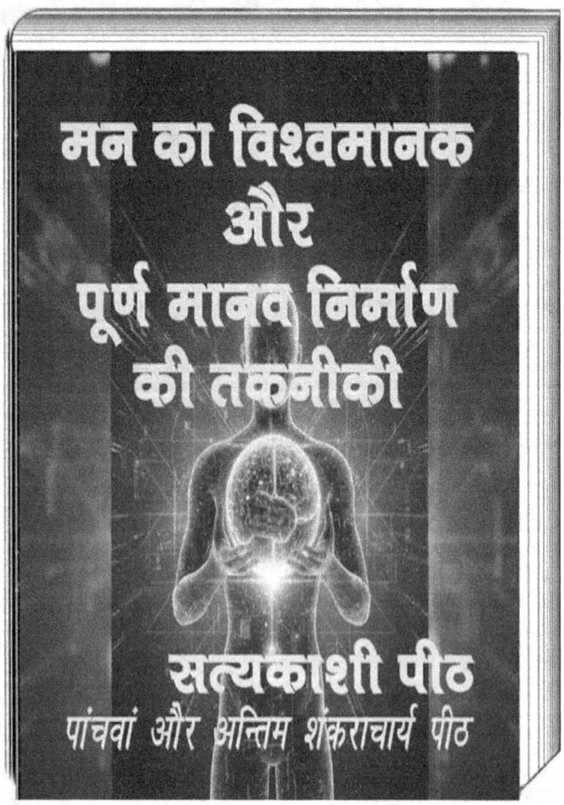
मन का विश्वमानक
और
पूर्ण मानव निर्माण
की तकनीकी
सत्यकाशी पीठ
पांचवां और अन्तिम शंकराचार्य पीठ

गणराज्य, संघ,
मानकीकरण संगठन
और
सम्पूर्ण मानक
सत्यकाशी पीठ
पाँचवां और अन्तिम शंकराचार्य पीठ

व्यापार केन्द्र
(TRADE CENTRE)
दृश्य सत्य
सत्यकाशी पीठ
पाँचवां और अन्तिम शंकराचार्य पीठ

सार्वभौम एकात्म
नव विश्व निर्माण
सत्यकाशी पीठ
पांचवां और अन्तिम शंकराचार्य पीठ

मानक विपणन
प्रणाली
सत्यकाशी पीठ
पाँचवां और अन्तिम शंकराचार्य पीठ

स्वर्णयुग का मानक
आदर्श नागरिक
दिशा निर्देश
सत्यकाशी पीठ
पांचवां और अन्तिम शंकराचार्य पीठ

स्वर्णयुग का
विश्वधर्म
परिचय
सत्यकाशी पीठ
पांचवां और अन्तिम शंकराचार्य पीठ

मैत्रेय बुद्ध
की ओर
सत्यकाशी पीठ
पांचवां और अन्तिम शंकराचार्य पीठ

विशाल ज्ञान विज्ञान
सबका समाधान
सूर्योदय
जय जनता जय कानून
हम सब एक दूसरे से हैं और एक दूसरे के लिए
सौजन्य से : सारे गैर सरकारी प्राणी : सरकारी प्राणी : इज्जतदार नेता और
सबका भविष्य विद्यार्थीगण........के लिए।

सार्वभौम सत्य-सिद्धान्त आधारित "युग परिवर्तक" श्रृंखला
कल्कि धाम
और
कल्कि परिचय
- लव कुश सिंह "विश्वमानव"

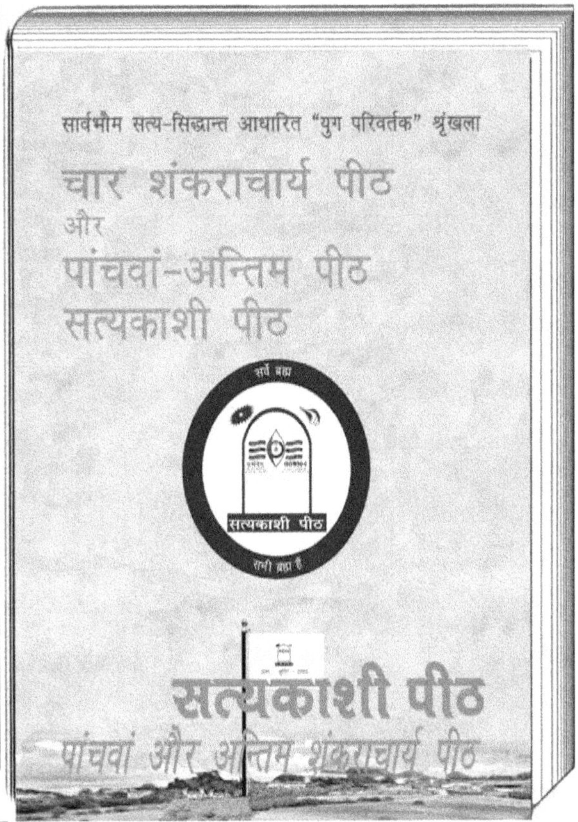
सार्वभौम सत्य-सिद्धान्त आधारित "युग परिवर्तक" श्रृंखला
चार शंकराचार्य पीठ
और
पांचवां-अन्तिम पीठ
सत्यकाशी पीठ
सत्यकाशी पीठ
सत्यकाशी पीठ
पांचवां और अन्तिम शंकराचार्य पीठ

कल्कि अमृत
महाकुम्भ
2025
FINAL KNOWLEDGE BOMB BLAST
सत्यकाशी पीठ
पांचवां और अन्तिम शंकराचार्य पीठ

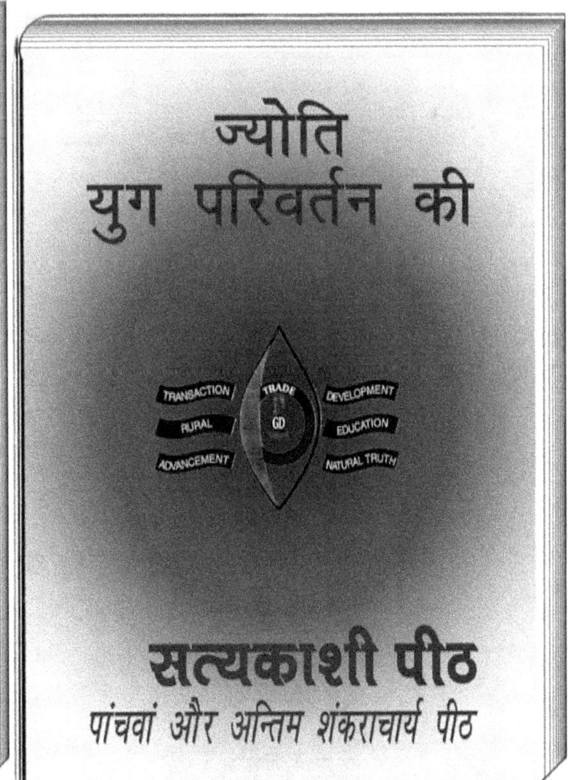
ज्योति
युग परिवर्तन की
TRANSACTION
TRADE
DEVELOPMENT
RURAL
GD
EDUCATION
ADVANCEMENT
NATURAL TRUTH
सत्यकाशी पीठ
पांचवां और अन्तिम शंकराचार्य पीठ

युग परिवर्तन
के
शब्द
सत्यकाशी पीठ
पांचवां और अन्तिम शंकराचार्य पीठ

विचारों का अंत
2025
सत्यकाशी पीठ
पांचवां और अन्तिम शंकराचार्य पीठ

विश्व सत्य घोषणा-पत्र
2025–मानव जाति तक
RSS
Rational Service
Society
सत्यकाशी पीठ
पांचवां और अन्तिम शंकराचार्यपीठ

वैश्विक युग परिवर्तन के लिए
विश्व राजनीतिक पार्टी
संघ
RSS
Rational Service
Society
सत्यकाशी पीठ
पांचवां और अन्तिम शंकराचार्यपीठ

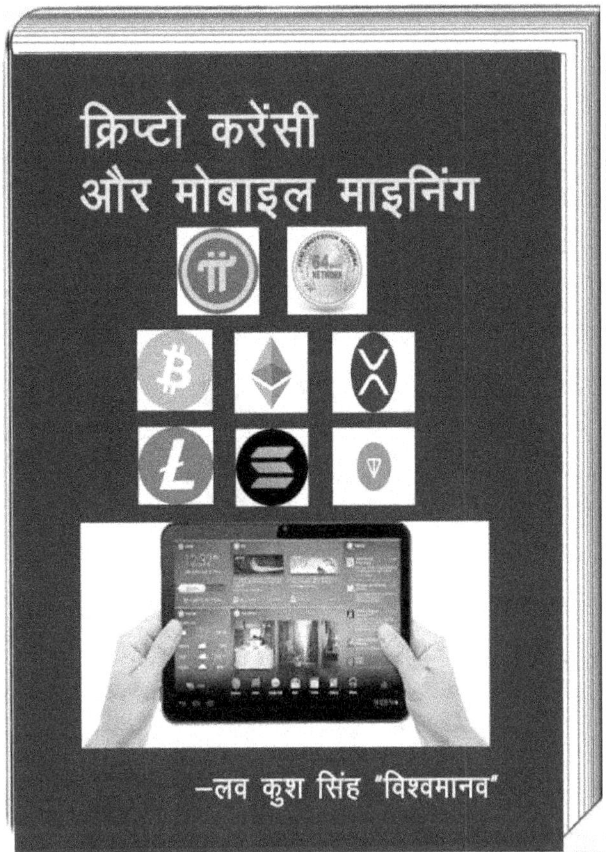
क्रिप्टो करेंसी
और मोबाइल माइनिंग
–लव कुश सिंह "विश्वमानव"

पीढ़ी
मानवीय और ईश्वरीय
10
वात्सल्य त्रिपाठी

बुढ़ा कृष्ण
अन्तिम मिलन
वात्सल्य त्रिपाठी

अन्तिम लक्ष्य
वात्सल्य त्रिपाठी

पाँचवां-अन्तिम पीठ
सत्यकाशी पीठ
परिचय
वात्सल्य त्रिपाठी
पाँचवां और आंतिम शंकराचार्य पीठ

कबीर और
जेन-जी
नई चेतना, नया मानव
चेतना और नवयुग की संवाद यात्रा
वात्सल्य त्रिपाठी

कल्कि की
ज्योति
बिहार से
ज्योति राठौड़

एक बिहारी
धरती पर भारी
ज्योति राठौड़

कबीरा चला आकाश में दियो
ज्ञान-कर्मज्ञान फैलाय
जिसको जितना चाहिए
छांट-छांट ले जाये
KASHI AREA BRAIN INTEGRATION & RESEARCH CHARITABLE TRUST
KABIR
काशी-सत्यकाशी
मोक्षदायिनी-जीवनदायिनी

कुर्म वंश
और
चरणाद्रिगढ़
स्वामी रमेशानन्द

आर.एस.एस
नवयुग के लिए
वैश्विक व्यक्तिगत पुस्तकालय
RATIONAL SERVICE SOCIETY (RSS)
WORLD PERSONAL LIBRARY FOR NEW AGE
A GUIDE TO GLOBAL WISDOM & FUTURE THOUGHT
स्वामी रमेशानन्द

झोला उठने के बाद
सोशल मीडिया
के लिए
कन्टेन्ट बैंक
विस्तृत गाइड: विचार, रणनीतियाँ, और संसाधन
www.64inch.com
सत्यकाशी पीठ
पांचवां और अन्तिम शंकराचार्य पीठ

झोला उठने के बाद
कल्कि
के तीन चरण
सत्यकाशी पीठ
पांचवां और अन्तिम शंकराचार्य पीठ

युग परिवर्तन के लिए:
विश्व पुस्तकालय बनाम कल्कि पुस्तकालय
www.64inch.com
ज्ञान का महासागर - अतीत से वर्तमान
बनाम
कल्कि पुस्तकालय
धर्म और भविष्य का प्रकाश नए युग का उद्भव
ज्ञान का महासंग्राम - भविष्य का निर्माण
सत्यकाशी पीठ
पांचवां और अन्तिम शंकराचार्य पीठ

व्हाट्सएप्प यूनिवर्सिटी
और
सु-इसु यूनिवर्सिटी
सत्यकाशी पीठ
पांचवां और अन्तिम शंकराचार्य पीठ

इंडिया
भारत का विश्वरूप
सत्यकाशी पीठ
पांचवां और अन्तिम शंकराचार्य पीठ

अधूरे
सपनों
का
अन्तिम मार्ग
सत्यकाशी पीठ
पांचवां और अन्तिम शंकराचार्य पीठ

मानक
संविधान
और
बहुजन
सत्यकाशी पीठ
पांचवां और अन्तिम शंकराचार्य पीठ

विकसित भारत
अन्तिम मुद्दे
-ईश्वरीय/मानवीय पीढ़ी-10 (GEN-10)
-व्यक्तिगत
-पारिवारीक
-सामाजिक
-धार्मिक
-राष्ट्रीय
-वैश्विक
सत्यकाशी पीठ
पांचवां और अन्तिम शंकराचार्य पीठ

एक नया
विकल्प
THREADS
सत्यकाशी पीठ
पांचवां और अन्तिम शंकराचार्य पीठ

विकसित भारत
शिक्षितों का अन्तिम ईश्वरीय मॉडल
सत्यकाशी पीठ
पांचवां और अन्तिम शंकराचार्य पीठ

विकास मॉडल
आसुरी
और
ईश्वरीय
सत्यकाशी पीठ
पांचवां और अन्तिम शंकराचार्य पीठ

युग परिवर्तन और 1000 वर्षों के लिए
सत्यकाशी पीठ
का सम्पूर्ण कार्य
कौन,
क्यों,
कैसे
कल्कि?
सत्यकाशी पीठ
पांचवां और अन्तिम शंकराचार्य पीठ

बैल बुद्धि
और
विकसित
भारत
सत्यकाशी पीठ
पांचवां और अन्तिम शंकराचार्य पीठ

लक्ष्मीन
भोज्यम
सत्यकाशी पीठ
पांचवां और अन्तिम शंकराचार्य पीठ

एक्सट्रा
टु ए बी
समान नागरिक व्यापार ज्ञान संहिता (CCTKC)
सत्यकाशी पीठ
पांचवां और अन्तिम शंकराचार्य पीठ

एक्सट्रा
टु ए बी
समान नागरिक आर्थिक संहिता (UCEC)
सत्यकाशी पीठ
पांचवां और अन्तिम शंकराचार्य पीठ

अंध भक्ति
से मुक्ति की ओर
मुक्ति मंत्र
"जिसने अंधभक्ति दिया
वही मुक्ति देगा"
सत्यकाशी पीठ
पांचवां और अन्तिम शंकराचार्य पीठ

VISHWABHARAT
न मो नारायण
सत्यकाशी पीठ
पांचवां और अन्तिम शंकराचार्य पीठ

अगला स्तर
फिल्म और राजनीति पर
विचारों का संगह
सत्यकाशी पीठ
पांचवां और अन्तिम शंकराचार्य पीठ

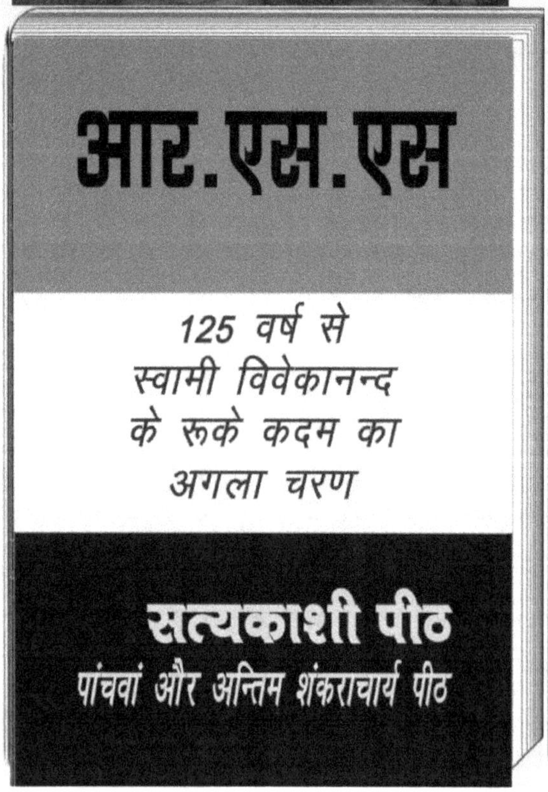
आर.एस.एस
125 वर्ष से
स्वामी विवेकानन्द
के रूके कदम का
अगला चरण
सत्यकाशी पीठ
पांचवां और अन्तिम शंकराचार्य पीठ

आर.एस.एस
रहस्योद्घाटन
सत्यकाशी पीठ
पांचवां और अन्तिम शंकराचार्य पीठ

125 वर्ष बाद
स्वामी विवेकानन्द
का अगला चरण

सत्यकाशी पीठ
पांचवां और अन्तिम शंकराचार्य पीठ

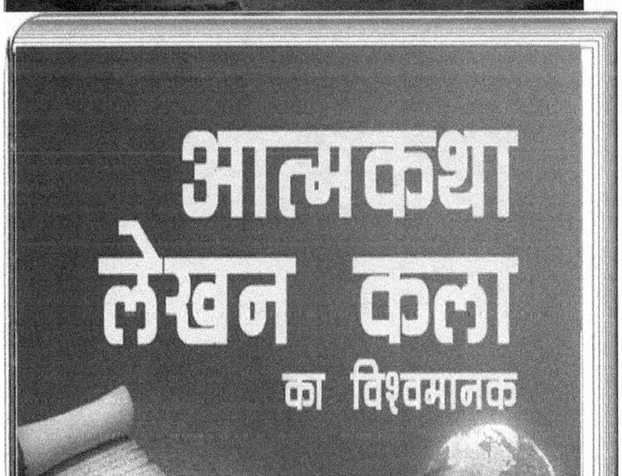
आत्मकथा
लेखन कला
का विश्वमानक
सत्यकाशी पीठ
पांचवां और अन्तिम शंकराचार्य पीठ

लुच्चा
पुराण
पौराणिक कथाओं
और पात्रों के
सत्य समझ की व्यास दृष्टि
सत्यकाशी पीठ
पांचवां और अन्तिम शंकराचार्य पीठ

आठवां
सावर्णि मनु स्मृति
सत्यकाशी पीठ
पांचवां और अन्तिम शंकराचार्य पीठ

विश्वमानक
शून्य श्रृंखला
0
सत्यकाशी पीठ
पांचवां और अन्तिम शंकराचार्य पीठ

सर्वजीत साधना
भवन
एक आध्यात्मिक अनुभव
सत्यकाशी पीठ
पांचवां और अन्तिम शंकराचार्य पीठ
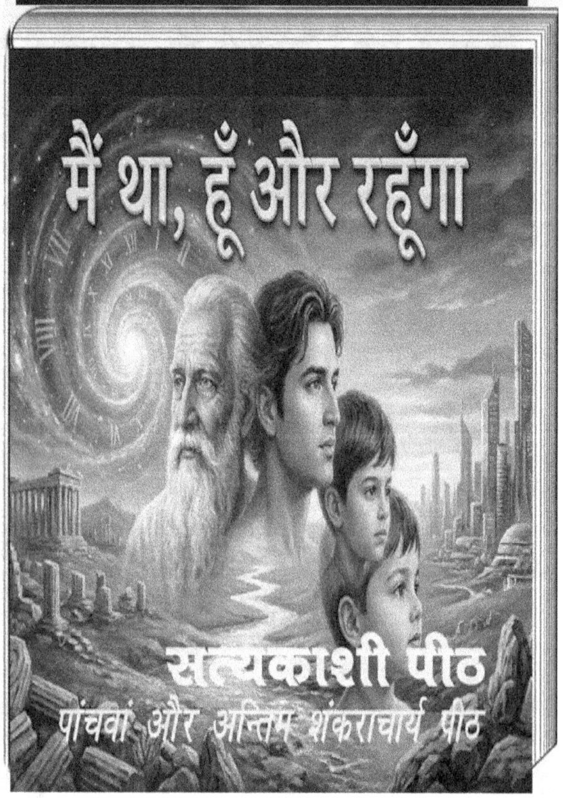
मैं था, हूँ और रहूँगा
सत्यकाशी पीठ
पांचवां और अन्तिम शंकराचार्य पीठ

लव
सत्यकाशी पीठ
पांचवां और अन्तिम शंकराचार्य पीठ

परब्रह्म,
प्रकृति,
अवतार
और वानर
सत्यकाशी पीठ
पांचवां और अन्तिम शंकराचार्य पीठ

संसार
दृश्य
और
अदृश्य
सत्यकाशी पीठ
पांचवां और अन्तिम शंकराचार्य पीठ

कर्मोपनिषद्
सत्यकाशी पीठ
पांचवां और अन्तिम शंकराचार्य पीठ

विश्वभारत
पुराण
सत्यकाशी पीठ
पांचवां और अन्तिम शंकराचार्य पीठ

एकात्म विज्ञान
सत्यकाशी पीठ
पांचवां और अन्तिम शंकराचार्य पीठ

मानक विज्ञान
सत्यकाशी पीठ
पांचवां और अन्तिम शंकराचार्य पीठ

ईश्वर शास्त्र
सत्यकाशी पीठ
पांचवां और अन्तिम शंकराचार्य पीठ

युगावतारों के प्रकटीकरण की कार्यविधि:
राम-कृष्ण-लवकुश
सत्यकाशी पीठ
पांचवां और अन्तिम शंकराचार्य पीठ

पुस्तक को देखो, लेखक को नहीं
आविष्कार को देखो, आविष्कारक को नहीं
शास्त्र को देखो, शास्त्राकार को नहीं
सत्यकाशी पीठ
पांचवां और अन्तिम शंकराचार्य पीठ

56 से 64
की ओर
सत्यकाशी पीठ
पांचवां और अन्तिम शंकराचार्य पीठ

मैं सत्यकाशी हूँ
कविता
सत्यकाशी पीठ
पांचवां और अन्तिम शंकराचार्य पीठ

पटेल
भारत के शारीरिक एकीकरण के बाद
मन का एकीकरण लक्ष्य
सत्यकाशी पीठ
पांचवां और अन्तिम शंकराचार्य पीठ

मन से
आत्मा तक
3 6 9 और 7
6
3
9
7
सत्यकाशी पीठ
पांचवां और अन्तिम शंकराचार्य पीठ

भारत
400 पार मुद्दा किसका
?
सत्यकाशी पीठ
पांचवां और अन्तिम शंकराचार्य पीठ

आर. एस. एस - पुस्तकालय
पढ़ो और कमाओ
शिक्षित समाज, समर्थ राष्ट्र
सत्यकाशी पीठ
पांचवां और अन्तिम शंकराचार्य पीठ

विश्वयुद्ध के पहले
विश्वगुरु
भारत
का विश्व शान्ति और
पुनर्निर्माण का अन्तिम सन्देश
सत्यकाशी पीठ
पांचवां और अन्तिम शंकराचार्य पीठ

चुटिया पण्डित
वृन्दावन की सत्य घटना
स्वामी नन्दनानंद

कल्कि का
चुनार और वृन्दावन
से उठता प्रेम
स्वामी नन्दनानंद

कल्कि का
बेगुसराय और मीरजापुर
जन्म और कर्म क्षेत्र
स्वामी नन्दनानंद

सत्येश्वरोपनिषद्
सत्येश्वर
और
झूठेश्वर
वात्सल्य त्रिपाठी

अन्तिम अवतार
कल्कि
के लिए शेष कर्म
वात्सल्य त्रिपाठी

कल्कि अवतार
का मानव-10
विकसित भारत का प्रवेश द्वार
वात्सल्य त्रिपाठी

पप्पू-गप्पू
और
नागरिक झुलेलाल
वात्सल्य त्रिपाठी

DATA DATA DATA DATA
ओपेन गेम
कभी-कभी नहीं,
अब कन्फर्म है
अपुन ही
भगवान है
(वेब सीरीज)
वात्सल्य त्रिपाठी

SATYAKASHI
THE END OF MIRZAPUR
सत्यकाशी पीठ
पांचवां और अन्तिम शंकराचार्य पीठ

अण्डरवर्ल्ड
सनातन से पुरुषों से छुपी महिलाओं की कहानी
(फिल्म स्क्रीनप्ले-रेडी टू शूट)
वात्सल्य त्रिपाठी

सोना और सोना
एवं
नारी सशक्तिकरण
वैदिक काल से वर्तमान तक
सत्यकाशी पीठ
पांचवां और अन्तिम शंकराचार्य पीठ

स्लम डॉग
गॉड
फिल्म स्क्रीनप्ले-रेडी टू शूट

उत्तर प्रदेश
का
उत्तर
वात्सल्य त्रिपाठी

अन्तिम समन्वयाचार्य
कल्कि
वात्सल्य त्रिपाठी

2026
2+0+2+6=10
पांचवां और अन्तिम शंकराचार्य पीठ

राम न आयेंगे
लवकुश आ रहें हैं
www.64inch.com
पांचवां और अन्तिम शंकराचार्य पीठ

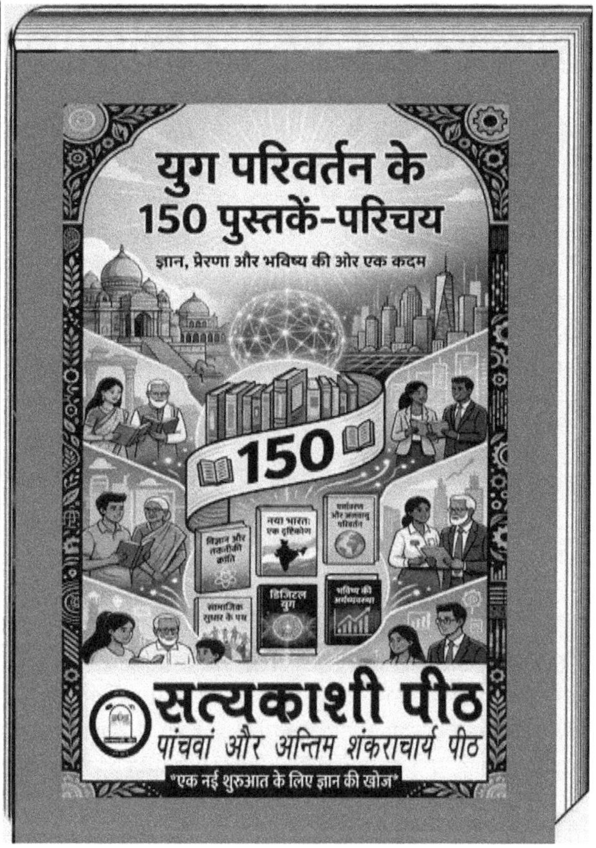
युग परिवर्तन के
150 पुस्तकें-परिचय
ज्ञान, प्रेरणा और भविष्य की ओर एक कदम
150
सत्यकाशी पीठ
पांचवां और अन्तिम शंकराचार्य पीठ
"एक नई शुरुआत के लिए ज्ञान की खोज"

जैसी तुम्हारी इच्छा वैसा करो

डॉ0 सर्वपल्ली राधाकृष्णन का जन्म 5 सितम्बर, 1888 को दक्षिण भारत के तिरूतनि स्थान पर हुआ था जो चेन्नई से 64 किमी उत्तर–पूर्व में है। डॉ0 सर्वपल्ली राधाकृष्णन भारत के उपराष्ट्रपति और दूसरे राष्ट्रपति सन् 1952 से 1962 तक में रहे। डॉ0 सर्वपल्ली राधाकृष्णन भारतीय समाजिक संस्कृति से ओत–प्रोत एक महान शिक्षाविद् महान दार्शनिक, महान वक्ता और आस्थावान हिन्दू विचारक थे। डॉ0 सर्वपल्ली राधाकृष्णन ने अपने जीवन के महत्वपूर्ण 40 वर्ष शिक्षक के रूप में व्यतीत किये। उनमें एक आदर्श शिक्षक के सारे गुण मौजूद थे। डॉ0 सर्वपल्ली राधाकृष्णन समस्त विश्व को एक शिक्षालय मानते थे। उनकी मान्यता थी कि शिक्षा के द्वारा ही मानव दिमाग का सद्उपयोग किया जाना सम्भव है इसलिए समस्त विश्व को एक इकाई समझकर ही शिक्षा का प्रबन्धन किया जाना चाहिए। उनके जन्मदिन को "शिक्षक दिवस" के रूप में मनाया जाता है।

इति ते ज्ञानमाख्यातं गुह्याद्गुह्यतरं मया।
विमृश्यैतदशेषेण यथेच्छसि तथा कुरू।।

(श्रीमद्भगवद्गीता, अध्याय–18, श्लोक–63)

अर्थात् – मैंने तुम्हें जो बताया, वह सब से बड़ा रहस्य है। इस पर भलीभाँति विचार कर तुम्हारी जैसी इच्छा वैसा करो।

"परमात्मा देखने में तटस्थ या निरपेक्ष दिखाई देता है, क्योंकि उसने चुनने का निर्णय अर्जुन के हाथ में छोड़ दिया है। उसकी यह निरपेक्षता ही अर्जुन के चिन्ता का कारण है। वह किसी पर भी दबाव नहीं डालता क्योंकि स्वतःस्फूर्त स्वतन्त्रता बहुत मूल्यवान होती है। भगवान अपना आदेश ऊपर से नहीं थोपता। वह स्वतन्त्र छोड़ देता है। परमात्मा की पुकार को स्वीकार करने या अस्वीकार कर देने के लिए हम हर समय स्वतन्त्र हैं। हम लड़खड़ाने लगें तो वह सहायता देने के लिए तैयार रहता है और प्रतीक्षा करने को तैयार है जब तक हम उसकी ओर उन्मुख न हों।

सब कुछ पहले से निर्धारित मानने वाले सिद्धान्त में टकराव के कारण यूरोप और भारत में काफी वाद–विवाद हुआ है। यूरोप का प्रमुख सिद्धान्त है कि संकल्प शक्ति और मानवीय प्रयत्न की स्वतन्त्रता का मनुष्य के उद्धार में बहुत बड़ा हाथ होता है। यद्यपि स्वयं संकल्प शक्ति को भी परमात्मा की कृपा के समर्थन की आवश्यकता पड़ सकती है। पहले से सब कुछ तय मानने वालों को अच्छे कार्यों और प्रार्थना के लिए यत्न करना होता है, क्योंकि वहाँ भी मानते हैं कि ये उपाय नियति को आगे बढ़ाने में सहायक तो हो सकते हैं लेकिन वे उसे रोक नहीं सकते। मनुष्य इस बात के लिए स्वतन्त्र है कि परमात्मा उन मनुष्यों पर कृपा करना चाहता है जो अपने आचरण से उस कृपा को ग्रहण करने के लिए तैयार करते हैं।

आध्यात्मिक नेता हम पर शारीरिक हिंसा, चमत्कार, प्रदर्शन के जरिये प्रभाव नहीं डालते। यदि सच्चा शिष्य कोई गलती कर भी बैठे, तो वह उसे केवल सलाह देगा। यदि शिष्य को चुनाव करने की स्वतन्त्रता पर आँच आती हो, तो वह उसे गलत रास्ते से भी वापस लौट आने के लिए विवश नहीं करेगा। गलती भी विकास की एक दिशा है।

कृष्ण केवल सारथी हैं। वह अर्जुन के आदेश का पालन करेगा। उसने कोई शस्त्र धारण नहीं किया हुआ है। यदि वह अर्जुन पर कोई प्रभाव डालता है तो वह उसे अपने उस सर्वजयी प्रेम के जरिए डालता है। जो कभी समाप्त नहीं होता।

अर्जुन को अपने लिए स्वयं विचार करना चाहिए और अपने लिए स्वयं ही मार्ग खोज करना चाहिए। अस्पष्ट मान्यताओं को अनिवार्य रूप से और भावुकतापूर्वक अपना लिए जाने के कारण फलस्वरूप कट्टर धर्मान्धता उत्पन्न हुई है और उनके कारण मनुष्यों को अकथनीय कष्ट उठाना पड़ा है। इसलिए यह आवश्यक है कि मन और विश्वासों के लिए कोई तर्क संगत और अनुभावात्मक औचित्य ढूंढ़े।

अर्जुन को एक वास्तविक अखण्डता की अनुभूति प्राप्त करनी होगी लेकिन उसके विचार अपने हैं। और गुरू के जरिये उस पर थोपे नहीं गये हैं। दूसरों पर अपने विचार थोपना शिक्षण नहीं हैं।"

– भगवद्गीता के आखिरी उपदेश पर भारतीय दर्शन के व्याख्याकार और दूसरे राष्ट्रपति डॉ0 राधाकृष्णनन का विवेचन

"यह विश्वशास्त्र, मनुष्यों पर थोपा नहीं जा रहा बल्कि वह मनुष्यों को, मनुष्यो के इस संसार मे जो वर्तमान है उसे और उसके आगे अनन्त मार्ग दिखा रहा है और सभी मार्गों के एकीकरण द्वारा, उस मार्ग को भी दिखा रहा है जो विश्व को सत्य–सुन्दर–शिव बना सकता है। फिर भी हे मनुष्यों जैसी तुम्हारी इच्छा वैसा करो। वर्तमान से योग कराने के लिए ही मैं व्यक्त होता हूँ।" – लव कुश सिंह "विश्वमानव"

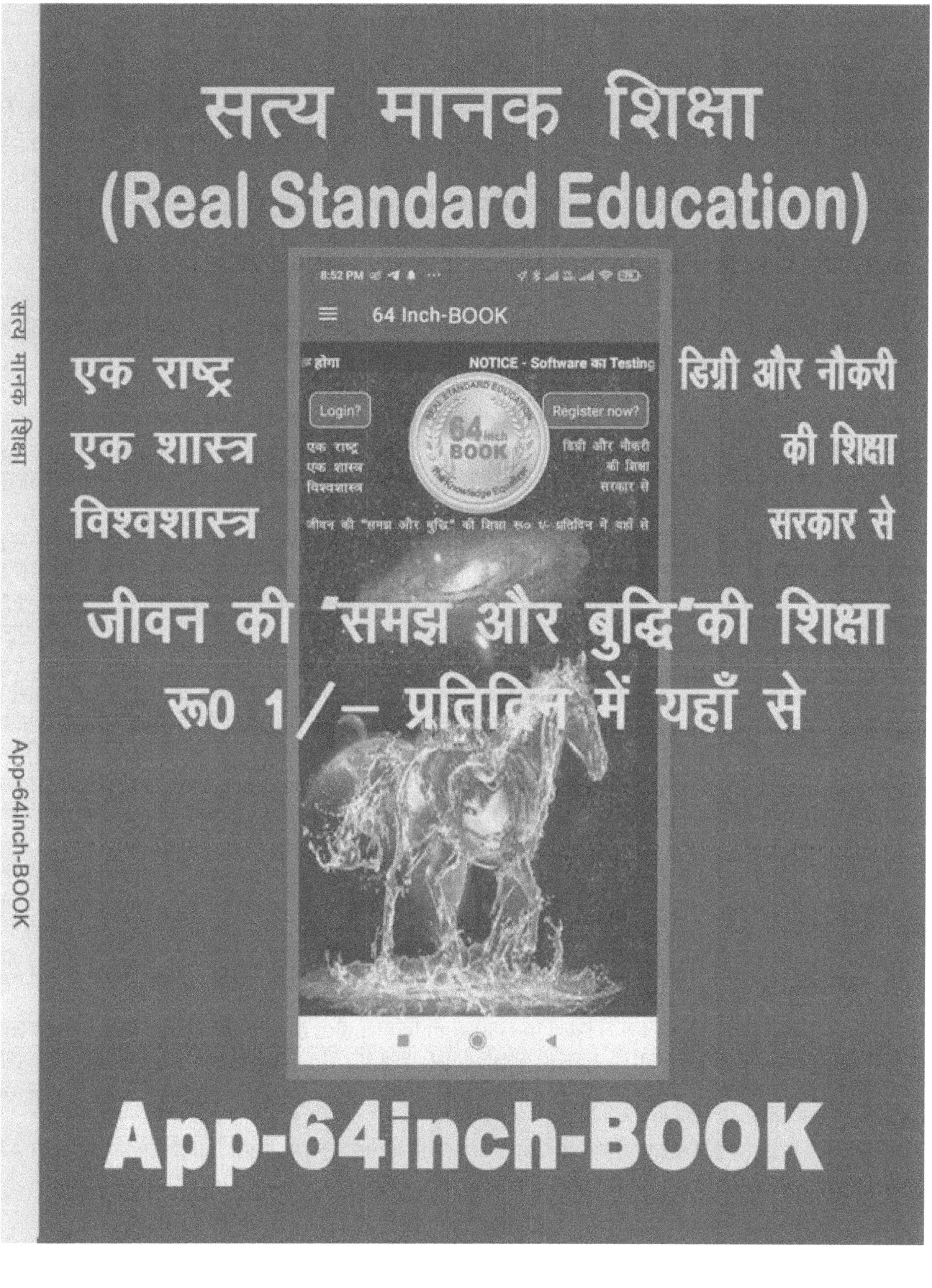
सत्य मानक शिक्षा
(Real Standard Education)
64 Inch-BOOK
NOTICE - Software का Testing
Login?
Register now?
एक राष्ट्र
एक शास्त्र
विश्वशास्त्र
डिग्री और नौकरी
की शिक्षा
सरकार से
जीवन की "समझ और बुद्धि" की शिक्षा
रू0 1/- प्रतिदिन में यहाँ से
App-64inch-BOOK
सत्य मानक शिक्षा
App-64inch-BOOK

"सत्य मानक शिक्षा" का व्यापार-एक अन्तहीन व्यापार

एक नदी पर पुल था जिसे कोई व्यक्ति पैदल दो घण्टे में पार करता था। यह पुल पैदल यात्रीयों के लिए रोक दिया गया था जिसके लिए पुल के ठीक मध्य (एक घण्टे की यात्रा) पर एक गार्ड नियुक्त था। गार्ड एक घण्टे सोता था और एक घण्टे जागता था। एक चालाक व्यक्ति को पुल से नदी पार करना अतिआवश्यक था। इसलिए गार्ड जब सोया तब वह यात्रा प्रारम्भ किया जैसे ही गार्ड के जागने का समय आया, वह वापस लौटने लगा। गार्ड समझा कि वह दूसरे किनारे से आ रहा है इसलिए उसने उस यात्री को पकड़ा और दूसरी ओर भेज दिया। इस प्रकार यात्री नदी पार हो गया।

यदि हम में से किसी को तैरकर नदी पार करना हो और आधे से पहले ही हमारा हिम्मत टूटने लगे तो हम वापस ही आना चाहेंगे। यदि आधे से अधिक तैरने के बाद हिम्मत टूटने लगेगा तो हौसला बढ़ाकर आगे ही बढकर पार करना चाहेंगे।

इसी प्रकार मनुष्य के विकास क्रम में हम सब अदृश्य विज्ञान (आध्यात्म) से दृश्य विज्ञान (भौतिक) की ओर बढ़ गये हैं। नदी या पुल का एक किनारा अदृश्य विज्ञान है तो दूसरा किनारा दृश्य विज्ञान। वर्तमान का हमारा अधिकतम जीवन नदी के दूसरे किनारे दृश्य विज्ञान की ओर है, हर पल। जन्म से ही हम अधिकतम वे सब वस्तुएँ प्रयोग कर रहे हैं जिसका कच्चा माल भले ही ईश्वरकृत हो परन्तु उपयोग का रूप मनुष्यकृत है और विज्ञान द्वारा निर्मित है। इस प्रकार मनुष्य निर्माता के रूप में अपना रूप व्यक्त कर ईश्वर की ओर ही बढ़ रहा है।

नदी के पुल पर बैठे उस गार्ड का काम और तैरने वाले का निर्णय "सत्य शिक्षा" है। वर्तमान में मनुष्य समाज अदृश्य काल से चलकर दृश्य काल में आ चुका है। आधे से वापस किनारे जाना "सत्य" को पाना है। और आधे से दूसरे किनारे पार हो जाना "सिद्धान्त" को पाना है। इन्हीं सिद्धान्त को पाने के बाद संविधान-नियम-कानून का जन्म होता है जिससे आज हम सभी संचालित व प्रभावित है। इस "सत्य-सिद्धान्त" की शिक्षा ही "सत्य मानक शिक्षा" है।

वर्तमान में जीने का अर्थ होता है-विश्व ज्ञान जहाँ तक बढ़ चुका है वहाँ तक के ज्ञान से अपने मस्तिष्क को युक्त करना। तभी डेढ़ हजार वर्ष पुराने हमारे मस्तिष्क का आधुनिकीकरण हो पायेगा। सिर्फ वर्तमान में तो पशु रहकर कर्म करते हैं। "सत्य मानक शिक्षा" मनुष्य के मस्तिष्क के आधुनिकीकरण की शिक्षा है या विज्ञान की भाषा में कहें तो मस्तिष्क के आधुनिकीकरण का साफ्टवेयर या माइक्रोचिप्स (Integrated Circuit-I.C) है। वर्तमान की अब नवीनतम परिभाषा है-"पूर्ण ज्ञान से युक्त होना" और कार्यशैली की परिभाषा है-"भूतकाल का अनुभव, भविष्य की आवश्यकतानुसार पूर्णज्ञान और परिणाम ज्ञान से युक्त होकर वर्तमान समय में कार्य करना।"

ज्ञान के इस युग में शिक्षा-विद्या-कला का व्यापार मनुष्य के धरती पर रहने तक रहेगा। ऐसी स्थिति में "सत्य मानक शिक्षा"का व्यापार भी उस समय तक के लिए स्थायित्व में है। शिक्षा-विद्या-कला कोई प्रापर्टी नहीं है कि पिता जी ग्रहण कर चुके हैं तो पुत्र को हिस्सा प्राप्त हो जायेगा। पुत्र को भी वहीं से अर्थात् अक्षर ज्ञान से शुरू होना पड़ेगा जहाँ से पिता ने शुरू किया था। इस प्रकार "सत्य मानक शिक्षा"का व्यापार एक अन्तहीन व्यापार है जो मनुष्य के पृथ्वी पर रहने तक चलता रहेगा।

स्कूल-कालेजों के जाल से शिक्षा के व्यापार का विकास होता है न कि शिक्षा का। शिक्षा का विकास तो शिक्षा पाठ्यक्रम पर निर्भर होता है जिससे शिक्षक और शिक्षार्थी दोनों निर्मित होते हैं। जब तक पूर्ण शिक्षा पाठ्यक्रम का निर्माण नहीं होता, शिक्षा का विकास नहीं हो सकता लेकिन शिक्षा के व्यापार का विकास होता रहेगा।

आध्यात्म और विज्ञान ने मानव सभ्यता के विकास में अब कम से इतना विकास तो कर ही चुका है कि अब हमें मन के एकीकरण के लिए कार्य करना चाहिए। और उस मन पर कार्य करने का ही परिणाम है-

सम्पूर्ण ब्रह्माण्ड में व्याप्त एक ही सत्य-सिद्धान्त द्वारा व्यक्तिगत व संयुक्त मन को एकमुखी कर सर्वोच्च, मूल और अन्तिम स्तर पर स्थापित करने के लिए शून्य पर अन्तिम आविष्कार WS-0 श्रृंखला की निम्नलिखित पाँच शाखाएँ है।

1. डब्ल्यू.एस. (WS)-0: विचार एवम् साहित्य का विश्वमानक
2. डब्ल्यू.एस. (WS)-00: विषय एवम् विशेषज्ञों की परिभाषा का विश्वमानक
3. डब्ल्यू.एस. (WS)-000: ब्रह्माण्ड (सूक्ष्म एवम् स्थूल) के प्रबन्ध और क्रियाकलाप का विश्वमानक
4. डब्ल्यू.एस. (WS)-0000: मानव (सूक्ष्म तथा स्थूल) के प्रबन्ध और क्रियाकलाप का विश्वमानक
5. डब्ल्यू.एस. (WS)-00000: उपासना और उपासना स्थल का विश्वमानक

और पूर्णमानव निर्माण की तकनीकी WCM-TLM-SHYAM.C (World Class Manufacturing – Total Life Maintenance – Satya-Heart-Yog-Ashram-Meditaion.Conciousness) है।

जो शिक्षा का नया माडल है। गरीबों की समस्या सुलझानें का नैतिक दायित्व है। देश में 25 वर्ष से कम उम्र के 55 करोड़ लोगों के लिए पुनर्निर्माण जैसी योजना हैं। उन्हें नौकरी और प्रशिक्षण की व्यवस्था है। रचनात्मकता, समन्वय, लीडरशिप, ग्लोबल तथा प्रोफेशनल विषयों को पढ़ने तथा सूचना तकनीक के जरिए पढ़ाई पर ध्यान केन्द्रित करने से युक्त है। हमारे देश में जो अध्यापक हैं, वे शोध नहीं करते और जो शोध करते हैं वे पढ़ाते नहीं, इसलिए शिक्षार्थी को ही शोध पत्र (विश्वशास्त्र) पढ़ाया जाय क्योंकि शिक्षक पढ़ने से तो रहे क्योंकि समान्यतः धन के आने की सुनिश्चितता के बाद लोग पढ़ना छोड़ देते हैं, यही नहीं कोशिश तो यह भी रहती है कि पढ़ाना भी न पड़े और उन्हें सेवा से हटाया भी नहीं जा सकता।

स्वामी विवेकान्द जी ने कहा था – "सुधारकों से मैं कहूंगा कि मैं स्वयं उनसे कहीं बढ़कर सुधारक हूँ। वे लोग इधर-उधर थोड़ा सुधार करना चाहते हैं- और मैं चाहता हूँ आमूल सुधार। हम लोगों का मतभेद है केवल सुधार की प्रणाली में। उनकी प्रणाली विनाशात्मक है और मेरी संघटनात्मक। मैं सुधार में विश्वास नहीं करता, मैं विश्वास करता हूँ स्वाभाविक उन्नति में।"

स्वाभाविक उन्नति तभी होती है जब संसाधन उपलब्ध हो। कार-मोटरसाइकिल घर में पहले से रहता है तो स्वाभाविक रूप से कम उम्र में ही घर के लोग चलाना सिख जाते हैं

जो व्यक्ति या देश केवल आर्थिक उन्नति को ही सर्वस्व मानता है वह व्यक्ति या देश एक पशुवत् जीवन निर्वाह के मार्ग पर है-जीना और पीढ़ी बढ़ाना। दूसरे रूप में इसे ऐसे समझा जा सकता है कि ऐसे व्यक्ति जिनका लक्ष्य धन रहा था वे अपने धन के बल पर अपनी मूर्ति अपने घर पर ही लगा सकते हैं परन्तु जिनका लक्ष्य धन नहीं था, उनका समाज ने उन्हें, उनके रहते या उनके जाने के बाद अनेकों प्रकार से सम्मान दिया है और ये सार्वजनिक रूप से सभी के सामने प्रमाणित है। पूर्णत्व की प्राप्ति का मार्ग शारीरिक-आर्थिक उत्थान के साथ-साथ मानसिक-बौद्धिक उत्थान होना चाहिए और यही है ही। इस प्रकार भारत यदि पूर्णता व विश्व गुरूता की ओर बढ़ना चाहता है तब उसे मात्र कौशल विकास ही नहीं बल्कि राष्ट्रीय बौद्धिक विकास की ओर भी बढ़ना होगा। बौद्धिक विकास, व्यक्ति व राष्ट्र का इस ब्रह्माण्ड के प्रति दायित्व है और उसका लक्ष्य है।

राष्ट्र के पूर्णत्व के लिए पूर्ण शिक्षा निम्नलिखित शिक्षा का संयुक्त रूप है-

अ-सामान्यीकरण (Generalisation) शिक्षा

ज्ञान के लिए- यह शिक्षा व्यक्ति और राष्ट्र का बौद्धिक विकास कराती है जिससे व्यक्ति व राष्ट्रीय सुख में वृद्धि होती है।

ब-विशेषीकरण (Specialisation) शिक्षा

कौशल के लिए- यह शिक्षा व्यक्ति और राष्ट्र का कौशल विकास कराती है जिससे व्यक्ति व राष्ट्रीय उत्पादकता में वृद्धि होती है।

स-सत्य नेटवर्क (REAL NETWORK)

समाज में प्रकाशित होने के लिए-क्योंकि कोई भी क्यों न हो उसे स्वयं अपना परिचय (BIO-DATA) देना पड़ता है तभी उसके अनुसार समाज उसका उपयोग करता है।

वर्तमान समय में विशेषीकरण की शिक्षा, भारत में चल ही रहा है और वह कोई बहुत बड़ी समस्या भी नहीं है। समस्या है सामान्यीकरण शिक्षा की। व्यक्तियों के विचार से सदैव व्यक्त होता रहा है कि-मैकाले शिक्षा पद्धति बदलनी चाहिए, राष्ट्रीय शिक्षा नीति व पाठ्यक्रम बनना चाहिए। ये तो विचार हैं। पाठ्यक्रम बनेगा कैसे?, कौन बनायेगा? पाठ्यक्रम में पढ़ायेंगे क्या?

एक पूर्ण मानव निर्माण प्रक्रिया में शिक्षा पाठ्यक्रम के स्वरूप का विश्वमानक निम्नवत् है। जो किसी विशेष देश-काल-पात्र पर निर्भर नही करता अर्थात् यह प्रत्येक देशों और व्यक्तियों के लिए शिक्षा का स्वरूप है। जिससे ब्रह्माण्डीय, वैश्विक और व्यक्तिगत संतुलन, स्थिरता, एकता, प्रबन्ध, विकास, शान्ति और सुरक्षा निर्धारित होती है।

1. प्राइमरी शिक्षा (कक्षा-5 तक)-भाषा ज्ञान आधारित:- क्षेत्रीय, देश, विश्व और विज्ञान की भाषा का ज्ञान, सामान्य विज्ञान, सामान्य ज्ञान, चित्र कला।

2. जूनियर हाई स्कूल (कक्षा-6 से 8 तक)-समाज ज्ञान आधारित:- क्षेत्रीय, देश, विश्व और विज्ञान की भाषा का ज्ञान, सामान्य विज्ञान, सामान्य ज्ञान, चित्र कला का विस्तार, खेल, संगीत, कृषि, समाज विज्ञान।

3. हाई स्कूल (कक्षा-9 से 10 तक)-सामान्यीकृत ज्ञान आधारित:- ज्ञान-कर्मज्ञान समाहित WCM-TLM-SHYAM.C (World Class Manufacturing – Total Life Maintenance – Satya-Heart-Yog-Ashram-Meditaion.Conciousness) प्रणाली अर्थात शिक्षा पाठ्यक्रम का विश्व मानक, कालानुसार विज्ञान, तकनीकी, व्यापारीक व प्रबन्धकीय ज्ञान की शिक्षा।

4. इण्टरमीडिएट (कक्षा-11 से 12 तक)-विशेषीकृत ज्ञान आधारित:- कौशल विकास की शिक्षा।

5. उच्च शिक्षा-इच्छानुसार विशेष क्षेत्र आधारित

"किसी देश का संविधान, उस देश के स्वाभिमान का शास्त्र तब तक नहीं हो सकता जब तक उस देश की मूल भावना का शिक्षा पाठ्यक्रम उसका अंग न हो। इस प्रकार भारत देश का संविधान भारत देश का शास्त्र नहीं है। संविधान को भारत का शास्त्र बनाने के लिए भारत की मूल भावना के अनुरूप नागरिक निर्माण के शिक्षा पाठ्यक्रम को संविधान के अंग के रूप में शामिल करना होगा। जबकि राष्ट्रीय संविधान और राष्ट्रीय शास्त्र के लिए हमें विश्व के स्तर पर देखना होगा क्योंकि देश तो अनेक हैं राष्ट्र केवल एक विश्व है, यह धरती है, यह पृथ्वी है। भारत को विश्व गुरू बनने का अन्तिम रास्ता यह है कि वह अपने संविधान को वैश्विक स्तर पर विचार कर उसमें विश्व शिक्षा पाठ्यक्रम को शामिल करे। यह कार्य उसी दिशा की ओर एक पहल है, एक मार्ग है और उस उम्मीद का एक हल है। राष्ट्रीयता की परिभाषा व नागरिक कर्तव्य के निर्धारण का मार्ग है। जिस पर विचार करने का मार्ग खुला हुआ है।"

"भारत का प्रत्येक नागरिक अपने जीवकोपार्जन के मार्ग व संघर्ष में अपने विषय का जानकार व अनुभव तो प्राप्त कर रहा है परन्तु कुछ पाने के क्रम में कुछ छूट भी जाता है इसलिए प्रत्येक नागरिक को अपने अहंकार को भूलकर यह स्वीकार करना होगा कि वह अपने विषय से हटकर अन्य विषय के विषय में कम या नहीं जानता है।“

अतः एक “आदर्श नागरिक” बनने के क्रम में न्यूनतम ज्ञान सभी को एक समान रूप से चाहिए।

NEW WORLD ORDER

"न्यू इण्डिया" का एक्शन प्लान
www.64inch.com
The Knowledge Equalizer

"सार्वभौम सत्य–सिद्धान्त" एवं "आध्यात्मिक सत्य" पर आधारित जीवन शास्त्र –"विश्वशास्त्र" की

"युग परिवर्तन" श्रृंखला की पुस्तकें

मुख्य शास्त्र

01. *विश्वशास्त्र – द नॉलेज आफ फाइनल नॉलेज*

सारांश के अनुसार

02. मैं सत्यकाशी से कल्कि महावतार बोल रहा हूँ (समष्टि गीता – यथार्थ प्रकाश)

शीर्षक के अनुसार भाग

03. विश्वस्तरीय फिल्म लेखन कला
04. प्रारम्भिक सत्य – अन्तिम दृष्टि
05. सत्य धर्म – युग परिवर्तक दृष्टि
06. सत्य दार्शनिक–दर्शन और कर्म वेदान्त–विकास दर्शन
07. सत्य शास्त्र एवं पुराण रहस्य–महर्षि व्यास कला
08. संत एवं गुरू और विश्व संत एवं गुरू
09. समाज और ईश्वरीय समाज
10. सत्य शास्त्र और विश्वशास्त्र
11. कृति और विश्व कृति
12. भारत माता मन्दिर और विश्वधर्म मन्दिर
13. महाभारत और विश्वभारत
14. संविधान और विश्व संविधान
15. शिक्षा और पूर्ण शिक्षा
16. देवता और सार्वभौम देवता कल्कि
17. देवीयाँ और सार्वभौम देवी माँ वल्कि
18. द्वादश ज्योतिर्लिंग और 13वां अन्तिम ज्योतिर्लिंग
19. काशी – मोक्षदायिनी और जीवनदायिनी
20. सत्यकाशी – स्वर्णयुग का तीर्थ
21. काशी – रहस्योद्घाटन
22. 2020 – मन का नवीनीकरण
23. ईश्वर का संक्षिप्त इतिहास
24. अवतार – अन्तिम सत्य दृष्टि
25. भविष्यवाणियाँ और कल्कि अवतार
26. स्वामी विवेकानन्द और कल्कि अवतार
27. मनु, मनवन्तर और कल्कि महावतार
28. व्यास, शास्त्र और कल्कि महावतार
29 ऋषि, ऋषि परम्परा और कल्कि महावतार
30. दूसरा आगमन या अन्तिम आगमन
31. परिवर्तन–काल, मनु, युग, व्यास और शास्त्र
32. राम, रावण और सार्वभौम एकात्म
33. मैं, व्यक्तिगत या सार्वभौम
34. लव कुश (त्रेतायुग) और लवकुश (कलियुग)
35. कल्कि महावतार आ चुके हैं (ACTION PLAN)
36. लव कुश सिंह (कल्कि महाअवतार)–जीवन, ज्ञान, कर्म और विश्वरूप
37. वैश्विक बुद्ध – बुद्ध का भाग दो और अन्तिम
38. बुद्धा कृष्ण – कृष्ण का भाग दो और अन्तिम
39. सम्पूर्ण क्रान्ति–अन्तिम कार्य योजना
40. पुनर्निर्माण (RENEW)–समस्या, समाधान और राष्ट्र निर्माण की योजना
41. पुनर्निर्माण (RENEW)– ग्राम एवं नगर वार्ड प्रेरक
42. विश्वशास्त्र द नालेज आफ फाइनल नालेज–परिचय
43. एन्टायर पालिटिक्स – पूर्ण पाठ्यक्रम
44. वसुधैव–कुटुम्बकम्
45. कर्मवेद : प्रथम, अन्तिम तथा पंचम वेद
46. आठवें अवतार श्रीकृष्ण के अनकहे संदेश
47. अयोध्या नहीं, मुंगेर है राम जन्मभूमि
48. विश्वमानव–भूतपूर्व नेतृत्वकर्ताओं का स्पष्टिकरण
49. विश्वमानव–वर्तमान नेतृत्वकर्ताओं का स्पष्टिकरण
50. विश्वमानव–वार्ता, वक्तव्य एवं वाणियाँ
51. विश्वमानव–पत्रावली, प्रसारण और अन्तिम पत्र
52. सत्य जनहित आह्वान
53. विश्व शान्ति–अन्तिम सत्य दृष्टि
54. नई विश्व व्यवस्था का रहस्य
55. समाजवाद – ब्रह्माण्डीय विकास का अवतारी मार्ग
56. भारतवाद – राष्ट्रवाद की मुख्यधारा
57. 100 वर्षीय संयुक्त राष्ट्र को अग्रिम सन्देश
58. सार्वभौम एकात्म–नव विश्व निर्माण
59. गणराज्य, संघ, मानकीकरण संगठन और सम्पूर्ण मानक
60. व्यापार केन्द्र (TRADE CENTRE)–दृश्य सत्य
61. मन का विश्वमानक और पूर्ण मानव निर्माण की तकनीकी (WCM-TLM-SHYAM.C)
62. मानक विपणन प्रणाली (3F:FUEL-FIRE-FUEL)
63. स्वर्णयुग का मानक आदर्श नागरिक–दिशा निर्देश
64. विश्वधर्म : परिचय (स्वर्णयुग का धर्म)

व्यक्ति और विभागीय स्तर पर सफाई–सुधार का पहला प्रारूप की पुस्तक – डा0 रमेश कुमार द्वारा लिखित "विशाल ज्ञान विज्ञान सबका समाधान" है

दर्शन, विचार एवं संपादन

लव कुश सिंह "विश्वमानव"

Search on Google -> Lava Kush Singh "vishwmanav"

पुस्तक उपलब्ध

notionpress .com

Book Store

www.ingramcontent.com/pod-product-compliance
Lightning Source LLC
LaVergne TN
LVHW080932071026
849535LV00013B/4182